办公室管理

(第 2 版)

胡鸿杰　马仁杰　李　雯　主编

图书在版编目(CIP)数据

办公室管理/胡鸿杰,马仁杰,李雯主编.—2版.—合肥:安徽大学出版社,2017.8
ISBN 978-7-5664-1350-5

Ⅰ.①办… Ⅱ.①胡… ②马… ③李… Ⅲ.①办公室-管理-高等学校-教材 Ⅳ.①C931.4

中国版本图书馆 CIP 数据核字(2017)第 053346 号

办公室管理(第2版)

胡鸿杰　马仁杰　李　雯 主编

出版发行:	北京师范大学出版集团 安 徽 大 学 出 版 社 (安徽省合肥市肥西路3号 邮编230039) www.bnupg.com.cn www.ahupress.com.cn
印　　刷:	合肥远东印务有限责任公司
经　　销:	全国新华书店
开　　本:	184mm×260mm
印　　张:	19
字　　数:	372千字
版　　次:	2017年8月第2版
印　　次:	2017年8月第1次印刷
定　　价:	46.00元

ISBN 978-7-5664-1350-5

策划编辑:邱　昱		装帧设计:李　军	
责任编辑:曹之红　邱　昱		美术编辑:李　军	
责任印制:陈　如			

版权所有　侵权必究

反盗版、侵权举报电话:0551-65106311
外埠邮购电话:0551-65107716
本书如有印装质量问题,请与印制管理部联系调换。
印制管理部电话:0551-65106311

前 言

自1992年参与并主编《办公室业务》杂志开始,"办公室管理"就成为我挥之不去的情结:据不完全统计,我参加编写的《办公室管理》教材就有十余个版次。因此,为安徽大学出版社出版的《办公室管理(第2版)》写几句话,应该是义不容辞的事情。

早在20世纪80年代初期,阿尔温·托夫勒在其《第三次浪潮》一书中探讨了第三次变革浪潮对文明世界的冲击,其中包括了给办公室带来的影响。第一次浪潮是约在一万年前由农业革命掀起的,而第二次浪潮则是约在三百年前由工业革命推动的。在文明世界第二次浪潮期间,"办公室成了打字员、秘书、文书人员、管理员和经理进行通讯联系、编制报表、文件管理和归档的地方"。在这样的环境中,办公室工作重点放在有形产品上面,如起草信件、编制报表和开具发票,做纪要、会议记录以及把副本和抄件存入档案柜里。这种意义上的办公室显然直到现在还是我们办公室工作的主要模式。

对生活在当今社会的人们来说,办公室的印象应该是并不陌生的:一个房间里会有写字台、桌椅、电话、电脑、文件柜等办公用品,大量的文件摊开在桌面上,不断响起的电话铃声,来回进出的人群,或者坐在电脑旁不断地敲击键盘而发出的"嗒嗒"声。这些构成了我们对办公室的形象认识。但是,对于办公室人员或者希望加盟办公室的人员来说,需要提升对办公室工作深层次的认识,如办公室的功能定位、办公室管理的内容、办公室和其他工作的联系与区别等。

要了解办公室,就必须首先对它有一个科学的定位,了解它是一类重要的组织机构,要搞清楚办公室所从属的组织是一个什么样的情况。一般来说,我们可以根据不同组织的类型、按照组织的活动目标,将组织的内设机构分为三个部分:

第一类是领导机构。它代表组织行使权力,是组织的决策和指挥中心;领导机构通过各种管理方式,引导和影响所属组织成员,齐心协力地完成组织目标,实现组织功能。

第二类是职能机构,就是具体完成组织中的各项目标的执行机构,比如工矿企业的科室及车间、高校的院系等,这些机构的职能与该组织的职能是同向的。

第三类是辅助机构。它是领导机构和职能机构的保障部门,一般起着辅助决策、沟通协调的作用,为实现组织功能提供各种服务。各级各类办公室就是最具代表性的辅助机构。

在当今社会,包括机关、企事业单位的各类组织(以下简称"社会组织")的这种内部格局的意图很明确,即按照组织动态规则进行机构划分。就像一个活的人体一样,要维持生存就必须有指挥躯体的大脑及神经系统;要维持新陈代谢功能就必须有血液循环等其他系统。于是,社会组织就有了类似人体大脑的"领导机构",以实现其指挥作用;社会组织还有了类似人体血液循环等其他系统的"职能机构",以实施其基本功能。但是,社会组织同自然人体的重要区别在于,它并不是一个天然的有机体,它需要借助外力把各个部分组织起来,形成一个能够正常运转的整体。也就是说,这种外力是维系社会组织正常运转的一个非常重要的因素,它的作用就是把社会组织内部的各个部分联系起来,形成一个"运动的整体"。于是,社会组织就有了第三大部分,即以办公室为代表的"辅助机构"。

由此可见,社会组织要实现自身的目标,就必须将其逐一分解,分别由其内部的不同机构来承担。办公室就是这种目标分解的结果。它同其他机构不同,使社会组织带有"人为"的色彩,是社会组织正常运转的重要因素。准确地说,所谓"社会组织的人为色彩",就是办公室产生的条件或环境;正是社会组织的特定环境,造就了办公室。

社会组织的特定环境在造就办公室的同时,赋予了办公室基本的功能,即把社会组织内部的各个部分联系起来,形成一个"运动的整体",从而保证组织目标的实现。所以,办公室的功能,实际上就是实施社会组织的内部管理;并且,这种功能在社会组织内部,无论是领导机构,还是职能机构,都无法代替。

办公室实施社会组织内部管理的基本功能,决定了办公室无论是参与政务,还是管理事务,都是围绕社会组织的内部管理展开的。因此,作为一项管理活动,办公室基本功能的行使必然带有一般管理的某些特点。比如,从过程上看,都是计划、组织、控制等管理环节的具体化;从整体上看,都必须按照完整统一、精简效能的原则进行运作。但是,作为一种特定的管理领域,办公室的基本功能又有着自己的特征,主要表现在以下三点:

1. 办公室基本功能的行使具有综合性。办公室的管理内容是社会组织内部事务的整体,并不是一个特定的专业领域或一个特定的组织职能。无论是上传下达,还是左右沟通;无论是辅助决策,还是后勤保障;无论是日常工作,还是突发事件,都属于办公室的管理范围。这种功能的综合性决定了办公室的管理必须立足于调整社会组织内部的各种关系,克服各种制约因素,以保证社会组织内部协调有序地运转。

2. 办公室基本功能的行使具有程序性。办公室的管理过程并不是杂乱无章或在不同领导风格的作用下无所适从的,而是一个有着相对稳定的活动程序的过程。无论是新建组织,还是传统组织,其内部的管理都是从围绕组织目标制定发展规划开始,通过建立各种组织规则,把各种权责体系和工作制度落实到各个部门,然后采取过程或结果的监控来评估或总结组织目标的实现程度,进而开始下一个循环。这种功能的程序性决定了办公室的管理必须全过程的参与组织内部管理的各个环节,发挥自身的中介和枢纽作用,保证组织目标的实现。

3. 办公室基本功能的行使具有终局性。办公室的管理行为主要不是面对社会公共事务或其他社会组织,而是面对本组织的内部活动。其管理行为的依据大部分都是社会组织根据本组织内部的实际情况制定的;当然,这些活动规则也要以合法为前提。但是,即使是最完善的法律,也不可能规范到每个社会组织内部的每件具体事务。因此,办公室管理行为的结果,包括资金、物资的分配,对工作人员的安排和处理等,其效力范围大多限于本组织内部,并不与有关法律的条款相衔接。这种功能的终局性决定了办公室的管理行为必须在合法的大前提下,建立在对本组织情况正当考虑的基础上,既要合乎情理,也要符合本组织的发展目标,以保证公正和有效。

由以上可以看出,办公室功能有很强的综合性、程序性和终局性,办公室在社会组织中发挥着不可替代的作用。

人们常常把办公室管理混同于秘书工作,实际上,办公室管理与人们通常所说的秘书工作存在着一定的区别。从一般意义上讲,办公室是一个组织机构的概念,办公室管理是对一个组织机构的管理,它是社会组织行政管理的一部分。现代秘书工作则是社会组织内部的一种管理活动,其产生的直接原因是领导活动的需要。如果借用统计学的术语,办公室管理采用的是"区间估计"的方法,秘书工作则采用的是"点估计"的方法,两者是对同一事物的不同界定方式。另外,作为一种管理活动,秘书工作各环节之间存在着一定的逻辑联系,体现某种科学意义的组合;办公室管理则是对一个社会组织内部机构的管理,它更多地表现出某种赋予性,即由社会组织自身活动的需要,本着精简、效能的原则,赋予其内部机构不同的工作内容。当然,在特定的时空范围内,办公室管理和秘书工作存在着许多相互交叉的内容,甚至是重合的内容,这完全取决于社会组织的活动需要。

如上所述,就办公室管理的内容来说,这是一项管理工作;就办公室管理的研究领域来说,办公室管理涉及的问题属于管理学科。在管理学发展的百余年历史中,管理学科基本上是按照两条路径发展的:一条是管理组织的研究,另一条是管理方法的研究。这就说明管理学实际上是以研究组织为基础,通过改进管理方法来实现和提高组织效能的科学。而办公室管理,就是一门以研究办公室这种组织类型为基础,通过改进工作方法,谋求提高社会组织运行效率的管理学科。现代行政学理论中的所谓"机关管理",实际上就是办公室管理的"升级版"。

有鉴于此,《办公室管理(第二版)》力图通过办公室管理理论、办公室管理环境、办公室组织与体制、办公室人员、办公室管理方式、办公室管理保障和办公室管理实务(上、下)等八个单元,在理论与实务两个方面对办公室管理进行阐述和介绍,希望给予办公室的从业人员以及社会公众一个了解和掌握"谋生技能"的机会,并在管理学理论方面有所建树。

中国高教秘书学会副会长
中国人民大学信息资源管理学院教授
《档案学通讯》杂志社总编辑

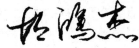

目 录

第一章　办公室管理理论 ... 1

第一节　办公室管理概述 ... 1
一、办公室和办公室管理 ... 1
二、办公室的基本功能 ... 2

第二节　办公室管理理论 ... 5
一、西方办公室管理理论 ... 5
二、我国办公室管理理论 ... 10

第三节　办公室管理的研究内容和方法 ... 14
一、办公室管理的研究内容 ... 14
二、办公室管理的研究方法 ... 16

第四节　办公室管理理论与相关学科的关系 ... 17
一、与秘书学的关系 ... 17
二、与档案学的关系 ... 17
三、与行政管理学的关系 ... 17
四、与公共关系学的关系 ... 18

第二章　办公室管理环境 ... 20

第一节　管理环境概述 ... 20
一、环境提供管理资源 ... 21
二、环境制约管理行为 ... 21
三、环境表征管理成效 ... 21
四、管理对环境的适应与反应 ... 22
五、管理对环境的优化与干扰 ... 22

第二节　办公室管理的环境维度 ... 23
一、办公室的职能环境 ... 23
二、办公室职能环境的优化 ... 25

第三节 办公室工作条件的改善 …………………………………………… 27
一、办公室工作条件及其基本要求 ………………………………… 27
二、工作场所的安排 ………………………………………………… 29
三、办公室环境的健康与安全 ……………………………………… 33

第三章 办公室组织与体制 ………………………………………… 43
第一节 社会组织及其办公室 …………………………………… 43
一、社会组织的结构类型 …………………………………………… 43
二、社会组织的内设机构 …………………………………………… 50
第二节 办公室的工作内容 ……………………………………… 51
一、办公室工作的性质 ……………………………………………… 51
二、办公室工作对组织职能的渗透 ………………………………… 53
第三节 办公室的管理体制 ……………………………………… 60
一、我国的办公室管理体制 ………………………………………… 60
二、西方的办公室管理体制 ………………………………………… 69

第四章 办公室人员 ………………………………………………… 72
第一节 办公室的人员配置 ……………………………………… 72
一、办公室人员配置原则 …………………………………………… 72
二、办公室人员的素养 ……………………………………………… 73
三、办公室人员的选聘 ……………………………………………… 76
第二节 办公室主任 ……………………………………………… 79
一、办公室主任的职责 ……………………………………………… 79
二、办公室主任的职业素养 ………………………………………… 80
三、办公室主任的管理作风 ………………………………………… 81
第三节 人际关系 ………………………………………………… 82
一、人际关系的重要性 ……………………………………………… 82
二、处理办公室人际关系的基本原则 ……………………………… 83
三、处理办公室人际关系的方法与艺术 …………………………… 85

第五章 办公室管理方式 …………………………………………… 90
第一节 管理方式概述 …………………………………………… 90
一、管理方式的类型 ………………………………………………… 90
二、管理方式的选择及其作用 ……………………………………… 92

第二节　办公室管理的基本方式 …… 95
　　一、现场管理 …… 95
　　二、会议管理 …… 100
　　三、文件管理 …… 121

第六章　办公室管理保障 …… 135

第一节　法律和制度保障 …… 135
　　一、办公室管理的法律依据 …… 135
　　二、办公室管理行为的法律约束 …… 140
　　三、办公室管理行为的法律责任 …… 141
　　四、办公室的管理制度 …… 141

第二节　程序保障 …… 145
　　一、管理程序概述 …… 146
　　二、管理程序的类型 …… 147
　　三、管理程序的设计 …… 149
　　四、管理程序的实施与改进 …… 153

第三节　设备保障 …… 156
　　一、办公自动化概述 …… 156
　　二、办公自动化设备与管理 …… 159
　　三、常用的办公自动化技术 …… 168
　　四、办公用品管理与节约措施 …… 170

第七章　办公室管理实务(上) …… 176

第一节　督查与督办 …… 176
　　一、督查与督办的作用 …… 176
　　二、督查与督办的原则、制度和要求 …… 178
　　三、督查与督办的内容、程序和方法 …… 182

第二节　协调工作 …… 193
　　一、协调工作的作用 …… 193
　　二、协调工作的特点与内容 …… 194
　　三、协调工作的程序、方法和艺术 …… 197

第三节　调查研究 …… 204
　　一、调查研究的意义和作用 …… 204
　　二、调查研究的特点和内容 …… 207
　　三、调查研究的程序和方法 …… 209

第八章　办公室管理实务(下) ··· 216

第一节　信息管理 ··· 216
一、办公室常用信息概述 ··· 216
二、信息资源管理流程 ··· 219
三、办公室信息安全的维护 ··· 224

第二节　日常事务 ··· 227
一、接待工作 ··· 227
二、信访工作 ··· 232
三、印章管理与值班工作 ··· 236
四、随从与保密工作 ··· 239
五、日程安排与约会安排 ··· 242

第三节　办公礼仪 ··· 247
一、办公礼仪的作用 ··· 247
二、办公室的基本礼仪 ··· 250
三、办公室的活动礼仪 ··· 261

附　录 ·· 266
附录一　党政机关公文处理工作条例 ··································· 266
附录二　党政机关公文格式(节选) ···································· 273
附录三　归档文件整理规则 ··· 279
附录四　电子公文归档管理暂行办法 ··································· 285
附录五　中国办公室管理相关专业期刊 ································· 287

参考书目 ·· 289

后　记 ·· 291

第一章
办公室管理理论

本章导语

人类进入文明社会以来,一部分社会成员逐渐脱离了田野和山林,进入了被称为"办公室"的活动空间。他们几乎要用大半生的时间与办公室为伴——这里成为他们工作的处所和谋生的舞台。这就无可避免地使一部分社会成员与办公室发生关系。为了提高工作效率和生存质量,人们就必须对办公室进行研究,进而形成关于办公室的一些认识。这些"认识"系统化的结果,就是办公室管理的理论。

本章关键词

办公室管理 秘书学 档案学 行政管理学 公共关系学

第一节 办公室管理概述

一、办公室和办公室管理

（一）办公室的含义

办公室的最初含义是办理公务的处所。随着人类社会的发展,特别是国家的形成及其行政职能的确立,在各种社会组织中,逐步形成了一种行政中枢的辅助性、综合性办事机构。例如,经理办公室、党委办公室、校长办公室等都是这种性质的机构。在我国,一般是中央、国家各部委和省级党委、人民政府及人大、政协设办公厅,其他党政机关和企业、事业单位设办公室。但是,无论办公室的形式和称谓统一与否,其基本工作内容都是相同的,主要包括文件处理、会议服务、信息综合、调查研究、组织协调、督促检查、来访接待、后勤保障等职能活动以及信息保密、档案管理、值班、事务记录、印章和介绍信管理等日常事务。由此可见,办公室的工作范围几乎涉及管理活动的方方面面。办公室管理是一种具有普遍意义的社会现象,直接关系社会组织的生存质量。因此,对办公室管理进行研究具有重要的现实意义。

(二)办公室管理的内容

有了一个专门办理综合行政事务的机构——办公室,其管理问题也就随之而来。面对办公室,社会组织的成员不管喜欢与否,只有两种选择:要么参与其中,要么无法回避地与它们发生各种各样的联系。因此,人们开始寻找一种使办公室发生作用的恰当方式,即如何对其进行设计和操纵,使其便于自己的工作和生活。这就是"办公室管理"一词产生的社会动因。

所谓"办公室管理",是指办公室围绕其所在社会组织的总目标,按照一定的原则、程序和方法,做好服务工作的过程。实际上,办公室是在一个社会组织内部进行运作的组织实体,它的管理活动维度,可以用以下方式来确定:

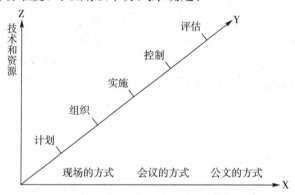

图 1-1 办公室功能维度

在图 1-1 中 X 轴是实现办公室管理的方式和方法,如现场、会议和公文等,它是办公室管理功能实现的基本手段;Y 轴是办公室管理活动的内容,也就是办公室管理实施环节,主要由计划、组织、实施、控制、评估等具体管理职能组成,它是办公室管理功能实现的基本状态;Z 轴是实现办公室管理的物质基础,它是办公室管理功能实现的保障和条件。这就是办公室管理活动的三维空间。也就是说,办公室管理的任何一项内容必然存在于这个三维空间之中。

二、办公室的基本功能

(一)办公室特定功能的形成

根据组织设置的一般原则,一种组织的存在,必然是因为它具有其他组织无法替代的功能。同样的道理,正是办公室独特的功能决定了它的存在。所谓"办公室的功能",也可以称为"办公室的职能",它是指办公室在社会组织中所扮演的角色及由此产生的作用。那么,办公室的功能究竟是什么?又是什么原因使其具备了这种功能呢?

每个相对独立的社会组织,无论是国家机关,还是企业、事业单位和人民团体,都有自身的活动目标,即该社会组织区别于其他社会组织的独立的社会功能,这是其赖以生存的基础。社会组织为了实现其功能,需要建立一定的权责体系,采用一定的管理方式,将组织目标在其内部进行分解,分别由不同的内部机构来承担。在一般情况下,社会组织的内设机构可分为三部分:

1. 领导机构。它代表社会组织行使国家赋予的法定权力,是社会组织的决策和指挥中心;领导机构通过各种管理方式,引导和影响所属组织成员,同心协力地完成组织任务,实现领导目标。

2. 职能机构。它是社会组织中专业事务的执行部分,在领导机构的指挥下实现社会组织特定的社会功能。例如,工矿企业的科室及车间就是一种职能机构。

3. 辅助机构。它是领导机构和职能机构的保障部门,一般起着辅助决策、沟通协调的作用,为实现组织功能提供各种服务。各级各类办公室就是最具代表性的辅助机构。

形成社会组织这种内部格局的意图很明确,即按照组织动态规则进行机构划分。就像一个活的人体一样,要维持生存就必须有指挥躯体的大脑及神经系统;要维持新陈代谢功能就必须有血液循环等其他系统。于是,社会组织就有了类似人体大脑的领导机构,以实现其指挥作用;社会组织还有了类似人体血液循环等其他系统的职能机构,以实施其基本功能。但是,社会组织同自然人体的重要区别在于,它并不是一个天然的有机体,它需要借助外力把各个部分组织起来,形成一个能够正常运转的整体。也就是说,这种外力是维系社会组织正常运转的一个非常重要的因素,它的作用就是把社会组织内部的各个部分联系起来,形成一个"运动的整体"。于是,社会组织就有了第三大部分,即以办公室为代表的辅助机构。

由此可见,社会组织要实现自身的目标,就必须将其逐一分解,分别由其内部的不同机构来承担。办公室就是这种目标分解的结果。同其他机构不同,它使社会组织更带有"人为"的色彩,是社会组织正常运转的重要因素。准确地说,所谓"社会组织的人为色彩",就是办公室产生的条件或环境,正是社会组织的特定环境,造就了办公室。

(二)办公室的基本功能及其特点

社会组织的特定环境在造就办公室的同时,也赋予了办公室基本的功能,即把社会组织内部的各个部分联系起来,形成一个"运动的整体",从而保证组织目标的实现。所以,办公室的功能实际上就是实施社会组织的内部管理。并且,这种功能在社会组织内部,无论是领导机构,还是职能机构,都是无法代替的。办公室的基本功能可从三个不同的角度体现:

1. 从社会组织整体的角度看:办公室是管理工作的中心,处于枢纽地位。办公室与社会组织内部的职能机构相比,虽然都是在领导机构的直接指挥下活动,但其活动内容是为领导决策活动提供建议和意见,处理社会组织的内部事务,包括制定组织活动的各种规则、提供各种保障等。上级的指令要通过办公室传达下去；各个方面的信息也要由办公室处理和传递。因此，社会组织如果没有这样一个环节和枢纽，一切活动都将无法进行。

2. 从社会组织结构的角度看：办公室是社会组织内部承上启下的联络部，处于中介地位。在纵向层级方面，办公室是社会组织中决策层和执行层的中介，是联系领导机构和职能机构的纽带；在横向部门方面，办公室是社会组织中各层级内部沟通的中介，是联系各职能部门的桥梁，通过办公室，各种信息得到集散和有效的开发利用。因此，离开了办公室这样一个中介机构，社会组织的正常运转将难以实现。

3. 从社会组织的外部看：办公室是社会组织通向社会的门面，处于窗口地位。收发文件、外出联络和接待来访是办公室与其他机构职能的不同之处，这些功能使得办公室有更多的机会与外界接触。办公室的办事效率和工作质量及其工作人员的礼仪风范都在一定程度上代表社会组织的公众形象。这一点对一些知名的工商企业来说尤为重要。社会组织如果没有这样一个窗口，就会失去同社会正常沟通的渠道，也将对其生存和发展构成潜在的威胁。

办公室实施社会组织内部管理的基本功能决定了办公室无论是参与政务，还是管理事务，都是围绕社会组织的内部管理展开的。因此，作为一项管理活动，办公室基本功能的行使必然带有一般管理的某些特点。比如，从过程上看，都是计划、组织、控制等管理环节的具体化；从整体上看，都必须按照完整统一、精简效能的原则进行运作。但是，作为一种特定的管理领域，办公室的基本功能又有着自己的特征，主要表现在以下三点：

第一，办公室基本功能的行使具有综合性。办公室的管理内容是社会组织内部事务的整体方面，而不是一个特定的专业领域或一个特定的职能领域。无论是上传下达，还是左右沟通；无论是辅助决策，还是后勤保障；无论是日常工作，还是突发事件，都属于办公室管理的范围。这种功能的综合性决定了办公室的管理必须立足于调整社会组织内部的各种关系，克服各种制约因素，以保证社会组织内部协调有序运转。

第二，办公室基本功能的行使具有程序性。办公室的管理过程并不是杂乱无章或在不同领导风格的作用下无所适从的，而是一个有着相对稳定的活动程序的过程。无论是新建组织，还是传统组织，其内部的管理都是从围绕组织目标制定发展规划开始，通过建立各种组织规则，把各种权责体系和工作制度落实到各个部门，然后采取过程或结果的监控来评估或总结组织目标的实现程度，进而开始下一个循环。这种功能的程序性决定了办公室的管理必须全过程地参与组织内部管理的各个环节，发挥自身的中介和枢纽作用，保证组织目标的实现。

第三，办公室基本功能的行使具有终局性。办公室的主要管理行为不是面对社会公共事务或其他社会组织，而是面对一个组织的内部活动。其管理行为的依据大部分都是社会组织根据组织内部的实际情况制定的。当然，这些活动规则也要以合法为前提。但是，即使是最完善的法律，也不可能规范到每个社会组织内部的每件具体事务。

因此，办公室管理行为的结果，包括资金、物资的分配及对工作人员的安排和处理等，其效力范同大多数就是限于本组织内部，并不与有关法律的条款直接衔接。这种功能的终局性决定了办公室的管理行为必须在合法的大前提下，建立在对本组织情况正当考虑的基础上，既要合乎情理，也要符合本组织的发展目标，以保证公正和有效。

（三）认识办公室基本功能的意义

对办公室的基本功能的分析，其目的无非包括两个方面，即把握它产生和运作的合理性。就办公室的产生来说，根据系统论的一般理论和管理学的实践，办公室的基本功能取决于社会组织这一直接背景因素。作为一种"人为"的系统，社会组织需要一个能够将其整合的"机关"，而这个"机关"就是办公室。办公室功能的运作，即为实现其功能所进行的计划、组织、实施、控制乃至评估等，就是办公室的管理过程。这种管理活动需要在一定的空间内进行。综合办公室基本功能的产生"背景"和运作"空间"，构成了一个交互作用的"环境链"，办公室对这种环境的适应和被认同，则成为其存在的根本。

第二节 办公室管理理论

一、西方办公室管理理论

西方办公室管理理论从产生萌芽至今，总体上经历了五个阶段。

（一）萌芽时期

19世纪末20世纪初，社会生产力发展到一定水平。与这种生产力水平相适应，在管理活动领域产生了"管理职能"与"作业职能"分工的思想。这一分工思想是办公活动逐步从生产作业中分化出来的一个信号，是人们开始注意研究和认识办公活动及其管理的一个重要因素。

现代管理学的开山鼻祖、早期管理学家——泰罗提出的"管理职能"与"作业职能"分工的思想以及以发展工作的科学、科学选择和训练作业者、协调管理者和作业者的努力、管理者和作业者合理分工四条基本原理为核心的科学管理思想，引起了企业活动领域的一场革命。这些思想对办公室管理理论在企业萌芽和产生时起到了积极的促进作用。泰罗在论述管理职能（主要是计划职能）的具体内容时，多处论及办公室管理的有关问题，如经营文件的处理与控制、文件分类方法、档案制度、办公室布局等。这一切都反映了管理学家对企业管理中的办公活动的关注，反映了当时人们对办公活动科学化所怀有的强烈愿望。可以说，管理科学化的要求是人们研究办公室管理问题的基本起因。

(二)形成时期

办公室管理理论的形成期大约在20世纪的最初20年。1906年,英国人狄更斯和布赖恩共同编写出版了《办公组织与管理及秘书的工作》一书,狄更斯最早也是以"办公室管理"为主题开始研究活动的。该书的出版,标志着现代意义上的办公室管理理论的产生。在该书中,狄更斯强调了办公室职能的重要性,他把一个企业的办公室比喻为钟表的发条,认为一个好的办公室应当成为一个企业的神经中枢。在该书中,狄更斯特别将文书工作提到一个重要位置加以系统论述,对文件的形成、整理、运转等内容进行了详尽的说明。此外,他还讲述了报表设计、通讯业务、接打电话方法等方面的办公活动内容。

一些美国的管理学家在办公室管理理论形成过程中扮演了重要角色,代表人物是舒尔茨。其代表作有1913年的《美国人的办公室:组织、管理与文件》和1919年的《办公管理》。舒尔茨在著作中,主要阐述了如下内容:

1. 首次明确了办公职能在企业管理中的位置。他认为,办公活动存在于企业的经营、生产、销售、财会等活动中,即每项企业业务活动中都包含办公职能。

2. 他还特别指出,不能过于狭隘地把办公活动理解为仅限于在特定的办公空间、办公桌、办公椅和其他办公设备构成的活动领域中的工作。办公活动作为一个组织事业整体的组成部分,既可以集中由办公室主任来领导开展,也可以分散在各项业务活动中由业务人员兼任。

总体而言,这一时期办公室管理理论的主要成就有以下三点:

第一,将办公室活动和办公室管理的概念从其他业务活动及管理的概念中剥离了出来,并把它作为一项专门的工作来看待。

第二,把办公活动作为与企业各项业务活动密切相关的工作来认识和研究。

第三,将研究的重点放在单一性能的办公设备、器具的合理使用,文书工作和办公组织等具体事务之上。

(三)成长期

办公室管理理论的成长期大约在20世纪20年代到20世纪50年代。这一时期,在企业中专门从事管理的职能部门从数量到规模都得到了极大的发展。相应地,办公室活动的内容和形式也大大地扩展了,在企业管理中的作用也越来越大。这一时期办公室管理研究也得到了充实和丰富。

这一时期的代表人物是美国的莱芬韦尔,其代表作是1917年出版的《科学的办公室管理》、1925年出版的《办公管理——理论与实务》和1932年出版的《办公管理教程》。在莱芬韦尔的办公室管理理论体系中,特别突出的一点是他在研究办公活动理论问题及处理方法时全面引入和应用了管理学中"科学管理学派"的思想。其主要思想体现在

四个方面:

1. 确立了办公室在现代企业中的地位和作用,阐述了以"科学管理"为基础的办公室管理原理,分析了办公活动的基本方式,包括记录、交流、计算及分类和整理等。

2. 阐述了办公室管理与企业经营管理的关系、如何通过办公活动实施管理控制、办公活动成果测定等问题。

3. 阐述了办公成果、计划和日程、办公设备和材料、办公方法、办公人员的管理等标准化方法。

4. 从办公活动流程、办公成果测定、办公标准的设立、办公活动计划、效率工资制及预算控制等方面展开了办公活动的控制方法论述。

莱芬韦尔的最大贡献在于提出了适合包括办公室管理在内的一切正规管理的"有效工作五原则":第一条原则,即所有办公室主任都必须计划应该做些什么、怎样去做、在什么时候和什么地方做以及能够用多快的速度去完成这些工作;第二条原则,由于确定了一个包括组织和工作发展的全面的办公室计划,主任就能够协调所有办公室人员、设备和信息,根据计划安排恰当的工作;第三条和第四条原则,除计划和安排外,还必须制定出合适的工作规章制度、文件管理办法、执行计划的方法以及保证有效地完成工作的规范、标准和方案;第五条原则,也是最为重要的,办公室主任必须对工作人员进行推荐、培训、激励、补充等,以最大限度地保证办公室及其人员的利益。

第一条原则:计划工作
为了正确地计划,你必须知道以下五点: 1. 要干些什么工作; 2. 怎样干这些工作; 3. 什么时候干这些工作; 4. 在什么地方干这些工作; 5. 能以多快的速度完成这些工作。
第二条原则:安排工作
要有效的安排工作,你必须做到以下五点: 1. 明确工作内容; 2. 与其他安排协调一致; 3. 完成有一定困难; 4. 能够完成; 5. 严格地坚持。
第三条原则:执行工作
要执行工作,你必须做到以下五点: 1. 熟练; 2. 准确; 3. 迅速; 4. 有效; 5. 不延误。

(续上表)

第四条原则：衡量工作
对职工完成的工作必须从以下五个方面进行衡量： 　　1. 充分发挥了职工的潜力； 　　2. 对比职工过去的记录； 　　3. 对比其他人过去的记录； 　　4. 数量； 　　5. 质量。
第五条原则：奖励职工
如果职工有效地完成了工作，他就应该在以下五个方面得到奖励： 　　1. 良好的工作条件； 　　2. 健康； 　　3. 幸福； 　　4. 自我发展； 　　5. 金钱。

莱芬韦尔对办公室管理理论体系的形成作出了卓越的贡献。在他之后，20世纪50年代的办公室管理理论，虽然在具体内容上随着管理与技术的发展而得以丰富，但在思想上都可以视为对莱芬韦尔理论体系的继续发展。因此，莱芬韦尔被人们称为"办公室科学管理之父"。

（四）成熟期

办公室管理理论的成熟期大约在第二次世界大战以后到20世纪60年代。第二次世界大战以后，资本主义各国为了加快经济发展的步伐，加强了对经济、社会生活的干预而设立了大量的监控机构，结果导致了国家机构的膨胀。这一状况造就了越来越多的所谓白领阶层，相应地，非物质生产领域的工作机构也极大地增加了。正是在这一形势下，办公室管理理论走向了成熟。海克斯、利托尔·费尔德等人是这一时期的代表人物。

海克斯与普赖斯合著的《办公管理》一书，对办公管理理论的影响最大。该书比较全面和准确地阐述了现代办公管理理论中的基本问题，因此被认为是办公管理理论成熟的标志。海克斯的主要贡献有以下四点：

1. 在概念上明确区分了"办公机能"和"办公管理机能"。

2. 将办公活动彻底从办公室的概念中解脱出来。他认为，办公活动不仅仅是在特定的办公室范围内进行的，它在组织机构的任何一个角落，甚至在工作人员旅行中都会发生；要全面准确地认识办公管理及其目的，关键在于将办公活动当作一种组织机能来看待，这种机能概括起来，就是企业中处理信息的中枢神经的活动。

3. 阐明了办公人员的概念及其任务。所谓办公管理者和办事员，就是为收集和处理事实和数据而协同努力的人员，即对组织中的方针、政策、决策方案以及各部门活动中的各种信息进行记录、传递和处理的人员。办公人员是由各种职能、职级的人员构成的，办公室主任则是专门进行办公活动的最高管理者。

4.论述了办公管理十四个方面的内容:根据经营管理的确切需要,确立办公活动的科学工作模式;要区分办公作业与办公管理;集中进行办公作业的控制;采用机械化手段处理事务;研究办公系统和办公程序;办公作业研究及其简化;为加强办公人员能力而实施培训;实行工作指导书制度;改进办公室的布局与设置;对报表实施有效控制;采用奖励制度;建立文件鉴定、销毁制度;对办公活动进行测定;采用有关办公质量和数量的标准及管理制度。

利托尔·费尔德是成熟时期的另一位代表人物,其办公管理的理论体系具体体现于1956年出版的《现代办公管理》。费尔德最早提出了"办公产品"的概念。他认为,办公产品就是信息,办公室是以生产信息产品为己任的机构。这一思想无疑是办公管理理论的一大进步。费尔德还指出,在一个机构中,无论承担何种业务、担当何种职务、属于何种级别的管理者,在某种程序上都是办公活动的参与者和管理者。这种认识使"中枢神经"的观念具体化了,把综合办公室同各业务活动中的办公活动联系了起来。这对确立正确的办公管理观念具有十分重要的意义。费尔德强调,为搞好办公管理,必须确立正确的办公管理的"哲学观念"。其核心内容是办公室作为信息源,必须以企业管理、决策的具体需要为目的,提供更多更好的适用信息,并且以满足经营、管理工作的具体需要作为选择具体的办公内容和方式、衡量办公活动优劣的准绳。费尔德对办公管理理论的发展作出了重要贡献。

综上所述,办公管理理论成熟的重要标志有以下几点:由办公室管理体系发展为办公机能管理体系;确立了办公产品是信息的思想;电子数据处理系统开始在办公活动中发挥作用;以组织整体的办公活动为管理对象;办公活动分析、办公量测定、办公技术管理及办公成本等观念和技术有所发展。

(五)现代期

办公室管理理论的现代期是从20世纪60年代至今。这一时期涌现出大量的介绍办公室管理的理论、方法和技术的著作。

这一时期办公室管理理论发展的主要特点有以下几点:受系统工程学发展的影响,办公系统被视为组织管理系统的子系统,即管理信息处理系统的思想和技术发展起来了;以计算机为核心的现代办公技术装备大量运用到办公领域,进而使以这些技术为基础的新思想、新方法逐渐取代了传统的办公管理理论,并在办公管理的理论和实践中占据越来越重要的位置;办公管理活动更加注重组织的决策和管理的具体需要及需求模式,以此来正确引导办公活动;系统的、科学的管理方法和技术已逐渐成为办公活动及其管理的普遍行为方式;各种办公活动的专门领域的方法和技术,如文件管理方法等,得到了充分的发展。

总之,西方的办公管理理论,尽管在某些方面还有不完善之处,但总体上已经趋于成熟和现代化了。其中很多经验和方法对建设适合中国情况的办公管理理论体系是十分有益的。

二、我国办公室管理理论

(一)我国办公室管理理论的形成

早在两千多年前,中国就初步形成了中央集权的多民族统一的国家,为经济、文化的发展提供了政治条件。从汉代的尚书台、隋唐的秘书省、明代和清初的内阁及雍正时设立的军机处,直到民国初年的国务院秘书厅,都带有办公室这种组织机构的色彩,并形成了从机构的设立到人员的使用,乃至实施其职能等方面的一系列制度和方法。但由于各种客观条件的限制,当时并没有形成较为系统的办公室管理理论。

中国共产党在成立初期,曾建立秘书厅、总务厅等机构。中共"六大"时有了较为详尽的《办公处规则》,并具有一大批从事此类工作和管理的人员。但当时中国共产党的中心工作是赢得中国新民主主义革命的胜利,残酷的战争环境使人们无暇系统地归纳办公室管理这种相对"微观"的理论。自新中国成立至20世纪70年代末的这段时间,由于建国任务过于繁重以及天灾、人祸的干扰,办公室管理理论仍然没有形成"气候",但是人们已经开始对办公室管理的若干理论问题进行了初步的探讨。随着历史的车轮驶入20世纪80年代,十一届三中全会确定的政治路线逐步推行,国家建设进入了正常轨道,人们在不断认识自身价值,充分发挥主体潜力以及乐业、安居的同时,开始总结、评价和研究周围的事物。办公室的管理活动也逐渐被人们认识。

此时出现了研究办公室管理及其相关理论的热潮,具体表现为各种层次、各种类型的培训班经久不衰,各种论著不计其数。应当特别提及的是,从1985年至1996年,中央有关部门召开的四次全国秘书长、办公厅主任会议,对我国办公室管理理论的确立和形成,起到了关键的作用。

1. 1985年,中共中央办公厅明确提出了中央办公厅工作的指导思想是"三个服务",即为中央服务,为各省、自治区、直辖市服务,为人民服务。同时,在业务工作上提出了"四个转变",即从侧重办文、办事转变为既办文、办事又出谋划策,从收发传递信息转变为综合处理信息,从单凭传统经验办事转变为科学化管理,从被动服务转变为力争主动服务。一时间,"三个服务""四个转变"的提法被各地争相沿用,不仅指导了各地办公室的工作,也推动了全国办公室管理理论的发展。

2. 1990年,中央领导指出,办公厅要担负起加强信息调研和督促检查的责任,并在1994年,把上述认识深化为实行"两个结合"、突出"三项重点工作"和搞好"四项建设"。实行"两个结合",即实行"一般和个别相结合,领导和群众相结合",办公厅(室)在帮助领导层转变工作作风的同时,在信息调研、督促检查等业务工作中也要深入实际,抓好典型,以点带面;突出"三项重点工作",就是在全部工作中,突出抓好信息调研、督促检查和保证日常工作正常运转三项重点工作;搞好"四项建设",就是要搞好办公厅(室)队伍的思想建设、组织建设、业务建设和作风建设。这些论述不仅是对常规办公室工作业务范围的拓展,而且强化了办公室管理的辅助决策功能,确定了它在行政管理中的地位。

(二)我国办公室管理理论的发展

2014年5月8日,习近平总书记视察中共中央办公厅并同中办各单位班子成员和干部职工代表座谈。在座谈会上,习近平总书记对中央办公厅及中办系统各单位办公室工作提出了"五个坚持"的要求。《秘书工作》杂志2014年第6期编发了《办公厅工作要做到"五个坚持"》。

1. 坚持绝对忠诚的政治品格。

"人之忠也,犹鱼之有渊"。对党绝对忠诚是中共中央办公厅(以下简称"中办")的生命线,是做好中办工作的根本点。中办没有绝对忠诚是绝对不行的。中办工作做得怎么样,可以讲千条万条,但归根到底要先看这一条。

中办要把绝对忠诚作为工作的首要政治原则,作为中办队伍的首要政治本色,作为中办干部的首要政治品质,任何时候都不能含糊。古人说,每天都要问问自己"为人谋而不忠乎"? 说的就是这个道理。

中办要始终同党中央保持高度一致,增强党性立场和政治意识,提高政治敏锐性和政治鉴别力,在大是大非面前头脑清醒、旗帜鲜明,经得起大风大浪考验,绝不能在政治方向上走岔了、走歪了,更不能走错了。只有对马克思主义信仰坚定了,对中国特色社会主义信念坚定了,对党忠诚才能有牢靠的基础,才能做到"千磨万击还坚劲,任尔东西南北风"。

精神上补"钙"不是一朝一夕的事情,要经常补、不断补。中办要筑牢思想之基,使对党绝对忠诚在思想上、政治上、行动上坚如磐石、不可动摇。

2. 坚持高度自觉的大局意识。

中办工作必须紧紧围绕大局、时时聚焦大局、处处服务大局,找准位置,发挥作用,使各项工作和服务紧贴党中央需要、适应党中央要求。

中办要围绕大局反映情况、报送信息,做"千里眼、顺风耳",把各方面的新情况、新问题,包括贯彻落实党中央方针政策的意见和建议、干部群众关注的热点、焦点问题等及时收集上来,归纳综合,分析研判,第一时间报送党中央,为党中央科学决策提供重要依据。

中办要围绕大局出谋划策、贡献智慧,"身在兵位,胸为帅谋",主动对党和国家全局工作、对党中央抓的重点工作进行深入研究,多出大主意、好主意。

3. 坚持极端负责的工作作风。

中办工作无小事,常常是大事要事交织、急事难事叠加,任何思想上的麻痹松懈、行为上的偏差纰漏都有可能影响工作运转,甚至影响大局。因此,恪尽职守、认真负责既是做好中办工作的必然要求,也是中办同志必须具备的基本素质。

中办要脚踏实地、真抓实干,说真话、报真情、做实事、求实效,不能搭花架子、做表面文章,甚至说假话、报假情、欺上瞒下,要敢于直面问题,矛盾面前不躲闪,挑战面前不畏惧,困难面前不退缩,在关键时刻和危急关头豁得出来、顶得上去、经得住考验。

中办要坚持底线思维,保持如临深渊、如履薄冰的态度,尽可能把各种可能的情况想全想透,把各项措施制定得周详完善,确保安全、顺畅、可靠、稳固。

中办要牢记"天下大事必作于细""慎易以避难,敬细以远大"的道理,无论办文、办会、办事,都要一丝不苟、严谨细致、精益求精,于细微之处见精神,在细节之间显水平。

中办对党中央作出的决策、部署的工作、定下的事情,要雷厉风行、紧抓快办,案无积卷、事不过夜,要抓住不放、一抓到底。

4. 坚持无怨无悔的奉献精神。

中办很多老同志,在平凡岗位上默默无闻,一干就是几十年,干了一辈子,也奉献了一辈子,"捧着一颗心来,不带半根草去"。这种奉献精神令人感动。

现在,有些人觉得公务员收入不高,约束又多,同在企业工作或下海经商相比牺牲了很多,认为这就是奉献了。客观地说,这也是奉献,但这种奉献只是站在个人角度来认识的。

我们共产党人讲奉献,就要有一颗为党为人民矢志奋斗的心,有了这颗心,就会"痛并快乐着",再怎么艰苦也是美的、再怎么付出也是甜的,就不会患得患失。这才是符合党和人民要求的奉献。

印度诗人泰戈尔说过一句话:"花朵的事业是美丽的,果实的事业是尊贵的,但我愿做一片绿叶,绿叶的事业是默默地垂着绿荫的。"中办的同志就要有这种绿叶精神。

中办的干部职工要正确认识苦和乐、得和失的关系,牢固树立奉献精神,养成"计利当计天下利"的胸襟,做到虔诚而执着、至信而深厚,守护好共产党人的精神高地。

5. 坚持廉洁自律的道德操守。

"贪如火,不遏则燎原;欲如水,不遏则滔天"。最大的诱惑是自己,最难战胜的敌人也是自己。一个人战胜不了自己,制度设计得再缜密,也会"法令滋彰,盗贼多有"。

"吾日三省吾身",做到严以修身、严以用权、严于律己,谋事要实、创业要实、做人要实。古人讲:"君子为政之道,以修身为本。"中国传统文化历来把自律看作做人、做事、做官的基础和根本。

《论语》中就说,要"修己以敬""修己以安人""修己以安百姓"。古人所推崇的修身、齐家、治国、平天下,其中修身是第一位的。我们共产党人更应该强化自我修炼、自我约束、自我塑造,在廉洁自律上作出表率。

中办同志要耐得住寂寞、守得住清贫。鱼和熊掌不可兼得,当干部就不要想发财,想发财就不要当干部。

中办同志要注重防微杜渐,以"祸患常积于忽微"之心对待小事、小节、小利,时刻把自己的所作所为、一举一动同中办的形象联系起来,时刻以肩负的责任警醒和鞭策自己;要坚决远离各种"小圈子""小兄弟",坚决杜绝低俗的投桃报李行为。

有的领导干部跌入腐败犯罪的泥坑,原因就是交友不慎。孙悟空把唐僧放在那,用金箍棒划一个圈,妖魔鬼怪就进不来了。自己要给自己画一个圈。

(三)我国办公室管理理论的特点

与西方相比,我国办公室管理理论主要是描述具体的办公室工作的做法和环节,或者反复论述办公室管理与某些集团活动的依存关系,似乎都在有意无意地回避我国的办公室管理理论"是什么"的问题。因此,我国办公室管理理论除了发展时间较短、没有形成明显的学派之外,在其与中国传统管理的关系、学科定位以及结构内容等方面呈现出以下特点:

1. 对传统管理的继承性。

在我国的现代办公室管理理论中,关于办公人员的素质标准是所有著作都涉及的问题。这与我国的传统管理思想,特别是儒家的管理思想是一脉相承的,即注重管理主体的素质修养与健全人格,提倡唯有完善"人格"的个体,才有可能推己及人,实现"治国、平天下"的抱负。行家普遍认为,对包括办公室的管理者在内的办公人员,应当在职业道德、知识结构和业务能力等方面有严格的要求;个别论著对办公人员素质标准的要求之高、内容之广,与政府首脑相比也毫不逊色。这不能不说是我国办公室管理理论的一大特点,也在一定程度上反映了人们对办公室人员完善人格的希望。此外,我国传统管理思想要求将内在的思想外化为积极的事功,即所谓积极入世的精神,对现代办公室管理理论中"参与政务"的提法,不能不说有着一定的影响。

2. 学科定位的准确性。

纵观我国现代办公室管理理论的形成过程,不难发现它与特定环境,尤其是政治气候有着某种必然的联系。这种联系表现在办公室管理理论受政治因素影响十分明显,即在一定的政治环境中兴起,被一定的政治因素推动,在一定的政治气候中发展完善。从严格意义上说,办公室管理属于行政学的一个组成部分,而行政学又是政治学的一个分支。因此,办公室管理理论的产生与发展,与党和国家的大政方针息息相关,与社会的政治气候的变化紧密相连。我国的行政学研究在创立之初,就把办公室的管理(或称"狭义的机关管理")作为其学科的重要内容;我国现代办公室管理理论的全部内容,包括其基础常规性的公文处理、会务组织、后勤保障以及带有辅助决策性的信息调研、督促检查和公务协调等都是为行政管理服务的。这绝不是一种巧合,而是事物发展规律在学科定位中的必然反映。正是依据这种准确、科学的定位,我国现代办公室管理理论的研究才少走了许多弯路,在兴起不久就走上了健康发展的轨道。

3. 结构内容的包容性。

(1)我国现代办公室管理理论的研究内容十分广泛,它涉及文书学、档案学、会议学和秘书学等发展较早但仍处于不断完善阶段的学科。这种包容性并不能简单地理解为学科之间的相互交叉关系,而是从本源上揭示了这些学科的产生基础,从而在一定意义上解决了一些以往较为模糊的概念。以"秘书"的概念为例,它的产生已有近两千年的历史,在这段时间中,人们总是根据自己的需要,赋予它一个又一个新的定义。特别是在现代研究中,人们几乎无法为其广泛的外延作出界定。因此,产生了秘书概念的"工作说""活动说""职业说"和"人员说"等。但这总使人感觉存在某种缺憾,其问题的关键在于"点估计"所产生的误差。在现代办公室管理理论中,第一次采用"办公室"这种有一定空间感的概念,用"区间估计"的方法,缩小了理论研究同实际工作之间的距离。采用"办公室"这个相对宽泛的概念,就使精确寓于模糊之中,人们就不必再在"什么是办公室工作""什么不是办公室工作"方面浪费过多的时间。同理,办公室管理理论对文书学、档案学以及会议学的研究也非常重要。虽然目前它还没有、也没有必要戴上"办公室学"的桂冠,但是,它仍然像一居陋室,不少名士鸿儒居住在其中。

(2)我国办公室管理理论的包容性还表现为内容的全面性。权威观点认为,办公室管理应研究如何"参与政务""管理事务""搞好服务"。所谓"参与政务",实际上就是指办公室的辅助决策功能,它显示出办公室在各种社会组织中的重要地位。因此,这也从另一个侧面印证了办公室管理理论的学科属性有其生命力。所谓"管理事务",实际上就是介入行政管理的全过程,它为办公室管理理论的研究展现了广阔的远景。"搞好服务"则反映了办公室管理作用客体方式的多样性,仅从服务层次上就可以分为以下几种:为直接领导集团服务、为所在组织和系统内的有关部门及其成员服务、为更大范围的人民群众服务。

任何理论的产生和发展都像人类社会的其他现象一样,是一种自然的历史过程。它形成于人们的社会实践,又作用于人们的社会实践。人们的主观能动性就在于发现这些"现象"的内在的必然的联系,为自身的发展服务。我国现代办公室管理理论的产生恰恰为人们提供了一种认识社会、发展自我的机会。

第三节　办公室管理的研究内容和方法

一、办公室管理的研究内容

(一)办公室管理与办公室工作

办公室管理和办公室工作并非完全相同,办公室管理是建立在办公室工作的基础上的。因此,在研究办公室管理的时候,必须首先明确二者的区别和联系。

管理,最通俗的说法是"管理就是管人管事"。古时人们将中空贯通的长条物称为

"管",以后引申为规范、准则、法则,"管"字动词化后含有"主宰""主管""包揽"等意思。"理"字古时为雕琢玉器、整治土地、治疗疾病等意思,以后进一步引申为处理事务。在当代,"管理"一词得到普遍的应用,就一般意义而言,是指一定组织中的管理者通过协调他人的活动,以充分利用各种资源,从而实现组织目标的一系列社会活动过程。管理是一种有意识、有目的、合乎客观规律的活动。开展管理活动,其前提是必须有范围和目标,通过管理人员的管理对其所管辖范围内的工作按目标进行处理。这种活动含有控制、管辖的意思。

工作是若干人员为了完成某项任务而在一定业务范围内的劳动。由于层次不同、结构各异、人员素质的差别,办公室所承担的工作和业务范围也不完全相同。尽管如此,办公室的工作不外乎包括以下三个方面:参与政务、处理事务、搞好服务。办公室的业务范围一般包括文件收发、办理公文、起草文件、制定计划、组织会议、管理印章、接待来访、检查协调、信息处理,等等。办公室管理的任务就是要从这些客观存在的错综复杂的工作以及它们的联系中找出规律性的东西,制定各种程序、规范和制度,实行计划、组织、指挥、协调、控制等,进行各项有效的管理活动。

由此可见,办公室管理是以办公室工作为依托的管理活动;从广义上说,办公室工作包括办公室管理工作。

(二)办公室管理的研究内容

办公室作为一种综合管理机构,办公室管理研究的内容涉及各个方面、各个渠道、各个层次。但是,办公室作为一个管理实体,对它的研究又是非常具体的。那么,办公室管理研究的内容究竟是什么呢?概括起来,就是研究办公室管理活动的规律性,主要包括以下具体内容:

1.对办公室自身活动的管理。

这种管理可以分为两个方面:其一是对办公室自身及其所属各个专业部门的统一管理以及对办公室人员、财物、信息、印章、日常事务等方面的管理;其二是对办公室的业务工作的管理,包括公文处理、会议管理、档案管理、统计管理、信息管理、印章管理、秘书管理、办公自动化管理,等等。

2.对办公室所属组织的管理。

办公室的特殊地位使得它处于一个立体交叉的联系网络中。办公室作为承上启下、信息集散的总枢纽,在机构设置、确定职能机构职责范围时发挥参谋作用,并且通过检查、督促、协调、控制,协助领导集团完成组织任务。

3.对办公室环境的管理。

办公室的环境是指以办公室为中心事物的条件和背景。其中,办公室的工作环境是指办公室的空间布局、室内照明、颜色、微气候(温度、湿度、通风、噪音)以及办公设备布置等因素。这些因素对办公人员的身心发展和工作效率有重要影响。办公室的环境管理就是把有效工作所要求的生理因素和工作人员对这种环境作出反应的心理因素综合起来,将有利于工作效率提高的环境因素控制在最佳状态。

二、办公室管理的研究方法

(一)系统方法

系统方法就是运用系统工程的理论和方法去分析和研究办公室的管理过程,把办公室看成一个有机整体,作为一个系统进行全面分析,以确定目标和实施方法的最优化,以求得最高效率。办公室的各项专业管理也是各成系统的,运用系统方法来进行研究会取得较好的效果。办公室管理的系统分析,不仅要从静态看系统的构成,还要从动态看系统的活动,把办公室管理看成是信息的"输入——转换——输出"的过程。由于办公室处于立体交叉的网络联系中,因此在研究中不仅要考虑办公室内部各构成要素之间的相互关系,还要考虑到办公室自身系统与周围各系统的相互关系,从而实现整体最佳的管理效益。

(二)经验和理论相结合的方法

办公室管理的理论最初都来源于实践,研究者都是从大量的办公室管理实践中概括、提炼出经验性的理论与规律。现有的办公室管理理论研究成果都是理论与实践相结合的产物。许多多年从事办公室工作的人富有经验,但缺少时间或理论概括能力,而一些专业教学和理论研究人员又缺乏实际经验,两者结合便可以取长补短。

(三)创新的方法

在研究过程中,我们要善于分析传统管理经验与现代科学管理的联系和区别,既要研究前人总结的经验,从中找出规律性的东西,又要在此过程中激发创新的灵感,充实完善现有的理论。近年来,电话、传真机、计算机进入了办公室,一些先进的办公手段还会不断被采用,办公室工作正在向数字化、无纸化和智能化的方向发展。这些变化带来的不仅是办公方式的变革,更重要的是对传统思想观念和工作程序的变革。因此,在研究中,既要尊重历史,又要善于创新;既要从现实出发,又不能故步自封、墨守成规。

(四)借鉴其他学科的科学研究方法

"他山之石,可以攻玉"。运用其他学科的科学原理与先进方法进行办公室管理理论的研究,可以少走弯路,也容易取得本学科领域的成果。我们可以运用控制论原理来解释办公室管理在行政管理中的作用;用管理学的"五大职能"即计划、组织、指挥、协调、控制来解释秘书的计划、组织与协调职能;以系统论的原理来探讨办公处理程序;以"计划评审法"来研究办公人员如何有效地组织会议;用传播学的原理来阐述办公人员的信息工作如何提高效率,等等。

另外,分析、综合、比较等科学研究方法都是在研究中必须注意运用的。

第四节　办公室管理理论与相关学科的关系

一、与秘书学的关系

近年来在我国兴起的秘书学,其理论研究的对象,主要是秘书工作的产生和发展、范畴和内容、任务和作用、性质和特点、原则和要求、改革方向和发展趋势,等等。办公室管理研究则是从办公室的整体功能出发,把秘书工作及其管理放在办公室各项工作和管理中进行综合研究的。秘书工作是办公室工作的主体,秘书学是办公室管理理论体系中的一个重要组成部分。随着研究的不断深入,办公室管理理论和秘书学将互相促进、互相补充,各自得到完善和发展。

二、与档案学的关系

文件管理是办公室管理的基本方式,办公室每天都会产生许多文件,其中有些文件在完成一项工作后就失去了作用,可以立即销毁;而有些文件在今后的工作中还具有参考或凭证价值,需要对其进行归档和妥善管理。完成现行使用价值的文件经收集和整理后成为档案。档案工作是办公室主体工作的重要组成部分。因此,作为研究档案和档案管理规律的学科——档案学中的基础理论可指导办公室中的文件及档案管理活动。此外,由于档案与文件是同一事物在不同管理阶段的两种称呼,文件是档案的前身,档案与办公室管理活动密切相关,办公室管理理论尤其是其中关于文件管理的理论也影响着档案学的发展。[①]

三、与行政管理学的关系

办公室管理理论是现代行政管理学的重要组成部分。行政管理学是研究行政管理的发展规律、基本原理、原则和方法的科学。其中机关管理又是行政管理学中的一个重要研究内容。广义的"机关",除了指综合办事机构外,还包括其他各专业部门和直属单位。狭义的"机关"则主要指一级政府为处理综合性事务而设置的办事机构,它在该级政府首脑的直接领导下进行活动,主要负责机关内部的管理活动,这种组织就是通常意义上的办公室。随着社会的发展,组织内部的机构从逐步分化到重新整合,综合性机构的作用越来越大,以至发展成有特殊意义的枢纽部门。因此,办公室管理与行政管理的机

---

① 马仁杰.秘书学教程[M].合肥:安徽大学出版社,2015:20.

理是一脉相承的。运用行政管理中的基本原理对办公室管理进行研究,将有助于办公室理论的日臻完善。特别是对于商务组织而言,如果办公室管理符合商务活动的规律,不仅可以强化办公室管理理论的研究,而且对发展现代行政管理学具有特殊重要的意义。

四、与公共关系学的关系

近年来,在我国兴起的公共关系学同办公室管理理论研究有着密切的联系。公共关系管理是一种独特的管理职能,它帮助一个组织建立并维持与公众之间的交流、理解、认可和合作;它参与处理各种问题和事件;它帮助管理部门了解民意,并对其作出反应;它确定并强调单位对公众利益的责任;它作为社会趋势的监视者,帮助单位保持与社会变动同步;它采用有效的传播技能和研究方法作为基本工具。总之,公共关系管理是一个组织运用合理的原则和方法,通过有计划而持久的努力,使自己在社会公众中树立良好的形象,以谋求社会公众的理解,促进自身目标实现的一种管理活动。公共关系学是近现代管理科学的重要发展成果。公共关系学作为一门综合性的社会科学,其形成和发展,与管理学、传播学、社会心理学、市场学等学科的新发展有密切联系。20世纪40年代以来,管理科学从单纯的技术管理发展到逐渐强调人际关系的管理,反映了现代管理从技术化向艺术化发展的趋势。公共关系学的出现和兴起,进一步将这种人际关系的管理从内部扩展到外部,追求人际关系的环境和谐与统一,将外部的联系与内部管理紧密地结合在一起,进一步开拓了管理科学的领域。国外学者认为,公共关系是经营管理中最艺术化的一个环节。办公室作为多层次、多方向、多渠道的立体交叉中心,除了需要进行有效的业务管理以外,还必须强调人际关系方面的管理,重视纵向的和横向的社会网络的建立。因此,在办公室管理中运用公共关系学的基本原理就显得格外重要。目前,有些办公室专门设置了从事公关工作的部门和公关人员,强调办公室人员要学习公共关系学,这是很有远见的。

除此之外,办公室管理理论与社会学、文书学、统计学等学科也有着直接或间接的关系。有关学科的一些基本原理和管理理念在办公室管理中的运用,不仅有助于办公室管理效益的提高,而且将直接影响到办公室管理理论体系的发展和完善。

本章思考题

1. 阐述办公室的含义及办公室管理的内容、基本功能和特点。
2. 西方办公室管理理论从萌芽产生至今经历了哪几个阶段?每个阶段的标志是什么?
3. 我国办公室理论是如何形成的?与西方相比,我国办公室管理理论具有哪些特点?

4. 办公室管理与办公室工作具有怎样的关系?

5. 如何开展办公室管理研究?

6. 搜集有关资料,阐述办公室管理与秘书学、档案学、行政管理学、公共关系学之间的关系。

案例分析

小王是公共管理专业的学生,本学期要学习"办公室管理"课程。在选课时看到这门课程,小王觉得这门课肯定既枯燥乏味,又没技术含量。"办公室这么常见,还需要专门学习吗?"小王心里嘀咕着。

开始学习后,小王发现办公室管理大有乾坤,理论与实践相结合的上课模式也深深地吸引了他,一学期下来,他对办公室管理工作有了更为全面的认识,相关的技能也得到提升。

大学毕业后,小王如愿以偿地应聘上一家大公司的办公室文员,这时他欣喜地发现,大学期间的理论学习为他的日常工作提供了正确而高效的指导,工作起来得心应手,颇为领导所赏识。

根据上述案例,请回答以下两个问题。

1. 谈谈你对"办公室这么常见,还需要专门学习吗"这一观点的看法。

2. 结合上述案例,谈谈学习办公室管理的意义。

第二章
办公室管理环境

本章导语

办公室作为社会组织的内部机构,是一个与外界保持密切联系的系统,需要与外界环境不断地进行各种资源和信息的交换,其运行和发展不可避免地受到各种环境因素的影响。办公室管理的环境是相对于办公室这个中心事物而言的条件和背景,它大到政治体制、经济制度,小到具体的办公场所,呈现出多维的特点。本章将在宏观论述办公室管理环境的基础上,重点突出社会、人文、技术与生态环境几个方面,并试图找到环境优化的有效措施。

本章关键词

办公室管理环境　办公室职能环境　办公室工作条件

第一节　管理环境概述

管理环境是指影响管理系统生存和发展的一切要素的总和。它包括外部环境和内部环境两个方面。管理的外部环境是指存在于管理系统之外,对管理系统的建立、存在和发展产生影响的外界客观情况和条件;管理的内部环境则是存在于管理系统之内的,对管理的运行和完善产生影响的组织情况和条件。一般来说,环境因素并不是管理系统的构成要素,也不是指那些与管理系统存在着间接联系的因素,而是指与管理系统有着直接、密切关系的因素。

从宏观上来说,环境可以分成一般环境和具体环境。一般环境,包括组织外一切对组织的建立、存在和发展运行产生影响的因素,如经济水平、政治条件、社会背景及技术因素等,还包括那些能影响组织但联系尚不清楚的条件;具体环境,则是与实现组织目标直接相关的那部分环境,它是由对组织绩效产生积极或消极影响的关键要素组成的。

管理生成、发展于客观环境中又作用于客观环境,组织的管理与环境有着极为广泛和密切的联系。

一、环境提供管理资源

管理可以这样来理解，它以法定的管理地位和确定的管理范围，行使对各行为主体的引导、指挥、调控、制约和对各相关要素的配置等权力。其中，人、财、物、时间、空间、信息、支持拥戴力、情感凝聚力、认同协调力以及对管理决策自觉执行的团体意识等不仅是管理不可缺少的重要因素，而且作为管理的内外环境，为管理提供了极为珍贵的资源。管理环境提供的资源数量、质量及有效性、及时性，直接影响管理的有序、稳定和发展。每当环境资源要素出现局部短缺的情况时，管理就会出现不同程度的失调或矛盾；一旦环境资源供给出现严重短缺，管理就会陷入危机。因此，管理者必须对此有清醒的认识，必须珍惜环境资源，根据环境资源的客观情况，科学合理地配置环境资源，优化客观环境的资源再生能力，使环境资源具有旺盛的生命力，使管理具有源源不断的环境资源供给基础，从而实现管理的有序、稳定和发展。

二、环境制约管理行为

管理环境为管理活动提供了必不可少的资源，但是，环境资源并非是取之不尽、用之不竭，也不是永恒不变的，更不是被动地能够由管理者随意支配的。管理环境的构成、属性、发展变化均有其客观规律性，它不因任何人的主观意识而改变。管理环境对管理行为具有制约作用，任何违背环境规律的管理行为都很难实现预期的目的，都可能在损害环境资源的同时，使管理陷入混乱和低效状态。

管理环境对管理行为的制约性，一是体现在价值取向上。管理中任何违背与环境保持和谐关系的价值取向及由此而采取的行动，都会受到来自内外环境的不同程度的抵制和阻抗。当这种抵制和阻抗积累到突破临界点时，管理与其客观环境就会形成严重的对立，管理行为也会由于不符合环境的客观规律、资源短缺而失去活力、出现危机。二是体现在行为方式上。在实践中，即使在价值观、目标及动机上是正确的，但如果管理行为不符合客观环境要素的要求，也难以取得良好的效果。这包括管理制度、管理环节、管理节奏、管理过程、管理方法和管理手段等均要适应管理的客观环境。三是体现在管理效果上。只有与各环境要素保持和谐协调，管理才能取得良好的效果，否则，就难以取得预期的成效。

在实践中，环境的制约性并不排斥管理的主动性和创新性，而是要求管理的主动和创新要以维护与环境的和谐关系为基础和前提。管理活动只有在遵循客观环境规律的情况下，才能获得管理创新的主动和自由。

三、环境表征管理成效

管理与其环境存在极为广泛的、紧密的联系，任何管理活动都是在特定的管理环境中进行的，任何管理活动所取得的预期管理成效都由内外环境资源转化而来。因此，环境状态及其变化趋势可以表现出在环境内运作的管理的成效。第一，从环境状况可以了解到管理的现实成效，如从公众的反应中可以了解管理举措的执行情况；从管理中与环境进行物质交换的协调性可以了解物质利用的成效；从与环境信息流交换的流量、内容、互利性中可以了解管理信息利用的科学有效性；从与环境能量流交换的互补性可以了解管理的生机与活力等。第二，从环境状态可以了解管理中出现的不足和问题。由于管理活动均要作用和影响其内外环境，因此，管理中的不足和问题也能从其环境中得到映射。第三，从环境状态可以预测管理未来的发展变化。如从管理内外环境的不断改善和优化，可以预测组织将会有较大发展；从管理环境的不断恶化和两者关系失调的不断加剧，可以预测严重的危机将可能出现等。

总之，管理要获得效益，就必须根据环境的客观反应，调节和改善管理行为。

四、管理对环境的适应与反应

环境处在不断发展变化中，管理环境的变化必然会对管理活动产生不同性质和不同程度的影响，既有促进性的，又有阻碍性的；既有有利的，也有有害的；既有机遇，又有风险。为此，管理要达到稳定有序的运作，就要协调其与环境的关系，就必须适时敏捷地对环境变化作出有效的反应，以趋利避害、抗御风险、接受考验、谋求发展。管理对环境的反应既有局部的、个别操作上的调整，又有工作流程、分工体系等方面的调整，还有管理制度、运作机制、组织体制等方面的调整。这就需要准确把握环境变化的实际状况、本质特征和发展趋势，准确判断管理实践与其环境的契合、协调的程度，并在此基础上果断作出有效的反应。在实践中，管理对其内外环境的反应及其所作出的调整越及时、有效，越能取得管理上的主动，越能在其环境条件变化中保持运作的有序和稳定发展。

管理环境的复杂性及其变化的不可控性使管理者作出及时、有效的反应的难度增大，这不仅需要管理者具有敏锐的洞察力、准确的判断力、前瞻性的战略眼光及果断的抉择能力，更需要管理者务实求真、深入实际，将管理自身与客观环境融为一体。只有这样，才能防患于未然，与所处的客观环境保持动态协调。

五、管理对环境的优化与干扰

管理活动无不具有明确的功利目标。当管理目标及为达到目标采取的手段与客观环境相协调、契合，并将优化客观环境纳入组织目标时，管理活动就会在促进组织发展的同时，有效地对其客观环境进行优化；当其目标与客观环境需要相对立、相冲突，甚至不惜以牺牲环境为代价而谋求某种特殊功利时，就会对环境产生干扰，破坏环境资源的稳定和有序，甚至会使环境发生变异，与管理互不相融、严重对立。

在实践中，管理对其环境的优化并非一蹴而就。优化环境需要从顺应环境、保护环境、珍惜环境资源等多个方面努力，更要注重对环境的投入并长期坚持，才能取得显著的成效。

第二节 办公室管理的环境维度

"办公室环境"实际上是一个复杂而又宽泛的概念。从总体上看,办公室环境是一个复杂的开放系统,其构成因素有物质的,也有精神的;有社会的,也有自然的;有组织内部的,也有组织外部的。其表现形式包罗万象。从历史上看,无论是社会制度的更迭,还是科学技术的进步,都会使办公室的功能环境发生巨大的变化,并由此导致办公功能、手段与成效,乃至办公观念与体制的变化。因此,我们在考察和利用办公室环境时,必须针对这些环境的作用情况和实际效果,正确地区分和处理主要与次要、一般与特殊、长期与暂时、必然与偶然、整体与局部的关系。这种区分的结果,就是对办公室环境诸因素进行总体类型的划分。

一、办公室的职能环境

办公室职能实现的过程是办公室管理运行的主线。因此,影响办公室职能实现的各种因素就是办公室管理的职能环境。换句话说,所谓"办公室的职能环境",就是决定办公室职能(功能)实现的环境因素,它是对办公室管理的基本内容、基本方式,甚至最终结果起决定作用的因素。从宏观上讲,办公室的职能环境,应当包括一个国家的社会政治因素(也称"社会环境")以及属于这个范畴的各种人文因素,如文化、人口、民族等;从微观上讲,办公室的职能环境则包括社会组织中,或者说是现行管理体制中的各种关系。对于办公室来说,妥善处理组织机构之间、上下级之间、组织与人员之间的各种关系,会在很大程度上影响其职能(功能)的实施质量。因此,研究办公室的职能环境,就成为研究办公室管理的出发点。

(一)职能环境中的宏观因素

办公活动的社会环境是开展办公室活动、实现办公室基本功能的大的背景。如果用通俗的话来概括,办公室活动的社会环境就是我们通常所说的"国情"。自中华人民共和国成立以来,我国就确立了人民民主专政的社会主义国家的国体。一方面,以生产资料公有制为基础的社会主义经济制度、人民民主专政的社会主义政治制度和马克思主义在意识形态领域的指导地位已经确立,这表明我国已经进入了社会主义社会;另一方面,我国的社会主义还处于不发达阶段,社会生产力相对发展不平衡,自然经济、半自然经济占相当大的比重,民主与法制的传统缺乏,经济文化条件落后,封建思想的残余还有相当的影响,消极腐败现象时有发生。因此,概括地讲,我国社会已经是社会主义社会,但我国的社会主义社会还处于初级阶段,还要经过上百年的时间,逐步地建立起充满活力的社会主义经济、政治、文化体制,实现中华民族的伟大复兴。

对于像办公室这种社会组织的内部机构而言,社会政治环境一般是通过管理体制对其发生直接作用的。也就是说,从特定功能方面分析,社会政治环境中对办公室活动影响较为直接的是管理体制。作为一种权力划分的制度化关系模式,管理体制是办公室活动的"框架"。作为承担社会组织内部管理职能的各级各类办公部门,一般都是社会组织的独立工作部门,它在履行参与政务、管理事务、沟通上下左右关系的职能过程中,必然要同其他机构发生各种各样的联系。当然,办公室活动的质量高低不仅取决于其他机构是否支持和配合,还取决于社会组织的内部结构是否合理、各种规则是否完善。这些将最终影响社会组织内部管理的状况,从而在一定程度上影响其社会地位。由此可见,管理体制是办公环境的核心内容。

优化管理体制的核心问题是如何确立办公部门在社会组织中的地位、作用和工作重点。在传统观念中,办公部门也被称为"辅助机构",它是为社会组织实施内部管理而设置的工作部门。这些部门大体上有三类:一是综合性机构,如办公室;二是专业性机构,如各种社会组织中的人事、财务及其他专门事务部门;三是特指后勤保障部门。这些辅助机构一般没有对社会组织中其他部门的指挥和监督权力。

然而,在实际活动中,上述传统的组织设置方法,既存在理论上的缺陷,又为实际工作带来许多不便。设想一下,如果一个社会组织的内部管理部门,并不具有对各种制度的确立权和各种内部事务的管理权,那么,它只有两条出路:其一是形同虚设,根本没有实际的功能;其二是事事由行政首长授权,这无形之中分散了高层次管理人员的精力,影响了其作用的发挥。因此,优化办公室活动的管理体制,就必须在业务职能上让办公活动主体名实相符,在机构设置上,理顺办公部门同其他工作部门的正常关系。说到底,就是给予办公部门科学的定位,即本着转变职能、理顺关系、精兵简政、提高效率的原则,结合办公活动的实际,走出片面强调依据职能和上下对应关系设立社会组织内部机构的误区,在减少内部机构数量的前提下,合并职能类似的部门,强化综合办公部门的职能并赋予其相应的权力。只有这样,才能使办公活动的社会政治环境得到根本改善,办公活动的职能才能得到实现,才能为每个社会组织的健康发展打好基础。

如果进一步分析以办公室管理为代表的管理活动与社会政治环境的作用方式,就会发现这样一种潜在的机理,即社会政治环境对办公室的"输入"集中地表现为一种"权力"的引入。也就是说,办公室必须通过各种方式,包括我国现行法规政策、社会组织的一般要求以及行政首长的授权,获得能够实际执掌、实施社会组织内部管理活动的权力。办公室根据获取权力的大小、多寡和形式确定势力范围,制定诸多以领导集团名义发布的规则,将社会组织的内部活动纳入自己的管理职能体系,进而对其进行有效的组织、协调和控制。如果管理体制不能保证办公室获得实现其基本功能的权力,办公室就会成为一种礼仪上的乌托邦,其功能也就会逐步淡化和消亡。

(二)职能环境中的微观因素

作为社会组织的内部机构,办公室除了企盼管理体制向着对自己有利的方面转化之外，更多的是在管理体制的框架之内，调整与不同利益权力群体（机构）的关系，比如改善同领导集团、业务职能部门以及人民群众的关系，以保证自身的功能得以正常发挥。也就是说，办公室与不同利益权力群体调整关系的过程，完全是出于实现自身功能的需要，是一种与环境相互作用的关系。

办公室的基本功能是实施社会组织的内部管理，这一特定功能决定了其在社会组织中的地位与作用，即围绕领导集团（机构），沟通上下左右，通过相对独立的办公活动，在各层次之间发挥综合性、辅助性的中介和纽带作用。这种由于基本功能的实施而与其他部门之间形成的上下左右关系及其作用形式，就是办公室活动的微观功能（职能）环境。适宜的职能环境，即与作用对象建立起的一种信任、和谐的职能关系，自然也就构成了办公室获取良好活动效果的重要条件。环境优化程度愈高，办公室的职能活动就愈顺畅，作用就愈显著，两者之间成正比效应。因此，办公室绝对不可轻视对职能环境的建设。

二、办公室职能环境的优化

（一）优化标志

办公室职能环境优化的标志很多，主要体现在两个方面：

一是环境信任度，即办公室职能活动对象对办公室人员的信赖程度。办公室在社会组织中的领导机构、专业部门中的职能形象越好，则越可能得到多元、多层职能活动对象的信赖与亲近。较高的环境信任度是办公室履行本职任务、取得理想工作成绩的基本因素。

办公室的环境信任度具有潜移特征，它是办公室人员在本职活动过程中所表现出的职能素养、能力、作风等，在职能活动对象思想上日积月累的综合认识的反映。这种客观反映集中体现在办公室与其活动对象双边双向的具体职能交往之中。

办公室的环境信任度还具有全方位性。也就是说，办公室人员必须同时获得多元、多层职能活动对象的信任，不能顾此失彼，更不能将某一单元、单层的信任同其他方面对立起来，如仅致力于博取某一方面（如领导人）的好感等，因为此种片面的信任度，对己、对人、对组织都会产生不良影响。这种规律实际上是由办公室职能的综合、辅助、中介特征及职能对象的多元、多层特征所决定的。

二是环境谐振度，即办公室在履行其任务过程中，所得到的其职能活动对象的支持与配合程度。如上所述，办公室的基本职能活动几乎都是在与各种活动对象的双边双向交往中进行的。那么，环境谐振度越强，职能活动对象给予的具体支持与配合越积极，办公室工作的质量与效率当然就越高。谐振关系失调，例如，你热他不热，你急他不急，你有所祈求他却消极敷衍，这些都会对办公室职能的实现造成障碍，都是办公室在进行实际工作之前和之中必须想办法排除的。

环境谐振度一般出自环境信任度。但是，后者对前者的影响又不成绝对的正比关系，两者亦不等同。具体情况下，有了较高的环境信任度，并不一定会产生较高的环境谐振度。这是因为在具体职能交往中，可能出现始料不及的主观或客观的种种干扰因素，如任务复杂艰巨、预想与现实不符、双边的理解不一、对方的实际困难、具体活动对象的素养与即时情绪，等等，这些都可能降低职能活动对象给予支持与配合的程度。

环境谐振度还具有双边共同性。办公室人员要取得较高的环境谐振度，以较好、较快地完成任务，当然首先在于以自身为主体，积极利用较高的环境信任度；其次要审时度势，从实际出发，或调整要求，或迂回处理，或给予理解体谅，通过主动、及时的努力，去化解、排除可能出现的干扰因素，尽可能争取对方的积极支持与配合。这就是说，一般情况下，谐振双方可能出现的矛盾，主导面在办公室人员自身。办公室人员在这方面卓有成效的主观努力构成办公室人员特有的一种职能素养和能力，是办公室人员获取环境信任度、创造环境谐振度的重要前提条件。

（二）优化条件

办公室人员要想有一个优化的职能活动环境，就必须注重自身修养并自觉加强环境建设。

1. 树立明确的职能环境意识。

办公室人员的职能环境意识内涵有两层意思：

第一，职能环境是办公室活动的基石。任何社会活动都有自己的舞台，任何人都是在特定的舞台上进行职能活动的。从实质上讲，这个活动舞台就是办公室自身职能性质所规定的要与之发生密切关系的多元、多层职能活动对象群，这些对象群是办公室人员完成职能任务不可或缺的支持者、合作者。离开了职能环境，无所谓职能活动；没有一个良好、适宜的职能环境，就难以顺利完成任务。

第二，树立明确而开放的环境范畴观念。办公室活动的综合性、辅助性，限定了其活动对象是社会组织的领导、职能部门和群众。但如仅就其活动的辅助特性而言，在这多元、多层的活动对象群中，社会组织的领导集团和领导人又是其主要的职能活动对象及服务对象。准确地说，办公室是因辅助领导集团或领导人的管理活动而与社会组织职能部门发生职能关系的。办公室以领导为服务主体，在领导与部门之间起中介作用，表现为为部门服务。

办公室职能环境范围还应是开放的。社会组织内的领导、部门及群众只是办公室日常的、基本的活动对象，而不是全部。社会组织的办公室人员在履行职能时要随时准备同社会组织之外的在上、平行、在下的社会组织及个人发生工作关系。一般讲，办公室的职能活动范围是广泛的，其职能活动对象也是开放的。封闭的职能环境观会局限办公室人员的视野，缩短活动半径，限制办公室活动潜力的释放。在社会日趋开放的今天，开阔的职能环境观念、宽广的职能活动舞台是一个称职的办公室人员做好工作的重要条件。

2. 提高素养是优化环境的关键。

办公室的职能环境是客观存在的,办公室与环境客体之间所呈现的关系状态于相对稳定之中又显示变化,这种变化或有力促进办公室工作,或对办公室活动施以负面影响。如前所述,办公室自身是变化着的这一矛盾同一体的主导方面,要克服负面影响,关键在于办公室的主观努力。遇到干扰时,办公室人员首先应该冷静自省,不能一味怨天尤人,那样不仅于事无补,反而会导致恶性循环。为此,办公室人员要从以下两个方面努力:

第一,注重主观修养。办公室人员较为优化的职能环境,相当程度上是其较好的综合素养在环境关系中的体现。办公室人员较高的政治觉悟、思想水平、服务精神、工作艺术、作风素质都会在环境客体思想上烙下良好印象,相应地体现于他们对待办公室人员的外观态度上。办公室人员只有不断提高自身综合素质,才可能赢得并增强环境客体对自己的信赖与支持。

第二,灵敏反应,及时调节。办公室职能环境的状态是主客双方情态化合之后的关系表象。在复杂的职能活动中,双方情态都会因时因地而呈现出复杂的表现和变化,各种必然和偶然的、有利与不利的因素,随时都可能渗透其间而起作用。办公室人员要具备敏锐的观察和感知能力,及时发现,准确判断,最大限度地排除不利因素、减轻干扰,利用有利因素,扩大一致面,力求双边关系达到"1+1>2"的效果。这除了要求办公室人员严于律己,适时适度调整自己的言行之外,还要求他们知人知事,善于有针对性地缓和以至化解矛盾,力争对方自觉而积极的支持与配合,把双方的思想与行动聚集在看似办公室工作、实属组织管理的工作之中。

第三节 办公室工作条件的改善

一、办公室工作条件及其基本要求

(一)办公室工作条件

在对办公室管理的社会与人文环境、技术与生态环境等职能环境进行了较为详尽的分析之后不难发现,这些环境及其状况对于办公室基本功能的形成和运行是至关重要的。甚至可以说,如果没有办公室的职能环境,就没有办公室的职能(功能),同时,办公室的职能环境(因素)在管理体制框架中的基本状况也决定着办公室功能的实现状况。

毫无疑问,办公室的职能环境是办公室基本功能产生和存在的前提。但是,从办公室基本功能的运作过程上看,如果没有办公用房、办公用品、办公设备、人力以及财力等,办公室及其各项管理活动就失去了生存的基础。此外,这些技术—资源环境的状况,在某种程度上也将决定办公室管理活动的质量和效果。回到第一章第一节的办公室功能维度坐标系,在办公室管理活动的三维空间中,如果缺少了技术和资源(Z轴)的支持,整个管理活动就会近似于一个平面,而平面中的任何运动都缺乏立体空间的内涵。准确地讲,用平面运动的方式不能全面地反映和解释包括任何管理现象在内的社会现象。

20世纪80年代中期,在西方已经出现了一门以研究办公室活动的技术—资源环境为内容的科学,也就是人们通常所说的"人类工程学"。所谓"人类工程学",就是把有效的办公室活动所要求的生理因素和说明办公人员如何对这种环境作出反应的心理因素综合起来,从外观、视觉、听觉、空气以及安全、保障等方面来研究办公活动的技术和资源环境的科学。其中,外观环境是指作为办公场地的建筑物的实体特征,包括墙壁、天花板、地面、窗户、支柱及覆盖物,此外还包括办公用具和装饰物(如绿色植物等)。办公活动的外观环境是通过形、色和位置等因素对办公人员的心理状态产生影响的。因此,合理地布置办公场地、正确地选择办公空间的颜色以及适当地美化和装饰,就成为改善工作环境的必要措施。视觉环境是为完成办公活动而提供的采光系统。改善视觉环境,主要包括合理地利用自然和人工资源,在满足工作需要的前提下,尽量达到办公人员所希望的视觉和情绪效果。听觉环境是指影响办公活动的各种声音条件,其中有些是有益成分,如和谐的音乐、愉快的交谈等,但更多的是有害成分,主要是指各种噪音。改善听觉环境,除了要使办公活动尽量避开室外噪音(如汽车等)外,也要高度重视室内活动(如办公设备等)所产生的噪音,以保持正常的办公活动状态。空气环境是由空气的温度、湿度、流通与净化状况形成的办公活动空间的空气质量。改善办公活动的空气环境,主要是通过使用空气调节设备和适当改善建筑条件来实现的。此外,改善办公活动的工作环境,还应注意排除办公活动场所的各种安全隐患,如火、电、重物等。

(二)办公室工作条件的基本要求

办公室人员都希望在良好的办公环境中工作,以提高工作效率,这就要求优化工作条件。简言之,就是通过对办公室自然环境加以合理的设计、控制和组织,使其达到最优状态。那么这种最优的状态有什么标准呢?这些标准主要包括以下四点:

1. 方便。

办公室的布局应该力求方便,以争取时效,如相同或相关的部门应尽可能安排在相邻的地点,以避免不必要的穿插迂回,便于工作的密切联系和同步进行。一个高效的办公室,并不一定要有昂贵的设备,只要适当地放置一些工艺品或花草,也可以改善办公室的环境,但要注意布置不要流于粗俗,否则会影响整个组织的形象,因为办公室往往是一个组织的"窗口"。

2. 舒适整洁。

光线、色彩、气候、噪音、工作间的布置等在不同程度上对工作人员的情绪都会有所影响,所以对一个办公室来说,很重要的一点就是舒适整洁。整洁有序的工作环境有助于提高工作效率。办公室里,包括办公桌上、柜橱内等,不要放置与办公无关的东西。办公文具的摆放要井然有序,凌乱肮脏的工作环境不会产生令人满意的工作效率。

3. 和谐统一。

办公环境中如果能有一个和谐的人际关系,就能激发工作人员的团队精神,取得最优的工作效果;如果办公桌椅、文件柜等办公室用品的大小、格式、颜色等协调统一,不仅能增强办公室的美观,而且能强化成员之间的平等观念,创造出和谐一致的工作环境。

4. 安全。

保证组织的物品安全和信息保密是办公室人员的重要职责之一,也是优化办公环境不可忽略的一个原则。布置办公室时不仅要留意附近的环境和办公室存放财物的安全,更要重视相关的信息,如纸质文件、存储在计算机里的数据等的安全和保密。

二、工作场所的安排

(一)办公室工作场所的设计与布局

设计一个新的办公大楼时,诸如支柱、楼梯、电梯、雇员的休息室、食堂等基本建筑结构都需要设置得称心如意。但是在通常情况下,许多组织并不具备设计和建筑一个全新建筑物的实力,而只是租用,在这种情况下建筑物的实体结构就是现成的,组织在设计工作区和工作环境的布局时,也就要围绕原有的、固定的格局来进行。

1. 按部门或职能组织布局。

在按部门设计工作场所的布局时,应遵循以下原则:与公众频繁接触的部门应位于靠近控制区的地方,或者直接通向走廊,以减少穿过公开工作区的次数。比如人事部门和采购部门经常与外界接触,应靠近接待区;业务部门,如销售部门,应接近行政管理区;审计部门则可以位于离行政区较远的地方。

尽管计算机和其他办公自动化的处理方法已经使组织机构的模式发生了许多变化,但具有专门职能的基本组织单位仍然是部门。常规的部门设计多具有分隔的特点,有时把工作区分成组或用墙壁隔开。对这种设计风格持批评态度的人们认为这种设计妨碍了工作的相互作用和交往,也阻碍了部门间工作运行的进程。为了克服所批评的这种按部门组织布局的不足之处,便产生了开放式布局的构思。

2. 开放式布局。

办公室"开放式布局"的概念始于德国。开放设计也被称为办公场所的"美化布局"或"灵活布局",即按照工作职能、业务活动和技术来确定个人工作中心、工作小组和部门的布局。20世纪80年代,在美国大约有30%的办公室工作人员在美化了的办公室环境中工作,而在20世纪90年代60%~80%的办公室人员已在类似的环境中工作。

(1)开放式布局的特点有以下三点:

①这种布局里没有私人办公室。工作空间是通过安排可活动的物件来确定的,比

如办公桌、椅、屏风、书架、盆栽等，而不改变固定的设施，比如光照装置、暖气管道、隔墙或地面覆盖物等。

②每次进行工作间布局规划时并不考虑窗户或其他常规结构的限制，而是以信息流和工作运转的自然路线所形成的不统一的款式来安排的。

③工作人员的地位更多地是由分配给他们的任务而不是由他们的位置来确定的，比如较高级的行政人员可以有较大的办公场所及不同颜色、不同形状的办公桌，但除此之外，就没有其他可以看得见的等级标志了。

(2) 开放式设计的种种特点为各组织机构带来了许多好处，所有这些好处都有助于降低成本、提高工作效率。开放式布局有以下六个优点优点：

①能源成本的降低。由于减少了办公室之间的墙壁，照明设备就更有效率，只需不到原来20%的装备就可以向一定的区域提供照明。另外据估计，属于开放式设计的光照系统大约能减少40%的能源消耗。

②建筑成本的降低。开放式设计系统可使建筑成本节约50%。

③开放式的办公室中，空间利用率大大提高。在美化布局的办公室中，场地利用率为80%~90%。

④办公场所使用面积需求量的减少。由于开放式设计提高了空间利用率，使用地面可减少20%~30%，因而其租用成本大大少于传统的固定墙壁的办公室。比如，通过使用可利用空间集中储存，开放式设计不仅减少了每个工作间所需要的总使用面积，也为各个工作间提供了更有效的工作区域。

⑤重新布局的灵活性。开放式设计的办公室，与传统的办公室相比，其家具和设备的成本要高一些，但其重新布局较为灵活，重新布局的成本也大为降低。

如果按照新设计方案对各办公室进行重新布局，其平均成本相当于对有固定隔墙的办公室进行重新布局平均成本的1/8~1/40。这就增强了对办公室进行布局的灵活性。

⑥排除交流的心理障碍。员工对他们工作场所的感觉好坏直接影响其工作效率的高低。因此员工对工作场所的感觉好坏也就成了办公室开放式设计成功与否的标志之一。拆掉了办公室的墙壁，管理者和员工之间交流的障碍减少了，员工感觉到他们可以更自由地进入管理者的工作区讨论问题；管理者同样有了更多的机会和员工接触，有更多的机会观察员工，以便管理工作更好地进行。

(3) 有调查显示，办公室3/4的工作人员都认为，如果办公室的条件改变一下，他们的工作效率可以更高。大部分的办公室工作人员把单独办公和无噪音的环境列为理想工作条件的两项最重要要求。但粗劣的开放式布局设计与这两项要求尚有很大差距。那么，开放式布局的弊端到底有哪些呢？

①缺乏单独办公的机会。开放式设计剥夺了员工单独办公的权利，特别是在他们处理个人事务时。另外，由于不再有私人办公室，某些管理者感到降低了身份和地位，有

些工作人员认为,在一个这么大的区域里跟这么多的人在一起工作,容易分散精力,很难进行机密的工作。有些工作人员还感到他们总是处于某人的监视之下。基于诸如此类的议论,某些单位采用了从地面起到天花板的隔板来代替原来较低的、可活动的嵌板,这样就创造出了一种相对封闭的房间。

②噪音太大。办公室工作人员对高噪音提出抗议是因为隔壁工作人员的谈话声、机器设备声以及电话铃声严重干扰了工作。有些单位因此采用安装隔音的天花板、隔板和在地面铺地毯等许多控制噪音的方法。

此外,某些单位在从传统的固定隔间的办公室转换成开放式设计的时候,没有很细致地设计他们的办公场所,如建立了太多的排列混乱、切断工作人员之间的交往和必要谈话的小格子,等等。

现在很多公司已经意识到开放式设计对于某些行政部门,比如对于法律部门和会计部门来说是不合适的,因为这些部门要求高度保密和集中,开放式模式会使这类部门无法有效地进行工作。

(二)办公室布置和办公桌的摆设

一名办公室人员要领会上司对于办公室整体布置的要求。为了创造一个更舒适的工作环境,办公室布置和办公桌的摆设就显得非常重要。你的工作习惯及你所营造的办公室环境将显示出你属于哪一类的人。当然你可以按照你自己的性格来安排你的工作环境,但是如果你认真考虑了办公桌的摆设、工作柜的排列、办公室的清洁及房间管理的责任,无疑将会提高自己在别人心目中的地位,为自己工作的开展创造良好的人际关系。

1. 办公室的直接工作空间。

办公室人员的直接工作空间设计主要是各种办公设备的布置,包括办公桌、椅子、书架、文具、书籍、电话及计算机等设备。这个直接工作空间是由工作人员亲自布置的,布置时要使自己觉得舒适,这样可以提高工作效率。另外,如果是为上司布置工作空间,还要考虑到上司的工作需求、工作习惯及其对办公室环境的预期。

(1)办公桌。办公桌大小要适中,以足够放置常用的办公用品,并有空余的位置进行工作为好。工作人员要安排好办公桌上的东西,将最常用的物品,如电话、文具盒、便笺等,放在不必起身就可以拿到的地方,离办公桌不远的地方则可放置常用的参考书和文件盒。办公桌应尽可能少放东西,桌上所放的材料应以够用为度。办公桌的抽屉里可以有序地放好信封、公文纸、订书机、复写纸、胶水、涂改液等。

(2)办公椅。办公椅应有靠背,让人坐得舒适。旋转椅可以调节方位,既方便工作,也可以缓解疲劳。

(3)照明。办公时,合适的光线十分重要,亮度不足容易引起眼睛疲劳、头疼、困乏,甚至出现工作上的失误,特别是在做校对这样精细的工作时,足够的亮度更加重要。自然采光最为理想,手写时,亮光应来自左方;打字时,光线应来自两边。

(4)计算机等办公自动化设备。以计算机为代表的办公自动化设备是现代办公室直接空间的重要组成部分。这些自动设备一般应有独立的存放空间,与设备有关的资料和参考书等也都应放置好。如果同一个办公室的人员需要共同使用这些设备,放置时应考虑摆放位置。

(5)办公桌的布置。虽然你无法决定办公室的主体设计,但你的办公桌完全在你的控制之下,你可以使其达到最有利于工作并给人良好印象的效果。如何布置办公桌呢?下面这个方法,不妨试试:坐在你的桌子旁,面对桌子上的东西,伸直人的双臂先双手合拢,然后在大约高于桌面二十厘米的位置画个弧形,注意手臂在运行中能覆盖的桌子面积,然后在这个大小的范围内,你可以安放与你的工作有关的一些物件,也可以把刻有自己姓名的牌子放在那里,或者放一盆花或一两件不显眼的装饰品。但应注意你的办公桌和椅子及其周围都应该保持整洁,防止杂乱。

电话——如果你的电话不是装在便于使用的地方,比如你习惯使用左手,而电话却被装在你的右边,这时你应该请求改变位置。

参考书——你的参考书应该放在桌子上面或者你伸手可以拿得到的抽屉里,以便随时使用。

办公桌表面——有可能你喜欢给你的办公桌表面盖上玻璃板或者蒙上一层塑料,但为了你的眼睛的健康,办公桌表面最好不反射光。

文具用品盒——文具用品盒可以用来存放纸张。你还可以准备一个敞开的文件夹来存放需要整理的速记资料、等待上司签署的文件、已经阅读的文件、处理完毕的计划或者其他材料,等等。

办公桌抽屉——办公桌抽屉内物品的摆放也是十分重要的。例如,胶带纸或其他胶质材料能把抽屉内的物件粘在一起,要注意妥善放置;印泥盒应该放好,印泥上层应浸透墨水。通常办公桌上会有一个带锁的抽屉,你可以用来存放私人物品或有保密要求的东西。你还要经常收拾抽屉,及时清除没有价值的东西,使内部井井有条。

在公司里,如果你的办公桌面收拾得十分干净利落,将给人留下一种善于组织、工作井然有序的印象。办公桌上一无所有,并不意味着高效率,因为办公用品的摆放可能不便于你平时使用。但如果办公桌面乱七八糟,则是绝对不可能高效工作的。办公室人员一定要把自己的办公桌收拾得干干净净,因为这既是门面,也是良好心境的表现和工作高效的源泉。

2.办公室日常维护和办公室美化。

(1)办公室的日常维护。

以下几条是办公室人员应该注意的:

办公室需要全面打扫的时候,应该通知管理部门的负责人,告诉他办公室需要彻底打扫。在每天下班之前要离开办公室时,留一张便条给清洁工人,要求他们认真地打扫室内的死角,如积满灰尘的照明灯罩。定期给电话拨盘和电话听筒的两端消毒。装在书盒里的书必须摆放整齐,没有灰尘。调整好百叶窗,使其保持一致的角度,还要根据百叶窗调整的情况,注意调节电灯光线。暖气、空调、通风或音响系统等设备出现异常情况时,必须立即通知有关部门或管理人员。如果你有权力对办公室的布局进行安排,记住,最好不要和别人面对面坐,更不要和你的上司在一个房间里。房间里的办公桌等物件要合乎规律地放置,不要在通向上司办公室的路上设置不便行走的障碍。办公桌、椅子,特别是客人坐的椅子,不应该放在灯下,以免他们的脸直接对着光源。

(2)办公室美化。

现代化的办公室布置称作"办公室美化"。现代办公室里没有墙壁,除了可以移动的隔板以外,是个大的敞开的空间。各种高度的屏蔽隔板能使办公室工作不受干扰;彩色的组合器具可根据需要组合成最适宜的形状;地毯和现代化装饰品,自然的或人工的植物都会给人一种舒适的感觉。当然要想达到这个效果,在布置前必须认真研究工序情况。

在具有悠久历史的办公室里,许多公司都租了一些油画及工艺品,并不定期进行更换。如果除了工作需要的基本用具以外,公司没有提供其他的东西,那么色彩鲜艳的油画或工艺品将会因改变单调气氛而受到欢迎。但是做任何事都要把握好度,业余的工艺美术品、费尽心机的花卉布置、由孩子画的图画、大加渲染的廉价宣传品等与办公室环境是不协调的,不仅不能增加美感,反而会使你的办公室显得粗俗不堪。

三、办公室环境的健康与安全

健康与安全是办公室环境中一个重要方面。虽然这主要是为了满足办公室工作人员身体方面的需要,但健康与安全的工作环境确实能给予工作人员一种精神上的安全感,这种环境使员工们情绪稳定,没有后顾之忧,有利于工作效率的提高。

办公室人员大都从事办公室行政事务,几乎没有可能接触各种严重的工业危险,所以办公室的健康与安全相对来说比较简单。但是,潜在的敌人是最难对付的。工业危险如接触剧毒化学药品、开动机器等,虽然很危险,但由于人们对此深为了解,各种防范措施也就比较到位。办公室的安全问题是潜在的,稍不留神就可能发生事故,让人防不胜防,如滑跤、绊倒这类事故就超过了办公室事故总数的一半。造成事故的内部原因有很多:不恰当地使用设备或错误地操作设备;办公楼内的碰撞或障碍;掉落物品,特别是在翻倒档案柜时;火灾与电的故障问题;胡闹与荒诞行为等。办公室外部常见的危险包括通道、走廊、大厅和楼梯没有灯或者照明很差,人容易因看不清而摔倒;无照明的停车场容易发生抢劫;单位的大门没有上锁容易发生盗窃等。

(一)办公室的潜在危险与安全的工作习惯

了解这些潜在的办公室的危险,可以减小发生类似事故的可能性。办公室人员还应该培养安全、正确的工作习惯,以使办公室工作的危险性降到最低限度。

1. 办公室潜在危险。

(1)布局安排不合理:

布局过度拥挤;办公家具和设备摆放不当;拖拽电话线或者电线;档案柜橱阻挡了通道;家具或设备有突出的棱角;楼梯踏步平板破旧或损坏;楼梯上的扶手缺失或损坏;地板容易打滑;包裹、行李或者家具挡住通道;柜橱顶端抽屉堆放的东西太多导致其倾倒;站在旋椅上取放东西等。

(2)设备使用不安全:

在不会操作和没有指导的情况下使用设备;使用破损或危险的器械;使用拖得很长的电线;使用松开和损坏的接线;使用负荷太大的电路;使用松开或者缺失的保险板;抬举重物;已发现的危险记录不完全等。

(3)缺乏完备的防火设备和措施:

安全出口被阻塞;没有灭火或火灾疏散注意事项;灭火设备已受损坏;防火门被锁住、打不开或者平时就让其开着;用柳条编的废纸篓作烟灰缸;随便放在屋内的没有封口的清洗液;许多废纸堆放在办公室内的一角;当发生火灾的时候,火灾警报或者灭火设备失灵等。

2. 养成安全的工作习惯。

(1)合理安排布局:

合理设计办公室的布局以减少发生事故的危险;将办公家具和设备排放在安全的位置;确保走廊、楼梯等是安全的,没有易燃品或者其他杂物堆放其中;档案柜的放置要保证安全;要取位于高处的文件或者其他物品时使用折叠式工作梯;要保证烧开水和准备热饮的场所远离工作地点。

(2)知道基本的安全知识:

阅读并遵守操作说明;知道如何在紧急的情况下截断电源;避免从插座到机器的电线过长;安排机器进行定期保养和维护,如果机器不能正常工作,不要摆弄电子器件部分,应打电话请技师来修理;将机器的异常和损坏情况毫无耽搁地进行汇报;检查机器的危险部位是否都装有保险装置,尤其是裁纸机;将机器稳固地放在桌上或台上;使用手推车来移动笨重的机器或设备,但是不要试图抬起太重的东西。当把重物从地板上抬起的时候,如果你能够弯曲膝盖、保持背部绷直,你一定会感到省力;保持所有的安全出口清洁、没有杂物,以确保它们在紧急情况下能够立即使用。

(3)确保所有的职员都必须知道发生火灾该怎么做:

如何拉响火灾警报器;如果有要求,应该知道如何使用灭火设备;知道在建筑物外面的什么地方集合;知道哪条是最短的撤离到集合地点的路线,如果最短的路线被阻塞,知道还有哪些路线可以使用;如果电器设备着了火,首先要做的是马上切断电源,而不是先灭火;关上发生火灾的房屋的门,如果可能的话,把窗户也关上;将防火门关住(除非消防队允许将防火门用自动装置打开)等。

(4)注意防火:

要处处留心建筑物任何部位的冒烟现象;要保证吸烟者使用烟灰缸,不会将烟灰、烟头丢在废纸篓里;要确保大罐的、易燃的涂改液或者清洗液在不使用的时候锁在通风良好的房间里或者金属柜里;一定要将易燃的纸或者信封等放在废纸篓里,并定时取走进行处置;经常检查和维护火灾报警器和灭火装置,定期安排全体员工的消防演习,要训练几名员工成为火灾监测员。

(二)有关办公室环境健康和安全的立法

办公室环境的健康和安全,不仅需要办公室人员的维护与关注,更需要国家和政府通过立法的形式加以确立。以下我们就以英国有关办公室环境健康和安全的法律、法规为例,来看一下相关的信息。在这里之所以选择英国是因为它在这方面的立法比较健全、完备,更具有代表性。

1. 1963年的《商店和铁路办公室法案》。

这一法案对于办公室有效管理和运作非常重要。

(1)法案规定所有房屋必须保持干净,地板至少每周打扫一次。接着法案讨论了过分拥挤的问题,规定每个员工不得少于三平方米的地面空间——包括家具和设备占地。在所有雇员长期工作的房间里,必须采取措施保持适当的温度。如果工作一小时后,温度还低于十六摄氏度,这是不允许的。

(2)要提供适当充分的照明。

(3)要充分供给循环的新鲜空气或人造净化空气,保证办公室通风。

(4)对于员工经常出入的地方要有适当的便利设施和洗涤设备;办公室要供给冷热自来水、肥皂和干净的毛巾;办公室必须供应喝的水;办公室要有适当的地方挂衣服;办公室要有烘干衣服的设备。所有的屋子都应备有急救箱。

(5)为那些通常坐着干活的员工提供座位,在设计座椅时,其性能及尺寸应适合该员工及其做的工作。

(6)办公室人员有责任保证经手的资料、文件及分配的设备的安全:

涉及人事或该公司未来计划的机要档案要严加保管,防止未经批准的人员和外来者看到;涉密档案在不用时要谨慎锁入柜中,同时要清楚地标明"机密",以表明这些档案所属的安全防卫级别;机要档案最好置于文件夹中,这样别人就不会直接看到;如果机密文件需要复印或复写,秘书应监督这项工作以保证文件内容不被泄露,还要特别当心有机密文件内容的复写纸和复写纸碎片,因为从这些东西上可能推断出机密的内容。当机密文件不再需要时,可用碎纸机进行处理;如果有未经授权的人问及机密情况,办公室人员应机智地回避这个问题,并巧妙地阻止该人到别处询问;贵重物品,如钱和文件应锁在保险箱内,钥匙应放在一个只有雇主及其秘书知晓的安全地点。办公室人员应保留一份物品清单,即办公室内全部设备的书面记录,因为它可以为审计者提供一份永久性的记录。办公室人员应定期进行办公室设备的盘点。如果有人要借用任何设备,一定要将借者的名字记录在物品清单上。

办公室人员晚上离开办公室或在特殊情况下必须离开办公室一段时间时,应将办公室锁上。只有雇主和治安员才有开门的钥匙。

2. 1974 年的《工作中健康与安全法案》。

该法案从 1975 年 4 月起实施,是对 1963 年的《商店和铁路办公室法案》的补充。1974 年的《工作中健康与安全法案》是一个全面而综合的法律系统,其着眼点是处理工作环境中的健康和安全问题,这部法律不仅关注了工作场所中的每一个与具体工作有关的人,而且认同雇主与雇员都应负有责任,这在相关法律中是第一次。

(1)《工作中健康与安全法案》的宗旨在于保证人们工作时的健康、安全和福利;保护这里的人员,不致因工作活动中产生的危险而受到健康和安全的威胁;控制易爆品、高度易燃品或其他危险物品的保存与使用,全面防止非法获得、占有及使用这类物品;防止从房屋内散发有毒或难闻的气体到大气中。

(2)与 1974 年的《工作中健康与安全法案》的精神一致,每一位雇主都必须保证工作场所的所有员工的健康、安全和福利。这就意味着必须建立和采取必要的安全措施以最大限度地减少其员工发生危险的可能性。这样的措施包括以下几点:

提供在诸如发生火灾的紧急情况下的安全通道;安全的工作环境;安全的和维护良好的设备;提供必要的保护性工作服储备;提供必要的安全存储设施;提供充分的安全信息;提供一定的训练和监督管理。

另外,雇主对于员工还负有其他两项重要的责任:

一是就健康与安全问题发布一个总体政策的书面报告,并就其实施和修改作出安排(员工也有权利从其雇主那里得到这样一份政策报告)。

二是从工会员工中任命一名安全代表,这名安全代表同样被雇主认可,并可以作为全权代表与其进行任何形式的谈判。

(3)安全代表并不需要特别的资格,但是必须在公司工作至少两年。当然,安全代表为了履行其职责,如果能接受某种形式的培训将是非常理想的。安全代表的职责包括以下几点:

调查应由工作场所的员工来报告任何形式的潜在危险;调查任何报告上来的有可能危及健康的、不安全的工作实践、惯例或状况;对工作场所进行定期的检查;就安全与健康问题与督察员进行任何形式的磋商。

(4)大多数的大公司都设有安全委员会,被选举出来的成员将定期开会商讨安全问题。在未设安全委员会的公司,如果有两名及以上的安全代表提出书面申请,公司就有法律义务设立委员会。

(5)雇员应适当注意自己的健康和安全以及其他人的健康和安全;与雇主或者任何能使雇员完成职责的人合作;禁止滥用任何为自身或他人的健康与安全而提供的物品;穿具有保护性的工作服,并遵守任何管理规章。

3. 1992年的《工作场所健康、安全和福利法令》。

在这部法令及其他相关法律规范中规定了公司的管理者必须提供以下服务:

(1)机器的维护。公司必须定期维护机器,包括必要的检查、测试、调试、润滑和清洁;必须排除任何潜在的故障,在故障未排除之前任何人不可以使用;必须存有记录以确保系统得到适当的控制。

(2)通风。公司必须提供有效合适的通风设施。

(3)适宜的温度。工作间必须有适宜的温度(至少十六摄氏度),即使工作需要消耗大量体力,温度也应在十三摄氏度以上。办公室必须有温度计,并且放在便于人们取放的地方,以便于随时测量温度。

(4)照明。公司必须有合适和充分的照明。合适充分是指照明要能够使员工正常工作、使用设备和从一个地方走到另一个地方而眼睛不会感到疲劳。

(5)清洁。工作场所每一处都必须保持清洁。地板和室内通道一个星期至少要清洁一次。

(6)办公室空间。办公室必须有充足的地面面积、高度及空间,以确保健康、安全。办公室的标准应该是天花板距离地面必须两米,地面面积五平方米,这样才能提供十立方米的空间。如果房间的高度是三米,地面的最小面积应该是三平方米。当然实际情况可能是房间会大一些,在标准的房间工作的人可能会少一些,这是由于办公室内摆放的东西及其布局与承担的工作性质不同而造成的。

(7)舒适的座位。办公室应给工作场所中必须坐着进行某种操作的人提供舒适的座位。工作台必须安排得合适,以使每项任务都能顺利执行。办公室里的座位必须有安全和舒适的后背。如果员工不能舒服地踏在地板上,则必须给他们提供歇脚板。

(8)卫生间。办公室必须提供位置适宜且充足的卫生间。

(9)洗涤设施。必须给员工提供位置适宜且充足的洗涤设施,还应该有干净的冷热水供应。

(10)饮用水。办公室必须给工作场所中的所有员工提供充足、健康的饮用水。

其他相关细节在由英国皇家文书局负责健康和安全的委员会出版的此法案的实施细则中。

4. 1971年的《火灾防范法案》。

这个法案是用来指导所有工作场所的火灾防范的。公司必须从消防局那里获取一份消防合格证,这份合格证的主要内容有撤离的方式、灭火装备及火灾警报系统等。

(三)办公室安全系统

一个公司内部通常会对安全问题有严格的要求,对各个具体的工作部门和工作环节都作了明确的规定。

1.公司内部人员的流动。

(1)如果员工在有高度安全要求的装备物周围走动,一定要随身携带或佩戴由公司发放的贴有个人照片的工作证。

(2)有的公司的员工可能要求佩戴标记卡,以便于顺利地通过某些有严格限制的区域。在某些要求高度安全的装备物前,装有电子装置的标记卡会激活安全密码锁,这样工作人员可以很方便地通过这些特殊区域,这种做法有效地保证了公司的安全。

(3)所有的员工都应该在他们的汽车挡风玻璃前展示他们的停放许可证。这种停放许可证任何时候都可以帮助识别进入停车位的车辆,尤其是在大量的车辆涌入的时候。安全检查人员可以通过识别的车辆随时和其主人保持联系。

2.公司的访问者。

(1)如果访问者开车来到一个公司的大门前,通常会被拦住接受安全检查。门卫会就一些细节问题,比如姓名、所在公司、经营性质及其想见的人进行询问和登记。在任何访问者进入之前,所有的问题都应该问清楚。如果是预约,进入许可可以提前发出。有时门卫也会给访问者发放标记卡,这种标记卡必须经过签收,在办公场所内部,访问者要一直佩戴着它,访问结束离去时必须交还标记卡,同时访问者将被引导到停车场。

(2)步行来的访问者在接待处将首先接受检查,然后发放标记卡,以确认其身份。

(3)这样的防范措施对于公司的安全是非常必要的,因为公司有发生危险的可能性。在发生恶性事件的时候,公司门口和接待区域会留有所有访问者的详细记录,以便在必要的时候能够查询。

3.计算机的使用。

(1)由于越来越多的办公室人员开始使用计算机设备,安全防范措施的建立就变得非常重要。关于信息利用,现在倾向于发放有规律变化的个人身份识别密码,这样某些员工使用中央系统的信息就会受到限制。这一措施主要是根据实施其工作所需要的信息级别的不同而制定的。另外,为加强保护,某些计算机终端是"哑"终端或非智能终端,这意味着员工可以在计算机的屏幕上看到所需要的信息,但是无法对其进行任何形式的修改,更无法将其从终端删除。

(2)一个中央计算机设备的系统管理使得监控计算机终端的使用成为可能,因为每一位用户联机和停止联机的次数将被记录下来,这种记录还包括其他与系统使用相关的信息。公司将会给员工分配个人磁盘空间并及时对其进行监测,以便于根据要求增加或减少磁盘空间。这样的系统管理不仅加强了系统的安全性,也提高了总体的管理水平。

4.建筑物和设备的使用。

(1)有关工作场所设计的安全措施包括以下几点:

工作地面应照明良好、干燥、无碎片;楼梯应该有干净整洁的梯面;毁坏的地面要修复,地面应该刷上防滑漆;地毯应保持良好状态;办公桌和柜子应排列好,不要面对室内通道,档案柜应被拴在一起,以防翻倒;电线和电话线应该弄短或固定;沉重的资料不要堆放在柜顶;设备应经过完全彻底的维修,并按安全的标准定期检查。

办公室经理应根据安全检查表每月进行安全检查,检查包括上述项目和其他一些项目,诸如整个办公区域应设置值勤员、公司的房屋管理、工具与设备的状况、急救用品及其他材料的储存等。

(2)由于公司不可避免地有残疾人,以下是为残疾人建造无障碍办公室环境应该考虑的因素:

提供合适的入口门,最好是开闭时间间隔比较迟缓的入口,所有的门至少应为八十厘米宽,在离地面九十厘米高的地方装有把手,并且门槛应尽可能接近地面。不准使用旋转门,因为这会给坐轮椅和用拐杖的人带来不便。

通道的空间应足够大,轮椅能转弯。

办公桌的高度保持为七十厘米,以适合于轮椅的高度;椅子应装有小脚轮,活动方便,并装有扶手,使残疾人易于起身。

排列好档案柜,档案柜的抽屉应从下面和侧面都能够得着,以消除给使用架拐、手杖和坐轮椅的人带来的不便。

提供运送材料的手推车。

在进行建筑物的外部设计时,门前至少要有一条斜坡道,以方便残疾的雇员或顾客能够完全独立地出入办公楼。

(3)与这些有形的安全措施密切相关的是,一些公司还形成了许多新的保险系统,其中一些是由计算机环绕时钟脉冲进行控制的。比较典型的是美国国家保险公司在俄亥俄州哥伦布城建立的四十层联合总部里装设的系统,这个系统包括以下内容:

使用二十二架录像磁带摄影机自动监视大楼所在街区外观情况。安装一种为保护大门、保管库、保险箱和其他设备装置的盗窃警报控制系统,比如在允许的时间之外试图进入某一地区,警报器就会响起来。使用用于全楼快速联系的步话机等内部通讯联络系统;设置下班后巡查大楼的门卫看守站;监控洒水灭火系统的水源供应等防火装置;在每层楼安装跟踪扫描空气中可燃气体或烟尘的电离探测器;具有用于从高处紧急逃离的充气营救网;安装能阻止非法进入办公区的楼梯和防火门的电子控制锁;具有可以显示警报器类型与位置的计算机终端。另外,雇员工作证有雇员相片、姓名与其他相关情况的信息,将工作证插入出入口控制装置,可以控制出入,也可用来操纵电梯和停车库的出入。

用这样的综合程序,美国国家保险公司不仅可以更好地保护它的雇员,而且能更好地保证工作效率。

(四)计算机数据安全

1. 计算机中心的安全。

大中型的计算机及其周围的有关装置要进行高效运转,要求有一个得到良好控制的环境。特别是由于大型计算机的成本高和构造复杂,在安装时必须作出全面详尽的计划。下面是要考虑的因素:

公司内部的工作运转,包括桌上的微型计算机与小型计算机的使用。

辅助部门的位置,诸如邮件室、办公用品室与维修区。

空调、供电、防火与安全部门的有效性。

未来扩大计划的可能性。

在计算机中心应予考虑的重要问题是温度与湿度的控制及防尘。温度过高会使计算机系统的组成部件发生故障,温度过低又会使电子部件上发生凝聚。对于大多数计算机系统而言,最佳的温度是 16~20 摄氏度;计算机中心过于潮湿会损害磁带、磁盘、卡片、纸带运转和周围装置,过于干燥又会造成卡片和磁带上的静电负担增大,从而导致它们吸附灰尘,造成错误。计算机中心适宜的相对湿度是 40%~60%。尽管大多数计算机与磁带内装有灰尘过滤器,但为了使计算机免受灰尘、烟雾和其他对计算机具有不良影响的微粒的损害,还是要注意防尘工作,采取相应的保护措施。

设计计算机中心的时候,另一个需要考虑的问题是电线的安装。电线的装设应符合系统要求,并遵照制造商的规格。如果用于直接输入原数据的终端机位于另外一些部门,还应该考虑特别装设通往这些部门的电线。

在建立计算机中心之前,装机前的大量设计工作必须取得数据处理经理的认可;在计算机安装的设计和实施过程中,行政办公室经理还应充分取得计算机制造商及其销售代理人的协助,必要时还要取得外部顾问的帮助。

2. 数据的安全与保护。

(1)计算机数据的安全。

为了避免计算机数据的丢失或者损坏,必须采取特别的预防措施,主要包括以下几种:

每天在磁盘上做备份文件;将磁盘内复制拷贝的文件保存在安全的地方;给有权使用计算机的员工分配定期变化的个人密码;使用只有员工知道的文档文件的编码;在程序磁盘上使用保护标签以避免母盘被摧毁;控制进入计算机中心的人员,如使用出入卡、电视监控等。

(2)磁盘的保护。

软盘不使用的时候应该保存在磁盘盒里,以免蒙上灰尘;每个磁盘都要贴上标签以说明内容;磁盘要小心插入磁盘驱动器中,不要太用力,以防损坏;作为避免损坏和数据丢失的防护措施,每张包含重要数据的磁盘都应该做一张备份盘,并将母盘保存在安全的地方;在系统盘上写上保护标签以防数据随便被修改。

除了以上保护措施,在使用磁盘的过程中还应该注意不要弯曲、折叠或刮擦磁盘;不要用手触动磁盘暴露在外面的部分;不要把磁盘存放在温度很高的地方,比如散热器旁;不要在驱动器的灯还没有灭的时候就将磁盘取出;不要随便将磁盘放在显示器的顶部、打印机上、电话旁或者其他的电子设备上;使用磁盘前要检测病毒。

(3)英国1984年的《数据保护法案》。

该法案赋予公民个人利用他们自己保存在计算机文件中的个人信息的权利。法案还包括如下原则来控制个人数据的处理:

数据必须以合法和合理的手段获得。数据只是用于登记等合法性的目的,数据用户被要求登记在数据保护登记员存放的个人数据。数据必须根据登记的目的进行使用和公布。数据就其登记的目的来说必须是充分的和相关的。数据的保存不得短于必须保存的时间。个人必须每隔一定时间利用关于他们自己的数据,并且不需要担负额外的费用。在有些情况下,数据必须被校正或删除。数据用户可采取适当的安全措施以防止数据被未经授权的利用、公布、修改,或人为损坏个人数据,还要防止非人为的数据丢失或损坏。

随着技术的发展,办公室人员在实际工作中会不断地接触到计算机数据问题。了解相关的计算机数据保护法,办公室人员在工作中能具有专业的眼光和见解,会帮助公司解决不少麻烦。

本章思考题

1. 组织管理与组织环境有什么联系?
2. 阐述影响职能环境的宏观因素与微观因素,并结合实践谈谈如何优化办公室职能环境。
3. 结合实践谈谈如何改善办公室工作条件。

案例分析

某公司办公室文员王玲是办公室里比较年轻的员工,像往常一样,她早早来到办公室,打开窗帘,打开空调,调节好办公室的温度、湿度;之后将窗台、办公桌、电脑……

凡目光可及的地方都细细擦过；饮水机里的水不多了，联系了送水公司及时送水；补充储备不多了的办公日用品；后来发现办公室通往门口的通道上堆放了很多销售部的空纸箱，她立即向行政主管报告，得到马上清理的指示，参加清理工作，确保办公室门口的过道通畅。

请结合案例，回答以下两个问题：

1. 案例中王玲的行为是否正确？是否有助于办公室管理？
2. 结合案例及搜集的其他材料，谈谈如何优化办公室工作环境。

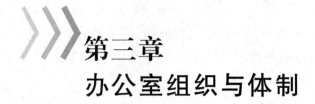

第三章
办公室组织与体制

本章导语

人们对办公室或多或少都会有点印象,但往往把办公室仅理解为一个房间、几张写字台、打印机、文件夹、电话机等,这样的认识是片面的。现代办公室管理需要对办公室有一个全面、系统的认识。为此,本章首先要厘清传统社会组织、新型社会组织的结构类型及其内设机构分类;再分析办公室工作的性质、办公室的职能和办公室工作的内容;最后分别介绍了我国党政机关、事业单位和企业的办公室管理体制以及西方办公室管理体制。

本章关键词

社会组织 办公室性质 管理体制

第一节 社会组织及其办公室

要了解办公室,就必须首先对它有一个科学的定位,了解它的重要性并弄清楚它从属于何种组织机构。

一、社会组织的结构类型

组织结构,就是指为了实现组织的目标,在组织理论指导下,经过组织设计形成的组织内部各个部门、各个层次之间固定的排列方式,即组织内部的构成方式。在确定了组织目标并对实现目标的途径作了安排后,为了使人们能够有效地工作,就必须设计组织结构,使组织内各部分之间具有最为有效的关系结构。组织结构形式合理,才可以降低组织运行费用,增强社会组织的灵活性和应变能力,为提高管理工作效率创造有利条件。

(一)传统组织结构

下面介绍几种常见的社会组织结构形式:

1. 直线式组织结构。

直线式组织又称"梯级式组织"或"军队式组织",是最早被使用、形式最简单的一种组织结构形式。其主要特点是组织中各种职务按垂直系统直线排列,各级主管人员对所属下级拥有直接的一切职权,组织中的每一个人只能向一个直接上级报告,即"一个人,一个头儿"。在这种组织结构中,权力从最高层管理者下传到负责特定工作的中层管理者,再从中层管理者下传到直接管理操作员工的管理员。其典型结构如图 3-1 所示:

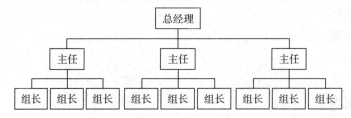

图 3-1 直线式组织结构

直线式组织结构的优点如下:结构简单明了,在指挥系列中,任务清楚,职权划分明确,便于统一指挥,任务的执行可以直接部署到某一个职工及其顶头上司手中,在决策中减少了繁文缛节的过程而使行动十分迅捷。其缺点是在组织规模较大的情况下,所有的管理职能都集中由一人承担,权限高度集中,易于形成家长式管理作风;另外,由于个人知识及能力有限,往往会难于应付,顾此失彼,可能会发生较多失误;此外,每个部门基本上只关心本部门的工作,缺乏协作,因而部门间的协调性比较差。

直线式组织结构多见于政府机构、军队组织或那些规模较小、业务简单的小型组织,也适用于现场管理。

2. 职能式组织结构。

职能式结构是在直线式结构的基础上发展起来的。由于管理事务的日益复杂,用直线式结构进行管理,便会出现管理者负荷太重、难以应付的局面,于是组织内除直线主管外,还相应地设立一些其他的职能机构来承担某些职能管理的业务。这些职能机构有权在自己的业务范围内,向下级单位下达命令和指示。因此,下级直线主管除了接受上级直线主管的领导外,还必须接受上级各职能机构的领导。一般职能式组织结构如图 3-2 所示:

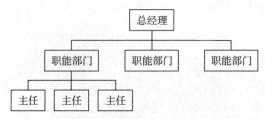

图 3-2 职能式组织结构

在职能式组织结构中,管理人员可以发挥个人专长,把时间集中用于某一个方面的工作,提高他们的专业能力,减轻直线领导人员的工作负担。这种专业职能机构能够使职工受到内行和专家的监理,从而提高工作效率。可是,随着各类独立专家的增多,有可能由于权力的交错和职责划分的不固定而出现混乱,结果导致推卸责任的弊病。由于职工要向几个管理人员汇报工作,这样就可能接到不一致的批示而造成许多矛盾,有时影响工作效率。由于这些缺点,纯粹的职能式组织像直线式组织一样,在现在的企业中很少见到。

3. 直线参谋式组织结构。

直线参谋式组织结构,也叫"直线职能式组织结构",它是在直线式和职能式两种组织结构形式的基础上建立起来的。它的特点是设置了两套系统:一套是按命令统一原则组织的指挥系统;另一套是按专业化原则组织的职能管理系统。直线部门和人员在自己的职责范围内有决定权,对其所属下级的工作实行指挥和命令,并负全部责任;职能部门和人员通常只是直线主管的参谋,只能对下级机构提供建议和业务指导,没有指挥和命令的权力。

在直线参谋式组织结构中,最高管理层的政策和策略按直线式加以贯彻,权责直线之下,工作按职能由一个一个的部门来执行。许多专家作为各个部门的顾问来帮助进行管理工作时,就实现了参谋的职能。图 3-3 是直线参谋式组织的结构图,组织从上到下按照相同的职能将各种活动组织起来。

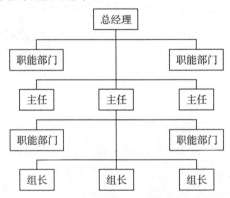

图 3-3　直线参谋式组织结构

这种组织结构的优点是既吸收了职能式结构管理分工专业化的优点,又保证了直线式结构集中统一领导的优点,因而领导集中、职责明确、秩序井然,工作效率较高,整个组织有较高的稳定性。但是下级部门的主动性和积极性的发挥受到限制;部门间互通情报少,不能集思广益地作出决策;当职能参谋部门和直线部门之间目标不一致时,容易产生矛盾,致使上层主管的协调工作量增大;难以从组织内部培养熟悉全面情况的管理人才;整个组织系统的适应性较差,因循守旧,对新情况不能及时作出反应。

这种组织形式对外界环境相对稳定、产品单一的中、小型组织比较适用,但对于规模较大、决策时需要考虑较多因素的复杂组织则不太适用。

4. 直线职能参谋式组织结构。

这种组织结构结合了直线参谋式组织结构和职能式组织结构的优点,它是在坚持直线指挥的前提下,为了充分发挥职能部门的作用,直线主管在某些特殊的任务上授予某些职能部门一定的权力,例如决定权、协调权、控制权,等等。职能部门可以在权限范围内直接指挥下属直线部门,开展相应的工作,但是涉及全局性的重大业务需要下一级组织执行时,必须经主管领导者批准才能执行。

直线职能参谋式组织的结构形式如图 3-4 所示,"——"表示直线指挥权;"……"表示业务指导及职能部门直线指挥权。

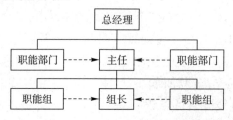

图 3-4　直线职能参谋式组织结构

直线职能参谋式组织结构的优点是管理系统完善,直线指挥人员能集中精力应付和解决重大问题,既保证了组织内部集中统一的领导和指挥,又充分发挥了各职能部门的积极作用,提高了管理的效率,是一种较好的组织结构形式。但是它按专业分工而设立的职能部门之间的横向联系比较差,工作容易脱节和发生矛盾。

这种类型的组织结构在生产企业中用得比较多,例如协调性的生产调度部门、控制性的经营销售部门及技术检验部门等。上层直线主管授予职能部门相应的权力可以大大提高管理的有效性。

5. 委员会式组织结构。

组织越大越复杂,各级人员之间的关系越需要协调。为了满足这种需要,委员会式组织结构中,权责不是由一个领导掌握,而是由一群人联合掌握,各种组织都存在委员会,如董事会、监事会、职工委员会,等等。委员会式组织结构的突出特点就是集体行动,这种形式通常与正规的直线参谋式结构一起使用,或者作为直线参谋式结构的一种补充。

其优点是相对于个人命令而言,集体决定往往更受欢迎,也更为人们所接受。集体成员互相积极地配合,集思广益,因此会合作得更好,防止滥用个人或组织的权力,管理人员也会把组织看成一个紧密结合的整体,而不只是一个单独的部门。由于委员会集体全面地考察过组织的行为,讨论过影响组织几个部门的问题,并且明白采取某种行为的步骤的原因,因而对决策的认识更加清楚;由于全体成员汇集他们的知识、信息和经验来参与计划的制定,因而集体制定的计划更易于付诸实施。集体判断一般比个人判断要高明,因而,委员会成员对计划的圆满完成更为关注。

其缺点是集体决策虽然能避免仓促做出决断,但比个人决策要慢得多;由于根据多数意见决定问题,因而没有一个人对集体做出的决策负完全责任;委员会所面临的经常是一些很费时间的问题,这些问题本来是应该由有关的负责人个人来处理的。

6. 矩阵式组织结构。

矩阵式组织有时也叫"项目组织",它把垂直的权力关系及水平的或交叉的工作关系结合起来,用于处理有关复杂的工作项目或产品问题。采用这种组织结构,目的在于获取比上述各种组织结构更大程度上的协调一致。在这种组织结构中,工作是围绕几个特定的部门或职能领域来开展的。如图3-5所示,在纵向上行使的是职能组织的职责权限,在横向上行使的是项目职权。纵横这两个方面的排列即为矩阵式组织结构。

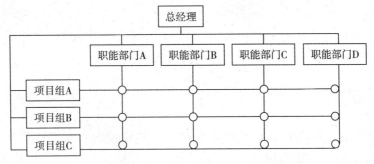

图3-5 典型的矩阵型组织结构

这种组织形式打破了传统的"一个员工只有一个头儿"的命令统一原则,使一个员工属于两个甚至两个以上的部门。矩阵式组织结构的优点是加强了各职能部门的横向联系,具有较大的机动性和适应性;实行了集权和分权较优的结合;有利于发挥专业人员的潜力;有利于各类人才的培养。其缺点是由于这种组织形式实行纵向、横向的双重领导,处理不当,就会由于意见分歧而造成工作的矛盾和扯皮现象;矩阵管理的节点太多,资源投入大,管理费用增加;组织关系较复杂,对项目负责人的要求较高;由于这种形式一般具有临时性的特点,因而也容易导致人心不稳。

矩阵式组织设计多为大公司、跨国公司、政府机构所采用。矩阵式组织生成和处理的信息量很大,因此在这种结构中,常常把决策工作委托给组织中较低的层次,而这个层次往往具备处理信息所需的相关知识。由于把许多管理决策委托给了较低的层次,矩阵式组织的上层就不会因日常业务决策而负担过重。

知识链接

ABB 公司中的矩阵式组织结构[①]

目前,矩阵式组织结构已经在全球性大企业,如 ABB、杜邦、雀巢、飞利浦等组织中进行运作。ABB 公司即为典型的一例。ABB 公司在全球拥有 25 万左右的员工,该公司在每一个国家都采取矩阵式结构,将公司按区域和业务维度划分。这样做既保证了公司产品的本土化特点,又保证了规模效应和技术方面的领先性。

---

① 唐宁玉.组织行为与管理[M].北京:北京师范大学出版社,2012:244

ABB公司的本土经理负责自行开发新产品、开发市场与政府攻关,而业务经理负责全球的产品战略决策。根据这样的结构,ABB公司在全球范围成立合资企业,每个合资企业规模都很小(ABB公司全球有1200个合资公司),但大约1100个合资公司的总经理都同时向区域经理汇报,也向全球业务经理汇报。通过矩阵式的结构,ABB公司有效地结合了全球化战略和本地化产品,结合了跨国公司的规模化优势和小公司的灵活、低成本优势。为了提高这种矩阵式结构下的沟通技巧,ABB公司将有关区域经理和业务经理的职责和相互关系的描述较大比例地写入管理文件中,并通过不断的培训使经理们理解、明白和有效地履行其角色。同时,该公司开发出了新的信息管理系统,加强员工间的信息共享。

(二)新型的组织结构形式

为适应新的时代环境需要,近年来又发展了一些新型的组织结构形式,这些新型组织结构拥有共同的特点,就是组织边界的模糊化和可渗透性。以下重点介绍几种具有代表性的新型组织结构:团队型组织、网络型组织、学习型组织、无边界组织。

1. 团队型组织。

团队型组织现在已经成为很受欢迎的组织形式。它是指组织内部打破原有的部门边界,绕开中间管理层而直接面对顾客和对公司总体目标负责的,以群体和协作优势赢得竞争优势的组织形式。这种组织形式从纵向看打破了垂直边界,从横向看突破了水平边界。[①]

团队型组织有其优点:团队易于接受新观念和新的工作方式,具有很强的适应性,每一个团队成员都为了共同的目标努力,具有自由和自主性,拥有能够使用不同技能的机会,有完成一项完整的、可识别的任务或产品的能力;团队组织打破了部门界限,并将决策权下放到了工作团队本身,这些特征可以更好地激励团队成员,增加团队的凝聚性,促使团队成员增强工作的责任感。其缺点是如果团队领导人不能确立明确的任务,团队的工作将无法实施。

团队组织适用于组织中具有特定的期限和工作绩效标准的某些重要任务,或者任务是独特的、不常见的,需要跨职能界限的专门技能来完成的。团队作为对官僚结构的补充,既提高了标准化的效率,又增强了灵活性,是一种自我管理。

2. 网络型组织。

网络型组织结构是在全球化趋势和信息技术迅猛发展环境下建立和发展起来的一种新型组织结构。在这一结构中的两个或两个以上的组织之间,并没有正式的资本所有关系或行政隶属关系。它只有一个很精干的中心机构,以契约关系的建立和维持为基础,依靠外部机构进行研究、开发、销售或其他重要业务经营活动。也就是说,每个组

---

① 唐宁玉. 组织行为与管理[M]. 北京:北京师范大学出版社,2012:250

织需要很专业,只从事某一项工作,并在这项工作中充分体现它的价值;而很多个这样的组织通过网络进行合作。网络型组织结构的最大特点是组织可以在全球范围内配置资源,使自己迅速发展壮大起来,因而成为目前国际上流行的一种新型的组织结构形式。网络型组织结构的一般形式如图 3-6:

图 3-6　网络型组织结构

网络型组织结构的优点在于可以充分利用外部的资源,分享资金、市场等降低各项成本,提高管理效益,同时增加组织的灵活性和竞争力;促进了分工和专业化的发展;简化了机构和管理层次,实现了企业充分授权式的发展。它的缺点在于由于缺乏直接控制,合作伙伴之间容易出现运作失控以及难以引导和协调整体网络组织向共同的目标而努力等问题。

3. 学习型组织。

"学习型组织"这一概念主要来自于管理学者彼得·圣吉的著作《第五项修炼——学习型组织的艺术与实务》。作为知识经济环境下的一种新型组织形式,如今它已成为这个时代的流行词。尽管学习型组织的定义存在着各种各样的表达方法,学习型组织可以被理解为在这个组织里,每个成员共同学习,并且参与识别和解决问题,其目的是使得组织不断地实践、变革和改善,以适应不断变化的环境,提高竞争优势;在这个过程中,其成员增强了能力。学习型组织突破了传统组织的层级结构,其结构可以跟随外界环境的变化而随时进行调整。

4. 无边界组织。

无边界组织正是借助信息技术对传统组织结构进行创新而建立的组织形式。通用电气公司前总裁杰克·韦尔奇创造了"无边界组织"这个词,用来描述他理想中通用电气公司的形象。也就是说,尽管公司体积庞大,韦尔奇还是想减少公司内部的垂直界限和水平界限,消除公司与客户及供应商之间的外部障碍。无边界组织所寻求的是缩短命令链,取消各种职能部门,代之以授权的团队。[①]

虽然企业各部分的职能和界定仍旧存在,仍旧有权高位重的领导、有特殊职能技术的员工、有承上启下的中层管理者,但组织作为一个整体的功能已远远超过各个组成部分的功能。它是以计算机网络化为基础,以速度、弹性、整合、创新为关键因素的一种适应环境快速变化的组织。

该结构模式的优点是模糊了传统组织中的边界,提高了整个组织在信息的传递、扩

---

① 陈春花,杨忠,曹洲涛. 组织行为学[M]. 北京:机械工业出版社,2013:270.

散和渗透等方面的能力,实现了成员对信息、经验及相关技能的共享,以多功能团队取代了职能性部门,强化了组织能力,实现了资源的合理整合与创新式管理,快速适应了变化的环境。但是这种结构形式对信息化的要求较高,因为传统的组织与客户之间的外在界限及地理障碍被打破了,要依靠强大的内网和外网不间断地支持企业的发展,保持与各界之间的联系,随时交流信息。因此,该组织结构形式既具有大型组织的力量,又有小型组织的效率、灵活性。①

新型组织结构与传统的组织结构相比,更能适应当今时代网络化、信息化、竞争激烈的状况。它消除了传统的组织结构形式所无法解决的内部矛盾,更好地适应环境的挑战。新型组织结构充分利用网络,使得管理形式更加多样化、信息化和全球化,相比于传统的组织结构形式更加具有优势。

二、社会组织的内设机构

由于组织日益庞大,管理工作日趋复杂,组织必须设置内部机构,将复杂的工作分门别类归到一定的机构,才能适应内外环境的变化。通常,现代社会组织的内设机构主要有以下几种:

第一类是领导机构,也称"首脑机构",它代表组织行使权力,是组织的最高决策和指挥中心。领导机构通过各种管理方式,引导和影响所属组织成员齐心协力地完成组织目标,实现组织功能。领导机构是组织的中枢,它统筹全局,运筹决策,是决定组织效能的关键。

第二类是职能机构。领导机构下设的执行部门,就是具体完成组织中的各项目标的执行机构,按专业分工负责组织的某一方面的管理业务,比如工矿企业的科室与车间等。职能机构在领导机构的领导下,负责组织和管理某一方面的业务,它的主要任务是执行领导机构的决策和指令,协助领导制定计划方案等;领导其管辖范围内的业务;指导下一级业务部门的工作和相关业务。职能机构通过行使管理职能,为实现组织的总目标服务。各职能机构之间存在着相互促进、相互制约的密切联系,因此,职能机构必须合理分工,职责范围明确。各职能机构之间只有加强联系、相互配合,才能发挥其应有的作用。

第三类是监督机构。它是为了实现组织的目标,在组织内部负责监督和检查的机构。设置监督机构能在组织内形成制衡机制,促使职能部门和有关人员有效执行领导决策,如高校的纪委监察部门。监督机构的主要任务是对领导决策和实施进行监察和督导,及时发现偏离目标的倾向和行为,向领导决策机构提出预警意见和纠偏建议,由法律授权或接受组织委托查处责任,保证决策制定的正确和执行的准确无误。监督机构作用的正常发挥必须具备两个条件:一是能够依法独立行使监督职权;二是监督工作

---

① 郭志达,王岩. 组织行为学[M]. 北京:经济管理出版,2014:236.

者作风正派,并有秉公执法、善于监督的能力。

第四类是辅助机构。它是领导机构和职能机构的保障部门,一般起辅助决策、沟通协调的作用,为实现组织功能提供各种服务。它对各职能机构没有直接的指挥和监督权力,它是组织活动的必然派生物。辅助机构大体有三类:一是综合性辅助机构,各级各类办公室就是最具代表性的综合辅助机构;二是专业型辅助机构,如人事、财务及其他专门事务机构;三是后勤保障机构。

社会组织的这种内部格局的意图很明确,即按照组织动态规则进行机构划分。就像一个活的人体一样,要维持生存就必须有指挥躯体的大脑及神经系统;要维持新陈代谢功能就必须有血液循环等其他系统。于是,社会组织就有了类似人体大脑的职能机构,以实施其基本功能。但是,社会组织同自然人体的重要区别在于,它并不是一个天然的有机体,它需要借助外力把各个部分组织起来,形成一个能够正常运转的整体。也就是说,这种外力是维系社会组织正常运转的一个非常重要的因素,它的作用就是把社会组织内部的各个部分联系起来,形成一个"运动的整体"。于是,社会组织就有第四大部分,即以办公室为代表的辅助机构。

由此可见,社会组织要实现自身的目标,就必须将其逐一分解,分别由其内部的不同机构来承担。办公室就是这种目标分解的结果,它同其他机构不同,使社会组织更带有"人为"的色彩,是社会组织正常运转的重要因素。准确地说,所谓"社会组织的人为色彩",就是办公室产生的条件或环境。正是社会组织的特定环境造就了办公室。

第二节　办公室的工作内容

办公室对于一个组织的生存来说是必需的。办公室的工作内容包括哪些呢?它给组织的生存和发展提供什么样的服务呢?这种服务的实质是什么呢?本节将对这些作详细的论述。

一、办公室工作的性质

办公室从来都不是单独起作用的,它的存在与组织内其他部门是密不可分的。作为置身于领导者与员工之间的办公室工作,在为领导服务、协调各职能部门工作上发挥着重要的作用,对办公室工作性质的把握成为充分发挥办公室工作职能的关键。政府机关的办公室比较重视程序规范化,企事业单位中的办公室具有专业性、行业性的特点,但既然都是办公室,它们都表现出以下几个方面的基本特征:

(一)从属性

首先,对于一个组织而言,办公室始终处于次要地位,它的职能是从属性的。但是这种从属性职能对于任何一个组织来说又都是必不可少的。办公室其实是组织整体系统中的一个子系统,这正如组织整体本身就是更大的系统或超系统的一个子系统一样。图 3-7 是一个简单的系统模型,形象地说明了这个问题。

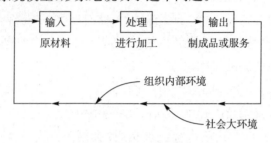

图 3-7 简单的系统模型

其次,办公室工作不能脱离领导工作和领导者而单独存在,办公室总是围绕着领导和领导工作的要求和需要展开的,帮助领导制定总体规划、参与目标管理,办公室并不具备独立行使决策和指挥的权力,它发挥的是参谋助手作用。

(二)服务性和补充性

办公室工作的从属性派生了办公室工作的服务性。办公室与执行机构不同,它作为一个承上启下的综合事务机构,既要服务于单位的最高决策层,又要服务于单位的基层部门,无论是参与决策、组织各种会议,还是协调各种关系、做好安全保障工作等,都体现出极强的服务性。办公室所提供的服务既有一般事务工作,又有参谋咨询、辅助决策的工作。从本质上说,办公室工作就是为领导者和组织服务,提高组织的工作效率,为组织的各项职能活动创造条件、提供保障。

因为办公室工作相对于一个组织而言是从属性的,因此它的职能也就具有了补充性。办公室提供的所有服务正是组织内其他部门活动的必要的补充。换句话说,如果没有办公室的基本支持和办公室人员所提供的服务,材料的定购就不可能进行,账单或工资就不会被支付,必要的支出或账款的收回也就不存在,一个组织所要求履行的法定义务也将无人理会。

(三)管理性

办公室所发挥的另一个重要的作用是它的管理职能。实际上,对于一个组织而言,办公室是实施内部管理的唯一机构。办公室的控制职能通过一系列的检查和资金平衡来实施。比如,它通过制定严格的预算来管理支出,通过实施打卡上下班及弹性适度的政策对人员进行管理,通过建立一系列基本的程序对供应品的发放进行管理,等等。

(四)协调性

这是办公室区别于其他职能部门的又一基本特性。与仅负责某一方面工作的职能部门不同,办公室要协助领导者协调各职能部门的工作,协助领导者对各职能部门的工作进行监督和检查,并协助领导者办理涉及全局的任务或事务。组织的关系错综复杂,工作千头万绪,而且互相影响和制约,一环紧扣一环。一个环节出问题,可能产生连锁反应,甚至导致恶性循环,引起混乱,影响全局。因此,办公室必须做好协调管理工作,使各职能部门认识一致,互相支持,彼此配合,为实现共同目标而努力。办公室工作的重要性主要体现在它通过各种方式和途径,协助领导者管理全局,保证全局工作的正常运转,而不在于它具体分管的工作和业务。①

二、办公室工作对组织职能的渗透

如果把办公室放入组织整体中来探讨办公室工作的特定职能和服务,这将使我们的探讨更有意义。随着信息技术的发展,组织开始要求以更快的速度处理更多的信息并作出更好的决策。由于包括计算机和通讯设备在内的新技术促使办公室人员具有更强的信息处理能力,管理部门更加信赖办公室工作人员。单一部门办公室的概念逐渐为一个更广泛的、全组织范围的信息管理的概念所取代,具体地讲,办公室工作是通过对组织中各种管理职能的介入来实现自身服务的。

(一)办公室的职能

办公室要为整个管理工作及其领导者的工作提供辅助支持,所以办公室工作的开展要以领导者和管理者的工作为重心,领导的职责范围就是办公室的工作范围,整个管理工作及领导工作的重点就是办公室的工作重点。因此,我们有必要先对管理及领导的职能进行考察来分析办公室的职能。对管理的职能,人们有不同的认识。通常人们认为管理的四种基本职能为计划、组织、领导、控制。每一项管理工作都是从计划开始,经过组织、领导到控制结束。另外,人们在此基础上提出了一些新的管理职能。下面主要介绍五种职能:

1. 计划职能。

计划是管理工作的第一个环节,是一切组织管理工作的基础,也是各项管理工作的起点和依据。任何组织的管理过程都是从计划开始,分析过去和现在的有关信息,估计未来可能的发展趋势,为组织活动制定目标,提供指导方针与行动方案,从而为实现组织目标提供保证。计划是一个连续不断的过程,只要组织存在,计划工作就会循环往复,一直进行下去。计划的具体工作内容包括以下几个方面:

(1)确定组织的目标。

目标是计划工作的目的,制定具体明确的目标是首要任务。办公室要在分析组织的环境状况、预测未来的发展趋势后,确定组织的总体目标,明确目标的具体内容。

---

① 夏书章. 行政管理学[M]. 广州:中山大学出版社,2008.3:429.

(2)拟定方案。

根据组织确定的目标,围绕计划的内容,确定"做什么""为什么要做""如何做""谁来做""何时做""涉及哪些部门或何地""需投入多少资源"等,拟定具体可行的方案,并对拟定的备选方案进行比较分析,最终选出最佳方案。

(3)制定行动准则。

在确定具体实施方案后,要制定相应的行动准则,以保证方案的顺利实施。行动准则是对各项工作提出的原则性要求,用来指导实施计划的具体行动,从而保证组织的成员能够努力完成任务,进而实现组织目标。

(4)制定预算。

预算即计划的数字化。预算的任务是准确计算计划的可行性,对人力、财力、物力进行分配,使计划的资源、任务分配变得容易。同时,预算也是对组织的各个层级的工作进行考核、监督和控制的依据。

(5)计划的实施反馈及调整。

既然有计划,就得按计划实施,进而反馈,及时发现计划实施过程中存在的问题,根据实际情况进行调整,保证计划的顺利实施。

在上述工作中,相对应的办公室工作范围是为各种信息处理业务确定方针和目标;物色合适的办公室场所;用现代的实用办公家具、机器和设备装备工作区;为办公室配备合格的人员,使办公室工作顺利而迅速地开展。这些工作属于相对简单的事务层次,是办公室发挥辅助作用的主要方面。

2. 组织职能。

管理中的组织职能是为了有效地实现计划目标及保证决策方案的顺利实施而进行的一系列管理活动。这种管理职能是把全部资源(工作场地、信息和职工)组合成可控的(可以管理的)组织单位,以完成各项具体的目标。组织职能主要在以下几个方面发挥作用。

(1)设计组织结构。

围绕组织的计划目标而设计出合理的组织结构,具体包括通过研究确定为达到目标所需要的各项工作;将这些工作分别归类,设计具体的岗位;把岗位与职能进行归类设计出部门。设计组织结构能为人们进行工作创造合理的、良好的环境,它很大程度上决定着计划的实现。

(2)明确权力关系。

组织中的权力是指为了实现组织目标而拥有的开展活动或指挥他人行动的职权。在管理过程中,管理者要明确指派哪些人负责哪些部门的工作,同时授予他们必要的权力,还要对组织结构的各种工作条件、权力、纵向横向的信息联系作出明文规定。

(3)合理配备人员。

要使组织设计的目标得以实现,让组织结构真正成为凝聚各方面力量、保证组织管理系统正常运行的有力手段,必须把人员安排在适当的岗位上。只有人员配备适应各类职务的性质要求,各职务应承担的职责得到充分履行,组织设计的要求才能实现,组织结构的功能才能发挥出来。

(4)运行变革组织。

运行变革组织就是向各岗位上的工作人员发布工作指令,并提供必要的物质和信息条件,从而使组织按计划的方案运行;对组织运行的全过程进行监督,根据组织开展的进程及组织内外环境变化的情况,研究和进行必要的组织变革。

与此对应的办公室工作是把办公室的基本组织原则应用于确定职工间的工作关系,以最好的物质设备和工作流程装备来获取最高的工作效率。办公室为此需要承担起大量的信息工作及联络工作,负责上下级之间、部门之间以及组织内外的沟通联络。

3. 领导职能。

领导是管理工作的一项重要职能,领导是对人们施加影响的过程,沟通和激励是领导工作的主要内容。这种管理职能就是利用组织赋予的职权和自身拥有的权力去影响激励和指挥员工,调动员工的积极性,从而使组织目标得以成功地实现。领导职能主要涉及组织活动中人的问题。有效领导有利于更好地发挥管理的计划、组织与控制职能的作用,从而高效地实现组织目标。

与此对应的办公室工作是有效地指挥和监督办公室的工作;选用一种切实可行的保持旺盛士气的人事政策,对办公人员进行培训、辅导、提升和提供激励报酬;为职工和上司提供通畅的通讯和沟通手段;调动员工的积极性,使其以饱满的热情和绝对的忠诚为实现组织的目标而努力。

4. 控制职能。

决策目标的实现和计划任务的实施都必须进行有效的控制,控制职能就要是保证工作成果尽可能与组织的计划一致。在工作中,虽然有计划、有组织、有领导,但由于组织成员的才能、工作动机、工作态度各不相同,且组织内外部环境因素的不确定性导致计划常被修正,各项既定工作并不一定能够圆满完成,这就需要控制职能来加以管理。[①]控制职能贯穿于管理的全过程,尽管每级管理人员控制的范围不同,但他们都应有完成计划的责任,所以控制工作是每个管理人员的职能,而绝不仅仅是组织中高层管理者的责任。与此相对应的办公室工作范围主要是以下三点:

(1)制定组织内的规章制度。

没有规矩不成方圆。建立健全各项规章制度是科学管理的要求。办公室要协助领导者制定、建立和改善本组织内的各项规章制度,以便在完成各项重要工作时有所遵循,规范组织内每个人的行为,并作为检查和纠偏的依据。

---

① 徐向艺. 管理学(第二版)[M]. 济南:山东大学出版社,2005:17.

(2) 做好督促检查工作。

办公室要根据计划标准,对工作实施控制,了解各部门、各环节的工作完成情况,对工作进行全程检查和督促,纠正各个环节中存在的错误,加快工作进度。如对办公室报表及办公用品的置备、编制和使用进行监督;估量已完成的办公室工作并制定完成任务的标准;降低行政办公室的业务费用;编制预算、报告和工作细则,用以降低和控制成本。

(3) 做好信息传递工作。

控制工作实质上就是领导者向员工传递指挥和决策信息,员工向领导者反馈执行信息的过程。没有信息的传递,就难以保证控制的有效性。为了保证双方获得有效的信息,组织内必须建立完善的信息传递网络,从而保证信息传递的畅通。办公室在信息收集、传递、反馈等工作中应该发挥出极大的作用。

5. 协调职能。

协调职能是现代管理的重要职能,这种管理职能是指从实现组织的总目标出发,依据正确的政策、工作计划,通过沟通和协商,理顺各方面关系,促进组织机构的正常运转和工作平衡发展。在组织机构运行的过程中出现的各种矛盾和冲突都在协调的范围之内。这些矛盾和冲突按照与组织的关系,可分为内部和外部两大类:对组织内部的各种矛盾和冲突的协调,称之为内部协调;对组织与其他组织、个人的矛盾、冲突的协调,称之为外部协调。协调的主要内容包括协调工作计划、协调职权关系、协调政策措施、协调思想认识。

与此相对应的办公室工作有以下两点:

(1) 工作部署协调。

尽管办公室在制定工作计划时,已经明确了行动方案,但由于客观实际并非一成不变,总会导致各种不同步现象的出现。因此,办公室人员要做好工作部署的协调,包括文件处理的协调、值班工作的协调、突发事件的协调、车辆使用的协调、办公经费与用品的协调等。

(2) 关系协调。

办公室人员接受领导的指派,采取各种有效手段做好组织内外的协调工作,化解矛盾,使所有部门的思想能够统一到为组织总体目标而努力上来,创造融洽和谐的人事环境,使不同部门的工作能够互相配合,高效地完成工作任务。

通过上述对管理职能的分析,我们可以清楚地看到,办公室的职能主要体现在两个方面,一个是对整个组织的辅助工作,需要承担起内部后勤、人事、财务及其他有关方面的管理及服务工作;另一个是对领导者工作的辅助工作,需要通过信息、协调、辅佐决策、事务服务、督办等工作协助领导处理日常工作。

(二) 办公室工作的主要内容

办公室工作的内容是由办公室职能决定的,虽然社会组织的性质不同,办公室工作

也会有变化,但综合其工作内容,主要可以概括为政务性工作、业务性工作和事务性工作三个方面,具体内容如下:

1. 政务性工作。

(1)建立健全管理制度。

社会组织的正常运行离不开各项规章制度,办公室要协助领导建立健全本组织内部各方面工作的责任制度、业务标准和规程。做好规章制度的建设工作是办公室的一项重要工作。

(2)协调工作。

办公室的协调工作就是根据办公室的性质、作用和领导授权,加强上下级各部门之间和领导之间的联系与沟通,妥善处理各种矛盾,为实现本组织的总目标服务。协调工作贯穿办公室工作的始终,办公室的协调工作既包括组织协调,也包括外部协调。

(3)保密工作。

保守秘密是办公室的一项重要工作职责。办公室处于社会组织的枢纽地位,办公室在领导机构的直接指挥下活动,有相当一部分工作是要参与机要事务,保管机密文件。由于办公室工作人员接触机密的几率较大,为了保护组织的利益,办公室的保密工作尤为重要,所以办公室必须采取积极有效的措施,认真做好保密工作。

2. 业务性工作。

(1)文件管理工作。

文件是在管理工作活动中形成的各种信息记录,文件管理是办公室的一项基础性工作。文件管理就是对文件的撰拟、处置和保管,即在文件从形成、传递、办理、保存到转换为档案或销毁的整个工作周期,以特定的方法和原则对文件进行处置。文件管理工作包括收文管理、发文管理和办毕公文的处置三项内容。收文处理是对来自本组织以外的公务文件和材料所实施的接收、办理和保管的活动,具体的工作内容包括签收、登记、分发、拟办、批办、承办、催办、查办、归档、销毁等环节。发文处理是指各种社会组织为制发公文所进行的创制、处置与管理活动,是公文形成的重要阶段,具体的工作内容包括拟稿、审核、签发、缮印、校对、用印、登记、分发、立卷、归档、销毁等环节。办毕文处理是指根据有关规定和实际情况,对公文定期清理,主要包括归档、清退、销毁以及暂存处理等。

(2)档案管理工作。

办公室里每天都会产生许多文件,这些文件中只有那些对今后工作具有凭证和参考价值的部分才会被整理作为档案保存下来。办公室的一项重要工作就是对档案进行科学管理,主要包括制定档案工作的规章制度,接收、整理、统计、鉴定、保管各类档案,开展档案利用工作,按规定向上级档案部门移交应该移交的档案,做好领导交代办理的与电脑有关的档案业务工作。

(3)会议管理工作。

会议是社会生活中常见的现象,就社会组织而言,它是实施内部管理的重要方式。办公室是会议的主要组织部门和承办部门,对做好会议工作有着不可推卸的责任。办公室要做好发送会议通知、会议场所的选择、拟定会议议程和日程、安排住宿等会前准备工作,做好会议记录、会议期间的信息沟通、会议值班和安全等会中服务工作以及安排参会人员返程、会议文件资料的清退和立卷归档、会议经费的结算等善后工作。

3.事务性工作。

(1)信息处理。

办公室作为组织决策的参谋和助手,其中一项重要的工作职责就是为领导把握全局和科学决策提供基本信息。办公室实际上就是一个组织信息处理的中心,它所发挥的基本上是一种信息传递和文件工作的支持的辅助职能,这些职能的履行始终处于一个组织的核心。它的职能在很大程度上是与各种形式的信息处理相联系。形象地说,办公室就像联系外界与组织内不同部门之间的媒介物。现代社会是一个信息社会,信息泛滥已经成为一个不容忽视的问题,所以现在的焦点已经不再是信息量不足的问题,而是从大量的信息中,鉴别出何种信息是组织工作所需要的东西,并最大限度地利用它。各种信息在整个组织中各个方向的顺畅流动是组织良性运行的根本保障。具体内容包括以下几个方面:

①接收和收集信息。

接收和收集信息是指根据一定的目的,将有关本单位活动的各种形态的信息收集起来,以供使用的过程。接收和收集信息是整个信息处理过程的第一个环节,这一工作直接关系到信息处理的质量。要做好信息的接收和收集工作,应当注意解决好以下几个问题:注意信息来源渠道的多样性,如个人的口头信息、电话信息、书面信息、计算机输出信息、传真通讯、其他各种形式的书面联络的信息,包括内部的和外部的;要采取科学的收集方法。收集信息的方法有多种,通常有调查法、观察法、文献法等。

②记录信息。

通过一定的记录系统进行信息的记录,并做好保密工作,这样才能使得信息以一定的格式被保存下来,以备日后的查用。记录信息的方式有逐字记录、摘要、统计分类、直观记录等。

③准备和整理信息。

对各种信息进行整理是为了使信息以一种可用的形式出现,并在将来发挥它最大的作用。信息在未加工整理之前往往是处于自然状态的原始信息。这些信息一般是零散无序的,难免夹杂一些不真实的或不确定的内容。因此,对获取的原始信息,必须根据一定的要求,按照科学的程序进行筛选分类、判断和整理,使之成为领导者所需要的真实准确的信息。方式有汇编或编辑、计算或总结、整理和分类、注释、复制等。

④以最有效地方式传播信息。

人们收集和整理信息是为了利用信息,从整个信息处理工作看,如果信息不能以有效地方式传播,信息的收集和整理工作就成为无效的劳动。信息只有经过传播,才能变为实际可用的资源和现实财富。传播速度越快,范围越广泛,实现的财富也就越多,取得的经济效益和社会效益也就越大。信息传播的方式有口头传播、文件传播、数据通信等。

(2) 日程安排。

为合理安排工作时间、提高工作效率,办公室要负责编制日程,科学合理地安排和管理工作日程。领导者的日常工作一般包括接待、约会、会议、商务旅行等。办公室需要掌握领导者的工作脉络及其与公司内外各组织的关系,安排好领导者的工作日程,时间安排上留有充分的余地,并做好保密工作。

(3) 通信联络。

电话和电子邮件是办公室内外联系的重要工具,是保证办公室各项工作正常开展的重要载体。应接各种各样的电话是办公室工作重要的组成部分,办公室人员要懂得电话礼仪和通话技巧,正确接听和拨打电话,正确处理通话中出现的问题,掌握应对技巧,能够制作电话记录表,并简洁、完整、准确地记录电话,及时送达有关人员。如今电子邮件已经成为日常生活中重要的一个环节,很多知识信息都是通过电子邮件实现的,办公室工作人员要懂得电子邮件礼仪和处理技巧,妥善地处理收到的邮件,获取有用的信息。

(4) 印信工作。

印章是一个组织合法存在的标志和职权的象征,印章一般由办公室人员保管,办公室要建立严格的用印制度,规范使用印章。

(5) 后勤管理。

后勤管理的基本任务是合理安排财力、物力资源,为组织的活动和运转提供物资和环境保障,负责本单位的房产及车辆管理、环境卫生管理、消防治安管理、值班管理及其他后勤保障工作。

(6) 资产管理。

办公室要负责管理办公室内部的财务和办公用品;管理零用现金,办理报销手续;维护常用办公设备,发放办公用品;办理办公用品和耗材的采购和保管,进行库存管理;检查财务收支情况,检查库存,检查固定设施和装备,建立安全保障措施,履行法定义务。

(7) 领导交给的其他工作。

负责领导和上级部门临时交代的工作以及对各种突发性事件进行处理等。相对于日常程序性工作而言,这些工作的出现没有明显的规律,也没有规范的操作规程,但是同样需要认真处理。

21 世纪已进入信息时代,信息技术迅猛发展和普及,不断改变着人们的生产、生活方式。办公室作为社会组织的综合办事机构,其工作内容和方式也会发生新的发展和变化。办公室要与时俱进地做好办公室工作,提高管理水平,搞好服务,发挥领导的参谋和助手作用、承上启下的协调作用、社会组织的窗口和门面作用。

第三节　办公室的管理体制

所谓管理体制是指管理单位的决策权限、隶属关系、机构设置、调控机制、监督方法等方面的结构体系和组织制度。其核心是管理机构的设置和管理权限的划分,管理机构通过一系列的制度规范和机制设计保障管理机构的有效运行。其中,既包含平行机构之间横向的相互协调与支持,又包含上下级机构之间纵向的调控与管理。办公室的管理体制是指办公室采用的设置和运行方式,被赋予与其职责相匹配的权力,保证办公室机构在组织中的桥梁和枢纽的功能的实现。在不同的社会制度、不同类别的组织中,办公室管理体制具有一定的特殊性。因此,本节将分别讨论我国和西方国家不同类别组织中的办公室管理体制。

一、我国的办公室管理体制

（一）我国党政机关的办公室管理体制

我国党政机关的办公室管理体制具有垂直性、协调性和综合性等特征。垂直性是指从纵向看,办公室机构的设置具有一定的层级,层级的划分与我国的党政机构管理体系相一致,较高级的办公室(厅)对下属单位具有指导作用;协调性是指从横向看,办公室对同级职能部门具有畅通渠道、统筹资源、协同沟通的作用;综合性是指从办公室的业务职能看,办公室承担着管理服务的功能,工作内容繁杂多样,通常包括公文管理、会务管理、信息处理、事务管理、机关环境管理等。

1. 我国党政机关办公室的机构设置。

根据不同的地位、层级,办公室机构可分为办公厅(院级、省部级、局级)、处级办公室、科级办公室等。中共中央、国务院、全国人大、全国政协、中央军委设办公厅,作为不同系统中的最高级别行政事务办公机构。以行政系统为例,行政机关办公室的机构设置一般包含五个层次(如图3-8所示)。由于不同级别的办公室处于的行政层级不同,其职权范围差别也较大,为了满足一定层级内的业务管理活动,根据需要办公室机构可设立分支机构。以国务院办公厅为例,根据第十一届全国人民代表大会第一次会议批准的国务院机构改革方案和《国务院关于机构设置的通知》(国发〔2008〕11

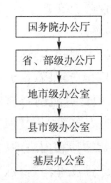

图3-8　党政机关办公室机构设置

号），设立国务院办公厅，为协助国务院领导同志处理国务院日常工作的机构。根据职责需要，国务院办公厅设九个内设机构。

（1）秘书一局。

办理国务院全体会议、国务院常务会议等会务及国务院领导同志内事活动、政府信息公开、文电收发运转和国徽印鉴管理、信息、档案、公文核稿、文印、机要通信和机要文件交换、办公厅保密、《国务院公报》和《国务院大事记》编辑等方面的工作。

（2）秘书二局。

办理发展改革、工业和信息化、财政、人力资源和社会保障、国土资源、环保、住房和城乡建设、交通运输、铁道、水利、农业、商务、银行、审计、国资监管、海关、税务、工商管理、质量监督、检验检疫、统计、林业、旅游、气象、证券、保险、电力监管、扶贫、供销、贸促及港澳经济等方面的文电、会务和督查调研工作。

（3）秘书三局。

办理教育、科技、国防、外事、政法、民族、监察、机构编制、民政、文化、卫生、人口计生、广电、新闻出版、体育、知识产权、宗教、参事、机关事务管理、港澳台侨、法制、地震、自然科学基金、妇女儿童、残疾人工作等方面的文电、会务和督查调研工作。联系全国人大、全国政协、军队、宣传、统战等方面的工作。承办国家科技教育领导小组的日常工作。

（4）国务院应急管理办公室（国务院总值班室）。

负责国务院值班工作，及时报告重要情况，传达和督促落实国务院领导同志指示；组织开展应急预案体系建设，协助国务院领导同志做好有关应急处置工作；办理安全生产、信访以及国务院应急管理方面的专题文电、会务和督查调研工作。

（5）督查室。

组织开展重大专项督查，承办与有关中央机关联合开展的督查工作；组织拟定国务院办公厅督查工作制度和工作规划，指导和协调国务院办公厅有关司局的经常性督查工作。

（6）电子政务办公室。

负责国务院领导同志办公室和机关的政务信息化规划、建设、技术与安全保障以及中南海北区有关会议、活动的多媒体技术服务；组织开展中央政府门户网站的建设、运行管理和内容保障工作；负责国务院办公厅连接各省、自治区、直辖市人民政府和国务院各部门计算机网络的建设和管理工作。

（7）人事司。

负责机关的人事管理、机构编制、教育培训和外事工作。

（8）行政司。

负责国务院领导同志的服务事务和机关的后勤管理工作。

（9）财务室（副司局级）。

负责机关财务、国有资产管理；制定机关政府采购工作相关制度，承办机关政府采购计划、合同审批工作,监督机关政府采购执行情况。

2.我国党政机关办公室的职能。

党政机关办公室的职责权限与办公室业务的综合性、辅助性和服务性密不可分。通常认为党政机关办公室的职能包括指导职能、参谋咨询职能、管理服务职能、协调职能和监督职能。

(1)指导职能。

党政机关办公室的指导职能体现在纵向和横向两个方面。由于垂直性的办公室机构设置体系,纵向指导主要指上级办公室对下级办公室的指导,多为贯彻领导机关的决策意图,属于强制性指导;横向指导主要突出办公室机构在机构内部组织体系中的枢纽地位,多为实现组织目标而进行的合作与支持,属于协调性指导。

党政机关办公室的指导职能通过不同的业务活动体现出来。首先表现为传达、制定有关方针政策。各级领导决策通常以法规、公文的形式,由办公室部门下达,办公室部门对决策事项结合实际情况提出贯彻执行的具体方案,对下级机关进行指导,同时根据需要对政策执行中的实际问题作出解释,提供具有针对性和指导性的具体办法。此外,作为决策中心的辅助机构、上下级部门的联系机构、业务职能部门的平衡机构,办公室在管理体系中的承上启下、联络左右的指导作用也非常突出。

(2)参谋咨询职能。

为领导机关提供决策服务是办公室机构的重要职责之一,也是决策民主化和科学化的重要保障。办公室为决策机构提供参谋咨询是办公室辅助性、决策性的重要表现形式。发挥参谋咨询职能要做好对信息情报的收集和分析。办公室要在科学界定决策问题和决策边界的前提下,对实际问题进行调研,全面获取第一手信息,经过"去粗取精、去伪存真"的信息甄别过程,选择具有典型性、针对性和实效性的信息为领导决策服务。发挥参谋咨询职能辅助领导决策需遵循科学的程序:

首先,办公室应积极协助领导选择决策目标。领导决策的最初阶段是要发现问题,即发现应有情况与实际情况之间的差距,发现问题是解决问题的前提,这一发现问题的过程就是选择目标的过程。

其次,办公室应协助领导确定方案。在领导确定决策目标后,办公室应依据领导的意图,从不同角度、不同方面去寻找实现领导意图的有效途径,并拟制出若干个供决策机构选择的备选方案。备选方案是领导科学决策的前提和基础,其质量的高低优劣关系到领导决策的成败。

再次,办公室应协助落实决策。决策的目的在于落实。实践表明,某些决策之所以未能达到预期的目标以致失败,往往与决策落实不力或不落实有关。因此,办公室应主动辅助领导做好决策落实及落实的推动工作。

最后,办公室还应协助领导完善决策。决策在实施过程中遇到的新情况、新问题、新矛盾会导致出现某些偏差。办公室要根据决策在实施过程中产生的成功的经验和一些失败教训,协助领导对决策进行全面的评估和分析,对制定的决策重新认识和评价,提出完善决策的可行措施,确保决策在实际工作中更好地贯彻。

(3)管理服务职能。

办公室的管理服务职能主要针对组织内部而言,是办公室管理职能的重要组成部分。管理服务职能主要包括公文管理、会务管理、印信管理、信息处理、综合承办、接待工作、保密工作、办公室内部事务管理以及其他事务。办公室管理服务职能具有较强的综合性和多样性,是办公室"管家"作用的重要表现形式。

(4)协调职能。

协调职能主要包括三个方面的内容:

一是统一步调。在贯彻领导决策过程中,由于各职能部门在工作内容和性质上存在较大差别,工作的重心和要求各不相同,容易产生各种不同的意见。办公室人员要积极配合决策事项和中心工作进行解释说服工作,确保政令畅通,保障决策事项的顺利执行。

二是化解矛盾。由于各具体部门特定工作范畴而产生的特定利益以及看待问题的角度存在差异,如果控制不当,容易产生局部利益和整体利益以及部门间利益的冲突。办公室机构应从客观公允的立场进行协调,从而化解矛盾。

三是合理安排。办公室人员要有效预防矛盾的产生,妥善安排决策实施过程中的资源配置,积极做好沟通工作,将矛盾解决在萌芽状态。

(5)监督职能。

办公室的监督职能是指对下属机构、工作人员的检查、考核和督促,其目的是使相关部门和人员迅速、准确、有效地完成决策目标,其主要内容包括监测工作进度,检查工作质量;督办;积极发现问题、反馈问题,提供解决问题的途径和方法。

我国党政机关办公室管理体制,强调权力的集中,等级划分清晰明确,实行自上而下管理,上下级办公室部门形成了垂直式的管理链条和运行体系,最高层负责掌控计划、问题解决、决策和指挥,从而确保了政令统一、步调一致。同时在组织内部,突出办公室的核心和枢纽地位,为机关工作顺利运行提供全面的保障。

知识链接

国务院办公厅主要职责

(一)负责国务院会议的准备工作,协助国务院领导同志组织实施会议决定事项。

(二)协助国务院领导同志组织起草或审核以国务院、国务院办公厅名义发布的公文。

(三)研究国务院各部门和各省、自治区、直辖市人民政府请示国务院的事项,提出审核意见,报国务院领导同志审批。

(四)督促检查国务院各部门和地方人民政府对国务院决定事项及国务院领导同志指示的贯彻落实情况,及时向国务院领导同志报告。

(五)负责国务院值班工作,及时报告重要情况,传达和督促落实国务院领导同志指示。

(六)协助国务院领导同志做好需由国务院组织处理的突发事件的应急处置工作。

(七)指导、监督全国政府信息公开工作。

(八)办理国务院和国务院领导同志交办的其他事项。

(资料来源:http://www.gov.cn/zwgk/2008-07/17/content_1047512.htm)

某省办公厅主要职责

(一)负责省政府会议的准备工作,协助省政府领导同志组织实施会议决定事项;负责省政府领导公务活动安排和省政府公务接待工作。

(二)协助省政府领导同志组织起草或审核有关文稿和以省政府、省政府办公厅名义发布的公文;围绕省政府中心工作开展调查研究;负责审核、印发省政府和省政府办公厅公文,指导全省政府系统公文办理工作。

(三)研究市(州)、县(市)政府和省政府部门请示省政府的事项,提出审核意见,报省政府领导同志审批。

(四)编发政务信息,为省政府领导同志及省直部门和市(州)、县(市)政府提供信息服务,指导全省政府系统政务信息报送工作。

(五)督促检查市(州)、县(市)政府和省政府部门对省政府决定事项及省政府领导同志有关批示的执行落实情况并及时报告。

(六)负责省长公开电话工作,协调指导全省行政首长公开电话工作。

(七)组织指导省政府承办的人大代表建议和政协委员提案办理工作。

(八)负责全省政府系统电子政务总体规划建设,指导全省政府系统电子政务工作。

(九)负责省政府驻外办事处的协调管理。

(十)负责全省政务公开工作,指导推动市(州)、县(市)政府政务大厅建设;指导监督全省政府信息公开工作。

(十一)负责省政府值班工作,及时报告重要情况,传达和督促落实省政府领导同志指示;协助做好需由省政府组织处理的突发事件的应急处置工作。

(十二)负责省政府参事和省文史研究馆馆员的管理和服务。

(十三)承办省政府领导同志交办的其他事项。

(资料来源:http://www.jl.gov.cn/xxgk/zfjg/szfbgt/201501/t20150104_1867433.html)

(二)我国事业单位的办公室管理体制

事业单位是国家为了社会公益目的,由国家机关举办或者其他组织利用国有资产创办的,从事教育、科技、文化、卫生等活动的社会服务组织。事业单位是我国社会体制特有的产物,具有"本土化"特征。近年来,政府对事业单位进行了一系列的改革,按照财政拨款的差异,划分为全额拨款事业单位、差额拨款事业单位和自收自支事业单位,但本质上,目前大多数事业单位仍旧是政府部门设立并管理的行政附属物。因此,从单位组织内部架构分析,事业单位办公室机构的设置与党政机关办公室机构的设置原则并无明显差异。

1. 事业单位办公室设置的原则。

事业单位具有显著的公益性,以承担部分政府管理职能和提供社会服务为主要宗旨。因此,事业单位办公室机构设立应遵循以下几点原则。

(1)必要性原则。

事业单位办公室的部门设置、职责划分必须遵循事业单位的实际情况和现实需要,根据事业单位的整体功能和工作内容合理确定办公室机构设置的数量和规模。大型事业单位的办公室可根据需要设立秘书、综合、信息等科室,负责本单位的文书、档案、统计、机要、收发、会务等工作;中小型事业单位一般不另设分支科室,由单一办公室负责上述工作;基层事业单位的办公室一般仅设专人负责秘书工作。

(2)科学性原则。

事业单位办公室的机构设置应遵循科学管理的理论和方法。首先,办公室的设置和职责界定必须经过系统科学的岗位分析,对办公室所涉及的工作要素、工作任务、工作要项、职位、职务、职权等要素进行合作的规划,借此确定办公室的岗位数量、人员规模、薪酬水平等。一般来说,办公室的机构设置应保持一定的稳定性,必要时可根据实际情况进行动态调整。办公室的机构设置应与单位其他职能业务部门相协调。组织内任何一个部门都不是各自独立的封闭系统,各部门之间既有分工又互相合作,既相对独立的进行业务活动又相互衔接彼此支持。因此,从管理系统的角度看,办公室的职能规划要立足于整体,不能与其他部门有工作交叉,避免出现"多头管理"的混乱局面。

(3)扁平化原则。

"扁平化"管理是相对于"等级式"管理架构而言的一种管理模式。扁平化模式较好地解决了等级式管理中层次重叠、人员冗余、组织机构运转效率低下等弊端,加快了信息流的速率,提高了决策效率。与党政机关办公室管理体制垂直管理、严格分层的特征不同,事业单位办公室的管理体制更为灵活。首先表现为管理层次的精炼。由于事业单位的办公室机构设置没有行政传统的规制,因此在设置原则上趋向于较少的数量、尽可能少的分支机构和管理层级。其次表现为办公室内部的管理幅度逐步扩大。管理幅度是指管理者所管辖的下属人员或部门的数目。管理的幅度越大,管理的层次就越少,信息的传递和决策速度也就越快。受到财政压力和机构精简等因素的影响,越来越多的企事业单位倾向于采用扁平化的组织结构。

2. 事业单位办公室的职能。

事业单位办公室的职能与党政机关类似,以办文、办会、办事的核心服务职能为主,但在具体的职能设置上有细微的差别。有的事业单位根据实际情况将其他职能业务合作交由办公室管理,一般多将人事、群团、政策研究、规划等工作交由办公室负责。还有的事业单位将行政办公室与党委办公室合并,称为"综合办公室"。一般的大中型事业单位办公室机构设立二级管理体系,附属单位接受上级单位的指导、监督和检查,同时上级行政主管部门对事业单位办公室具有一定的指导权和监督权。在办公管理实践中,无论具体工作如何分工,办公室的中枢地位、辅助与服务功能并没有发生本质改变。

(三)我国企业的办公室管理体制

企业是我国社会主义经济体制中重要的组成部分。办公室在企业体系中承担着沟通上下、协调左右和联系内外的枢纽功能。企业办公室机构的设置有其独特的特点。首先是综合性强。企业办公室是多方面基础工作的组合大量的行政性和事务性的基础工作都由办公室承办;企业办公室是多方面信息的组合,国家政策、行业信息、公司总体规划、目标管理、总经理决策和其他经营过程中所形成的文件资料、各部门落实总经理决策等方面的情况、其他各方面的管理资料和员工关系等都在办公室汇集和组织,并且发挥出信息的综合效应。企业办公室是多知识多技能结构人员的组合。由于办公室的工作是多向性多功能的组合,要求工作人员的知识和技能结构也必须多种多样,形成一个"通才"和"专才"相结合的有机整体。其次是追求效益。企业的首要目标是盈利,各部门都必须围绕企业的中心工作和发展战略开展工作,办公室也不例外,除传统的办公室文秘工作及日常事务管理之外,大型企业办公室通常还负责与企业经营有关的其他事项,如发展战略制定与实施、人力资源管理、对外公关等。目前,企业中较为流行的做法是设立总裁办来负责企业的文秘、行政以及其他工作。

总裁办又称"总经办",是公司组织体系中设立的办理行政性事务的工作组织,是设在总经理身边、直接为领导服务的综合部门,是沟通上下、联系左右的桥梁和枢纽,是总经理工作的辅助性机构。

1. 总裁办的设置。

一个由多个事业部或分公司组成的集团企业,通常集团设立总裁办,各事业部或分公司设立总经办,因此其总经办机构可能是多个,但由于总经办是直接为事业部(分公司)领导服务的办事机构,故对集团总裁办来说,对下属各事业部的总经办只是间接行政领导关系。这一特点决定了集团、事业部之间的办公室机构不可能形成一个自上而下的、独立的垂直领导体系,即事业部的总经办如事业部的其他部门一样,它是由事业部总经理直接领导和管理的。从这个意义上讲,集团内各总经办部门具有一定的"封闭性"。

企业内总经办机构之间虽然存在一定的封闭性,但这并不意味着总经办机构之间没有垂直或横向联系。相反,在新经济时代,这种联系有很大的发展,纵向联系表现为集团总裁办有义务,也可以对事业部(分公司)总经办进行业务上的指导,这种业务指导关系体现在总裁办的各种管理制度、条例、规定的制定和实施上。对下属总经办人员的培养、能力评估等,总裁办能从专业的角度来加以执行,因此,上级总裁办和下级总经办又不完全是"封闭性"的。

2. 总裁办的职责。

首先从纵向来看,总裁办能够参与经营管理工作,对领导的决策发挥有效的辅助作用。

总裁办能制定发展战略,负责推行、实施、反馈;协助领导完成重大政策的制定和形成;贯彻领导的指示和指令;对工作规划与计划进行监督;发现问题,调查、评估问题;检查和考核;建立和完善组织规章制度;协助总裁完成组织机构架设、岗位人员配置;做好领导的文秘工作以及领导交办的其他事项。

其次,从横向来看,总裁办发挥着后勤保障作用,实现对企业内部机构的组织与协调。这主要包括行政、总务后勤;人力资源规划;文书工作;公司内部重大活动的组织;企业文化建设。

此外,总裁办在投资与合作活动中,还承担着重要的联络职能。这主要指维护政府关系与合作关系;做好公众形象宣传与品牌塑造、社会责任维护工作;处理法律事务。

不同的企业因其规模、所属行业和发展战略的不同,在办公室机构设置和权限划分上会存在一定的差异。

知识链接

总裁办公室主任职位说明书

职位名称	总裁办公室主任	执岗人		上岗时间	
所属部门	总裁办公室	职位代码		直接上级	
职等职级		管辖人数	4人	管理部门	总裁办
下属岗位	人力资源主管、企业文化宣传、行政管理、文秘、薪酬福利				
工作内容	行政人力资源管理				

直接责任:
1. 负责组织编制本企业管理规划,经总办会审批后组织实施。
2. 负责组织制定或会审本企业各项管理制度并牵头组织考核,制度的检查督促工作,总办日常管理工作。
3. 经常深入各部门会同有关部门制定和修订专业管理、现代化管理和标准化管理等方面的标准,力争制定的标准具有先进性、经济性和实用性。

(续上表)

4. 年末对各专业管理、现代化管理、标准化管理等方面的计划落实情况进行一次全面检查总结申报现代化管理成果,表扬现代化管理技术推广应用好的部门。
5. 深入调查研究、组织发动调研、攻关。及时有效的帮助企业解决管理上的难题,提出开拓性、建设性的措施方案,供领导决策。
6. 根据制度规定和总裁指示,安排总裁办公会及其他有关会议,并对会上决议进行及时传达、督促落实,并将落实情况及时反馈给总裁。
7. 协调处理部门间的争议,如遇特殊事故上报总裁。
8. 负责审核各部门的年度计划,并监督计划的落实情况。
9. 负责公司的文秘、接待等相关的外事工作的协调。
10. 负责本企业介绍信、公章和领导印章的保管、使用以及部门印章的执法、起用管理。
11. 负责本企业的工商登记、年检、行政协调事务。
12. 参加重大合同的谈判、起草、审核工作。
13. 负责本企业劳动、人事、工资、员工培训、社会保险、员工激励、企业文化建设等工作。
14. 组织编制和修订企业有关的管理标准和工作标准,经批准后组织实施。
15. 根据公司发展需要组织人才规划、会同有关部门编制年度培训计划和继续教育计划。
16. 在公司下达的劳动工资计划范围内,组织制定本企业各个时期的劳动工资计划。
17. 建立健全劳动人事管理和职工管理教育有关台账。
18. 负责按公司总体方案制定企业组织机构设置以及定员定岗方案。
19. 负责对各类专业技术职务、技师职务的考核、评审和聘任工作。
20. 组织制定各类人员的岗位规范,建立健全岗位责任制,贯彻按劳分配原则,建立合理的分配制度,拟定职工奖惩条例和奖金考核办法。
21. 劳动纪律的检查。
22. 协调处理公司与开发区、政府、政协等有关部门的外事联系。
23. 组织大型展览会、博览会、高交会的准备参加及策划。

领导责任:
1. 对公司管理制度的执行情况负责。
2. 对公司工作秩序的优良负责。
3. 对公司各部门计划的执行情况的考核结果负责。
4. 对公司人力资源工作(人力资源规划、招聘、配置、培训、考核、工资、激励、辞退离职、保险等)的优良负责。
5. 对公司文秘工作负责。
6. 对公司企业文化建设工作负责。
7. 对公司行政管理和后勤保障的优良负责。
8. 对全员的思想建设工作负责。

主要权利:
1. 对各部门的工作秩序检查权。
2. 对各部门工作计划执行情况的检查权。
3. 对人才招聘的初选权。
4. 对考核会的主持权和对全员考核的审核权。
5. 对部门工作及员工的管理审定权。
6. 对提职奖金的建议审核权。

二、西方的办公室管理体制

由于西方各个国家的政治体制、办公管理传统各不相同,各国采取了不同的办公室管理体制,下面分国别介绍美国、英国、法国的办公室管理体制。

(一)美国的办公室管理体制

美国是联邦制国家,实行三权分立,联邦政府由国会、内阁和司法三个系统组成。白宫办公厅(The White House Office)是美国总统办事机构之一。它既是美国总统处理日常工作的办事机构,又是汇总情况、拟定方案以备决策的机构。白宫办公厅的高级官员一般由美国总统的竞选班底组成,也就是由总统的密友和亲信担任,少数职位由竞选班子以外的学者或专家担任。白宫办公厅下设18个分支办公室(如表3-1所示),每个办公室职责清晰独立,在各自职权范围内处理事务,并收集信息、制定战略,直接为内阁行政长官和总统服务。因此,从这个层面上,美国白宫办公厅的下设机构并不是传统意义上的行政服务机构,它既是政策制定的参与者,又是政策的执行者,还是美国总统在各个领域的最高智囊。

表3-1 白宫办公厅的机构设置

Office of Cabinet Affairs	内阁事务办公室
Office of the Chief of Staff	白宫办公厅主任办公室
Office of Communications	联络办公室
Office of Energy and Climate Change Policy	能源和气候变化政策办公室
Office of the First Lady	"第一夫人"办公室
Office of Legislative Affairs	法制办公室
Office of Management and Administration	管理和行政办公室
Oval Office Operations	椭圆形办公室
Office of Political Affairs	政治事务办公室
Office of Presidential Personnel	总统人事办公室
Office of Public Engagement and Intergovernmental Affairs	公共预约和政府间事务办公室
Office of the Press Secretary	新闻秘书办公室
Office of Scheduling and Advance	日程办公室主任
Office of the Senior Advisor	高级顾问办公室
Office of the Staff Secretary	秘书办公室
Office of the White House Counsel	白宫法律顾问办公室
Office of Policy Development	政策研究办公室
White House Fellows	白宫学者办公室

美国各州以及州所属市县政府机构一般不单独设立综合性办公室,政府分支机构

按职能划分,通常单设州(市)长办公室,由专人专职秘书负责行政长官与社会各界的联络。各行政部门设秘书岗位一人,负责各类办公室事务的管理与协调。美国其他类型的单位,如企业、大学也有类似情况,即秘书成为独立的岗位为职能部门服务,而传统的办公室业务分解到职能部门中,例如美国很多高校两三个系共用一个秘书。

(二)英国的办公室管理体制

英国政府一般设有办公室机构,如英国内阁办公厅及议会下院的办事机构均设有此类机构,不仅为内阁服务,还为内阁委员服务,如为委员安排议事日程、起草决议等,在各方面协助委员会主席进行工作并为大臣的特别会议服务。英国议会下院设议长办事处,下设四个办公室,即:议长办公室,主要负责处理议长的公文和信件,协助议长们进行社交和工作方面的联系;官方报告办公室,主要负责《下院每周议事录》的印发工作;决议事宜办公室,主要负责向议员发送一切有关议会的文件;供销办公室,主要负责出售报纸和议员需要购买的其他资料。英国下院设事务处,主管下院重要事务。事务处下设分支机构,即:会议秘书处,主要负责处理议员对大臣提出质询的通知,并准备一览表,列出大臣们答复质询的日程;委员会办公室,负责给常设委员和特别委员配备人员;公议案办公室,负责下院的公议案程序和财政程序方面的事务;议事记录办公室,负责编辑《下院每周议事录》《决议事项与会议记录》等项工作。

英国政府中的普通行政人员分为四级:一是行政级,包括各部常务次长、次长、司长、副司长、助理司长,下至科长、副科长等,其职务为辅助大臣和协助机关制定、草拟政策,联系与协调各级工作,改进机关组织与工作方法,负责机关内行政人员的考核与监督。二是非行政级,这一级为文官的中下层干部,其职务是对次要提案进行初步审查分析,解决、处理公务中所引起的问题,负责主持次要工作的进行等。三是文书或办事员级,其主要任务是按一定法规、指示,处理特定事务,按规定格式准确记录,回答问题及统计资料,进行简单的文书起草工作,搜集、提供和保存资料,作为上级处理工作的依据。四是打字、文书和计算机操作级,此类人员大部分为女性,主要做誊写、打字、统计、接电话等工作。

(三)法国的办公室管理体制

法国政府的办公室机构比较健全,从总统府到中央各部,都设有秘书工作机构。总统府设有办公厅、总秘书处及总统私人秘书处和总统私人军事参谋部,分别负责总统府及总统的秘书工作。办公厅是总统的办事机构。办公厅设主任一人,副主任一人,秘书若干人,并设新闻专员、财务处长、礼宾处长等,副主任协助主任工作。办公厅的职责是负责处理总统的日常行政事务,例如,负责人事和预算工作,安排总统的礼仪和接见活动,负责总统的安全保卫工作。总秘书处是总统的机要机构,也是总统指导和监督政府各事的主要重要部门。总秘书处由十几名高级官员组成,每人主管与政府各部相应的机构,其中最主要的有处理财政、内政、外交、教育、科研、新闻等事务的机构。总秘书处的任务是同各部进行联系,对各部的问题进行分析研究,提出改进意见,供总统参考。总秘书处设秘书长、副秘书长和秘书顾问各一人,秘书长是总统最重要的助手,协助总统决定重大的政治性问题,于总统、总理和各部之间起桥梁作用。私人秘书处设主任、副主任各一名,私人秘书两名,任务是管理总统本人的日常事务工作。私人军事参谋部设军事参谋七人,其任务是负责向总统提供军事情报,安排防务委员的工作日程,起草总统的军事决定等。

本章思考题

1. 简述社会组织的结构类型。
2. 简述社会组织的内设机构。
3. 简述办公室工作性质和职能。
4. 结合实际谈谈办公室的工作内容。
5. 查阅相关资料,对比我国与西方办公室管理体制的差异。

案例分析

李强在某公司办公室工作,试用期间,只能在办公室打杂,有时工作稍有差错,就要受到部门主管的指责。那一段时间,他情绪非常低落。公司经理助理张辉平时对李强十分关心,总是在工作上给予他帮助。张辉发现李强的情绪有波动,就主动找他谈心,了解到李强在学校学的是人力资源专业,被录用后在公司办公室工作,办公室主任没安排他做具体工作,只说要他熟悉熟悉情况再说,这让李强非常茫然和苦闷,他感到自己的理想和抱负将要在这个清闲无用的工作岗位上消磨殆尽了。

听了李强的抱怨,联想到自己过去初涉职场时也有类似的思想情绪问题,张辉觉得有必要同李强谈谈,帮他澄清一些思想观念问题,使他对办公室工作有一个正确的认识。

如果你是张辉,你应该同李强谈些什么来帮助他全面认识办公室的工作内容?

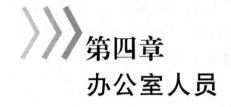

第四章 办公室人员

本章导语

办公室是专门办理综合行政事务的机构,是领导机构和职能机构的保障部门,起着辅助决策和沟通协调的作用。办公室工作特点决定了办公室人员必须具有较高的素质,必须对办公室人员配置、各类人员在办公室工作中所扮演的角色和所担负的责任有一个全面、系统的认识。另外,若想出色地完成工作任务,人际关系和团队精神所起的作用很重要,一个有机体的运转所依靠的是彼此的理解、协调和合作。

本章关键词

办公室人员配置 办公室主任 人际关系

第一节 办公室的人员配置

一、办公室人员配置原则

配备办公室人员,主要是为办公室配好秘书人员。配置人员应坚持以下原则:

(一)适应性原则

这项原则包含两层含义:

1. 知人善任。

知人善任也就是根据每个人的不同情况,实施不同的分配和管理,谋求人与事之间的一致性,做到人适其事、事得其人,人尽其才。办公室人员中,每个个体的素质和能力都是有差别的,这就要求根据不同人员的具体情况,找到每个人的最佳定位,力求将他们的才华和能力发挥到极致。

2.根据领导的个性特点、工作习惯来配备秘书。

历史和现实都表明,领导因经历、学识、素养、气质的不同,其个性、工作习惯也会有所不同。不加考虑、随意地给领导配上一个不"适应"领导个性特点和工作习惯的秘书,对领导和秘书双方都不利。

那么,如何根据适应性原则来选配领导的秘书呢?这里需要把握好两点:一是要了解领导的个性特点,看其性格是耿直豪爽的,还是沉稳持重的;二是要了解领导处事的方式,是"单刀直入、当机立断"型,还是"不紧不慢、三思而行"型,或是"相机行事"型。对于这些各具特点的领导作风及工作习惯,办公室应了如指掌,以便在为领导选配秘书时做到因人制宜、配置得当。

(二)职能性原则

所谓"职能性原则",就是按照领导的管理职能要求配备秘书。在一个组织内,由于领导分工的不同,其管理职能也不一样。这就告诉我们,为领导配备秘书不能套用一个模式。按照领导管理职能配备秘书适用以下几种方法:

1.专业对应法。这是指根据领导的管理职能及专业分工情况来选配适应特定条件的秘书。比如,处在行政管理岗位上的领导应配备具有行政管理专业知识及相关技能的秘书;处在经济管理岗位上的领导应配备具有经济专业知识及专门技能的秘书;主管科技工作的领导则应配备知晓科技专业知识,并能熟练地办理科技业务的秘书,等等。这样的配备,既有利于领导获得直接的"外脑效应",也有利于秘书履行其专业辅助职能。

2.层级选配法。在领导层中,不仅有管理职能、专业分工的区分,而且有管理权限的区分,这是层级选配法的客观依据。处在正职位置上、级别相对高一些的领导,可考虑选配专业职务、工作资历稍高一点的秘书;对处在副职位置上、级别相对低一些的领导,可考虑选配专业职务、工作资历稍低一点的秘书。这样的选配,一方面顾及了领导工作的客观需要,另一方面切实解决了因人施才的问题。

另外,办公部门的层次越高、分工越细,人员编制也相对较多,内部分设负责不同业务的处(科)。层次低一些的办公部门,内部不设处(科),只有人员的分工或工作的侧重。层次越高的办公部门,专业人才越多,不仅要有在行政工作、后勤工作、组织协调方面具有一定经验的人员,还要有不少能掌握一定现代技术和业务技能的人才。在工作的侧重点上,层次较高的办公部门重点要搞好综合协调和对有关工作的统筹,层次较低的办公部门则侧重搞好日常性的实际工作。这些情况也是有关领导和办公部门在选配秘书人员时应当考虑的。

二、办公室人员的素养

所谓"素养",是指一个人在政治、思想、作风、道德、知识、技能等方面,经过长期锻炼、学习所达到的人生状态;素养对人的各种行为长期、持续地起着作用,它是人的一种较为稳定的属性。因此，要建立一支优秀的办公室人员队伍，就必须根据办公室的职能特点，对从业人员的素养提出明确的要求。

(一)办公室人员的职业道德

道德是一种社会意识形态，是人们调整自身行为及相互关系的思想意识和行为准则。职业道德则是在一定职业活动中应遵守的具有职业特征的思想原则和行为规范。它通过规定职业活动对内、对外应尽的义务和本职人员的行为规范，维持着职业活动的正常进行，保证了各行各业与整个社会的合理联系。具体地讲，办公室人员的职业道德包括五个方面的内容，即忠于职守、埋头奉献、尊重领导、严守机密和求实细致。

1. 忠于职守是阶级性和职业性的统一，是不同时期、不同国家对办公室人员的一条共同要求。比如，美国的《韦氏秘书手册》中指出，办公室人员要绝对忠实于上级，忠实于公司；如果做不到这一点，就必须离开。一个优秀的办公室人员，对领导交办的事情，要尽力办好，件件有回音；对领导的指示，要原原本本地传达执行，不打折扣。

2. 办公室管理的特点决定了办公室人员不能站在社会活动的前沿，一般不在公众场合出头露面。他们多进行一些幕后的工作，既繁忙，又繁琐，还常常被人们误解。因此，办公室人员必须具备埋头苦干、默默奉献的精神。

3. 办公室工作一般在领导周围，与领导者的接触较多，对领导的言行、特点甚至工作习惯了解较多。这就特别要求其从业人员尊重领导，注意维护领导人的权威。这种尊重至少有这样四层含义：要服从领导的指派，严格按照领导意图办事；要拾遗补阙，帮助领导改正错误，克服缺点，弥补不足；既要做到不借势压人（"挟天子以令诸侯"），又不能贬低领导而抬高自己；既要维护领导的威信，同时要维护领导者之间的团结。

4. 严守机密是办公室人员必备的观念。不论是政府机关，还是企事业单位，乃至个人，都有一些在一段时期内不易公之于众的秘密。由于工作需要，办公室人员接触机密的机会较多，因此，必须具备严守机密的职业操守。不该看的不看，不该听的不听，不该说的不说，不该写的不写。

5. 在工作作风上要求求实、细致。"钉是钉，铆是铆"，既不迎合领导的口味而虚夸乱讲，也不找借口来敷衍群众。在其具体工作中，严谨有序，有始有终，绝不应付差事。

(二)办公室人员的知识结构

通过下面这个招生简章，我们可以对办公室人员的知识结构有初步的了解：

办公室管理与办公自动化专业——本专业培养掌握现代办公室知识，具备组织和实施办公室管理的能力并能较熟练地掌握现代化办公技术的应用性管理人才。

主要课程：计算机应用、办公自动化、网络应用、程序设计、秘书实务、行政管理学、管理心理学、公共关系学、行政法学、行政诉讼法、档案实务、人事管理、办公室管理、应用文写作、现代管理英语、领导科学。

所谓"知识结构",是指一个人所掌握知识的广度、深度及其比例和融合状况。各行各业都要求其从业人员具备一定的知识结构,这样才能有效地进行各种职业活动。目前,论及办公室人员知识结构的著述很多,归纳起来可以包括三个层次:其一是基础知识,如政治学、经济学、管理学等基础理论知识;其二是专业知识,如行政管理学、秘书学、档案学,以及本行业所需要的专业知识;其三是相关知识和边缘知识,大多为工具性的学科,如计算机和外语,等等。

要形成以上三位一体的知识结构,仅凭学校的正规教育是不够的。目前,我国包括办公室管理在内的公共管理专业教育远远不能满足这种知识结构的需要;即使在将来,仅仅凭借学校教育也难以完全解决这个问题。这就要求在办公室人力资源的管理中,注意扩展办公室人员的知识领域,具备超前眼光和战略意识,站在未来的制高点上设计人才发展计划。

当前,应该特别注意办公室人员的三个转变:一是由技能型向谋略型转变,即不满足于只掌握办公活动的基本程序、基本方法和基本技能,而是要掌握为领导出谋划策的谋略和方法;二是由静态型向动态型转变,即不满足于仅仅坐在办公室里,而是要利用各种机会投身到社会活动中去,不断开阔眼界、增长知识;三是由单一型向复合型转变,即集自然科学、社会科学、思维科学于一身,建立起新、博、精、深的知识结构,真正使自己成为"通才"和"杂家"。

只有实现这些转变,办公室人员才能适应时代发展的需要,在社会竞争、优化组合中立于不败之地。

(三)办公室人员的业务能力

能力又称为"才干",是指能够胜任某项任务的主观条件。它直接影响工作的质量和效率。从事各种活动都需要相应的能力,有的能力是许多活动不可缺少的,如社交能力等;有的能力则是某种活动所特有的,如音乐家的节奏感。办公活动也需要一定的能力,而这种能力往往只有通过一系列的活动才能显示和发展。

从事办公室活动需要三种类型的能力,即办事能力、写作能力和操作能力。办事能力主要是指那些协调、接待、联络、商洽、谈话以及处理事务、临时决断和组织活动的能力;写作能力就是写文章的能力,也就是文字能力,这里的"文章"主要是指有特别写作要求的公务文章;操作能力是指使用计算机、复印机以及打字、摄影、速记、驾驶等方面的能力。当然,所谓办事能力、写作能力和操作能力,实际上是多种智力、多种因素的组合。因此要提高这三方面的能力,就要从多方面加以培养和努力。

1. 办事能力。

办公活动具有强烈的事务性特征,办事成了办公室管理的一项基础性和经常性工作。在管理实践中,出现了一种新趋向,即在领导决策系统中,主要决策者越来越向"务虚"方向发展,集中精力研究关键性、全局性的战略问题,而把务实性工作交给办公室人员。因此,办事能力是一种最基本又是最重要的能力。

办事能力是由多种能力综合而成的,包括以下三种能力:

一是理解和领会能力。办事大多在人与人的交往中进行,要办好事,就必须准确而迅速地了解交办者的想法,正确、全面地领会交办者的意图。如果理解和领会得慢,会延误工作;如果理解和领会错了,则达不到预期目的,甚至把事情办坏。

二是分析能力。办公室人员每天要办的事常常不是一两件,而是纷至沓来,千头万绪。这就需要有一定的分析能力,把各种事情合理归类,加以梳理,分清主次缓急、难易远近,驾轻就熟地分别办好。

三是应变能力。办事的方案、计划,往往与现实不符,需要部分修正,甚至推倒重来。在实际工作中,许多事情如果死守条条框框,往往行不通,必须把原则性和灵活性相结合,在不违反原则的前提下变通处理。有时会出现一些意外事件,必须在较短时间内拿出对策,一个方案不行换另一个方案,这都需要应变能力。

2. 交际能力。

办公部门是沟通上下左右的枢纽部门,办公室人员每天都要接触各种人,与他们相处。办公室人员只有善于交际,才使人容易接近,也才容易被人信赖,办事的成功率才会高。

3. 表达能力。

表达能力包括口头表达能力和书面表达能力,能说会写是办公室人员的"看家本领"。虽然很少去演说,却要经常说话。这就要讲究说话艺术,一要说得清楚明白,二要注意用语分寸,三要注意语言生动活泼。写作能力主要是指写各种应用文的能力。办公室人员不仅要写得好,还要写得快,平时要勤学苦练,练就"出手成章"的硬功夫。

4. 操作能力。

办公室管理是一种需要综合性技能的职业。科学技术的飞速发展,尤其是办公自动化设备的应用,使办公室的工作方式发生了巨大变化,这就要求办公室人员掌握多种专业化的事务工作技能,提高对办公设备的操作能力。操作能力主要包括对打字机、复印机等文字处理机的运用;对照相机、录音机、缩微机、电视会议系统等声像信息机的运用;对电报传真机、多功能电话等通讯机具的运用;对办公室计算机、个人计算机等的运用。

三、办公室人员的选聘

(一)选聘工作的重要性

比尔·盖茨说过:"如果把我最优秀的二十名雇员拿走,那么微软将会变成一个不起眼的公司。"在一定意义上,工作人员的选聘工作是任何组织活动成功的关键因素之一。办公室是专门办理综合行政事务的机构,是领导机构和职能机构的保障部门,起着辅助决策和沟通协调的作用。办公室工作特点决定了办公室人员必须具有较高的素质,对办公室人员的选择和聘用非常重要。

然而不少单位忽略了办公室人员招聘这一环节,更不用说招聘中的细节问题,使得招到高素质办公室人员难度越来越大,或是降低门槛招到的文员不合适。办公室人员选聘工作的重要性可以概括为以下几点:

1. 选聘工作是组织补充人力资源的基本途径。组织的人力资源状况处于变化之中。组织内人力资源向社会的流动、组织内部的人事变动(如升迁、降职、退休、解雇、死亡、辞职)等多种因素导致了组织人员的变动。同时,组织有自己的发展目标与规划,组织成长过程是人力资源拥有量的扩张过程。这就意味着组织的人力资源是处于稀缺状态的,需要经常补充员工。因此,通过市场获取所需人力资源成为组织的一项经常性任务,人员招聘也就成了组织补充人员的基本途径。

2. 有助于创造组织的竞争优势。现代的市场竞争归根到底是人才的竞争。一个组织拥有什么样的员工,就在一定意义上决定了它在激烈的市场竞争中处于何种地位——是立于不败之地,还是最终面临被淘汰的命运。但是,对人才的获取是通过人员招聘这一环节来实现的。因此,招聘工作有效地完成,对提高组织的竞争力、绩效及实现发展目标,有至关重要的影响。

3. 有助于组织形象的传播。据德斯勒在其著作中介绍,"研究结果显示,公司招募过程质量的高低会明显地影响应聘者对企业的看法"。许多经验表明,人员招聘既是吸引、招募人才的过程,又是向外界宣传组织形象、扩大组织影响力和知名度的一个窗口。应聘者可以通过招聘过程来了解该企业的组织结构、经营理念、管理特色、企业文化等。

4. 有助于组织文化的建设。有效的招聘既让企业得到了人员,也为人员的保持打下了基础,有助于减少因人员流动过于频繁而带来的损失,增进组织内的良好气氛,增强组织的凝聚力,提高士气,增强员工对组织的忠诚度等。同时,有效的招聘工作对人力资源管理的其他职能也有帮助。

(二)选聘条件

1. 工作能力要求。
(1)具备良好的语言表达和高标准的速记能力。
(2)具备一定的组织能力,能妥善组织一切活动,使办公室的工作无论何时都能取得最好的效果。
(3)能保持工作的高效率。
(4)可靠可信,能够严守机密。
(5)有责任感,工作认真负责。
(6)具有交际能力,在处理询问、接电话和接待来访者时,冷静机智,能与不同身份的人交往和合作。

(7)忠于职守。

(8)积极好学,具有上进心和良好习惯。

2.个人品质要求。

(1)守时性好,具有时间观念。

(2)积极灵活,能够对工作中可能出现的发展变化作出预测。

(3)外表良好,注意干净整洁。

(4)乐观幽默,能在紧张的工作氛围中保持乐观心态,艺术地处理人际关系。

(5)乐于助人,与周围人员建立融洽关系。

(6)举止彬彬有礼,懂礼貌,懂礼仪。

(三)选聘程序

1.提交需求。

根据用人需求情况,由办公室负责人填写《人员需求表》(对于设立新岗位,要同时提交该岗位的岗位职责和任职资格),并逐级上报,经领导批准后,交人事部门,由人事部门统一组织招聘。

2.准备材料。

办公室根据招聘要求,准备招聘材料,包括单位基本情况、招聘岗位、应聘人员的基本条件、报名方式、报名时间及注意事项等。

3.选择招聘渠道。

招聘渠道主要有互联网招聘、刊登报纸广告、人才市场、内部员工推荐等。

4.初步筛选。

现场报名的同时进行资格审查,如选聘年龄、相关资历资格等,资格审查合格的考生方可进入考试、考察环节。办公室对应聘人员资料进行整理、分类,办公室负责人在两个工作日内对应聘人员进行初步筛选,确定初试人员,填写《初试通知》,连同应聘人员资料送办公室,由办公室组织统一通知初试。

初试前应聘人员首先填写《应聘人员登记表》,《应聘人员登记表》与应聘人员资料交面试主持人面试时使用,面试结束后交办公室保管。

5.考试、考察。

考试、考察工作由本单位人事部门和办公室负责组织,主要测试应聘人综合素质,考核与选聘岗位相关内容。

6.资格复审、体检和公示。

人事部门或办公室在考试或考察结束后对入围人选进行资格复审。资格复审不合格的,不进入体检环节。

体检人员携带本人身份证、近期一寸正面免冠彩色相片一张,按时参加体检。不按时参加体检者,视为自动放弃。

通过资格复审且体检合格的拟聘人员名单,将在本单位网站或其他面向公众的窗口公示。

7.办理聘用手续。

用人单位与选聘人员按协商、自愿原则签订合同,办理聘用手续。在公示结束后的规定时间内备齐规定资料报组织人事部门备案。

第二节 办公室主任

一、办公室主任的职责

办公室主任在所有的办公室人员中是实际的管理者,负责办公室的全面工作。办公室主任对办公室的管理状态取决于其工作能力、责任和风格。随着社会改革的深化、企业经营机制和政府职能的转变、知识的不断更新及科技的迅猛发展与普遍运用,办公室主任的工作面临着许多重要课题:如何适应行政改革和建立服务型政府的需要;如何为企业发展、走出困境、步入良性循环,充分发挥参谋与助手的作用;如何结合企业生产经营、管理的需要,进一步扩展办公室工作的职能;如何加强学习、培训与锻炼,提高自身德、智、能三方面的素质;如何进一步掌握办公自动化手段,提高工作效率,确保工作质量。

(一)参与决策

决策不仅是领导的事,也是办公室主任的重要任务之一。所不同的是,办公室主任是以积极提供决策依据的形式服务于决策,而领导则是根据需要作出取舍。

办公室主任必须注重调查研究,围绕组织的中心任务和领导意图,眼观六路,耳听八方,广泛收集信息,经过去粗取精、去伪存真、由此及彼、由表及里的筛选、加工、提炼,为领导决策提供真实可靠的依据,拟定多种被选方案。在决策实施过程中,办公室主任还应该根据反馈信息,及时提出建议,以供领导修正决策。

(二)处理事务

办公室主任要协助领导处理组织内部的有关事务。对领导交办的任务,要根据实际情况,大胆去办,按时完成任务;对领导没有交办而需要和应该办的工作,应主动去办,及时向领导汇报。

办公室主任必须处理好室内的日常事务,根据工作性质、内容、任务,给予妥善安排。例如,围绕组织中心任务部署具体落实措施、安排节假日值班、管理本室考勤等。办公室主任还应该做好文件处理工作,包括阅文、批文、起草重要文件、核稿、签发办公室文件等。

（三）协调关系

办公室主任要协调好各方面的关系，协调好领导人之间的关系。办公室是组织内领导的办事机构，受领导委托处理各种事务。在领导意见一致的情况下，关系易于协调；当领导意见发生分歧时，办公室主任就要以恰当的方式，反映真实情况，提出自己的建议，沟通领导之间的关系，促使领导达成共识。

1. 协调好领导与部门之间的关系。领导与部门发生意见分歧时，办公室主任应该弄清情况，区别对待。如果问题出在领导方面，要说服领导主动承担责任；如果问题出在部门方面，要帮助部门端正认识。

2. 协调部门与部门之间的关系。首先要处理好办公室与其他部门的关系，增强服务意识，主动为其他部门排忧解难，以保证其专门业务顺利完成。当部门之间发生矛盾时，应帮助双方求同存异，互相谅解。

3. 协调好办公室内部的关系。在大型办公室，分工细、部门多，办公室主任要做好中层管理者的工作，调动其积极性。注意协调办公室内各部门间的工作关系，尽量使他们的工作量大致均衡，营造员工团结一致、共同努力的工作氛围。

（四）工作把关

办公室主任应对各项工作提出质量、数量和时间上的要求，并以此为准则严格执行。在执行中加强监督，发现问题，及时给予指导、帮助，纠正偏差。具体说来，办公室主任应把好文件关，提高公文质量，哪怕是一个便函、一个通知也都是代表组织发出的；要把好会议关，精简会议；要把好办公经费的使用关，厉行节约，杜绝浪费，把有限的经费用在真正急需的工作上；要把好用人关，首先要管理好中层管理者，其次要管理好一般员工，使他们能用其所学、用其所长、用其所好，使每个人的长处都得以充分发挥。

二、办公室主任的职业素养

办公室主任所处地位和担负任务的特殊性，决定了他必须注意加强自身的素质修养，否则就难以成为一名称职的管理者。

从大的方面看，办公室主任的素质修养，主要包括德、智、能三方面：

关于"德"的修养。办公室主任要加强政治修养；要有勇于开拓，锐意进取，不断创新的精神；要有廉洁奉公，遵纪守法，谦虚谨慎，联系群众的思想品德；时时处处严格要求自己，以身作则，严于律己，宽以待人，自觉抵制不正之风。

关于"智"的修养。办公室主任知识水平的高低，直接影响办公室工作效率的高低及其效果的好坏。因此，办公室主任必须注意培养广泛的学习兴趣，精通多方面的知识，更新知识结构，拓宽业务知识面，不断适应改革、发展的要求，掌握办公室各类业务知识，发挥参谋助手作用。

关于"能"的修养。根据办公室的工作特点，办公室主任应具备多方面的工作才能，包括综合分析和独立处理工作的能力，包括较强的文字概括能力和表达能力，包括较高的组织协调和处理矛盾的能力。

除此以外，办公室主任还必须具备精力充沛、头脑敏捷、思想活跃、性格开朗、作风稳重、遇事沉着、善于交际、能屈能伸的气质条件。

三、办公室主任的管理作风

在任何组织机构中，办公室主任都是一个举足轻重的人物。在实施办公室管理的过程中，办公室主任的管理作风起着很独特的作用：它直接影响到办公室人员的精神面貌和工作效率，甚至关系到整个工作目标的完成质量。

办公室主任的管理作风，与自身的品质、能力、个性以及办公环境有着很大关系，具体有以下几种类型：

（一）专制式管理作风

一个专制的或独裁的管理者掌握着充分的权力。专制式管理作风的办公室主任只会"命令"而不会"说服"和"商量"。专制式管理作风的办公室主任在管理过程中一心想保持自己的绝对权力和影响，因此，他们极少鼓励下属参与自己的管理工作（如解决问题、制定决策）。在遇到紧急情况或发生危机必须迅速作出决策时，专制式的管理作风通常是有效的。在同不求上进、循规蹈矩的办公室人员打交道时，这种作风也是行得通的。但是，在这种局限于单向联系的管理作风中，极少有来自其他办公室人员的反馈。因此，误解常常发生，以致造成严重失误。

（二）官僚式管理作风

官僚式管理作风的办公室主任一贯墨守成规，坚持森严的权力等级，固守狭隘、死板的办事规程。官僚式管理作风的办公室主任也"命令"办公室工作人员去做各种各样的事情，但他们的命令是根据组织的决策、规程和规定发生的。换句话说，他们绝不会越雷池一步。官僚式管理作风的办公室主任了解手下的工作人员，对组织的决策和办事规程及解释始终如一，处理问题一般是公正无私的。但是，一旦遇到要根据特殊情况，不能按常规而须破例办事时，官僚式管理作风的死板性就显示出来了。另外，如果遇到决策和规定未涉及的情况，或者规定本身含糊不清时，整个办公室工作就会停滞不前，工作人员就不知所措，进而对办公室主任产生失望和不满的情绪，甚至不接受其领导。

（三）外交式管理作风

在帮助办公室人员解决问题或满足其特殊要求方面，外交式管理作风的办公室主任显得技艺高超。这种类型的办公室主任在调解时既圆滑又老练，很少引起下属的敌对情绪。外交式管理作风的办公室主任乐于"说服"而不愿"命令",擅长用说服和个人鼓励的办法进行管理。他们常常让下属有一定的处理问题的自由,如提出疑问、进行讨论甚至为维护自己的意见而争辩。外交式管理作风的办公室主任肯下功夫向下属解释和说明各种要求遵守的具体规定,以此激发下属的工作热情。当这种"外交家"在作决策时所用的理由无法说服下属时,他们就必然转而诉诸命令。

（四）参与式管理作风

参与式管理作风的办公室主任公开邀请下属参与决策、制定政策和分析工作方法。一些参与式管理作风的办公室主任很有民主作风,总是让下属事先知道即将生效的集体决定,这些决定通常是通过协商一致或多数表决而作出的。具有外交式管理作风的办公室主任通常也在决定之前同下属商量,请他们参加讨论并提出建议。但与参与式管理作风的办公室主任与外交式管理作风的办公室主任不同的是,外交式管理作风的办公室主任明确规定只有他们是负责人,因而保留了最后的决策权。参与式管理作风的办公室主任因为让下属参与并帮助制定工作计划,不但从下属那里获得了有益的信息（主意和经验）,推动了工作计划的实施,客观上也使其下属改进了工作态度,提高了工作效率。办公室人员会认为自己正受到鼓励,因而去争取在组织中的发展和提升,并由此产生一种满足感和成就感。然而,这种决策方法要耗费更多时间；甚至,有些办公室主任利用这种方法去逃避责任。此外,如果办公室主任滥用参与式管理方式,员工的主意和建议的采用率就会降低,最终可能出现失控的局面。

（五）放任式管理作风

放任式管理作风的办公室主任为下属制定好目标并提出明确的方针后,除了下属自己提出要求帮助的情况外,其下属都可以在没有进一步指导的状态中去自由行动。当然,放任式管理作风或者说"撒手式"管理作风的办公室主任不会完全放弃控制,因为他最终要对下属采取的行动（或不采取行动）负责。放任式管理作风的办公室主任实行最大限度的授权,企图以此来调动办公室人员的积极性,使时间和资源得到最恰当的利用,进而从中受益。不过,如果授权时对职工的能力、工作情况没有充分的了解,这种类型的办公室主任就会面临很大的风险。如果员工不能胜任授予他们的职责,那么,放任式管理方式对办公室主任而言就会后患无穷。

第三节 人际关系

一、人际关系的重要性

人际关系表明人与人相互交往过程中心理关系的亲密性、融洽性和协调性的程度,人际关系是在彼此交往的过程中建立和发展起来的。办公室是社会组织内部承上启下的联络部,是管理工作的中心,处于枢纽地位。处理好各种人际关系,建立和谐、融洽、团结合作的工作氛围,是履行好工作职责和实现工作目标的必要条件。

(一)良好的人际关系有利于办公室人员身心健康

良好的人际关系能使人保持心境轻松平稳,态度乐观。办公室人员如果身处在相互关心爱护、关系密切融洽的人际关系中,一定心情舒畅、身心健康。不良的人际关系可干扰人的情绪,使人产生焦虑、不安和抑郁。严重不良的人际关系还会使人惊恐、痛苦、憎恨或愤怒。现代医学研究表明,不良的情绪实际上是摧残身心健康的最主要因素,若是任其泛滥,即使食用再好的补品、进行再努力的锻炼,也无法起到强身健体的功效。而办公室人员的身心健康与良好的人际关系有关。俗话说健康之道在于"和",不仅是指身体内在的和,也指人和,即人际关系的和谐。良好的人际关系状况有利于人的身心健康。①

(二)良好的人际关系有利于办公室人员事业成功

人际关系对人生业绩的影响很大,是人们取得成功的重要条件之一。办公室人员在一个组织中常常处于联系上下左右的位置,要与各种各样的人打交道,处理好人际关系是其做好工作的一个首要条件。办公室人员如果能对人际关系问题给予足够的重视,学习处理人际关系的基本原则和方法,培养人际交往的常识,掌握人际交往的技巧,在实践中努力提高处理人际关系问题的水平,则其可以从友好协作的和谐人际关系中吸取力量,增强信心,在人生业绩的创造中左右逢源,得心应手。②

(三)良好的人际关系有利于办公室人员人生幸福

不良人际关系使人产生猜疑、冷漠、嫉妒,造成困惑、苦闷、孤寂、萎靡和痛苦的精神状态。和谐健康的人际关系使得人与人之间在思想感情上能进行交流,在碰到挫折、困难时能得到别人及时的帮助,并通过交流达到互相理解,从而使人处在一种舒畅、快慰、奔放的精神状态中。办公室人员处在这种和谐的环境中,容易形成乐观、自信、积极的人生态度,心理环境得到净化,思想境界得到升华,能获得一种幸福感。

二、处理办公室人际关系的基本原则

(一)尊重

通常而言,要获得别人的尊重首先得尊重别人,人人都有自尊心,都希望得到别人

---

① 孙荣,杨蓓蕾,徐红等. 现代办公室管理[M]. 上海:复旦大学出版社,2012:89～90.
② 孙荣,杨蓓蕾,徐红等. 现代办公室管理[M]. 上海:复旦大学出版社,2012:90.

的尊重。尊重别人和受到尊重是相对应的。互相尊重能增进彼此间的友情和信任。

尊重更重要的表现是重视别人的意见和要求,但又不轻易放弃自己的原则和看法。当与对方意见不一致或者发生矛盾时,办公室人员既不要敷衍应答或随便苟同,也不要强词夺理,而应用婉转的语气进行解释。

尊重也表现为不强人所难,不把自己的观点强加于人。①

(二)礼貌与礼仪

尊重最初步、最基本的形式就是礼貌。礼貌要求办公室人员在公司或其他场合会见领导、上司、同事或客人时,首先应做到服装整洁、衣着得体、表情自然。待人接物时要面带微笑、举止优雅。与人交际时要用语得体、口齿清晰、语音温和。在各种交际场合要自觉遵守各种礼仪。②

(三)乐于助人

办公室人员的角色地位主要是助手,协助主管或上司做好各项工作。对主管或上司进行必要的生活照顾与服务是办公室人员的职责。办公室工作是综合性工作,它需要多方面的配合和帮助才能做好,办公室人员应学会助人为乐,只有这样,才能获得更多人的赏识和合作,工作才能顺利开展。③

(四)谦虚宽容

谦虚是一种宝贵的品德,也是待人处世的一个重要原则。办公室人员应该不骄不躁,平易近人,和蔼可亲,善于听取不同的意见,取人之长补己之短。谦虚能使办公室人员学到很多知识,增长自己的智慧与本领。

"人非圣贤,孰能无过"。办公室人员对他人的弱点或缺点要予以宽容,对别人的粗鲁言语、举止或错误行为,只要不伤害组织及个人,要予以宽恕;要设身处地为对方着想,多给人一点同情和谅解。中国的古训是"责己严、待人宽"。人际关系中的宽容有利于组织的安定、团结,也有利于办公室人员工作的成功。④

(五)公允

公允即要求办公室人员处事待人要公正、诚实,既不自欺,也不欺人,不贪人之功,也不文过饰非或推卸责任。当办公室人员因取得一点成绩受到领导、上司表扬时,不要忘记对领导、上司提及帮助过自己或者给自己提过建议的同事,并让同事分享你的成功和

---

① 马仁杰.秘书学教程[M].合肥:安徽大学出版社,2015:390.
② 马仁杰.秘书学教程[M].合肥:安徽大学出版社,2015:390.
③ 马仁杰.秘书学教程[M].合肥:安徽大学出版社,2015:390.
④ 孙荣,杨蓓蕾,徐红等.现代办公室管理[M].上海:复旦大学出版社,2012:92~93.

喜悦；当因做错事受到领导、上司批评时，应该独自或更多地承担责任而不要去责怪别人。只有坚持这样做，办公室人员才能得到同事的广泛支持和帮助，也才会受到领导、上司的赏识和器重。①

三、处理办公室人际关系的方法与艺术

（一）提高办公室人际关系的一般方法

1. 不断学习，提高处事能力，增强自身人格魅力。

办公室人员必须不断地学习，不仅要学习专业知识和业务知识，而且要扩大知识面，在实践中培养自己办事和处理问题的能力。

办公室人员用广博的知识、出色的能力、完美的人格和聪明才智去吸引人、影响人，比单纯的权力、地位对人产生的影响更持久、更有效。办公室人员应努力工作、积极进取，在看似普通的岗位上作出优异的成绩，必然会赢得他人的尊敬和高度评价。办公室人员还可凭借自身的优良素质与他人之间形成互补互利的关系，促使彼此间的合作更顺利、更默契。

2. 增强心理素质，塑造完美性格。

办公室人员在遇到困难、挫折甚至是打击时，要善于反省，冷静、客观地从自身寻找原因，而不应总是无谓地怨天尤人。只有这样，办公室人员才能坚定自己的意志，迎难而上，最终战胜困难，取得胜利。

办公室人员应开朗、敏捷、稳健、坚毅、幽默，这不仅是进行人际交往所必需的，也是做好协调沟通工作以及其他一切工作所不可缺少的重要因素。

3. 培养交际风度，提升美好形象。

办公室人员的学识、修养、智慧和品质是内在的，而言谈、举止、服饰和仪态则是外露的、直观的。办公室人员应追求这两方面的完美和谐的结合。

办公室人员的言谈举止应得体，既不傲慢冷淡，又不显得阿谀做作，尤其不能有意无意地卖弄才学，而应态度谦虚谨慎、言辞简要清晰。

办公室人员应懂得各种场合的礼仪礼节，善于待人接物，善于处理复杂的人际关系，做到在任何场合都不议论上司的长短，不谈论或泄漏别人的隐私。

办公室人员还应培养广泛的兴趣，如音乐、体育、旅游和交友等，凡是有益于身心健康的活动都可以进行。业余爱好不仅可以陶冶性情，培养乐观情绪，还能促进人际交往，丰富感情生活。

4. 增强交往频率，缩短心理距离。

社会学家把人际关系中地位重要、影响大、交往频率高、时间长的关系称为"首属关

---

① 马仁杰.秘书学教程[M].合肥:安徽大学出版社,2015:390～391.

系";反之,把地位次要、影响小、交往频率低、时间短的关系称为"次属关系"。

办公室人员首先要与领导建立首属关系,增加交往的频率。这不仅可以更好地取得领导的理解和支持,也可以更好地领会领导的思想和意图,从而使办公室工作更和谐、更协调。

办公室人员也要尽力与基层人员及有业务往来的人员建立首属关系,这有利于畅通信息渠道,提高信息的准确性、时效性和功能性,有利于提高办公室人员工作的效率和质量。

除此之外,办公室人员还需要以非角色身份与各方人士进行情感的交流和沟通。譬如,在上下班途中谈心、午间就餐、休息时闲聊,别人生病时去医院探望,同事家中遇到困难时登门慰问、提供帮助等,这些往往能有效地缩短彼此的心理距离,形成相互交往的积极意愿。[①]

(二)与领导关系的处理艺术

1. 忠于职守,不失职,不越权。

办公室工作具有辅助性和被动性的特点,但又要发挥参谋性和主动性,对于职能范围比较宽泛而又有一定弹性的办公室人员而言,要做到既不失职又不越权并非易事。

办公室的失职和越权会使工作出现脱节,权力支配出现混乱,引起组织内部的矛盾或纠纷。因此,办公室应明确职能范围,在被动中发挥主观能动性,明确哪些是应按照常规处理的日常事务;哪些是必须请示领导后才能办理的事务;哪些是属于自己不该知晓应该回避的问题;哪些问题尽管自己知晓但应严守机密,不得随便表态等。

除此之外,办公室人员要根据领导工作的需要和和领导授权的范围,把握好自己职能活动的范围,对自己该干的工作积极努力去完成,对自己职责范围以外的工作,若有好的建议和想法,可以通过适当的方式提出参考意见供领导参考,但绝不能擅自处理。

2. 安于本分,不争名、不图利。

办公室人员多为领导的助手,为领导做辅助性的工作,例如,安排公务活动、操办会务工作、草拟文件、撰写领导讲话稿等都是幕后的准备工作,由领导出面支持或最终认可才能在管理中发挥作用。这既是组织管理的需要,也是法定的岗位职责。办公室人员只有安于幕后、甘当无名英雄,才能符合组织利益,符合职业道德规范的要求。

3. 勤于思考,善参谋、能担当。

与领导关系融洽、有丰富经验、善于密切配合的办公室人员,不仅能搞好辅助性事务工作,而且能为领导拾遗补缺,当好参谋。这种参谋职能是建立在双方互相理解、彼此信任的基础之上的。

在工作实践中,办公室人员要正确领会和理解领导意图,并以扎实勤奋的工作赢得

---

① 马仁杰.秘书学教程[M].合肥:安徽大学出版社,2015:390~391.

领导的信任;要勤于思考,善于从日常事务中捕捉有价值的信息提供给领导,从而优化领导工作;如果发现某些方面的疏漏或缺陷,要及时提醒、补救,避免造成大的损失;遇到与自己有关的工作失误时,要勇于担当,主动承担责任,积极为领导开解。

4.明于事理,做到有分寸、善协调。

办公室人员的工作接触面宽、涉及面广,而且事事均有较大地影响。因此,在工作中明于事理、把握分寸、办事得体是极为重要的。

知事明理就是要熟悉情况,了解事物间的相互关系和发展变化,明晰表面现象和实质问题、关键要素和限制因素、工作目标和客观条件、领导希望及群众要求等。只有这样,才能合情合理地工作,既有效地为领导工作服务,又与群众保持密切的联系;既能分清轻重缓急,又不会使人感到厚此薄彼,从而获得良好的办事效果。

善于把握分寸就是对领导亲近而不流于献媚讨好;对群众热情而不随波逐流;留心收集群众意见而不轻信小道消息;敢于向领导提出建议而又能注意时机与场合,讲究方式和方法;积极主动进行工作而又不超出自己的职能范围;创造性地完成领导交办的事务而又忠实地贯彻领导的意图。

办公室人员还要善于协调矛盾和冲突,对部门与部门之间、领导与领导之间的矛盾应本着不参与的原则,如有可能,应尽力促成双方的沟通和相互理解,而不是搬弄是非。在纵横交错的人际关系中,办公室人员只有善于协调、化解矛盾,才能减少工作中的障碍,获得领导的支持,确保工作的顺利进行。①

(三)与同事关系的处理艺术

1.摸清脾气,增进了解。

不同同事的家庭背景、工作习性不同,只有了解同事的个性、兴趣、能力、价值观、人生观等,才能根据同事的不同特点采用不同的沟通方法,与同事和谐相处。

2.平易近人,平等相待。

在工作上,同事是合作的伙伴,在生活上,同事之间也是由于工作关系走到一起的朋友,碰面打个招呼、问声好,业余时间聚一聚、聊聊天,节假日互相道声祝福。另外,对每一个同事要尽量平等相待,保持等距离交往,不要因个人喜恶对其中一个同事特别亲近或疏远,有时,简单的一声问候就能创造出一个和谐的氛围。此外,不要忽视集体行为规章而一味我行我素,集体活动要尽量参加。对于集体制定的行为规章制度,办公室人员要带头遵守,不搞特殊化,对于集体活动要积极参加,在活动中与大家打成一片,通过集体活动对同事增加了解,增进与同事之间的感情。如果确实不能参加,要在活动之前告知同事,向同事道歉,请求同事们理解。

---

① 任群.中国秘书学[M].重庆:重庆出版社,2006:70~71.

3. 互相理解，学会宽容。

同事之间由于性格、经历差异，难免会有些摩擦，在交往中，办公室人员要善于发现并欣赏同事的优点，并在适当的时候给予肯定和赞美，切勿嫉妒，更不能打同事的小报告、诋毁同事。对于同事的一些小缺点、小毛病要宽容对待；对同事议论自己的言论，无论是称赞、批评还是妒忌，要坦然对待，有则改之，无则加勉；与同事存在矛盾或误解时，要有耐心，积极主动和同事协调沟通；如果是自身存在问题，则要积极改正，请求同事监督，如果是同事的纰漏，要用宽容的心态去理解和宽慰同事。只有采取合适的方法及时消除矛盾或误解，才有利于同事之间和谐相处，有利于办公室工作的开展。

4. 身体力行，乐于协作。

面对工作，尤其是需要大家一起合作完成的工作，不能挑三拣四、斤斤计较，不能经常把"脏、乱、累、难"的工作扔给同事，自己专挑轻松的工作做。这样久而久之，同事们就不愿意与你共事。办公室人员应该勇于承担最艰苦的工作，尽自己努力完成，如果独立完成确实有困难，要大胆寻求同事们的帮助，让同事感觉到自身存在价值，在大家共同努力下完成工作。同事在工作中遇到了困境或需要你的配合时，要主动及时地给予帮助。这样，同事就会乐意与你协作，从而形成互帮互助、友好协作的工作氛围。

5. 换位思考，求同存异。

同事之间在工作中要相互理解、相互帮助。比如，同事在工作中遇到困难，无法完成领导下达的任务，要体谅同事的难处，帮着一起想办法，若还是不行，要把客观情况如实向领导汇报。有时，在工作中会与同事产生意见分歧，引起一些争论，这时，要坚持以大局为重，努力寻找共同点，争取求大同、存小异，不应上纲上线、对同事进行人身攻击。激化矛盾，伤了和气，这不便于以后工作的进行与和谐的人际关系的建立。

6. 学会赞美你的同事。

善于发现同事的长处和优点，然后真诚地赞美。当同事受到领导表扬，让你与其分享喜悦时，你要第一时间送上诚挚的祝福和夸奖，时间越早越好，让同事感受到他在你心目中的位置是多么重要。赞美的内容越具体，越能让对方感到你赞美的真诚。例如，赞美别人"你的字迹清秀工整，待人和气"，不如说"你的字迹清秀，商业信件写得很工整，而且你待人和气，从没见你对谁发过脾气"。

赞美要恰如其分，过度的恭维和吹捧只会使对方感到不自在，结果会适得其反。比如，你的一位同事歌唱得不错，你对他说："你唱歌真是全世界最动听的。"这样的赞美不仅不会取悦对方，只能使双方难堪，但换个说法："你的歌唱的真不错，挺有韵味的。"你的同事一定会很高兴。过犹不及，说的就是这个道理。[①]

---

① 宇正香. 秘书理论与实务[M]. 杭州：浙江大学出版社，2004：50～52.

本章思考题

1. 论述办公室人员的配置原则。
2. 办公室人员需要具备哪些素养？请结合实践，谈谈如何开展办公室人员的选聘。
3. 论述办公室主任的职责、职业素养和管理作风。
4. 结合实践，谈谈人际关系的重要性以及办公室人员如何进行人际交往。

案例分析

　　文员A小姐与她男朋友B君在同一个公司工作。B君在广告宣传部工作。他俩准备在来年春暖花开的时候结婚，但他俩的关系至今在公司内部无人知晓，不过他们准备年底在公司里公开关系。

　　这天上午，公司开董事会，讨论人事问题。A小姐来到会议室给大家倒水。

　　"最近澳洲分公司的C君病得很厉害，那边的经理让总公司赶紧派人去接替C君。"一位董事说。

　　"大家看广告宣传部的B君如何？他还没有结婚。"另一位董事提议说。

　　"我看可以"，董事长说，"那就这么定了吧，这个月底就发调令"。

　　"可以，我们在月底之前给B君办好手续。"人事科长回答说。

　　这天下午，A小姐和B君在咖啡店约会。

　　"A，我想我们明年结婚的时候还是去北海道吧。"B君显然在憧憬着美好的未来。

　　此刻A小姐该不该把董事会上听到的消息告诉B君呢？请结合本章内容进行分析。

第五章
办公室管理方式

本章导语

管理是人的活动的体现,而管理方式则是实施管理行为的手段与方法,也是促进管理活动有效进行的工具。办公室管理所涉及的事务繁多,是一项复杂的管理工作,熟悉和掌握多种不同的管理方式,并根据组织环境和具体事务的特点选择恰当的管理方式,是办公室管理人员应该具备的一项基本技能。本章首先介绍了管理方式的类型、选择管理方式的依据以及恰当的管理方式所具有的功能,然后结合办公室管理的特点,详细地介绍了办公管理的三种基本方式,即现场管理、会议管理和文件管理。

本章关键词

办公室管理方式 现场管理 会议管理 文件管理

第一节 管理方式概述

管理是人的活动的体现,任何管理都必然存在着实施管理的管理主体和接受管理的管理客体。其中,管理主体即是管理者,管理客体则是管理对象,一般体现为人力资源形态的操作者以及物理资源形态的各种原材料、厂房、设备、资金、信息等。在所有管理活动过程中,都必然包含管理者主体对管理客体所实施的某种行为,于是管理方式应运而生。方式指的是人类言行所采用的方法和样式,简单地说,管理方式就是管理者实施管理行为的手段与方法,也是实现管理目的的方法与途径。管理方式不能离开管理要素(职能)而独立存在,它只不过是管理要素的一个"出口"。[①]

一、管理方式的类型

管理方式可以根据不同的标准划分为不同的类型。例如,根据管理主体的态度和

---

① 胡鸿杰.维度与境界——管理随想录[M].沈阳:辽宁大学出版社,2015:112.

行为方式,可以划分为控制型、民主参与型、协商型和爱抚型;根据管理主体的层次不同,可区分为高层管理者的管理方式、中层管理者的管理方式及基层管理者的管理方式;根据管理职能的不同,可区分为计划方式、组织方式、协调方式、控制方式;根据管理方式的模式化程度不同,可区分为模式化的管理模式及非模式化的管理方式。如前所述,管理是人的活动的体现,在管理活动实践中,无论是管理主体,还是人力资源形态或物理资源形态的各种管理客体,最终对管理活动的实现起到关键作用的还是人。因此,此处仅从管理主体的角度介绍几种管理方式的类型。

(一)控制型管理方式

控制型管理方式也称"集权型管理方式"。这种管理方式的实施往往基于两个假定:第一,假定管理者比被管理者自己更为了解其工作;第二,假定被管理者不会负责任地工作,除非给予经常地指导和命令。管理人员按各自的职能组成等级森严的组织机构,针对固定岗位的管理对象进行指挥和监督,从上至下逐级发布命令、实行控制。因此,这是一种利用行政命令,自上而下进行控制的管理方式。在这样的等级制度中每个管理人员都有与其职位和责权相适应的职务。管理者往往只注重管理目标的实现和管理效率的提高,而对管理对象尤其是人力资源形态的管理对象缺少关心,仅将其作为管理目标实现的手段来对待,实际上是一种"以事为中心"的管理方式。其核心是力求对管理对象进行控制,以建立"正常的"生产秩序,保证管理目标的实现及管理资源的使用效率。

(二)民主参与型管理方式

相对于控制型管理方式而言,这种管理方式更多体现的是对人的权力的充分尊重。其管理层次减少,管理者与管理对象之间的等级地位差距缩小,注重对组织成员和管理对象的鼓励和协助,注重营造一种民主与平等的工作氛围。民主型管理方式要求建立一种民主平等的关系,因此管理者与被管理者之间的社会心理差距较小,在管理上往往表现为广泛的民主参与。由于这种管理方式鼓励管理活动中各主体的广泛参与,因此,能够在一定程度上促使被管理者发挥个体的创造性。

(三)协商型管理方式

协商型管理方式就是要依靠集体的力量解决问题,或者说利用相互影响的方式来培养被管理者敏锐的洞察力和创造力。这种管理方式与控制型管理方式截然不同,它比民主参与型管理方式更加注重平等性。协商型管理方式一般假定被管理者是负责任的,如果让他们按自己的意愿行事,所产生的工作效率会达到最高水平。这种管理方式强调管理者与被管理者同心同德,依靠集体的力量来解决管理中的问题,提高管理的效率,实现管理的目标。基于此,管理者的基本任务就是要创造一个能产生自我激励、和谐的组织环境,在这种环境下,被管理者能够而且愿意认识自己的能力,开发自己的潜力,以最大限度地提高生产率。

在这种管理方式下,在具体的工作实施中均需经共同协商决定,管理者的一切重要决策均需经过充分协商讨论方能作出。当发生冲突和矛盾时,管理者应尽力协调,用讨论协商的方法去解决问题。在分配任务、布置工作时,讲清道理,说明为什么这样做,既交办任务,又提示方法。在日常工作中,着眼于教育,表扬多,批评少,善于营造融洽的人际关系。由此可见,这种管理方式不仅要求管理者具有决策仲裁的能力,更需要具备组织能力和协调能力。

(四)爱抚型管理方式

某一组织内的人们要团结起来,共同信仰是前提和基础,情感则是纽带。① 在现代管理活动中,对被管理者的关心热爱,往往更能调动其工作的积极性,从而提高工作效率,更好地实现管理目标。管理活动是一种人与人的交往活动,在相互交往中必然产生情感上的联系。爱抚型管理方式强调的是人与人之间情感的真诚交流,实际上就是管理者从感情的角度进行管理,使被管理者感到信任与友爱,进而建立一种互相信赖的组织氛围。

爱抚型管理方式表现在生活上关心被管理者的烦恼与不幸,了解其所面临的问题与困难,并及时为他们排忧解难;在具体工作上适当放权,给被管理者以充分信任,并特别注重适当的鼓励和赞扬。马克·吐温说过:"一句精彩的赞辞可以做十天的口粮。"由此可见赞扬的重要性。因此,在具体的管理活动中,管理者不仅要平易近人,经常与被管理者沟通交流,还需要适时适当地赞扬和鼓励。

需要说明的是,在管理过程中,赞扬也需要掌握好分寸,既不能吝啬也不能太滥。一般而言,建立在事实基础上的赞扬要远比空泛的赞美更有效果,赞扬得越具体,其达到的鼓励效果也越显著。因此,赞扬要注意具体化,而不是笼统地说一声"我对你很满意"。

从字面上来看,管理方式就是指管理方法与管理形式,是管理方法和管理形式的统一体。具体而言,管理方式指的是管理观念、管理方法、管理组织抑或其中的一项或几项的统一体,其中,管理观念为管理方式的内核。因为管理主体通过何种方式使其所实施的管理能为管理客体所接受,并达到管理者预期的目的,这是整个管理活动实施的关键。无论管理者选择哪一种管理方式都必须要明白,管理方式的选择因人而异、因事而异、因时而异,需要不断变革才有可能逐渐走向完善。

二、管理方式的选择及其作用

管理方式是管理活动的形态与表现形式,人们了解管理、认识管理现象,必须从管理方式入手。从这个角度来看,管理方式与管理活动息息相关,任何管理活动的实施与

---

① 刘兴才.权变理论与管理方式的选择[M],辽宁教育行政学院学报,2003(11).

开展都必然需要采用一定的管理方式,而恰当管理方式的选择则对管理活动的有效实施,对管理目标的有效实现起着极为重要的作用。

(一)管理方式的选择

管理方式的运作过程也是管理者对被管理者的作用过程。管理方式的运作既有可能为管理者和被管理者带来正向的作用,也有可能带来负向的作用。或者说,管理方式的运作直接与某项管理活动的效率相关。好的管理方式必然提高该项管理活动的正效率;反之,必然增大其负效率。只有既选择优秀的管理者,又运作相应的管理方式,才有可能引致合乎意愿的效率。① 因此,恰当的管理方式的选择尤为重要。由于物质材料管理资源一般都是较为固定的管理因素,因此,在客观条件不变的情况下,管理方式的选择往往受组织、环境和管理活动主体三个因素的制约。

1. 从组织自身来看,管理方式应与组织的性质与规模相适应。一方面,管理方式的选择直接受制于组织的性质和类型。这是因为不同性质和类型的组织,其权力基础各不相同。例如,在政府组织中,管理者的职位权力要明显地强于文教组织中管理者的职位权力,因此在政府组织中,管理者常常采用的是民主参与型管理方式,而在文教组织中,管理者则往往采用协商型管理方式,甚至是爱抚型的管理方式。另一方面,组织规模的大小也影响着管理方式的选择。较大规模的组织,由于管理对象多且复杂,管理者不可能事必躬亲,因此比较适合选择民主参与型或协商型管理方式,适当调动被管理者的主动性和积极性;而对于较小规模的组织,管理者可以较为具体地管理各项事宜,在管理方式上则可以选择控制型或者爱抚型的管理方式。

2. 从组织存在的环境来看,任何组织的存在都离不开一定的环境,这里所说的环境,既包括时代、社会背景,也包括各种影响组织存在的客观因素,因此可以说,脱离环境的组织是不存在的。一般来说,处于激烈竞争条件下的组织,常常需要及时地随着市场的变化改变决策,宜采取民主参与型和协商型管理方式以把握发展机遇;任务单一、处于困难情况下的组织,宜采用控制型管理方式。我国自古便有根据不同的管理环境选择不同的管理方式的做法。《史记·滑稽列传》中便有这样的记载:"子产治郑,民不能欺,子贱治单父,民不忍欺;西门豹治邺,民不敢欺。"意思是说:子产治理郑国,百姓没法欺骗他;子贱治理单父,百姓不忍心欺骗他;西门豹治理邺,百姓不敢欺骗他。

子产治郑,因为当时郑正处于奴隶制向封建制转变的改革时期,所以子产不毁乡校,让人们自由发言,议论执政,颇有民主作风,他的管理方式可称之为民主型。因为决策来之民众,易于明察,所以民不能欺。

子贱治单父,单父受孔子的儒家思想影响较大,单父的人民受教化的程度也较高,所以子贱天天躲在房间里弹琴,依旧把单父治理得井井有条。子贱重视教化,讲究用人,

---

① 曹元坤.管理方式变革论[M].北京:经济管理出版社,1999:1~6.

为政清廉。他关心民众疾苦、赏能、招贤、广交朋友、孝敬父母、尊重兄长,以孝悌为百行之先。因此,他的管理方式可称之为爱抚型管理,所以民不忍欺。

西门豹因邺地酷吏横行,百姓逃离,田园荒芜,民生凋敝,故采取铁腕政策,重典治乱世,革除河伯娶妇陋习,严惩巫祝和贪官污吏,带领百姓兴修水利,令行禁止,可称之为控制型管理,所以民不敢欺。①

3.从管理活动主体的层面来看,管理者应当根据自身情况、被管理者的具体情况以及两者之间关系的具体情况,有针对性地选择恰当的管理方式。一方面就管理者自身情况而言,管理者个人影响力和其他非权力性因素都会影响管理方式的选择。譬如管理者的威望较高、个人影响力较强,就可以选择控制型的管理方式;若管理者尚未建立起较高的个人影响力和威望,则应选择民主参与型或协商型的管理方式。另一方面被管理者个人的工作能力、成熟度,被管理者的数量规模,所处的环境状况也会影响管理方式的选择。如果被管理者处于不成熟阶段,控制型管理方式较为恰当;如果被管理者处于初步成熟时期,民主参与型管理方式则较为合适;如果被管理者工作能力较强,且个人成熟度较高,则可以采用协商型或爱抚型的管理方式。再比如,在实际管理活动过程中,如果条件允许,管理者可以将其管理意图通过直接讲述的方式传达给被管理者,进而开展具体的工作事项,这是一种直接管理的方式。但实际工作中,受制于时间、地域或者其他偶然性因素的影响,管理者与被管理者之间的信息沟通往往无法直接进行,因此需要通过文件来传达管理意图、交流工作思想,此时文件管理方式就更为恰当。

(二)管理方式的作用

如前所述,管理方式存在多种不同的类型,由于管理活动过程中涉及的因素较为复杂,而其中的各项因素都可能影响管理者选择恰当的管理方式,因此,管理者认真分析和理性对待影响管理目标实现的各项要素,并运用恰当的管理方式使其达到最高的效率,这对于管理目标的有效实现来说非常重要。恰当的管理方式的选择不仅可以提高管理效率,促进管理目标的实现,同时对于节约管理资源、减少管理成本也具有积极的作用。

1.恰当的管理方式可以提高工作效率。实际上,被管理者的工作效率直接决定于管理方式的选择。管理方式的合理选择不仅可以激发被管理者的工作积极性与创造性,还可以提高其工作的热情与主动性,这显然有利于提高被管理者的劳动生产率,从而提高工作的效率。

2.恰当的管理方式可以减少管理成本。管理成本包括管理活动过程中发生的材料、人工、劳动资料等的耗费。在一项管理活动中,管理者尤其是基层管理者运用恰当的管理方式,可以提高被管理者的主人意识,增强其责任感,从而合理减少劳动过程中对于

---

① 刘兴才.权变理论与管理方式的选择[J].辽宁教育行政学院学报,2003(11).

各种材料的耗费,减少管理成本。

3.恰当的管理方式可以节约管理资源。现代管理学认为管理资源不仅包括管理活动中所涉及的物质材料资源,还包括管理人才资源、管理组织资源、管理技术资源和管理信息资源等更多的内容。恰当的管理方式的运用不仅可以节约各种物质材料资源,还可以有效地节约其他各项资源。比如,文件这一管理方式的使用,就体现了对管理者这一人才资源的节约。

4.恰当的管理方式可以促进管理目标的实现。所有管理活动的开展都是基于一定的管理目标而展开的,管理者无论采用何种管理方式,运用怎样的管理资源,其最终目的都是要实现管理目标。作为连接管理资源和管理内容的桥梁,管理方式的恰当与否直接决定着管理目标能否实现。恰当的管理方式在节约资源、减少成本、提高效率的基础上,无疑对于管理目标的实现具有积极的正向作用。

需要说明的是,在管理现实中,各种管理因素之间的相互关系往往是动态的,不可能存在一种能适应一切组织、一切环境的管理方式,或者说没有任何一种管理方式是万能的。在现实生活中,也极少有管理者只采用单一的管理方式,往往是几种管理方式兼用。因此,在动态的管理活动过程中,管理者应当掌握多种管理方式、考虑各种有关的变动因素,学会在各种管理方式之间游移、变换,从而适时地选择恰当的管理方式。

第二节　办公室管理的基本方式

按照不同的标准,管理方式可以划分为诸多不同的类型,无论管理者选择哪一种类型,在管理思想或管理意图表达的过程中,或者说在管理信息交流传递的过程中,事实上都会涉及三种基本的管理方式,即现场的方式、会议的方式和文件的方式,这三种方式在办公室管理活动中尤为突出。

一、现场管理

现场是由人员、设备、物资、环境、信息、制度等各种要素和质量、成本、时间、效率、安全、士气等指标构成的一个动态系统。现场管理是指运用科学的管理手段,对现场中的管理要素和管理目标要素进行设计和综合治理,实现全方位的配置优化,最终达到提高管理效率、提高产品质量、降低成本、增加经济效益目的的过程。在实际管理活动过程中,现场的方式是最直接、最有效的管理方式。但是这种方式要求管理者必须在特定的时间出现在特定的地点,或者简单地说管理者必须出现在管理现场,这既是现场管理这一方式的优势所在,也对管理者形成了一种制约。因此,管理者应当准确地理解现场管理的意义所在,并适当地运用这一方式,充分发挥其积极的效用。

(一)现场管理是一个渐进的过程

从表象上看,现场管理就是管理者面对被管理者讲出要求,让被管理者明白其意图并贯彻实施的行为过程。由此可见,现场管理就是通过采用讲述、倾听和解决障碍等具体的方式或环节来有效地实现管理者意图的传递。其中,管理者讲述就是向被管理者传递管理意图的行为,是一种自上而下的信息单向传递的过程,因此,必须选择一种被管理者容易接受的方式来进行。

1. 简单、明确地表明管理意图。管理者需要被管理者做什么或者需要其按照什么样的要求完成何种事项,这需要管理者清楚地将其表述出来。这是一个思维表象化的过程,需要借助语言或其他的表达方式来实现,这一事项的前提当然是管理者自身对于该项工作或任务的清晰认知。与此同时,管理者在清晰认知基础上的归纳和表达能力也是至关重要的,管理者运用合适的语言或其他表达方式将自己的认知清楚地告诉他人,这也是对一个管理者能力和水平的考验。

2. 将管理意图同被管理者的职责和切身利益联系起来。在管理者表达管理意图的过程中,不仅要让对方清楚地理解自己的意图,还需要使其明白:这些"意图"并不是管理者个人的私意,而是工作职责的要求,亦是被管理者的工作职责,并与其切身利益息息相关。与此同时,管理者还需要将完成工作任务的结果清楚地告诉对方,以激励被管理者的工作热情。此外,有些管理意图是由多人共同议决而由管理者代为传达的,那么管理者在传达时应当让对方感觉到该"管理意图"也是自己的意志。

3. 如果有可能,尽量说明基本要求。因为工作任务的内容不同,有些管理意图或管理目标不能在工作职责中完全细化,这就要求管理者根据具体的情况交代完成工作的具体要求。比如,多长的时限、什么质量等级、资金控制底线是多少等,让被管理者在工作中有所遵循。

4. 适当提出实现管理意图的建议。现场方式所体现的是管理者的能力和经验,也就是说,管理者应当对所交代的工作事项非常熟悉,可以根据自己的经验给对方提出建议。当然,提出建议与否,也要视工作内容以及被管理者的情况而定。但是,作为一名管理者,可以不提出建议,但不能"没有"建议。

在实际管理活动中,管理意图的表达往往并非是一蹴而就的,常常需要管理者与被管理者之间进行多回合的表达与交流才能够达到较为满意的效果,由此可见,现场管理是一个管理者逐渐将管理意图表达明确的过程,也是被管理者逐渐对管理者意图认识清楚的过程。

(二)现场管理是信息双向传递的过程

需要注意的是,现场管理方式并不仅仅是管理者单向的信息输出,通常情况下,为了有效地实现管理意图,在管理者讲述之后,也需要通过一定的方式了解被管理者对其意图的理解程度。因此，倾听就成为"管理者讲述"之后的必备环节。所谓倾听，就是管理者了解被管理者对管理意图的见解，这是一个信息双向传递的过程。作为管理者，此时要努力做到以下三点：

1. 耐心地把对方的话听完。在谈话过程中不打断对方的谈话，这是交谈的基本礼仪。在现场管理过程中，认真耐心地听完被管理者的表达，对于一个管理者来说是最低的也是最高的要求。管理者要做到这一点并不容易，因为随着谈话的进行，听者会不由自主地掺杂个人的情感；而作为管理者，不管对方说话恰当与否，即使对方是一个自己不喜欢，或者面貌丑陋、声音尖怪、讲话粗俗的人，或者一开始就存在成见，管理者还是要耐心听完对方的表达，因为倾听对方的谈话，可以了解被管理者对管理意图的理解程度和个人态度，也为自己下一步的表达留出了思考的时间。管理者不能急于打断对方的谈话，"你说的不行，那怎么行呢"或者"你先听我说好不好"，甚至带着不耐烦的情绪。管理者要控制自己的情绪，训勉自己理性对待。

2. 注意听话的表情。在倾听过程中，管理者不仅要注意对方的表情，更要注意自己的表情。话是用耳朵听的，会听话的人还能用"眼睛"听话。听话时的表情非常重要，其中一个重要的表情就是"眼睛"自始至终地真诚地看着对方，使对方认为你是在真心听他谈话。听话时不能两眼困倦、朦朦胧胧、似睡非睡，表现出无精打采的样子，更不能两眼瞪得很大，心早飞到九霄云外去了，胡思乱想一些其他事情。同时，在倾听的过程中，要随着别人的表情适时地点头，有时脸上可以带着一丝微笑，表示愿意听他谈话。听别人谈话时，不能经常看表，更不能到处走动，或同另外的人谈话、耳语，这都是对谈话者的不尊重。

3. 管理者的语言表达。听对方的说话，要表现得含蓄，要少用"是""不""对""不对""很好""可能""会好的"等浅显的字眼，要说出较为含蓄、深刻的话，以取得对方的信任。还有一种情况，对方的话还未讲完，管理者就掐头去尾、断章取义，随便给人下定论，妄加评判，这只能说明听者的无知，谈话也不能顺利进行下去，不能获得满意的效果。

（三）现场管理就是为了解决问题

不论是管理者"讲述"还是"倾听"，都是为解决问题作铺垫。这里的"问题"指的是被管理者对管理意图的理解与管理者真正意图的偏差以及被管理者在对管理意图理解之后产生的疑虑。这里的"解决问题"则是指在管理者力所能及的情况下，帮助被管理者消除对管理意图的种种疑问。这一过程通常是对管理者讲述的一种合理延伸，也是在信息双向交流基础上的确定。在这一过程中，管理者应当注意以下内容：

1. 确定问题中的关键部分。在管理者表达和倾听之后，管理者应该能够清楚存在的问题是什么，对方还有哪些疑问，造成这些疑问的原因是什么。一般来说，造成被管理者对管理意图理解有偏差的原因，一方面是管理者的表达不清，另一方面则是被管理者的理解能力较弱，或者是客观条件使然。

2.重申解决问题的条件。如果问题的焦点是"条件和资源的问题",那么管理者就必须直面这些问题。采取的方法无外乎明确条件和追加资源,也包括勉励对方克服困难的策略。

3.提出(或商议)解决问题的可行方案。在解决了问题和资源的情况下,可以商定或者由对方细化出工作方案,以保证工作实施的有效性。在这一过程中,无论是管理者还是被管理者都应当在每一个环节首先要考虑到,这项工作需要哪些条件、应用什么方法、得到怎样的结果。养成这样一种管理习惯对于管理者而言则尤为有益,当遇到一件事情,管理者"习惯性"地想到"条件和依据"是什么,"方法和手段"是什么,"目的和结果"是什么,假以时日,管理就会成为一种习惯性的反应。在处理事情时,反应行为永远比意识行为要迅速,工作效率可以因此大大提高。

4.商定实施计划的细节。实际上,上述三条只是为通往管理目标的道路找到一把合适的钥匙,真正体现管理方式作用的是详细计划的商定及实施。如果说,前面的铺垫是为了传达管理的思想,那么实施计划及其细节的商定就是管理工作的落实,其关键在于解决实际问题。正如管理大师彼得·德鲁克所言:归根到底,管理是一种实践,其本质不在于"知"而在于"行",其验证不在于逻辑而在于成果,其唯一权威就是成就。

除了上述内容之外,现场管理的最终效益还取决于管理者对工作场所——现场的合理组织。管理者应当使工作场所同管理的意图相一致。具体地说,现场管理必须保证工作场所要便于工作人员进行操作,减少不必要的重复劳动,提高工作效率;保证工作人员充分利用各种设备,缩短设备的闲置时间,提高设备的利用率;保证工作质量,尽量节约各种材料消耗;保证工作人员在良好的劳动条件下进行工作(如适当的照明,符合卫生要求的温湿度,不超过一定范围的噪音和粉尘,必要的安全措施等)。

目前,在现场管理的实践活动中涌现出各种现场管理方法和技术,如目视管理、5S管理等。目视管理是一种以公开化和视觉显示为特征的管理方式,亦称"看得见的管理""一目了然的管理""图示管理"。它是利用直观的形象、适宜的色彩感知信息让大家都看得见"管理者的要求和意图",以达到员工的自主管理、自主控制及提高劳动生产率的一种管理方式。其内容包括七个方面:工作任务与完成情况的图表化和公开化;规章制度、工资标准和时间标准的公开化;与定置管理相结合,实现清晰的、标准化的视觉显示信息;作业控制手段的形象直观与使用方便化;物品的码放和运送的数量标准化,以便于过目知数;现场人员的着装统一化,实行挂牌制度;现场的各种色彩运用要实现标准化管理。

5S管理是日本企业广泛采用的现场管理方式,源自于日本丰田公司。它通过开展以整理、整顿、清扫、清洁和素养为内容的五项活动,对生产现场的生产要素进行有效管理。因五项活动日文短语发音的第一个字母为S,所以被称为"5S",如表5-1所示。

表 5-1

中文汉字	日文发音	英文	举例
整理	SEIRI	Organization	倒掉垃圾、长期不用的东西放仓库
整顿	SEITON	Neatness	三十秒内就可以找到要找的东西
清扫	SEISO	Cleaning	谁使用谁负责清理
清洁	SEIKEISU	Erasure	环境随时保持整洁
素养	SHITSUKE	Discipline and Training	严守标准、团队精神

其中，整理是指将现场的东西分为必需品和非必需品，把二者明确、严格地区分开来。区分必需品与非必需品的标准是"现使用价值"而不是"原购买价值"，工作现场不需要的东西要坚决清理，工作现场要无不用之物。整理的目的是改进和提高作业面积现场，做到没有杂物、道路通畅，提高员工工作效率以消除管理上的混放、混料等差错事故，从而减少浪费、节约成本。

整顿是把剩下的必要的东西分门别类的定位放置，排列好，摆放整齐，明确数量，进行有效的标示，使用的时候能够随时找到，减少寻找的时间。整顿是指工作人员对需要的东西进行分门别类的摆放，从而做到过目知数，用时能立即得到，用后能立即归还原位。其核心是每个人都参加整顿，在整顿的过程中通过制定完善的管理制度，使得人人都能够遵守规则，并坚持不懈。

清扫是指彻底打扫办公现场的各种无用垃圾，包括灰尘和油污，彻底将工作环境打扫干净，保持办公场所干净、亮丽、无灰尘、无垃圾的美好环境。对现场进行清扫，目的在于培养全员讲卫生的习惯，创造一个干净的工作环境，同时减少意外事故的发生，使工作者能够在一个干净整洁的环境下心情快乐地进行工作。

清洁是指对整理、整顿、清扫之后工作成果的维护，使现场保持最佳状态，也就是对前三项活动的坚持和深入。清洁活动的要点是"三不"，即不制造脏乱、不扩散脏乱、不恢复脏乱。办公现场的员工不仅需要做到形体上的清洁，也要做到道德上的清洁。

素养是指培养现场工作人员遵守现场规章制度的习惯和作风，使员工们养成严格遵守规章制度的习惯和作用。通过节约时间、物料、成本等各种要素，形成有规范制度的生产现场，从而降低不安全因素，以达到降低成本、提高产品质量、提高生产效率、增加工作人员人身安全的目标。通过培养员工，员工的素质就会不断的提高。

如上所述，作为最为直接的管理方式，"现场"无疑成为管理要素的最佳表现形式，管理的主体、客体和环境都在"现场管理"中得到一系列的组合。但是，现场管理也有一个相对的劣势，即每个现场都需要管理者出现，现场的效果又与管理者的状况直接相关：一方面，这对管理者是一种浪费；另一方面，现场的效率受到了制约。这就需要一种新的管理方式予以弥补。

二、会议管理

在管理活动中,管理者作为一种管理资源是一种相对有限的存在,为了节约管理者这一资源,就有了会议的方式。会议起源于原始社会晚期的部落民主议事制度。《尚书·周官》记载:"议事以制,政乃不迷。"《现代汉语词典》对会议的解释是有组织、有领导地商议事情的集会。美国《韦氏新大学词典》关于会议的解释如下:会议是一种会晤的行为或过程。可见,会议是一种围绕特定目标进行的、以口头发言或书面交流为主要方式的,有组织、有计划、有目的的商议、讨论的活动。我们认为作为一种聚众议事的方式,只要是有共同的议题、有公认组织者的三人以上的正式聚合便可被称为"会议"。凡是让其他人参与解决问题或制定决策、调查不明情况或有问题需要向其他人澄清、有重要事情需要把大家集中到一起传达、有问题涉及和协调多个部门的时候就需要开会。

(一)会议的种类及功能

会议作为一种管理方式,应用十分广泛。依据不同的标准,会议可以划分为不同类型。按会议的规模划分,会议可以分为小型会议(几人、几十人参加的会议)、中型会议(百人至数百人参加的会议)、大型会议(千人乃至数千人参加的会议)和特大型会议(万人以上的会议);按会议内容划分,会议可以分为综合性会议和专题性会议;按会议的性质划分,会议可以分为决策性会议、非决策性会议;按会议所跨地域的范围划分,会议可以分为区域性会议、全国性会议和国际性会议;按照会议召开的时间划分,会议可以分为定期会议和不定期会议。

虽然会议也可以视为一种"现场",但其大大节约了某些管理者相对有限的资源成本,因为管理者不需要去每一个现场,而是大家来到管理者所在的现场。这种方式既保证了管理效果,又在一定程度上解放了管理者,节约了管理者资源。当然,会议管理的前提是"不能降低管理效率"。虽然不同会议的具体作用不同,但从总体上讲,会议具有以下主要功能:

1.决策功能。

通过会议作出决策,这是会议的基本功能。按照管理科学化的要求,在全部会议活动中,有70%的会议是用来解决"做什么"和"怎么做"的问题。在实际工作中,会议的决策功能常常受两个因素的制约:与会者的职权范围,即会议所决策的对象必须在会议的职权范围以内,如果超出会议的职权范围,会议就不能行使决策功能;法定人数,即会议在行使决策时,必须获得法定人数的认可,否则,即使决策通过也没有行政效力。

2.分权功能。

会议的分权功能,就是通过会议的形式,把一个问题交由多数人共同讨论、共同决定。在现代社会里,由于人们赖以生存的社会环境和认识对象日益复杂,使人的认识负担加重,认识和解决一个问题的方法和主意很难集中在一个人的脑子里;只有吸引更多人的参与,由大家共同努力才能完成。这样,就需要通过会议的形式,把特定的权力交给每一个参加会议的人,以便让大家对所研究、所决定的问题共同发表意见,共同承担责任,共同行驶参与和控制的权力。根据与会人员与所分权力的关系,会议分权又可以分为确定性分权(有法定权限)和无确定性分权(不承担法定责任)两种。

3. 交流功能。

在会议过程中,与会人员相互之间通过直接地交换意见,实现相互之间信息的共享。人们在会上进行交流,可以改变在个别交谈情况下信息呈单线传递的情形,从而使每个讲话人的信息传递模式都呈辐射状,既提高了信息传递的时效,也避免了因多次传递所可能形成的误差。除此之外,会议的交流功能还可以增进人们在感情方面的交流。社会心理学的研究成果表明人们相互之间感情密切的程度,一方面取决于彼此态度(价值观)的相似性,另一方面取决于相互空间的接近程度和交往频率。会议活动在这方面恰恰能满足人们感情交流的需要。

4. 协调功能。

协调功能即通过会议消除与会人员相互之间的差异,并在共同的目标指导下,达到认识的统一和行动的一致。

5. 显示功能。

显示功能即会议本身不作出任何决策,也不传递文件或征求意见,而是借助会议的形式,如规模、名称、宣言等显示会议主办者(主体)的政治、价值和感情取向。

6. 晓谕功能。

晓谕功能即在会议进行过程中,由会议组织者及其指定人员,直接向与会人员告知有关的内容,使与会人员变不知晓为知晓,从而在一定程度上消除对原有某些问题的不确定性认识,在实际工作中,人们经常使用的诸如传达文件、布置生产计划的会议以及报告会、新闻发布会等就是此类。

(二)会议的规则

会议是人类社会生活中的常见现象,就社会组织(管理机构)而言,它是实施内部管理的重要方式。它是一种多人同时参加的、受同一目标驱使的群体活动。为了保证会议的正常进行并使会议具有极高的效率,就必须要求所有与会人员共同遵守统一的行为规范,从而表现出价值和行为取向的一致性,这就是会议的规则。

会议的规则是为保证特定会议的正常进行和有效性而制定,并在会议过程中必须遵守的规定。它的主要作用在于使每一个与会人在会议过程中都能遵从一个共同的行为规范,保证会议始终在一种有序和可控的状态下进行;保证与会人的民主权利;保证会议的有效性。一般情况下,会议的规则包含如下内容:

会议的性质与职能;会议的组成人员;与会人的权利与义务;会议主持人的产生办法;会议主持人的权利与义务;确定会议形式和内容的方式;会议的法定人数;会议议事

和作出决定的程序;会议决定(决议)的生效办法;会议在遇有特殊情况时的应变措施。

根据形式和适用范围的不同,会议规则可以分为法律形式的会议规则、章程形式的会议规则、常规形式的会议规则和其他自选形式的会议规则。在制定会议规则时,应注意以下问题:召集会议的人应该是有关人员中资历最深者或者是有财权的人;会议召集人自己决定开会地点和时间,但是应该常与其他与会者商讨,以公平、平等为第一原则;应当阐明会议的目的和时间,并使会议尽可能地简短、高效;所有与会者都应事先过目相关会议材料并提前五分钟到场;开会时要注意倾听别人的讲话,忌窃窃私语或擅自离席;发言时声音要适中,内容要明确;很好地采纳建设性意见并弄清反对意见;应该将会议进行状况,尤其是将主要领导的发言记下来;要按多数人的意见作出决议,决意要当场确认;应该有人把会议决议和要点记录下来;共同遵守散会时间;会议结束后,与所有可能受会议结果影响的人进行交流。①

作为一种管理方式,任何会议都必须有序进行,事先做好安排与准备是实现会议目的的首要条件。比较重要的大型会议,通常需要从管理部门抽调人员组建筹备组,严格按程序作会前准备;一些小型的例会,准备工作比较简单,会前准备根据会议规模和重要性而定。一般而言,需要从管理阶层的意图和行政管理事务自身的要求两个方面来明确会议的目的,进而确定会议的议题、与会人员、会议时间及地点,然后根据会议规模与具体情况明确议事日程并拟发会议通知,在充分做好准备工作之后,即可按照会议日程召开会议。

(三)会前准备

会前准备工作复杂多样,不同的会议对会前准备的要求也不尽相同。但就其总体而言可以分为实质性的会前准备工作和程序性的会前准备工作两个方面。前者指的是与会议内容有直接关系的准备工作,比如确定会议目标、安排议题、提名与会人员等;后者指的是为了使会议正常进行而实施的一系列事务性、礼仪性工作,如拟发会议通知、布置会场、安排座次、制发证件等。

1. 确定会议目的和目标。

召开会议的首项准备工作是确定会议的目的和目标。了解各种会议所具有的功能及所能达到的目标是设定会议目的和目标的重点。会议作为一种管理方式,其最终目的仍是为管理决策服务的,因此,根据会议与决策的关系可以将会议目的划分为决策前、决策时和决策执行后三种情况。其中,决策前的会议目的主要是为决策搜集信息、分析形势、剖析问题,找出主要问题及问题发生原因,寻求解决问题的办法、分析对策及收集新构想;进行决策时,会议目的主要是交换信息、交换不同意见和方案,因时因势、优选方案,统一意见并作出决策;在决策执行及调整过程中,会议目的主要是布置任务、说明

---

① 胡鸿杰.维度与境界——管理随想录[M].沈阳:辽宁大学出版社,2015:128~129.

报告、宣传教育,对执行情况的检查结果进行通报,或者对决策进行调整及修改。

在实际生活中,一个会议可能包含两个或两个以上的目的,但一般来说不宜过多。在会议开始前,应明确会议的目的,根据会议目的设定具体的目标。通常情况下,有效的会议目标至少须符合两个条件:一是具体且可衡量;二是有困难但能实现。

在会议具体实施过程中,确定会议目的和目标只是一个大方向,要把会议开得有效率,还必须拟定相关的议题。会议议题是会议所要讨论、报告的主要内容,会议开始之前要确定会议的议题,并及时通知与会人员,以便与会者提前做好相应准备。

在拟定议题时必须紧扣会议目标,遵循清晰、有限的原则,切忌空泛、繁多。凡是与会议目的无关的议题都不应列入会议的议程,以免分散会议的主题,既延长会议的时间,又有可能引起不必要的麻烦。同时,各项议题之间应存在有机的联系。会议的顺利进行往往取决于一个问题接一个问题的解决,上一个问题不解决或解决得不够彻底,往往会影响下一个问题的讨论和解决。所以,会议的各项议题之间应当建立一定的逻辑联系,只有这样,才能使会议得以顺利进行。

2. 确定会议人员。

会议人员是指参加会议的人员,主要包括会议主持者、会议参加者和会议辅助人员。会议的主持者指的是策划、组织会议的人员,包括主办者、承办者、赞助单位和协办单位等。会议辅助人员一般指的是包括秘书、服务人员在内的会务工作者,他们的工作直接影响会议的效果。会议的参加者包括正式成员、列席人员、特邀人员和旁听人员,他们是会议的主体。会议人员中,会议主持者和会议参加者,也就是人们常说的"与会人员",他们是会议召开的关键,也是确定会议人员的重点。

与会人员的确定应当与会议的目的和需要相协调,关键是要弄清楚哪些人有必要参加。因此,必须有效地控制与会人员数量。一般来说,与会者人数越多,则与会者的参与意识越弱,会议的质量也就越差,甚至有负面效应。因此,人数太多时,就应该设法分组讨论或设分会场。可以从如下方面来确定与会者:

与会者是否对会议所要实现的目标负有主要或直接责任;与会者是否与会后的行动直接相关;与会者在中心议题方面是否具备专门的知识与经验,是否能有助于议题的深化;与会者是否有能力或权力达成一项决议;与会者是否多余或可有可无;与会者是否能全身心投入会议;与会者是否会妨碍会议总体成效;与会者是否会造成对他人的心理压力,影响他人发言的质量或真实性。

此外,大中型会议的筹备和服务工作所涉及的会议辅助人员数量较多,需要成立相应的会务机构。会务机构的组建要求分工明确、互相协调,一般包括以下几个小组:

(1) 秘书组。负责拟写、准备会议通知、会议方案等各种会议文件和资料,做好会议记录,编写会议简报和会议纪要等工作。

(2) 会务组。负责会务组织、会场布置、会议接待、生活服务、交通疏导和医疗服务等会议的组织、协调工作。

(3)宣传组。负责会议的宣传报道、录音录像、制定会标会徽、确定宣传标语,对外宣传等工作。

(4)财务组。负责会议经费的统筹使用和收费、付账等财务工作。

(5)保卫组。负责会议安全保卫工作的检查落实,包括执勤、消防以及会议的人身、财务和信息的安全工作。①

3.确定会议时间。

会议时间包括会议召开的时间、会议结束的时间以及各项会议议程的时间。在会前准备工作中,必须考虑开会时间的确定,确保全体会议人员(尤其是会议主持者和会议参加者)能够按时出席、安心开会。会议在什么时间举行,时长多少为宜,这些都是非常值得注意的问题。在确定会议时间上应当做好以下方面的工作:

(1)会前调查,把握全体与会者的时间安排情况,选择与会者适当的时间。

(2)确定会议关键人物的时间安排。选择与会者中关键人物的最佳时间开会,以确保关键人物集中精力开好会议。

(3)确定本单位其他工作与活动的时间安排,选择本单位适宜的时间。这样做可以避免会议打乱本单位工作的正常运行秩序,同时保证活动中的关键人物能有充足的时间作出安排,不至于因出席会议而影响其他工作。

(4)明确各项议题所需讨论的时间。这样做一方面可以合理有效地安排会议的各项事宜,做到有条不紊,另一方面可以使与会人员做到心中有数。

(5)尽量缩短议程和会议的时间,力求开短会。这样一来,与会者能在很短的时间内集中精力,从而达到会议最佳效果。议程如果太多,连续开会时间超过半天,就应设法分两个时间段开会。

此外,应该注意把握开会的时机。时效性很强的会议,要尽早安排;需要酝酿和深思熟虑的会议,可以延后召开。需要注意的是,会议时间的安排应当根据人的生理状态来确定。一般而言,一天中人的活动与工作能力在早上8时左右逐渐上升,至10时左右达到高峰,在12时至15时期间则处于低谷,15时左右逐渐上升,至16时左右达到另一个高峰,19点至23点则逐渐下降。此外,有研究表明,当会议进行到45分钟,与会人员进入到积极思维阶段;45分钟至75分钟,与会人员进入注意力下降阶段;75分钟至90分钟,与会人员进入生理疲劳阶段;90分钟至120分钟,与会人员进入反向活动阶段;会议进行2小时以上,与会人员则进入无所谓阶段。由此可见,会议的主办者应当根据上述规律调整会议的时间和节奏。

4.确定会议地点。

会议地点是指会议的举办地、活动场所。为了使会议取得预期的效果,会议地点的选择应当根据会议的性质和规模综合考虑,重要的会议还要考虑经济效益和政治影响。

---

① 马仁杰.秘书学教程[M].合肥:安徽大学出版社,2015:231.

实际上,会议地点的物质条件、环境氛围以及所处的建筑场所,会潜在地影响每一个与会者的情绪,进而影响会议的质量。具体而言,会议地点的选择应综合考虑如下因素:

(1)距离的远近、路线以及交通的便利,便于与会者能按时到会。

(2)会场内外环境适宜。会议召开过程中需要安静的环境,为了保持会场的安静,会场要有良好的隔音效果。优良的会场内外环境可以舒缓与会人员的紧张情绪,改善会议召开的质量。

(3)附属设施要齐全。会场的照明、通风、卫生、服务、电话、影音设备要配置齐全,对所有附属设备,会务人员要逐一进行检查。良好的通风和照明设施以及室温调控装置,能够使与会者长时间保持头脑清醒,集中精力参与会议。

(4)会场的空间必须适宜,以每个与会者平均拥有两平方米的空间为宜。空间过大,会场显得冷冷清清,影响会议气氛;空间过小,与会者容易产生拥挤沉闷感,影响会议效果。

(5)外出留宿开会必须考虑通讯联系的方便,考虑费用开支,考虑衣食起居的舒适等。

5.拟定会议议程。

议程即会议的程序表,其中包括会议内容、讨论事项、与会者姓名、主持人、各项事宜的时间分配、开会时间和地点等。会议议程是会议所要完成的主要事项,并非所有会议都必须拟定书面议程,但与会者应事先了解议题或会议主要讨论事项,以便有所准备。会议议程通常是由会议执行机构提出,经相关人员表决通过之后正式生效。通常由会议程序表现,并反映在会议日程的安排文件中。

(1)会议程序。会议程序是为完成会议议程而按照工作顺序和时间先后排定的会议工作体系。会议程序与会议议程不同,会议议程只显示会议所要完成的主要任务,而会议程序所表示的则是完成这些任务的一系列工作环节。会议程序是对会议议程的具体化,是为会议各项活动依次排列的顺序,即整个会议活动所表现出的完整的时间顺序。会议程序有总体程序和专项程序之分。会议总体程序是对会议各项活动顺序的总体安排。例如:

××会议程序

1.会议开始。

2.全体起立,奏国歌。

3.向××同志献花。

4.请××同志介绍××的先进事迹。

5.由××同志宣读××的决定。

6.请××同志讲话。

7.会议结束。

会议专项程序是为会议某一议程或某一项工作而单独排出的工作程序。此种程序

是对会议总体程序的某一个环节所作出的具体安排,既具有相对独立性,又是会议总体程序的组成部分。例如:

××专项程序

1. 总监票人宣布选举内容和参加选举的人。
2. 通过监票人名单。
3. 检查票箱,分发选票。
4. 就填写选票的方法和表决事项做出说明。
5. 填写选票。
6. 宣布投票顺序和进行投票。
7. 清点收回选票和宣布选举是否有效。
8. 计票。
9. 宣布选举结果。

(2)会议日程。

会议日程是会议的各项活动在会期以内每一天中的具体安排。在会议日程中,会议的各项活动按上午、下午和晚上逐项列出,使会议所有活动都有准确的时间相对应。会议日程是会议组织者对会议实施组织、与会人参加会议活动和人们了解会议情况的重要依据。会议日程是会议事务性文件的一种,在制作时,既可采取条文式,也可采取表格式。如有说明,可附于表后。如表5-2:

表5-2 ××会议日程

日期	时间	内容	主持人	备注
3日全天		报到		
4日	上午 9:00~11:30 下午 2:00~5:00	1.开幕式 2.总经理报告讨论	×××	
5日	上午 9:00~11:30 下午 2:00~5:00	会议发言	×××	每人限15分钟
6日	上午 9:00~11:30 下午 2:00~5:00	1.宣读会议决定 2.闭幕式	×××	

会议日程应包括一份详细的会议议程,用以表明会议所需讨论的议题或内容。其编制需遵循科学合理、简明清晰的原则,通常由秘书和主席商议准备,并考虑上次会议所处理的事项。在议事日程中,工作人员应把需要与会人员注意的任何事项记下来,并按它们在会上被讨论的先后顺序安排,当然也要注意遵守事务的习惯性顺序。对于正式的会议,应先查看一下档案中先前会议的会议议程,并按法律顾问提示的顺序进行。

此外,在拟定议程时,必须考虑下列要点:

重要的议案或事项,必须列在整个议事日程的前项,不重要的事项推后讨论;合理分配各项议案或事项的时间,尤其要为重要的事项留出足够的时间;每次会议的议程不必太杂,内容不必太长,以提高会议的成效;必要时可以考虑分两次开会,或分阶段讨论同一个议案;议程的目的在于提醒与会者注意,并为开好会议早作准备,因此,议程应提前交送每一位与会者,也可将会议议程与会议通知合二为一,一并通知与会者;如果会议很重要,在时间允许的情况下,可以事先要求与会者作何种准备,并指定时间提交与会者建议;归纳汇总的意见可以附在成文的议事日程上,送发全体与会者;提前送发与议程有关的会议资料,以减少会议讨论的时间;会议持续两小时以上的,应考虑在议程中安排中间休息时间,并注意在会议结束后留出一定的社交时间。①

【例】

博鳌亚洲论坛2010年年会会议日程(节选)

会议议题:亚洲可持续发展的现实选择

会议时间:2010年4月9日至4月11日

会议地点:海南博鳌。

表5-2 会议日程

	4月9日(星期五)
07:00～22:00	注册
	海口美兰国际机场
07:00～14:00	博鳌亚洲论坛2010年年会"新财富杯"高尔夫邀请赛
	博鳌亚洲论坛高尔夫球会
14:00～14:30	上海通用汽车博鳌亚洲论坛官方指定用车交车仪式
	国际会议中心南门广场
15:00～16:00	博鳌亚洲论坛2010年年会暨博鳌亚洲论坛2009年度报告新闻发布会实录
	索菲特酒店一层东方演艺厅
15:30～17:30	青年领袖圆桌会议 实录
	国际会议中心一层东屿宴会大厅
	主持人:芮成钢
	主席:韩国国会议员 洪政旭
	腾讯公司执行董事刘炽平
15:30～17:30	跨国公司中国区总裁圆桌会议:《绿中有金》——绿色增长时代的企业经营战略与实践
	国际会议中心一层孔雀厅(仅限受邀代表)
	主持人:德勤会计师事务所中国首席执行官卢伯卿
18:00～20:00	沃尔沃环球帆船赛主题酒会
	索菲特酒店休闲吧——万泉游泳池畔

---

① 胡鸿杰.维度与境界——管理随想录[M].沈阳:辽宁大学出版社,2015:134.

(续上表)

时间	内容
19:00~20:30	自助晚餐
	索菲特酒店亚细亚餐厅、怡景西餐厅、聚贤阁中餐厅
20:30~21:30	FMG鸡尾酒会(凭请柬)
	索菲特酒店中餐厅外露台
20:30~22:00	长城桑干酒庄特供品鉴会
	国际会议中心一层孔雀厅
20:45~22:15	博鳌资本论坛:经济转型中的资本市场定位 实录
	索菲特酒店一层东方演艺厅
	对中国正在进行的经济转型来说,创业板的创立是令人鼓舞的消息。创新精神和技术突破的财富效应,是中国资本市场向投资者和企业家发出的明确信号。在亚洲经济转型的过程中,资本市场能够发挥什么作用?有哪些现在的国际经验可资借鉴?在可预见的将来,还将有哪些进一步完善的机制和举措?
	主持人:《第一财经日报》总编辑秦朔 讨论嘉宾:美国前财长保尔森 中国证券业监督委员会主席尚福林 台湾证券交易所董事长薛琦 富达国际总裁 Anthony Bolton 美银美林中国区行政总裁兼投资银行业务中国区总裁刘二飞
21:30~23:30	美银美林博鳌爵士酒会
	索菲特酒店二层相聚廊大堂吧

(资料来源:http://finance.qq.com/zt/2010/boaoforum9th/richeng.htm)

6. 编制会议经费预算。

任何会议都会消耗一定的人力、物力、财力,编制会议经费预算是会前准备工作中的一项重要内容。会议经费预算的编制需要综合考虑会议各项要素,遵循节约的原则。会议经费的构成一般包括以下几点:

(1)交通费:交通费包括与会人员往返的差旅费、接送费、会议各种接待、参观考察等所需的交通费用。若与会人员的差旅费由自己承担,则不必列入预算,但要注明。

(2)会议场所费用:该费用主要包括会议场地租金、会议设备租赁、会议室布置等费用。

场地费:该费用指租借会场的费用,包括会场内基本设备的使用、停车场的费用等。

设备费:该费用包括购买或租借会议所需的各种视听设备、通信设备、印刷设备等的费用,如购买或租借电脑、投影仪、多媒体设备等的费用。如果是租借设备,还应对设备的参数提出要求,以保证会议时设备能够正常运行。

会场布置费:该费用包括制作会标、会徽、标语、购买或租借彩旗、拱门、花卉等的费用。

(3)食宿茶水费用:食宿费如果由主办方承担,则需列入会议经费预算,茶水费是指会议的茶水、饮料、果点、联谊酒会等费用支出。

(4)文具资料费用:该费用包括制作各类会议文件资料、证件的费用、宣传费用及相应的文具费用。

(5)人工费用:该费用包括支付给与会人员和工作人员的报酬或补贴,如支付给专家学者讲课或演讲的费用、临时借用人员的酬金。

(6)休闲娱乐费用:如果会议安排了参观游览、文娱晚会、联欢会等休闲活动,还要预算参观考察游览的门票、演出或包场的费用。

(7)预算外支出:该费用指的是会议过程中一些临时性安排所产生的费用,如勤杂、司仪、临时采购、临时司乘、临时医疗保健等费用。这些临时产生的费用很难计划,在预算时通常按类别笼统计算。[①]

7.拟发会议通知。

会议通知是向与会人员传递召开会议信息的载体,是会前会议组织者同与会者之间沟通的重要方式。拟发会议通知是会前准备的重要环节,会议一旦决定召开,应及早印发会议通知。通知内容包括会议时间、地点、与会人员、会议内容或议程等。会议通知拟发人员草拟的会议通知必须经过主管领导的审批同意之后,才能发出。

随着信息交流方式的增多,会议通知的种类与方式也多种多样,有口头通知、书面通知、电话通知、电子邮件通知等形式。每一种会议通知的形式各有其特点,可以根据会议的性质、规模、时间缓急和保密要求选择适当的方式,必要时可以同时使用两种以上的方法,以保证会议通知的有效。

通常情况下,正式发出的会议通知,其后都附有相应回执。会议通知发出同时应告知与会者今早给予答复,或返还出席会议的回执,以便会务组统计出席者名单,合理安排会议其他事项。一般情况下,会议通知应在会前15~30天之内寄出,以保证对方有充足的时间寄回回执并准备相关事宜。

【例】

关于组织参加第九届国际水利先进技术(产品)推介会的通知

水技推〔2012〕15号

部直属各单位,各省、自治区、直辖市水利(水务)厅(局),各计划单列市水利(水务)局,新疆生产建设兵团水利局,各有关单位:

在水利部国际合作与科技司、水利部"948"项目管理办公室的指导下,自2003年开始,国际水利先进技术(产品)推介会已连续举办八届,对推动国内外先进适用技术及产品应用于我国水利建设中发挥了重要作用,为我国水利科学研究、规划设计、工程建设与管理人员及时了解掌握国内外水利技术动态提供了重要的窗口,不少参会推介技术(产品)得到了水利部相关科技计划的支持。推介会的规模逐年扩大,影响日益深刻。

为深入贯彻《中共中央国务院关于加快水利改革发展的决定》及中央水利工作会议有关精神,做好今后一段时期国外水利先进技术引进与国内水利实用技术推

---

① 马仁杰主编.秘书学教程[M].合肥:安徽大学出版社,2015:235~236.

广工作,为部相关水利科技计划项目立项做好技术储备,经研究,我中心定于2012年4月20日在北京组织召开"第九届国际水利先进技术(产品)推介会"。请各单位组织相关技术、管理人员参会。现将有关事项通知如下:

一、会议时间和地点

会议时间:2012年4月20日上午8:30开始,会期一天。

报到时间:2012年4月19日全天,4月20日8:00~8:30。

会议地点:中国科技会堂(北京市海淀区复兴路3号)。

二、会议内容和形式

1. 采用专场报告、现场交流、图片展览、书面交流、网站展示、会刊推介等多种方式推介先进适用技术(产品)。截止到3月底,已有来自国内外的150多项技术通过了组委会的审查,参会推介。

2. 邀请水利行业有关领域知名专家作专题报告,分析介绍今后一段时间我国水利科技发展形势、近期水利工作和重点工程。

3. 邀请专家现场评议推介技术(产品),会后发布《第九届国际水利先进技术(产品)推介会推荐引进技术(产品)名录》,以供国内有关单位引进和推广应用先进技术(产品)参考。

4. 发布《2011年度水利先进实用技术重点推广指导目录》并颁发推广证书。

5. 开展现场技术交流、需求调查等活动。

三、其他

1. 欢迎各流域机构、各省、自治区、直辖市水利(水务)厅(局)组团观摩推介会。

2. 请近几年拟引进国际水利先进技术(产品)的单位,尽快与引进技术(产品)厂商联系,欢迎携技术(产品)参会推介。

3. 会议不收取参会代表会议费。会议为会议代表免费提供当天用餐,参会代表住宿费自理。

4. 有关推介会事项,请及时关注以下网站:

中国水利科技推广网(www.cwsts.com);

中国水利国际合作与科技网(www.chinawater.net.cn)。

四、联系方式

水利部科技推广中心:

陈××010—63205470 13161322468

曾××010—63205479 13910154400

惠××010—63205490 18310783203

传真:010—63205467

电子邮件:tjh@mwr.gov.cn

2012年3月21日

附件:第九届国际水利先进技术(产品)推介会参会回执

附件

第九届国际水利先进技术(产品)推介会参会回执

姓 名	性 别	单位名称	职务/职称	电 话	手 机	E-mail	传 真
预订房间数量	共 间（其中： 标准间 间 / 套房 间）						
备 注							

请参会人员于 4 月 17 日前将此回执通过 E-mail 或传真发送到大会组委会，以便大会组委会协助参会人员预订住房，费用参会人员自理。

（资料来源:http://www.mwr.gov.cn/slzx/tzgg/hytz/201204/t20120406_318153.html）

8.会场布置。

会场布置就是根据会议的形式和内容以及主办人的意图，在会场现有条件的基础上，对会场做出的必要的、适当的调整。会议的形式、内容、要求及会场的条件不同，会场布置的方式也各不相同。总体上来看，会场布置主要包括会场布局、座次安排以及为烘托或渲染会议气氛所做的会场装饰等内容。

（1）会场布局。

会场布局就是会场内可供与会人员就座的坐席的摆放形式。在会场内，坐席的不同摆放形式具有不同的含义和象征。会场布局应从会场的实际情况出发，尽可能地与会议主题相一致。会场的布局有多种样式，应当根据会议的规模、性质、主题等来选择和安排。

①相对式。剧院式和课桌式都属于相对式的布局。这种布局的主要特点是主席台和代表席相对而立，主席台的地位突出，整个会场气氛显得比较严肃和庄重，但也容易给主席台上的发言人带来一种心理压力。相对式的布局场面开阔，会议气氛较为严肃，比较适用于召开大中型的报告会、总结表彰大会和各种代表大会。

②半围式。这种会场布局的形式介于相对式和全围式之间，主要特征是在主席台的正面和两侧前方安排代表席。半围式突出了主席台的地位，又可以使参会人员的座次紧凑，彼此面对面，容易消除他们的拘束感，形成融洽的气氛。半围式的会场布局分为"U"字形、"T"字形、半圆形和多边形，一般适用于中小型的工作会议、座谈会和研讨会。

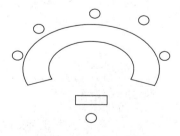

图 5-1　半围式:半圆形

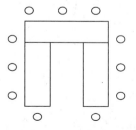

图 5-2　半围式:"U"字形

③全围式。全围式的会场布局可以分为圆形、椭圆形和长方形,主要特征是不设主席台,所有会议人员围坐在一起。这种布局将会议领导、主持人和其他与会者的相对性减弱,体现了平等和相互尊重的精神,容易形成融洽和谐的氛围。与会人员可以不拘形式、畅所欲言,有利于会议主持者细致观察每位与会者的表情、动向,以便及时准确地把握会议进程,从而保证会议取得成效。全围式比较适用于小型会议、协商会议或座谈会。

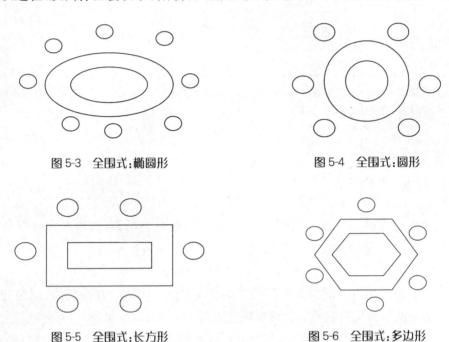

图5-3　全围式:椭圆形　　　　　　图5-4　全围式:圆形

图5-5　全围式:长方形　　　　　　图5-6　全围式:多边形

④分散式。分散式的会场布局可以分为圆桌形、方桌形和"V"字形。其主要特征是将会场坐席分散为由若干个会议桌构成的格局,每一个会议桌形成一个谈话交流中心,根据一定的规则安排与会者就座,其中领导人和会议主席就座的桌席称为"主桌"。这种座位格局既突出了主桌的地位和作用,又为与会者提供了多个交流、谈话的中心,使会议气氛更为轻松和谐。分散式适用于召开规模较大的联欢会、茶话会或团拜会。

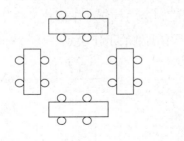
图5-7　分散式:方桌形

图5-8　分散式:"V"字形

(2)座次排列。

会场座次排列指的是对所有与会人员在会场内座位次序的适当安排。会议座次排列必不可少,尤其是大中型会议,需以此来保证开会的程序。会场座次的排列应该符合惯例,合乎常理。

①主席台座次的排列。

中大型会议的主席台一般应当面对会场主入口,主席台人员座次的排列应按照台上就座者职务的高低排列。如果主席台上就座的人数为奇数,以职务高者居中,然后按照先左后右、一左一右(判断左右的标准以主席台上就座者的视线为准)向两边顺序排开,即名单上的第二位领导人坐在第一位领导人的左侧,第三位领导人则在右侧就座,以此类推;如果主席台上就座的人数为偶数时,则以主席台的中间为基点,第一位领导人坐在基点的左侧,第二位领导人坐在基点的右侧,即第二位领导人坐在第一位领导人的右侧,其余以此类推。若领导人对座次问题有专门关照,则应按领导的意见办。

国际会议主席台的座次排列一般以主办方身份最高的出席者居中,其他来宾按照身份高低先右后左向两边排开,与国内会议先左后右的排列方法正好相反。

主持人的座次应当根据其职务排在主席台第一排,不必排在最侧边,但也不能排在第二排。如果是报告会、联席会,一般采取报告人和主办单位负责人或联席的各单位负责人相间排列的方法。

图 5-9　主席台人数为双数　　　　图 5-10　主席台人数为单数

各种重要的代表大会、报告会需设置专门的讲台,有助于突出报告人的地位,显示报告的重要性,也体现出会议气氛的庄严和隆重。一般情况下,讲台只设一个,可设在主席台中央,也可设在主席台右侧(以主席台的朝向为准)。设在中央的,位置应低于主席台,以免报告人挡住主席台上与会者的视线。较大的会场也可在主席台的两侧设置讲台,以方便代表上台发言。一些辩论会、记者招待会等可不设主席台,只设讲台。

②会场内其他人员座次的排列。

并非所有的会议都需要对会场内其他人员的座次进行排列,但如果是中型以上较严肃的工作会议、报告会议或代表会议,一般要对座次进行适当排列,以便对号入座。排列座次有多种方法,应根据会议的不同要求选择合适的排列方法:

横排法是指按照参加会议人员的名单以其姓氏(名称)笔画或汉语拼音字母为序,从左到右横向依次排列座次的方法。国际性会议往往按与会国家英文字母第一个字母顺序排列。应注意先排出会议的正式代表或成员,后排出列席代表或成员。

竖排法是按照各代表团或各单位成员的既定次序或姓氏笔画从前到后纵向依次排列座次的方法。选择这种方法也应注意将正式代表和职务高者排在前面,列席成员、职务低者排在后面。

左右排列法是把参会的代表团、小组、单位的坐席安排成纵向的列,以会场的中心为基点,将排名在前的排在中间位置,向左右两边交错扩展排列座次的方法。选择这种方法时应注意人数,如代表团或单位的成员人数若为单数,排在第一位的成员应居中;若代表团或单位的成员人数若是偶数,那么排在第一、二位的两位成员应居中,以保持两边人数的均衡。

③座次标识。

座次标识是指标明会议成员座次的名签、指示牌或座次表。座次一旦确定,要选择座次标识的方法。座次标识的方法主要有三种,可选取一种,也可结合使用。

第一种是在主席台或会议桌上摆放名册。

第二种是在与会人员出席证上注明座次,如某排某号。

第三种是印制座次图表,工作人员可在与会人员入场之前发放座次表。主席台座次表一般可贴在领导的休息室,工作人员可以提醒各位领导注意。当与会人员第一次入场时,会议工作人员应作适当的引导。①

没有任何一种单一的座位安排能够满足所有的会议目的,每一种座位安排的模式都有既定的优势和劣势。会场布局和会议座次的安排应该选择最适合听众、最能合乎会议目的的模式,同时兼顾每种模式可能产生的效果。

(3)会场环境布置。

①会场的装饰。

会场的装饰是指根据会议的性质而布置的旗帜、花卉、灯饰等突出会议主题的装点物。会场的装饰包括主席台的装饰与会场背景的装饰和色调的选择。会场的装饰要讲求艺术性,注意实用、美观、得体。

主席台是整个会场的中心,是装饰的重点。主席台上方一般应悬挂会标,红色的横幅等;主席台背景(天幕)还可以根据需要悬挂会徽或红旗以及其他艺术造型等;主席台前或台下可摆放花卉。

会议背景的装饰主要是指会场四周和会场门口的装饰。这些地方可悬挂横幅标语、宣传画、广告和彩色气球等,还可摆放鲜花等装饰物。一些礼节性的会见可多摆些鲜花,同时可在会客室四周墙壁上悬挂几幅名人字画及有特色的工艺品等作为点缀,这样更能增添会场典雅的气氛。

色调在这里主要是指会场内色彩的搭配与整体基调,包括主席台、天幕、台布、场内桌椅及其装饰物等。选择与会议内容相协调的色调可以给与会者形成一定的视觉刺激,并对其心理产生积极地影响。一般来说,红色、粉色、黄色和橙色等色调比较亮丽明快,可以表现出热烈、辉煌、喜庆的气氛,使人感到兴奋,比较适合于表彰、庆典性会议。

---

① 马仁杰.秘书学教程[M].合肥:安徽大学出版社,2015:245~246.

蓝色、绿色、米黄、紫色等色调庄重典雅,给人感觉严肃端正,适合一般工作会议或严肃庄重的工作会议。

②会场氛围布置。

会议的气氛直接影响到会议参与者的情绪和精神状态,关系到会议的效果。营造良好的会场气氛是办公室人员创造力和想象力的重要表现。布置包括以下几个部分:

一是会标。将会议的全称以醒目的标语形式悬挂于主席台前上方,即为会标。会标能体现会议的庄严性,激发与会者的积极参与感。

二是会徽。会徽是指能体现或象征会议精神的图案标志,一般悬挂于会场前上方中央位置。会徽可以是组织已定会徽,如党徽、国徽、团徽、警徽等,也可以是向社会公开征集的会徽。

三是引导标识。实际上,会场也是一种现场,会务人员可以利用目视管理的适当内容,将会场入口、休息室、卫生间、签到处等都贴上醒目的指引标识,为与会人员提供方便,保障会议顺利进行。

四是灯光。会场要注意灯光亮度,一般主席台上的灯光要比台下代表席灯光亮。

五是旗帜。重要的会议宜在会场内外插一些旗帜以烘托气氛。另外,简洁明快的标语口号能振奋与会者精神,强化会议议题。

六是花卉。适当的花卉布置给人清新活泼之感,既能点缀会议氛围,又能减轻与会者长时间的疲劳。对花卉的选择,可以根据不同的花卉所表示的不同的感情色彩而定,也可根据会议的种类和内容的不同而定。

会场的装饰、氛围的布置应与会议的主题吻合,色调、花卉、灯光、旗帜等格调更应当和谐一致。如日常工作会议,办公室人员可以将窗帘、四壁布置成冷色或中色,摆放棕榈等绿色植物,以减轻与会者的疲劳,绿色植物还能净化空气。座谈会等一般性质的会议,会场要布置成柔和轻松的色调,可摆放月季、扶桑等观赏性花卉和米兰、茉莉等清香型花卉,以增加和谐团结的气氛。庆祝大会的会场可以利用红色等暖色饰物装饰,还可以悬挂旗帜,摆放鲜花,以渲染喜庆的气氛。

9. 会前审核。

在会议召开之前,应对会议各项工作进行细致的审核,以免出现或大或小的失误或疏漏。实际上,会前审核工作并不拘于某一个时间阶段,应当贯穿会议始终。主要审核事项从开会目的、会议要素、开会通知及会议准备等方面归纳如表 5-3:

会议审核表①

注意要点		查核栏
开会的目的	本次会议是否符合实际需要(是否只是流于形式的例行会议？有没有其他更好的解决方法?)	
	开会的目的是否明确	
设定要项方面	开会的时机、时间是否恰当	
	开会的场所是否恰当	
	所请的与会人员是否恰当	
开会通知方面	是否对与会人员确定通知妥当	
	对于开会主旨、议题是否确定通知与会人员	
	是否事先通知与会人员应当事先就议题做好准备	
	是否通知与会人员应事先备妥有关资料	
会议准备方面	是否事先拟就议题的进行顺序及时间的分配	
	事前是否应当分发参考资料,是否已经做了应变准备	
	是否安排好会议的记录	
	是否必须用幻灯机或录像机等机械设备	

（四）会议召开

会议准备工作就绪之后，就进入了会议的召开阶段。此阶段的会务工作主要包括"会议接待""会议签到""会场服务"和"会议记录"四个方面的内容。在会议进行过程中以至会议结束，会务人员应该按部就班，各司其职，并注意彼此之间声气相通，互相协助，保证会议的顺利进行，使每一名与会人员都感到满意。

1.会议接待。

会议接待包括与会人员的迎接与安排，是在会议正式召开之前，会务人员向前来参加会议的与会人员所提供的各项服务，如接站、报到、办理会议手续、安排食宿等。会议接待工作应根据与会人员的实际情况确定接待的规格，安排有一定身份的人士前往接待，并做好相应的参会手续及食宿安排。参会人数较多的大中型会议接待工作是繁重的，为了保证接待工作的顺利完成，应成立接待小组，安排专门的接待人员，统一指挥调度。

（1）接站。

会务人员可以根据与会代表的回执，预先了解与会人员的抵会信息，做好接站准备工作。比如可以预先拟制"会议代表接站安排表"，注明与会人员的姓名、单位、职务、抵

---

① 胡鸿杰.维度与境界——管理随想录[M].沈阳:辽宁大学出版社,2015:141.

达时间、车次航班、随行人数、接站人员、联系方式等相关信息,以便保证接站工作有条不紊。

接站人员应佩戴相应工作证或胸卡,提前分赴接站地点,携带接站车辆和接站条幅或接站牌等接站工具,条幅或接站牌上应标明"×××会议接待处"或者"欢迎×××先生/女士"。接站人员应当通过仔细观察,较为准确地判断出身处在人群中的与会人员,并面带微笑地向其表示欢迎。

(2)报到与接待。

会议报到是与会人员在规定时间内抵达会议地点时向会议机构办理的登记注册手续。会议报到是会议组织工作和与会人员参加会议活动的一个必要程序。

与会人员在办理了报到时,应出示会议所规定的身份证明、报到凭证等材料,并按照会议组织者的要求完成相应登记手续。

与会者报到时,会议接待人员应当首先查验报到人员证件,确认报到人员的参会资格;在确认报到人员身份后,应有礼貌地请与会者完成相应登记手续。如果与会者随身带来需要在会上分发的材料,会务人员应统一接收,审查后再统一分发。会务人员应将会议文件、证件和文件袋等会议物品分发给与会者,重要文件必须履行签收手续,保密和需要清退的会议文件还要发给与会者文件清退目录,请其妥善保存,以便会后退回。如果会议要赠送礼品,一般是由会务组将礼品装入资料袋,同资料一起发放。预收会务费、食宿费和资料费等费用,应当场开具收据。

2.会议签到。

参加会议人员进入会场前一般要签到,会议签到是为了及时、准确地统计到会人数,便于安排会议工作,也可以防止闲杂人员进入会场,进而保证会议安全。因此会议签到是一项重要的会前工作,是出席会议人员到会的首要事情,也是会中任务的重要内容之一。会议签到一般有以下几种方法:

(1)簿式签到。

与会人员在会议工作人员预先备好的签到簿上按要求签署自己的姓名、单位、职务等信息,以示到会。簿式签到利于保存,便于查找,但一般只适用于小型会议、纪念性会议或邀请性会议。一些大型会议,由于参会人数很多,采用簿式签到则不太方便。

(2)证卡签到。

会议工作人员将印好的签到证事先发给每位与会人员,签到证上一般印有会议名称、日期、座次号、编号等,与会人员在签到证上写好自己的姓名,进入会场时,将签到证交给会议工作人员,表示到会。这种签到方法多用于大中型会议,其优点是比较方便,避免签到时造成拥堵。但是由于证件由与会人员分别保存,会后往往很难收回,也不便于查找。

(3)会议工作人员代为签到。

会议工作人员事先制定好参加本次会议的人员花名册,开会时,来一人就在该人名单后画上记号,表示到会,缺席和请假人员也要用规定的记号表示。例如,用"√"表示到会,用"×"表示缺席,用"○"表示请假等。这种会议签到方法简便易行,但要求会议工作人员必须认识绝大部分与会人员,所以这种方法只适用于小型会议和一些常规性会议。

(4)座次表签到。

会议工作人员按照会场座次排列顺序,事先制定好座次表,座次表上对应填好与会人员的姓名和座位号码。参会人员到会时,就在座次表上销号,表示出席。与会人员座次安排要求有一定规律,如从×号到×号是某部门代表座位,将同一部门的与会人员集中在一起,便于与会者查找自己的座次号。采用座次表签到,参会人员在签到时就知道了自己座位的排号和座号,可以起到引导的作用。

(5)电子签到。

与会人员事先领取的磁卡出席证,在进会场时插入专用签到机,与此相连的电脑终端可以显示出签到人的姓名等信息,参会人员到会结果由计算机准确、迅速地显示出来,会议结束后能立即统计出出席人数和缺席人数。这种方法适用于参加人数较多的大中型会议。

3. 会场服务。

会场服务是保证会议顺利进行并取得圆满成功的重要环节,会场服务工作内容一般包括以下几点:

(1)引导服务。会议引导服务包括会议活动期间会务人员为与会者指引会场、座次、展区、餐厅和住宿房间以及与会者询问的其他问题的工作。值得一提的是,会议引导工作应当贯穿整个会议期间,而且每一位会务人员都应当为会议的顺利召开做好相应的引导工作。大多数会议,与会者的座位都是事先安排的,与会者应该对号入座,或者将会场划分为若干部分,以部门为单位集中就座。这样,既方便与会者,又能维持会场秩序,保证会议效果。一些大型会议,会场较大,参会人数也很多,更需要引导座位。为减轻会工作人员的负担,可以采用印刷座次表、在会场上设立指示标记、在签到证或出席证上注明座次号码等方式,引导与会者顺利地找到自己的座次。

(2)分发会议文件材料。会议中所需要的文件材料,会务人员应及时、准确地分发到每位与会者手中。会议文件材料分发可以在会前也可在会中,会前分发就是在与会者进入会场时,由会议工作人员在会场入口处分发,或者在开会之前按要求将文件材料整理妥当摆放在与会者的座位上;会中分发则需要会务人员分赴各组,负责每组文件材料的分发与收退。需要收回的文件材料一般在文件的右上角写明收文人和收文时间,收文时要登记,以免漏收。

(3)内外联系、传递信息。会议进行中,不是与外界隔绝的,需要会议工作人员进行内外联系,传递信息。如有关部门的紧急情况要转达与会者,传递信件、电报、接电话等。在内外联系、传递信息中,会议工作人员应该注意会议内容的保密,任何保密的会议内容均不可泄露出去。

(4)维持会场秩序。会议进行过程中,有可能会发生一些临时性的、无法预料的、难以应付的突发状况,例如无关人员的突然闯入、与会人员的突发性疾病以及其他一些突发性的混乱等。此时,会务人员应当保持冷静,以保障会议顺利进行为中心,及时、果断、稳妥地处理好。

(5)处理临时交办事项。会议进程中,可能发生一些意想不到的临时变动,会议工作人员应及时向领导请示,采取应急措施,妥善处理。

(6)其他服务工作。例如,及时准备好会议期间所需的物品,如笔、墨、纸张等;保证会场光线;保持会场清洁卫生等。时间较长的会议还要准备好茶水。

4. 会议记录。

在会议进行的过程中,由专门的记录人员把会议的组织情况和具体内容如实地记录下来就形成了会议记录。会议记录是编发会议纪要、会议简报与新闻报道的基础性材料,一般会议都应有会议记录。会议记录有"记"和"录"之分,"记"有详记与略记之别,"录"则分为笔录、音录和影像录。音录和影像录常常作为笔录的辅助手段。

会议记录包括两部分内容:第一部分是会议的组织情况,包括会议名称、时间、地点、出席者、主持人等;第二部分是会议的内容,包括会议议题、讨论发言、形成的决议等,是会议记录的主体与核心部分。作会议记录时,必须准确记下每项决议的措辞及提议者。附议者的姓名不必逐字记下,但要记下赞成和反对决定的全部论据。会议后应马上将会议记录整理、写完,叙述应以第三人称及过去时态来写。

记录的方法一般有两种:一种是略记,也就是摘要记录,只记录发言的要点和中心内容,多用于一般性会议。摘要记录对记录人员素质要求较高,记录人员在记录时必须迅速做出分析概括,抓住重点,领会要义,明白取舍,既要准确地表达发言者的中心意思,又要做到简明扼要。会议的重点一般都是高层管理人员的发言、会议的决定、决议。另一种是详记,即详细记录,要求如实、客观地记录会议的详细内容,尽量原话实录,不需要作分析概括,多用于比较重要的会议或比较重要的发言。不管采用哪种方法,所形成的会议记录一般都要求做到以下几点:

(1)完整。会议记录必须体现会议的实际进程,要将所有要点完整地记录下来,不能有遗漏。

(2)准确。会议记录应做到条理清楚,内容表述要准确无误,不能含糊,更不能有任何内容错误。

(3)客观。会议记录内容不能夹杂记录者个人情感,更不允许有意增删发言内容。

(4)重点突出。会议记录应该突出会议议题、会议焦点、权威人物及总结性言论等重点内容。会议记录不同于一份详细报告,而是将会议进程以简明扼要的形式表达出来。

会议记录真实记载会议的情况,客观地反映会议的内容和进程,是重要的档案材料。它不仅为会议简报、会议纪要的撰写提供了重要的素材,而且为日后分析研究会议提供了依据,还是检查会议决定执行情况的凭证。因此,认真做好会议记录具有十分重要的意义。为了做好会议记录,开会之前要做好相应的准备工作。比如,提前到达会场,并安排好用作会议记录的地方;准备足够的钢笔、铅笔、笔记本以及适用于会议记录的纸张;准备好录音设备,以补充手工记录。会议记录既可以是文字式,也可以是表格式。做好会议记录,不仅要求记录人员有认真负责的态度,而且要求记录人员有一定的管理工作的专业知识和工作经验。会议记录人员必须熟悉会议的情况,明确会议的宗旨和基本精神。

有些会议对今后的工作和事业至关重要,对于此类会议应迅速建立专门的档案。档案包括与会者的名单、联系地址、会议记录、会议纪要、会议的组织情况和其他有关资料。这种档案不仅便于查找,而且对组织下一次会议也有参考价值。

(五)会后工作

一次会议要想取得成功,除了会前的充分准备、会中精心安排之外,会议的善后工作也十分重要。会议结束并不意味着会务工作全部完成,还有许多会后工作需要完成和落实,主要包括散会引导、会场善后、经费结算和会后文件工作等几个方面。

1. 引导散会。引导与会人员安全离场。会议结束以后,应安排相应人员引导与会人员安全有序地离开会场。通常情况下,主席台上的领导先行离场后,其他与会人员再离场。大型会议还应注意在散会后引导车辆迅速、有序地离场。

2. 会场善后。会场的善后工作主要包括做好清理会场、归还会议所借物品等工作。若是内部会议,会场的善后工作较为简单。如果是外借会场的会议,则需要做好与对方结算租赁费用、清理会场、归还所借用物品等工作。

会议结束后要注意清理会场,撤去会场上布置的会标、鲜花、宣传品等,把会议上使用的电脑、投影仪、幕布、席卡等物品收拾好。如果发现会场里有遗失物品,要妥善保管,积极寻找并联系失主。

除此之外,会议结束后,会有大量的废弃纸张,其中不乏会议的相关资料、草拟的文件或者一些报表等,要注意收集、辨别,或回收、或销毁,及时处理,避免泄密等情况的出现。

会议结束后,要及时归还从公司内部其他部门或其他单位借用的相关物品,归还前要检查是否完好,如有损坏,应按约赔偿。

3. 会议经费结算。会议结束后,会议的主办者要对整个会议的经费使用情况,即对会议的开支费用进行结算,这是会议工作重要的组成部分。会议期间发生的费用主要指除时间成本、机会成本之外的直接的会议经费支出,主要包括以下几个方面:会议资料费、会议的场地租赁费用、会场布置的费用、会议设备租借费用、会议交通参观费用、会议的食宿费、会议宣传费用、会议培训费、纪念品购置费、会议通讯费用等相关费用。

4. 会后文件工作。会后文件工作一般包括两个方面的内容:一是整理会议记录和撰写会议简报;二是会议内容总结、会议纪要撰写、会议文件材料立卷归档、会务经验评估总结以及检查催办等。会议工作者应逐步逐项做好,不要遗漏,也不要拖延。

为了总结会议工作的经验,进一步提高会议工作的质量,不断改进会议的服务质量,会议结束后应对会议工作进行总结与评估。一些重要会议或大型会议结束后,一方面积累经验、肯定成绩、表彰先进;另一方面发现问题、找出不足、分析原因,以利于今后把会议工作做得更好。

由会议领导人或秘书人员组织全体会议工作人员对整个会议的组织与服务工作进行全面总结,并撰写会议总结,交给有关领导审阅后,作为大会的文件材料,一并进行整理归档。

【例】

××公司会议管理工作评估表

项 目		评估效果			
		好(4分)	较好(3分)	一般(2分)	差(1分)
会议目标	会议主题和与会人员相关性				
	会议主题是否清楚				
	议题选择是否得当				
	议题数量是否合适				
会场情况	会场大小是否合适				
	会场座位的安排是否合理				
	会场设备物品配备是否合适				
	会场周边环境是否合适				
会议住宿餐饮、娱乐安排	会议住宿是否舒适				
	会议就餐是否合适				
	会议茶水是否合适				
	会议娱乐安排是否合适				
会议费用情况	餐饮住宿费用是否合适				
	考察参观费用是否合适				
	资料费用是否合理				
会议文件	文件准备是否齐全				
	文件资料下发是否及时				
合 计					

三、文件管理

会议在一定程度上解放了一定数量的管理者,节约了管理资源。但是,由于会议具有即时性,因此也存在着信息不固定的缺陷。同时,受到会议时间因素和会场地理因素的制约,许多会议的参会人员可以现场获取会议信息,但不能参会的人员无法在会议现场直接获取会议信息,这就可能导致某些管理存在失效的可能。为了解决这种管理窘境,必须采用一种可以突破时空的管理方式,这种方式就是文件管理。文件管理就是对文件进行撰拟、处置和管理,即在文件从形成、运转、办理、传递、存贮到转换为档案或销毁的一个完整周期中,以特定的方法和原则对文件进行制作加工、保管整理,使其完善并获得功效的行为。其中,最为规范的就是公文的管理。

(一)文书、文件、公文

文件有广义、狭义之分。广义的文件是人们在社会实践活动中为了处理各种事务的需要,以文字、图像、声音等各种形式形成的具有一定效用的各种信息记录。狭义的文件单指机关在公务活动中形成的具备完整体式的公文。我国历史上出现过文书、公文和文件三个关系较为密切的词汇,三者内涵之间没有本质的区别,都是人类社会实践活动中未处理某种事务的需要而直接形成的信息记录,但在外延上三者具有一定的区别。

一般来说,历史上的文件叫作"文书",文书是我国的一个历史概念,清代以前,我国没有文件的说法,只有文书,它不仅仅指一种材料,它还可以指一个职位,这种职位现在也存在。因此,文书一方面是指历史的文件,另一方面是一种关于职位的名称。

现代的文书叫"文件",文件是目前世界范围内所通用的一种说法,其基本任务就是及时、准确、有效地制作、加工、传递、保管、处置信息,为管理活动提供适用的信息。这里所说的"文件"没有关于职位的概念,可见文书是大于等于文件的。

2012年公布实施的《党政机关公文处理工作条例》中规定,公文是党政机关实施领导、履行职能、处理公务的具有特定效力和规范体式的文书,是传达贯彻党和国家的方针政策,公布法规和规章,指导、布置和商洽工作,请示和答复问题,报告、通报和交流情况等的重要工具。[①] 作为区别于私人文件的公文,是一种国家法定的"传媒"和管理方式,由此可见,公文实际上就是文书或者文件研究的典型和基本方面。依此,下文将以公文作为文件管理的典型,介绍文件管理的运行规则及运作过程。

(二)文件管理基本规则

从管理活动的过程来看,文件方式的有效运作需要两个方面的基本条件:一方面是使文件工作构成要素(人、物、财、时间、信息等)确立最佳组合关系;另一方面是使文件工作构成要素的流通过程有序、有效、顺畅、快捷,相互间取得最佳配合。这些都体现在公文这一典型的文件管理的运作过程中。从管理的角度来看,以公文为代表的文件管理,是管理者通过规范的形式传递管理意图、实施管理行为的一种手段。实际上,公文的存在就是为了管理。从哲学上个别与一般的关系来看,事物的共性寓于个性之中,公文作

---

① 中共中央办公厅、国务院办公厅.关于印发《党政机关公文处理工作条例》的通知(中办发〔2012〕14号).

为文件管理中的一种,必然蕴含着文件管理的一般性质。因此,文件管理的基本规则必然存在于公文这一"个别"的管理规则之中。

在公文管理规则里,最能够体现管理方式的是行文规则。具体来说包含以下方面的内容:

1. 根据工作关系确定行文关系。行文关系的确定是公文运行的基本规则,指的是发文机关与收文机关之间的公文往来关系。行文关系通常表现为三种行文方向,即上行文、平行文和下行文。上行文是下级机关向上级机关的行文;平行文是平行机关或不相隶属机关之间的行文;下行文则是上级机关对所属下级机关的行文。不难看出,公文的行文方向正是根据工作和管理关系所确定的,公文作为一种管理方式,本质上来说所体现的正是一种管理关系。

2. 选择适宜的行文方式。行文方式是发文机关向收文机关发送公文时所采用的方式。由于我国从中央到地方实行的是层级式管理,因此,在行文方式上一般表现为逐级行文、越级行文和多级行文。逐级行文即采取逐级上传或下达的方式,或只对直属上下一级的机关行文;越级行文即发文机关在行文时,越过有隶属关系的上一级或下一级机关,向更高或更低的机关行文;多级行文指的是下级机关或上级机关根据需要同时向上一级及更高机关或下一级及更低机关行文。

3. 正确选择主送机关与抄送机关。主送机关是指法定公文的主要受理机关,它负有办文的责任,要对公文所涉及的内容进行办理和答复。抄送机关与主送机关相对应,指的是除主送机关以外需要执行或知晓公文内容的其他机关,主送机关和抄送机关二者合称公文的收文机关。选择主送机关和抄送机关要根据公文内容所涉及事项的相关负责人或承办人,这其实也是由管理关系所确定的。

4. 选择联合行文对象和时机。当不同机关在具体管理过程汇总出现职能交叉的时候,需要采取联合行文的方式。联合行文就是同级机关与其他同级机关联合发文。从一定的角度来看,联合行文其实是公文基本行文关系的引申。

5. 严格控制公文数量,简化行政手续。不管是现场方式、会议方式还是文件方式,作为一种管理方式,或者说作为一种管理实施的工具,其基本功能就是实现管理目标,提高管理效率。"文山会海"的现象不仅是对管理资源的极大浪费,同时不利于管理效率的提高、管理目标的有效实现,因此,简化公文手续,在熟悉管理程序的基础上删繁就简、优化公文处理程序,以提高管理效率,是公文管理的重要规则。

(三)文件管理程序

现代社会中,无论是管理公共事务,进行生产建设,抑或开展科学研究,在从事各种社会实践活动中,都必须借助文件来上传下达、交流沟通,从而促使有关指示、精神或意愿等在实际工作中得到贯彻落实。文件的方式已经成为组织管理工作的重要组成部分,文件管理工作水平直接决定着整个管理活动的正常进行。

文件的形成及其效用的发挥，往往是通过一系列具体工作程序来实现的。现代文件管理一般都需要经历"文件撰制——发文办理——文件传递——收文办理——文件归档整理"的过程。这一过程中的各环节层层推进、环环相扣，不仅是一项严肃的政治性和机要性的工作，也是一项对时间性、技术性要求极强的工作。

1. 文件酝酿。

任何文件在具体制作前，都要经历一个准备阶段，都有一个酝酿过程。文件酝酿主要是解决文件的必要性、可行性及确定性等问题。一般来说，文件酝酿的具体步骤如下：

(1) 形成制作意图。客观上，文件的制作意图来源于生产、生活的各种需要。然而，从制作者的角度来看，文件的制作意图一方面来自于某些主动的需要，另一方面则来自于组织的授意。在公文这种典型的文件管理方式中，则常表现为组织领导的授意。一般来说，公文是受命为文，代机关及其领导人立言。因此，领会和体现领导意图是文书人员起草公文的前提和基础，只有忠实地、准确地体现机关及其领导人的意图的公文，才是成功和有效的公文。

领导授意的方式主要有三种：口头授意、书面（批示）授意和会议授意。拟稿人必须正确理解和准确把握领导授意的背景。若是口头授意，则要认真做好记录，并分析是在何种场合下授意的；若是书面批示授意，则要弄清领导是针对什么人、什么问题做的批示，批示在什么材料上，是否还有其他口头授意等；若是会议授意，则要弄清领导是在讨论什么具体问题时授意的，其他与会人员对此有什么意见和建议，领导对这些意见和建议有何看法。当领导授意不明确时，拟稿人应该有敏锐的观察力、快速的反应力和较强的判断力。如果领导的意图或观点有些欠妥，拟稿人还需在征得领导同意的情况下，作出必要的修正和改变。

(2) 调查研究。调查研究是指人们在实践中对客观实际情况的调查了解和分析研究。成功而有效的文件制作需要制作者对客观实际进行必要的调查研究，掌握必要的信息。调查研究作为文件酝酿的一个重要环节，应注意以下几点：首先，必须深入基层、深入实际进行调研，以求掌握第一手材料；其次，必须坚持客观地看问题，排除一切主观因素的干扰，如领导个别指示、"打招呼"等，切忌主观、片面地看待问题，切忌受思维定式的影响而先入为主；最后，注意调查对象的典型性和代表性，切忌以个别代替一般。

(3) 信息收集。文件的制作并非凭空而为，而是以既往的经验和已有的知识与信息为基础的，文件本身也是由许多信息和材料有机结合而成的。因此，信息收集或者说材料准备，是形成文件的物质基础。信息收集包括信息积累和信息选择。在信息收集与筛选的过程中，应遵循宁多勿漏、宁精勿滥的原则，既要全方位、多角度、多渠道地查找信息，又要做到去伪存真、去粗取精，选择可靠的、典型的材料。

(4) 方案设计。文件制作方案的设计包括文件主题的确定、文件结构的安排、文件制作语言的运用、文件体式的选择、文件制作提纲的拟定以及制作任务的分工与组织等。其实质就是根据领导授意，结合调查研究及所获信息，在分析、鉴别和判断的基础上，对材料和信息进行综合、推理和编排等加工,得出一个或若干个可供领导决策参考之用的方案。

2. 文件草拟。

文件的草拟过程是文件方案设计的实现过程,也是思维外化的过程。此过程包括两个方面内容:一是思绪的外化过程,即谋篇布局,确定文章层次、结构与体式的过程;二是思维的语言文字化过程,即用准确、丰富和创造性的语言和文字将作者对客观事物的认识和感受表达出来,实现认知和表达相互融洽和相互统一的过程。

文件草拟既是一项思想性、业务性很强的工作,又是一项严肃而细致的语言文字工作。起草文件的速度和文件草稿的质量将直接影响文件作为管理工具的效能,进而影响管理工作的效率。以公文为例,要做好公文起草工作的总要求是"情况确实、观点明确、表述准确、结构严谨、条理清楚、直述不曲、字词规范、标点正确、篇幅简短"。具体需注意以下几点:

(1)文件的思想内容应符合国家的法律、法规及其他有关规定,提出的新政策、规定等要切实可行、针对性强、依据充分,不能出现错误的观点和不适当的提法。

(2)格式正确,行文规范,使用规范的简化汉字、标点符号和数字。

(3)语言文字应使用书面语,不能用口语方言,要准确、严谨、简明、朴实、得体,可适当使用文言词语和文言句式,尽量少用修辞手法。

(4)结构层次分明,布局合理。《党政机关公文格式》(GB/T9704-2012)规定公文结构层次序数,第一层为"一",第二层为"(一)",第三层为"1.",第四层为"(1)"。

(5)正确选择文种。文种的选择十分重要,一般应根据制发机关的职权范围及其与收文机关之间的行文关系,结合行文目的、要求和《党政机关公文处理工作条例》规定文种的适用范围,选择最有利于表达行文目的的文种。

(6)使用合乎标准和规定的书写工具和公文用纸。

(7)坚持统一领导,分工负责。文件起草完毕后,当由拟稿人在发文稿纸的有关栏目内签署姓名、并注明年月日,再交送有关部门和人员修改、校对。

此外,公文起草还应注意引文、人名、地名、时间、数字、术语等使用准确,并且使用国家法定计量单位。在拟制紧急公文时,应当体现紧急的原因,并根据实际需要确定紧急程度。

3. 文件修改。

文件起草之后所形成的初稿,一般都不够完善,有可能内容表达不充分、不准确、不周密,有可能形式运用不严谨、不精当、不自然,也有可能兼而有之。这是由人的认识规律所决定的,是一种必然现象。因此,文件初稿起草之后,必须经过反复修改,才能定稿成文。古人云"文不厌改"正是这个道理。

(1)修改的原因。

①文件草拟者未完全领会领导意图,从而造成表达不充分。

②文件草拟者对行文主旨的认识不断深化,从而有必要根据新的认识作出修改。

③文件初稿形成后,情况发生了变化,或领导有了新的意图,从而有必要据此修改文件。

④在写作过程中,难免存在着某些内容上的偏差、材料上的缺乏或某些词不达意之处,需要对此进行修改润色。

初稿修改的过程,既是文件逐步完善的过程,又是撰文者思想和能力逐步提高的过程。

(2)修改的内容。

文件修改应综合考虑多方因素。

①行文关系是否妥当,文种选择是否正确。

②思想内容、观点措施是否符合国家政策、法律法令及有关规定。

③主旨是否明确、突出。

④材料是否充分、数据是否准确,能否满足主旨表达的需要。

⑤谋篇布局能否突出主旨,文章层次是否清晰,结构是否合理,段落是否适宜,逻辑是否严谨,论证是否充分。

⑥语言文字是否符合规范,表述是否准确、简练、通顺、清楚,用词是否贴切,用字及标点符号是否规范。[①]

4. 文件校对。

在文件起草、修改过程中乃至正本缮印出来之后,都需要校对,以确保文件的准确无误。

(1)校对工作内容。

①改正讹文(错字、别字),补充脱文(缺字、漏字),删除衍文(冗余字、重复字),扶正倒文(前后字颠倒、单字的上下排列颠倒)。

②字体、字号、字间距、行间距是否适当无误。

③排印版式是否规范、美观。

④引文出处、人名、地名、术语和数据是否有误。

(2)校对注意事项。

文件校对工作贯穿文件运作始终,直接影响文件的质量,乃至管理活动的进行和管理目标的实现,不仅不容忽视,而且要求制作者足够谨慎、认真。

①文件校对的依据是《中华人民共和国专业标准校对符号及其用法》。

②校对时,既要忠于原稿,但又不囿于原稿,要善于发现问题。

③除属于一般性笔误外,校对过程中,即使是拟稿人自己校对,如果发现错误,在未经签发人同意的情况下,不能改变任何提法,修改任何数据或增删其他内容。

---

① 裴显生,岳海翔.公文写作教程[M].北京:高等教育出版社,2005:80~81.

④校对中发现差错,应以醒目的、统一的校对符号在校稿的版心(图文区)以外标明或改正,避免在原文上改动。

⑤文件正本印制出来以后,仍需校对,若发现错误,则须重新印制。

5. 文件核稿。

文件核稿是指文件草稿写成以后,由拟稿部门或办公部门、秘书部门对文稿的内容、文字、体式进行全面审核的过程。关于文件核稿的程序与方法,结合有关的规定,必须注意以下两点:

(1)文件核稿分审核与复核两个步骤进行,实行审核与复核相结合的制度。

(2)实行发文办理与收文办理的双重审核制。

以上两种机制的确立与完善,对于确保文件办理工作的质量,实现文件处理工作的规范化、制度化,具有非常重要的意义。

6. 发文办理。

发文办理指以本机关名义制发文件的过程,包括草拟、审核、签发、复核、缮印、用印、登记、分发等程序。草拟和审核工作前文已述,这里仅介绍以下几项内容:

(1)签发。

签发是指机关负责人对文稿进行审批、核准并签署印发意见的工作。签发是发文处理程序中的重要环节,应首先明确签发权限:

①以本机关名义发出的上行文,要送机关主要负责人或主持工作的负责人签发。

②以本机关名义发出的下行文和平行文,都要送机关主要负责人或主要授权的其他负责人签发。

③涉及多个单位的联合行文,须经过会签。

④涉及面较广的重要公文,如重大决策的出台、重大改革措施的颁布,必须由主要负责人签发。

⑤一般机关事务性文件,授权秘书长或办公厅(室)负责人代为签发。

此外,签发的权力实际上是一种管理权力的体现,应当运用好这种权力,既不能专权,也要防止滥用,只有这样才能真正发挥文件这一管理方式的效能。所以,签发文件时应注意以下几点:

①防止两种错误倾向:一是领导签发"一支笔",即无论什么文件都由一个负责人签发,办公厅(室)主任、秘书长或其他负责人被"剥夺"了签发权;二是秘书人员包办代签,领导很少或根本不签发,主动地"放弃"签发权。这两种倾向都是错误的,前者造成主要负责人负担过重,后者导致政治弊端的产生。

②领导签发意见要明确具体,不可使用模糊语言,也不能用"圈阅"代替签发意见,注意一定要签署姓名和日期。

③签发内容必须置于发文稿纸的"签发"栏内,且只能用毛笔、钢笔和碳素墨水,不能

用圆珠笔、铅笔,也不能用红色笔。①

(2)缮印与用印。

缮印是指把校对并修改好的校样,通过油印机、印刷机或打印机制成规范的正式文件的活动。以 2012 年颁发的《党政机关公文格式》(GB/T9704-2012)为依据,法定公文缮印必须达到该国家标准的规定,其他社会组织的文件缮印可参照执行:

①用纸格式。公文用纸使用纸张定量为 $60g/m^2 \sim 80g/m^2$ 胶版印刷纸或复印纸。纸张白度为 85%～90%,横向耐折度≥15 次,不透明度≥85%,PH 值为 7.5－9.5。公文用纸幅面尺寸采用 GB/T148 中规定的标准 A4 型 210mm×297mm(宽×长),对公告、通告等公布性公文,用纸规格可根据实际需要适当加大。

②印装格式。一个版面包括天头、地脚、订口、翻口、图文五个部分。公文应双面印刷,页码套正,两面误差不得超过 2mm,每面 22 行,每行 28 个字,字体字号的选用按照《党政机关公文格式》(GB/T9704-2012)规定选用。黑色油墨应达到色谱所标 BL100%,红色油墨应达到色谱所标 Y80%,M80%。

采用左侧装订或者骑马订,保证不掉页。订书针的订位均应在两钉钉锯外订眼距书芯上下 1/4 处,允许误差±4mm。除了规定的地方使用阿拉伯数字外,一般数字用汉字标示,公文汉字一律从左至右横写横排,尽量避免出现"此页无正文"的情况。标点符号的使用应符合 1995 年国家汉语言文字工作委员会《标点符号用法》的规定。

③用印格式。印章位置应该上不压正文,下齐年盖月,上大下小。联合上报的公文,只由主办机关加盖印章;联合下发的公文,发文机关都应加盖印章。用印时,加盖公章的公文份数要与核准的份数一致。

(3)登记。登记是指收发员将收到或发出的文件,按照当年时间和顺序依次编号,逐份做好记录的工作,它包括发文登记和收文登记两种。登记项目有收发文日期、文件编号、收发文单位、公文标题、密级、份数、分送范围等。

登记范围可与本单位文件立卷归档的范围结合起来考虑,将登记重点放在属于本单位立卷归档范围的公文上。一般凡属机关正式往来行文、组织内部文件、会议文件等均应逐件登记。

建立健全公文登记制度,不仅有利于统计机关全年收(发)文数量,也有利于控制文件的去向,便于公文催办和日后的查找利用。

(4)分发。分发是指收发人员对机关制作的文件进行分类、装封和发出的工作。党政机关公文一般只发组织,不发个人。文件装封时应做到以下三点:

①密件与平件分别装封。

②急件应在信封左上角加注"急件"或"特急"字样。

③机密文件在封口加贴密封标记,加盖刻有密封标记的印章。

---

① 胡鸿杰.维度与境界——管理随想录[M].沈阳:辽宁大学出版社,2015:160~161.

7. 文件传递。

文件传递包括两方面：一方面指发文机关向收文机关递出文件的过程；一方面指递送部门送达文件至收文机关的过程。

(1)文件传递的主要方式：

①秘书人员直接送达，主要适用于本机关领导部门和近地范围。

②机要通信人员递送。

③采用密码通讯传送公文版样，异地印制。

(2)文件递送的基本要求：

①及时，尽可能地将文件送达受文者。

②准确，不仅送达对象要准确，不滥送文件，不漏送文件，而且递送的文件份数要准确，不多送文件，也不少送文件。

③安全，不仅要保证文件实体本身的安全，不丢失、不损坏，而且要保证文件信息内容的安全，不失密、不泄密。

8. 收文办理。

收文办理指对收文进行阅读，分析研究，从中获得信息、了解有关情况或作出处理决策、解决有关问题的过程，包括签收、登记、审核、拟办、承办、催办等程序，其中登记、审核前文已述，此处不再赘述。

(1)签收。签收是指收到文件的收件人在送文单位的送件登记单上签字并接收文件的工作。签收是收文处理程序的第一个工作环节。作为收文处理的第一道程序，其作用在于明确交接双方的责任，确保文件运转的安全可靠。

签收时应注意以下几点：首先要根据对方的送文簿或递送单逐项核对，确认无误后方可签收；其次，检查有无破损、散包或拆包后重封等现象，如存在此类情况，应及时查明原因；再次，接收机密件时，应逐页清点，注意有无缺页码缺份数或缺附件等情况；最后，签收时应写明收件人姓名、收文年月日，特急件还应注明几时几分收到。

(2)拟办。拟办是指机关办公室或承办部门的负责人，对收文提出初步处理意见，供机关领导人决策时参考的工作。拟办公文可以起到参谋和助手作用，一些需要及时办理的具体业务性文件可以直接批给承办人办理，而不必件件均送机关领导人批办，这样既可以为领导节省处理公文的时间和精力，也可以提高公文处理效率。

拟办意见填在《收文处理单》的"拟办意见"栏内，包括以下内容：文件应送某某领导人阅批；文件由谁来承办，承办的时限要求；分送范围与阅读对象如何，等等。需要提出拟办意见的文件范围主要有上级机关送本机关需要贯彻落实的文件，本机关所属部门或下级机关呈送的请示性文件，平级机关或不相隶属机关函送本机关需要答复的文件。

(3)批办。批办是指机关领导人对秘书部门呈送的文件做出批示的工作，批办是收文处理程序中的关键性环节。

批办意见的写作应使承办人从拟办意见中明确领导意图，明确承办原则、要求、程序和方法。对需要贯彻执行的公文要提出贯彻执行的具体措施；对需要阅知的公文应指示传达或传阅的范围与时间；对办件应批示承办部门、要求和时限；对会办文件应批明主办单位、协办单位及承办要求等。

批办意见填在《收文处理单》的"领导批示"栏内，如"请××办理""请××批示""请××阅酌""请××研究"等。其具体内容应包括以下几种：凡需办理和答复的，应批示出承办部门或承办人承办的原则、方法及注意事项；凡需几个部门会办的，应指明主办单位与会办单位；凡需贯彻执行但不必办复的，要提出贯彻执行或传阅传达的方式方法；凡已有拟办意见的，要清楚表明是否同意或有何补充及修改意见，不可以圈阅代替。

(4)承办。承办即通过对文件的阅读、贯彻执行与办复，具体办理和解决其内容所针对的事务和问题的活动。承办关系着发文质量和公文处理的效率，是文件运行的中心环节和核心部分。承办有两种方式，即文件的阅办和具体事项的承办。

①阅办。阅办是指文书人员将单份或份数较多而又仅需传阅、无需办理的收文，组织有关人员进行阅读的活动。阅办过程中，文书人员应正确把握领导批示的传阅范围与对象，阅办文件只能由文书人员间接传送，而不得在阅读者之间直接传送，以便文书人员对文件传阅过程进行监督检查，以确保文件安全(不丢失、不损坏、不失密、不泄密)。同时应注意，传阅文件必须签字，以防积压。

②承办。承办是指机关人员根据领导批示，具体办理事项或草拟发文的工作。它是收文办理工作的最后一道环节，又是下一个新的发文处理程序的第一道环节。文件承办的效果是文件处理工作效率与质量的直接、集中的表现。承办一般有三种形式：

领导人员承办，即由领导提出处理意见或作出答复，如请示公文；

交秘书人员承办，即由秘书提出处理意见或拟写复文，报请主管领导审批；

由具体职能部门承办，即将文件递交有关职能部门，对文件所涉及事项做出具体的处理或办理。

一般情况下，文件办理完毕后，应通过正式行文或者口头、电话等方式对来文机关作出答复。

(5)催办。催办是指秘书人员根据领导批办意见与时限要求，对收文的承办工作进行督促检查，以确保文件的时效性和有效性。

①文件催办范围：本机关发出的重要决策性文件；上级机关下发本机关的需要回复或需由领导批示办理的文件；平行机关及有关部门或单位与本机关商洽工作，联系业务的公函；下级机关主送本机关的请示；本机关发文需由受文单位回复的；本机关公文决定事项需要办理落实的；人民来信、来访和各种提案、建议需要办理的；领导交办的事项。

②文件催办的方式方法。文件的催办方法主要有电话催办、发函催办、登门催办和直接请承办人汇报办理情况等。

电话催办，即通过给承办人打电话完成文件催办工作。这种方法简便快捷，比较常用，应注意做好记录。

发函催办,即定期发出催办单,催办单上需写明文件标题和发文字号,以便对方填写办理进度或结果时具有针对性。

登门催办,即催办人到承办人工作单位去完成催办事项,一般适用于重大的紧急事项或久拖未决的事项。

请承办人前来汇报办理情况,一般适用于机关领导亲自过问公文办理情况,具有相当的权威性。

9. 文件整理。

文件整理按照国家和本单位所确定的归档与不归档范围,通过鉴定、甄别,将没有档案价值的文件清退销毁,具有档案价值的文件归档保管的专业活动。文件,特别是具有档案价值的文件中蕴含着组织管理活动的思想精华,因此,文件整理工作是一项延续组织管理思想、确保组织管理有序进行的重要的管理工作。随着计算机技术和网络通讯技术的普及与进步,现代文件的整理工作不仅包括纸质文件的整理,还包括电子文件信息与实体的整序。当然,对于办公室管理工作而言,不管是传统纸质文件还是电子文件,就文件整理的基本环节来看,一般包括三项内容,即文件清退、文件销毁和整理(立卷)归档。

(1)文件清退。

文件清退是指按有关规定,将需要退回或限其上交的收文进行清理退回的工作,主要作用在于加强文件管理,防止失密、泄密现象的发生。须清退的文件主要有以下几种:

①文件所涉内容尚不成熟,发来仅为征求意见,要求提出意见后随同原件退回。

②发给与会人员参阅,但注明"会后收回",未及时收回,则该清退。

③机要室转发到承办部门的上级党政机关的机密现代文件,注明"机密文件,定期收回"。

(2)文件销毁。

文件销毁是指按一定的原则和程序,对于归档范围之外的没有留存价值的文件予以销毁处理。做好文件的销毁工作应明确销毁范围,遵循现代文件销毁的规定与要求,严格执行文件销毁的程序。

①文件销毁的范围包括:不需要整理(立卷)、归档的文书材料,上级授权或指定要销毁的材料,无保存价值的其他文字材料。

②文件销毁的程序包括:清理登记,将确定销毁的现代文件进行登记造册,逐份填写在登记表上;审批签字,文书人员写出销毁现代文件的报告和销毁文件清单一起送交机关领导审批签字;押运监销,大批销毁,尤其是销毁机密现代文件,应有两名以上文书管理人员护送到销毁地点,监督销毁,不留片纸只字。

(3)归档文件整理。

文件办理完毕后,必须经过系统整理,才能归档保存。归档文件整理是将办理完毕的文件,有选择地收集起来,分门别类地整理集中,以备向档案部门移交的工作。在我国，传统上采用案卷作为文书、档案的基本保管单位，以立卷为归档文件材料的整理方法。2000年12月6日，国家档案局发布了国家行业标准《归档文件整理规则》，以"简化整理、深化检索"为宗旨，对原有的归档文件整理方法——"立卷"进行了改革，推行文件级整理，大幅度简化整理中的手工操作，这将会有力地促进机关文档一体化管理。

归档文件整理首先应当确定文件的归档与不归档范围。按照国家档案局2006年12月18日制定的《机关文件材料归档范围和文书档案保管期限规定》的要求：

①机关文件的归档范围包括反映本机关主要职能活动和基本历史面貌的，对本机关工作、国家建设和历史研究具有利用价值的文件材料；机关工作活动中形成的在维护国家、集体和公民权益等方面具有凭证价值的文件材料；本机关需要贯彻执行的上级机关、同级机关的文件材料；下级机关报送的重要文件材料；其他对本机关工作具有查考价值的文件材料。

②机关文件材料不归档范围包括上级机关的文件材料中，普发性不需本机关办理的文件材料，任免、奖惩非本机关工作人员的文件材料，供工作参考的抄件等；本机关文件材料中的重份文件，无查考利用价值的事务性、临时性文件，一般性文件的历次修改稿、各次校对稿，无特殊保存价值的信封，不需办理的一般性人民来信、电话记录，机关内部互相抄送的文件材料，本机关负责人兼任外单位职务形成的与本机关无关的文件材料，有关工作参考的文件材料；同级机关的文件材料中，不需贯彻执行的文件材料，不需办理的抄送文件材料；下级机关的文件材料中，供参阅的简报、情况反映，抄报或越级抄报的文件材料。

归档文件整理工作是衔接机关文书工作与档案管理工作的一个重要环节，它既是文件管理不断延续的基础，又是档案管理工作中的关键环节。具体来说，归档文件的整理工作包括文件的分类、立卷及编目。

文件分类是将应当归档的所有文件，按照一定的规则组织成一定层次结构的过程。文件分类必须以国家和本单位所制定的分类方案为指导，最好采用职能分类方法，一般可以划分为类、子类、案卷、文件等几个层次。具体的层次设置需要结合本单位文件的实际情况而定，同时，分类方案也不可一成不变，需要根据实际情况定期进行维护。

文件立卷是为了体现文件之间的历史联系，便于保管和利用。无论是电子文件还是纸质文件都需要立卷，电子文件的立卷表现为一个一个的文件夹，而纸质文件的立卷则可以按照文件作者、内容、时间、通讯者、名称、地理特征等进行划分。

文件编目是固定整理成果，赋予文件检索标识的过程。文件编目包括案卷级目录和文件级目录两个层次。案卷目录是著录机关单位所有案卷的目录，登录案卷题名、档号、保管期限及其他内容，并按案卷号次序排列；文件级目录最常见的就是卷内文件目录，是对案卷内文件名和其他特征进行著录而形成的，一般应排列在卷内文件之前。

本章思考题

1. 简述管理方式的类型。
2. 管理方式具有哪些功能?
3. 如何正确地理解现场管理?
4. 简要说明会议管理的内容。
5. 简要说明文件管理的程序。

案例分析

为了迎接兄弟单位和上级有关部门的卫生检查,某单位领导决定召开一次迎接卫生检查的动员会议。局长要办公室小王起草一份会议通知,请各部门负责人出席。

小王一边起草会议通知,一边思索,某些部门的领导对环境卫生问题一向不大重视,要是他们知道召开卫生工作会议就可能不亲自出席会议而派其他人员参加,那该怎么办? 于是,他灵机一动,拟写了一份会议通知。

会议通知

经局领导决定,兹定于×月×日×时在局办公大楼会议室召开各部门负责人会议,会议重要,请准时出席。

办公室
×年×月×日

小王将会议通知下发后,不久,他接到了不少部门的电话,询问会议内容,言语中颇有些责怪的意味。

过了几天,局里召开传达上级精神党员代表大会,有数百人参加,局长让办公室负责安排,会上要放映资料电影,而局里没有放映机。准备会议资料、预定会场和租借放映机的任务交给了办公室小王。小王翻看了有关资料,打电话问了一些情况,决定租借黎明大厦的会议厅。会议的召开时间是8月9日上午10点整,而资料放映时间是10点15分。小王打电话给租赁公司,要求租赁公司在9日上午9点45分必须准时把放映机送到黎明大厦的会议厅。

会议开幕前,办公室人员去黎明大厦布置会场,结果发现会议厅靠近热闹的马路,噪音很大。9日上午,大家正在紧张地做着最后的准备工作,小王一看表,呀,已经9点50分了,放映机还没有送到。小王马上打电话去问,对方回答机器已送出。眼看着与会代表们已陆续进场,小王心急如焚。外面一阵喧哗,有人在大声嚷嚷:"怎么这个地方连停车场也没有……"

经过多方努力,大会终于召开了。会议上,代表们听完报告后,进入小组讨论环节。这时却出现了麻烦,不少代表,特别是特邀代表和列席代表不知道参加到哪一组讨论,因为打印的分组小组名单上根本没有他们的名字。一查底稿,原来是打印人员漏打了一页,校对时马马虎虎,没有更正。一些特邀代表和列席代表认为是对他们的不尊敬,纷纷离去,会场上出现了一阵骚乱。

根据上述案例,请回答:

1. 小王的在下发通知后为什么会受到不少部门的责怪,他的做法有何不妥?他应该怎样拟写这份会议通知,怎样发放?

2. 假如你是小王,面对会场没有放映机、没有停车场等情况,应该如何处理?假如放映机在10点10分还未送到,你该做些什么?从这件事中你得到了什么教训?

3. 在准备会议资料工作中,小王错在哪里?针对这样的紧急情况,他应采取什么措施?

第六章
办公室管理保障

本章导语

本章主要从法律保障、管理程序设计、办公设备与用品管理三个方面与阐述了办公室管理保障的相关问题。其中法律和制度是办公室管理科学性与规范性的保障,也是办公室管理公平、公正与正义之源,了解与办公室管理相关的法律、规范与制度有利于营造良好的办公环境、保障办公室人员的权益;管理程序是办公室管理有序的重要保障,作为办公人员需要对管理秩序设计的原理、形式与风险因素等问题要有清晰与准确的认识,从而设计规范与科学的管理秩序,提高管理效率;设备保障是办公室管理必不可少的物质保障,特别是在办公工具革命式变化的前提下,全面熟悉办公自动化原理与技术、办公设备类型与使用、办公用品管理程序等问题,有助于办公室人员准确使用管理工具来辅助办公事务的处理。

本章关键词

法律依据 法律约束 法律责任 管理制度 管理程序 办公自动化 办公用品管理

第一节 法律和制度保障

法律和制度主要是对办公室管理的权力授予。也就是说,办公室管理活动只有得到法律和制度的确认后才能够实施,这也是通常意义上的"依法行政"的基本内涵。本节主要讨论办公室管理的法律依据、办公室管理行为的法律约束、办公室管理行为的法律责任及办公室的管理制度。

一、办公室管理的法律依据

办公室作为一个组织内部的从属性、综合性机构,办公室人员在从事管理活动中,必须熟知有关的法律、法规。具体地说,办公室人员应该对公司法、企业法、合同法、劳动法、知识产权法等法律、法规有比较明确的认识,必须严防办公室管理活动超越法律许可的边界。

(一)《中华人民共和国公司法》(以下简称《公司法》)

《公司法》是规定公司的设立、组织、活动、解散及其内部、外部关系的法律规范的总称,它调整的是在我国市场经济运行过程中发生的关于公司的各种经济关系。《公司法》的制定是为了规范公司的组织和行为,保护公司、股东和债权人的合法权益,维护社会经济秩序,促进社会主义市场经济的发展。现行的《公司法》于2013年12月28日第十二届全国人民代表大会常务委员会第六次会议发布,2014年3月1日起实施。

1.《公司法》的基本原则[①]。

公司法的基本原则是社会主义市场经济体制下公司运行规律的反映,是贯彻于公司运行始终、调整公司内外部关系的根本准则,其效力贯穿于公司法的始终。其具体包括利益均衡原则、分权制衡原则、自治原则、股东股权平等原则、股东有限责任原则。

利益均衡原则是指公司制度的安排及实现是基于现代市场经济条件下对影响公司及社会发展的多种利益关系进行分析、均衡的结果。利益均衡意味着对某一利益过度保护的否定。分权制衡原则是指公司有效运转的制度安排与实现是以对公司各种权力合理分配、相互制衡为出发点而进行配置的结果。分权制衡会形成权责分明、管理科学、激励和约束相结合的内部管理体制,它是公司运作的精髓。自治原则是指出资人自己进行重大决策,选择公司的管理;公司作为独立的市场主体,依照公司章程自主经营、自负盈亏,不受非法干预。股东股权平等原则是指股东基于自己的出资(出资额或者股份)为基础而享有平等待遇的原则。出资的性质一致、数额相同,在公司运转中得到平等对待。股东有限责任原则是指股东以投资(出资额或者股份)为限对公司承担责任,并通过公司这个中间物对外承担责任。

2.《公司法》的基本内容。

(1)公司的名称和住所。

(2)公司章程是规定公司内部关系的基本原则,公司章程经公司注册后对股东、董事、监事和公司经营管理人员都具有约束力。

(3)公司的权利能力是指公司依法享有的权利和承担义务的资格,公司的经营范围必须由公司章程做出决定,并且依法进行登记。公司的行为能力是指公司按照自己的意志依法独立进行经营活动取得权利和承担义务的能力。公司的行为能力包括民事行为能力、侵权行为能力和刑事责任能力等。

(4)公司资本是指以盈利为目的而集聚在公司法人名下的财产。常见的公司资本包括注册资本、发行资本、认购资本和实缴资本等。

---

① 张景峰.论公司法的基本原则[J].河南师范大学学报(哲学社会科学版),2002,29(3):86—87.

(5)财务制度包括公司的资金管理、成本费用管理、营业收入分配、货币管理、财务报告、清算和纳税等方面的规范。会计制度是指公司的会计记账、会计核算和会计监督等方面的规范,会计制度是财务制度的具体实现。

(6)《公司法》对有限责任公司的设立条件、组织机构、股权证书、股权转让、公司债券、国有独资公司以及股份有限公司的设立条件、设立方式、组织机构、股份发行和转让、上市公司等方面作出了明确的规定。

(7)另外,《公司法》规定,公司合并与分立,登记事项发生变更的,应当依法向登记机关办理变更登记;公司解散的,应当依法办理新公司注销登记;设立新公司的,应当依法办理新公司设立登记。对公司终止是事由、公司的清算(清算组的组成、职权、衣物、清算程序)也有明确规定。

(二)企业法

目前,外商在中国境内投资的企业有三种形式,分别是中外合资经营企业、中外合作经营企业、外商独资企业。

1. 中外合资经营企业。

中外合资经营企业是指中国合作者与外国合作者依照中华人民共和国法律的规定,在中国境内共同投资、共同经营,并按照投资比例分享利润、分担分享及亏损的企业。中外合资经营企业属于股权式的合营企业。

2. 中外合作经营企业。

中外合作经营企业是指中国合作者与外国合作者依照中国法律的规定,在中国境内设立的,按合作企业合同的约定分配收益或者产品,分担风险和亏损的企业。

3. 外商独资企业。

外商独资企业简称"外资企业",是指依照中国法律的规定,在中国境内设立的,全部资本由外国投资者投资的企业,不包括外国的企业和其他经济组织在中国境内的分支机构。

与此对应,企业法由三部法律构成:现行的《中华人民共和国中外合资经营企业法》,由中华人民共和国第九届全国人民代表大会第四次会议于 2001 年 3 月 15 日通过并颁布实施;《中华人民共和国中外合作经营企业法》由中华人民共和国第九届全国人民代表大会常务委员会第十八次会议于 2000 年 10 月 31 日通过并颁布实施;《中华人民共和国外资企业法》,由中华人民共和国第九届全国人民代表大会常务委员会第十八次会议于 2000 年 10 月 31 日通过并颁布实施。这三部法律分别在中外合资企业、中外合作企业和外商独资企业的设立条件、申请和审批制度、组织形式和注册资本、组织机构、经营管理工作等方面做出了明确的法律规定。

(三)《中华人民共和国合同法》(以下简称《合同法》)

1.《合同法》。

《合同法》是调整平等主体财产流转关系的法律,它主要规范合同的订立、合同的有效和无效及合同的履行、担保、解除、终止、违反合同的民事责任等问题。《合同法》的制定是为了保护合同当事人的合法权益,维护社会经济秩序,促进社会主义现代化建设。它的基本原则是保护合同当事人的合法权益、维护社会经济秩序、促进社会主义现代化建设,同时体现平等自愿、公平、诚实信用、合法的原则。现行的《合同法》于1999年3月15日由第九届全国人大第二次会议通过颁布,1999年10月1日实施。

2. 合同的概念和特征。

合同是作为平等主体的自然人、法人、其他组织之间设立、变更、终止民事权利义务关系的协议。它具有以下法律特征:

(1)合同是一种民事法律行为,即民事主体实施的能够引起民事权利和民事义务设立、变更和终止的合法行为。

(2)合同是一种双方或多方或共同的民事法律行为,是两个或两个以上的民事主体在平等自愿的基础上交互或平行做出意思表示,且意思表示一致而达成的协议。

(3)合同是以在当事人之间设立、变更或终止财产性的民事权利和义务关系为目的的。

3. 合同的分类。

根据当事人双方对权利义务的分担方式,可将合同分为双务合同与单务合同。

根据当事人取得权利是否偿付代价,可将合同分为有偿合同与无偿合同。

根据合同的成立是否以交付标的物为要件,可将合同分为诺成合同与实践合同。

根据合同的成立是否需要特定的形式,可将合同分为要式合同与不要式合同。

根据订立的合同是为谁的利益,可将合同分为订约当事人利益的合同与为第三人利益的合同。

根据合同间是否有主从关系,可将合同分为主合同与从合同。

根据法律是否规定一定名称和相应的规范,可将合同分为有名合同与无名合同。

根据订立合同是否有事先约定的关系,可将合同分为本合同与预约合同。

(四)《中华人民共和国劳动法》(以下简称《劳动法》)

《劳动法》是调整劳动关系以及与劳动关系密切联系的其他社会关系的法律规范的总称。劳动关系是指劳动者与用人单位之间在实现劳动过程中发生的社会关系。《劳动法》的制定是为了保护劳动者的合法权益,调整劳动关系,建立和维护适应社会主义市场经济的劳动制度,促进经济发展和社会进步。现行的《劳动法》于2009年8月27日第十一届全国人民代表大会常务委员会第十次会议修正并颁布实施。

1. 劳动者的基本权利和义务。劳动者享有平等就业和选择职业的权利、取得劳动报酬的权利、休息休假的权利、获得劳动安全卫生保护的权利、接受职业技能培训的权利、享受社会保险和福利的权利、提请劳动争议处理的权利以及法律规定的其他劳动权利。同时,劳动者应当完成劳动任务,提高职业技能,执行劳动安全卫生规程,遵守劳动纪律和职业道德。

2.《劳动法》在以下方面做出了明确规定：促进就业和就业原则、劳动合同（劳动合同的订立、期限、效力、变更、解除和终止）、集体合同（订立、履行、变更、解除、集体合同争议处理）、工作实践和休息休假（工作时间、休息休假时间、加班加点的条件与限制措施）、工资制度（工资分配原则、企业基本工资制度、最低工资保障制度、工资支付保障制度）、劳动安全卫生制度、女职工特殊保护制度、职业培训、社会保险和福利制度、劳动争议处理制度、监督检查、法律责任。

3.《劳动法》的适用范围包括在中华人民共和国境内的企业、个体经济组织和与之形成劳动关系的劳动者；国家机关、事业组织、社会团体和与之建立劳动合同关系的劳动者。

（五）知识产权法

知识产权法是指公民、法人对自己的创造性智力活动成果依法享有包括人身权利和财产权利在内的民事权利。知识产权包括著作权、专利权、商标权、发现权以及其他科技成果权等。

1.《中华人民共和国著作权法》（以下简称《著作权法》）。

著作权，一般认为，是指法律赋予作者对其作品享有的专有权利，或者说，著作权是指作者及其他著作人对文学、艺术、科学作品所享有的人身权利和财产权利的总和。它与专利权、商标权等其他知识产权一样，是具有无形财产权性、专有性、时间性、地域性以及兼有人身权与财产权双重性质的权利。

《著作权法》，亦称"版权法"，是指有关著作权及相关权益的取得、行使和保护的法律规范的总称。它以文学、艺术和科学作品，作者、传播者、使用者以及公众因作品的创作、传播和使用和发生的各种社会关系作为自己的调整对象。具体包括因在作品的取得、作品的归属、作品的保护及利用作品进行翻译、改编、编辑、表演、复制（出版、录音、录像等）、播放等过程中与作品作者依法所发生的著作财产关系和著作人身关系。

《著作权法》的制定是为保护文学、艺术和科学作品作者的著作权以及与著作权有关的权益，鼓励有益于社会主义精神文明、物质文明建设的作品的创作和传播，促进社会主义文化和科学事业的发展与繁荣。现行的《著作权法》于2010年2月26日第十一届全国人民代表大会常务委员会第十三次会议修正并颁布实施。

《著作权法》包括以下重要内容：著作权的主体、著作权的客体（即应保护的作品）、著作权人的权利、著作权人权利的限制、著作权的继承、著作权的转让、著作权的时效、著作权的侵权行为及其处理，等等。

2.《中华人民共和国专利法》（以下简称《专利法》）。

专利权是指专利权人对其发明、实用新型技术和外观设计依法享有的专有权，即独占权。专利权的基本特征取决于客体专利的排他性和垄断性。专利权人对发明创造依法享有专利权，即在法定期限内独占制造、使用、销售其专利产品和使用期专利方法的权利。《专利法》规定的内容主要涉及专利申请权和专利权的归属;授予专利权的条件;专利的申请和审查批准程序;专利权人的权利和义务;专利权的期限、终止、无效;专利实施的强制许可及专利保护等。

《专利法》的制定是为了保护专利权人的合法权益,鼓励发明创造,推动发明创造的应用,提高创新能力,促进科学技术进步和经济社会发展。现行的《专利法》于2008年12月27日第十一届全国人民代表大会常务委员会第六次会议修正并颁布实施。

3.《中华人民共和国商标法》(以下简称《商标法》)。

商标是区别于不同企业商品的一种专用标记,俗称商品的"牌子"。商标权,即商标专用权,是指商标注册人对其注册商标所享有的独占使用权。关于商标权的范围,《商标法》作了明确的规定,即以核准的注册商标和核定使用的商品为限。

《商标法》是关于商标的法律,它主要规定商标的组成、注册、使用、管理和商标专用权保护等。《商标法》的制定是为了加强商标管理,保护商标专用权,促使生产、经营者保证商品和服务质量,维护商标信誉,以保障消费者和生产、经营者的利益,促进社会主义市场经济的发展。现行的《商标法》于2013年8月30日第十二届全国人民代表大会常务委员会第四次会议修正并颁布实施。

二、办公室管理行为的法律约束

办公室管理必须遵从宪法、法律和有关法规,必须依法管理。办公室管理行为只有受法律约束,才能使管理协调、规范,避免盲目性、混乱和低效现象。法律的约束主要包括以下方面:

(一)约束办公室职能活动

办公室管理活动必须遵从法律规定,坚持正确的原则、程序、方式、方法和技术手段,实现自身职能的正常运转。法律约束组织内所有人员必须遵从行为准则,不管是办公室工作人员还是办公室管理对象,都必须依法行事,对少数违背和破坏法律规范的组织和个人给予相应的处分和制裁。

(二)约束办公室管理行为

依法管理是办公室管理规范化的保证。具体表现为以下几点:

1.办公室管理民主化,必须以法律为保障。

有关法律、法规规定了工作人员违法、失职、越权、滥用权力而侵犯公民权益应负的责任及制裁措施;规定了公民对侵权行为的申诉、检举和控告的权利;规定了监督体制、程序和措施。

2.办公室管理科学化,必须遵从法律规范。

办公室管理有章可循、有法可依是其实现管理科学化的基础。一方面,办公室管理必须遵从法律规范;另一方面,办公室在实践活动中形成的行之有效的管理方法和管理制度,经过实践检验之后,可按法定程序上升为法规文件,赋予其法律效力。这就可促进办公室以严谨周密的工作方式、严格高效的工作程序进行科学化管理,并提高管理科学化机制的权威性和稳定性。

3.办公室管理高效率化,必须以遵从法律规范为前提。

办公室管理效率是办公室管理生机与活力的体现。要想有效提高办公室管理效率,必须按有关法律、法规要求对办公室人员的考核、任用、职责、权限、培训和奖惩等内容进行规范管理;必须对管理决策的目标、程序、执行环节、监控协调手段及效果评估提出规范的要求;必须对文件的制定程序、格式、权限、发送、保管和时效等依法建立科学的处理流程,保持办公室运转的最佳状态。

三、办公室管理行为的法律责任

办公室在拥有法定管理职权的同时,其管理行为还必须承担法律责任。

(一)执行法律的责任

办公室管理行为,都必须在遵从国家宪法法律的前提下,承担遵从相关行业管理、部门管理的法律、法规的责任。

(二)补偿赔偿的法律责任

办公室在形式管理权力过程中,如果(不得不)使某个或某部分人员和法人等遭受一定经济损失时,要依法承担予以相应补偿的法律责任。

(三)尽职尽责的法律责任

办公室是为了承担管理职责而设立的,必须尽职尽责,并承担相应的法律责任。当办公室工作人员不能尽职尽责,对组织事业造成损失的,就应追究其渎职、失职的法律责任。

四、办公室的管理制度

办公室的各项制度既要符合现代管理的要求、体现新的水平,又要考虑机关的现状,在实践中能行得通。

(一)办公室管理制度的分类

在办公室管理活动中,各种业务管理方面的制度很多,有议事制度、办事制度、协调制度、约束制度、保证制度等。① 其中较为实用的大体可分为两类：

1. **责任制度。**

责任制度是依据社会化大生产的分工和协作的要求指定的。它规定着组织中每个成员在自己岗位上应该承担的义务和责任以及相应的权力。这项制度能够保证各方面的人员按照自己的责任有秩序地、协调地实现共同的目标，防止无人负责、职责不清、相互推诿等问题。责任制度可以按照岗位、业务内容和工作程序等方法进行划分，如办公室主任（岗位）责任制、文件处理责任制（业务内容）和交接班制度等。

在办公室的管理制度体系中，以岗位责任制为中心的各项责任制度时期核心，它的健全关系到办公室管理的全局，因此，应该把岗位责任制放到一个较为突出的位置来加以研究。岗位责任制，顾名思义，就是按照岗位，而不是按照人，来确定的责任制度。不管谁到岗位上工作，都要执行岗位责任制度。有了岗位责任制度，就可以做到事事有人管、人人有专责、办事有标准、工作有检查。

岗位责任制是一种综合性的制度，处于不同的岗位和工作条件下的办公活动，其岗位责任制度也不尽相同，但就一般的办公室的管理而言，岗位责任制具有以下优点：

（1）把上下左右的工作结合起来。岗位责任制要能把办公活动的各方面工作有机结合起来。所以，在岗位责任制的组成上，不仅有具体工作人员的岗位责任制，还有各级领导人员的岗位责任制。

（2）把工作任务和工作方法结合起来。岗位责任制要规定岗位的任务，这是其核心。比如，办公室主任要亲自起草报告、总结和其他重要文字材料；信息员要负责编印《情况简报》等。另外，在岗位责任制中，还应规定相应的工作方法和要求，比如，总结报告应当包括主要工作情况、主要做法与体会、存在问题与今后打算内容等内容以及各种文字材料的差错率，等等。这就有利于各项专责的实现。

（3）把职责和权力结合起来。在岗位责任制中，不仅要规定岗位人员的职责，而且要规定相应的权力。这是保证贯彻岗位责任制的重要条件。比如，有的单位规定秘书人员可以参加或者列席某一些级别的会议；一项工作的文件没有按要求整理、归档，档案员可以拒绝签署有关意见等。

（4）把专业管理和群众管理结合起来。在组织中把各项专业管理的内容运用综合分解的办法，合理地落实到各个岗位上。比如，在办公室主任的岗位责任制中规定，必须每月下基层两次以上，为领导决策提供有价值的调查报告；其内部成员收到行政处分一人次，要扣办公室主任三分；秘书人员准备会议材料不充分，差一分，扣一分，等等。这样，每个岗位都要承担一定的责任，就使得专业管理有了扎实的群众基础。这种岗位责任制体系的确立，不但使按专业管理成为可能，也便于群众监督，增加了秘书人员参与管理的主体意识。

---

① 钟万民，卢子成. 常德市委领导同志谈办公室制度建设[J]. 秘书之友，1989(11)：4～6.

(5)把工作和学习结合起来。这也是保证岗位责任制贯彻执行的重要条件。在岗位责任制中,除了规定工作任务之外,还要相应地规定学习制度,如秘书人员每年参加培训的时间、次数和应达到的效果。这就有利于不断提高岗位人员的技术业务水平。

此外,在实际操作时,还要抓好岗位责任制的制定、修改、运作和检查四个环节。

2.业务标准和规程。

通俗地讲,业务标准就是对办公室工作中各项主要业务提出的具体要求,并通过一定的程序用法规的形式固定下来。比如,2012年4月16日,由中共中央办公厅、国务院办公厅以中办发〔2012〕14号印发《党政机关公文处理工作条例》就是较为典型的实例。该《条例》分总则、公文种类、公文格式、行文规则、公文拟制、公文办理、公文管理、附则八章四十二条,自2012年7月1日起施行。这些具有法规性的制度一经确立,就必须严格执行,有一定的强制性。

工作规程是办公室管理业务标准化的具体体现,它把办公活动中重复出现的业务工作,按照客观要求和科学原理,用制度的形式固定下来,作为行动的准则。它类似在生产过程中以产品为对象规定的工艺路线和加工方法。这项工作,近几年来在国内各级各类办公部门中,都有许多尝试,并取得了较好的成效。

(二)制定办公室管理制度的要求

规章制度是一个组织中的法规、指令性文件,一旦制定、颁布施行,就应成为全体人员必须共同遵守的行为规范,所以制定一个科学、适用的规章制度是一项十分严肃的工作。在制定规章制度时,要遵循以下基本要求:

1.规章制度要具有科学性、合理性。

制定办公室规章制度时,一定要慎重稳妥,既要考虑到解决当前问题,又要考虑到未来办公室管理的发展;要明确制定目的,也就是明确要解决什么问题,将问题予以分类排队,并抓住主要矛盾,进行调查研究,在充分占有材料的基础上,提出解决问题的大体措施和方法,构思基本框架,草拟初稿。

在制定规章制度时,还要把办公室实践经验进行加工、提炼,取其反映办公室管理规律性的精华,经过由下到上、由上到下的多次反复,集思广益,形成初稿;在经过有关机构审议通过,正式颁布执行。办公室自行制定规章制度,要遵循制定规章制度的法定程序,从本组织的实际情况出发,考虑工作人员生理、心理特点,提出既严格要求又切实可行的规章制度。规章制度还要保持同一性,其表述要科学,内容不可相互矛盾、相互抵消和相互排斥;条文要繁简得当,如果条文太简约,就缺乏约束力;条文也不可能太繁太细、面面俱到。总的来说,应把那些需要详细规定的东西,尽可能规定得详细一些,以避免规定空洞抽象、模棱两可,无法解决管理的实际问题。

2.规章制度要保持相对的稳定性。

规章制度一旦制定和公布,就要严格执行,并保持相对的稳定,切忌半途而废,更不能朝令夕改。一则保持规章制度的严肃性,二则避免工作无所适从,造成混乱局面。规章制度应真正成为办公室管理的一种稳定的措施和手段。

同时,为确保办公室管理制度建设的健康发展,在制定过程中还必须遵循实际需要性原则、权威性原则、强制性与激励性原则、教育引导性原则等。①

(三)制定办公室管理制度的程序②

制定办公室管理制度还需遵循一定的程序,具体如下:

1. 调查研究。首先,对将要制定的制度所涉及和必须调整的社会关系进行全面仔细的调查研究,充分占有材料。其次,深入群众,倾听群众意见、建议,做到心中有数。再次,认真研究国家法律法规和党的方针政策明确制定制度的依据。

2. 作出决策。在调查研究的基础上,根据客观情况和条件,经过分析、比较、选择,作出制定制度的决策。一是界定内容,即制度所要解决的主要问题和所必须调整的社会关系。二是确定目标,即定出必须达到或希望达到的结果。目标必须是可以计量成果、规定时间并明确责任的,不能含糊不清也不能抽象空洞。三是拟定方案,即在确定目标后,在进行分析的基础上,制定出供决策者选择的方案。四是方案优选,即根据现状和对未来的预测,选出制定制度的最佳方案。五是可行性论证,即对选定方案行分析、权衡和论证。六是确定制定制度的组织责任人员,并确定完成制度的时限以及应当提供的基本条件。

3. 制定草案。制定草案是草拟制度的过程,也是制定制度的最重要环节。起草制度以前,应挑选理论水平高、写作能力强、管理经验丰富的人员组成起草班子,作出明确分工,使起草成员按统一要求拟写制度。制度的各个方面拟写完毕后,由主笔人统稿,形成完整的征求意见稿。

4. 征求意见。制度草拟以后,要广泛征求意见,反复修改。一是组织有丰富管理经验的人员对制度的可行性、效用性进行论证。二是组织文字水平、写作能力强的人员对制度的语言文字进行推敲和修改。三是组织法律、政策水平高的人员对制度的合法性进行审查。四是交群众讨论,广泛吸纳群众的合理化建议和意见。五是制度起草专班对制度草案进行反复修改,形成送审稿。

5. 初步审定。召集中层以上干部对制度送审稿进行初步审定。由办公室负责人主持召开会议,与会人员对制度充分发表意见,表明自己的观点和态度。

6. 终审公布。对制度初审稿进行广泛讨论,在达成共识的基础上,采用表决或其他方式通过,最后公布实施。

---

① 陈学明.切实加强党委公室制度建设[J].恩施州党校学报,2003(3):55~57.
② 陈学明.切实加强党委公室制度建设[J].恩施州党校学报,2003(3):55~57.

(四)办公室管理制度的实施[①]

制度实施是制度建设的关键环节,是制度效用性的具体体现。办公室管理制度的实施必须在一定的原则指导下按步骤进行。

1. 实施的原则。

(1)有章必循的原则。有了制度必须按制度办事,执行制度时必须严格,违反了制度必须追究责任。

(2)以事实为依据的原则。制度的实施者在用制度时必须注重调查研究,以事实为依据。如处理违章问题时,要弄清事实真相,切忌捕风捉影、假想臆断。

(3)以制度为准绳的原则。按照制度要求处理问题是实施制度的重要目的,也是制度权威性的具体体现。在实施制度过程中,对于违反制度的人和事,在查清事实的基础上,必须按制度规定处理,不能凭领导者个人意志办事。对于成绩突出的单位和个人,应照章予以奖励,不能随意扩大或缩小奖励,也不能随意提高或降低奖励档次,更不能凭领导者的意志照顾私人关系和打击不同意见者。

(4)在制度面前人人平等的原则。所在单位全体人员在事有权利和承担义务上处于平等地位,不允许任何人有超越制度之上的特权,也不允许有超越制度之上的特殊工作人员。

2. 实施的步骤。

(1)组织学习。制度下发以后,要立即组织认真学习,让大家明确职责、权利、义务和遵循的规则,使制度实施成为每个人的自觉行为。这是制度实施的基础环节,必须抓好这一工作。

(2)组织实施。制度的具体实施应层层明确责任制。一是分管领导要加强领导,负责督促实施;二是办公室要负责督办落实;三是各科(室)负责实施职权范围内的制度;四是各岗位要负责有关制度的具体实施,以形成层层负责、人人循章、相互制约的制度实施体系,让制度真正落到实处。

(3)检查监督。办公室要组成专门的班子,对制度执行情况进行定期和不定期检查,督促各有关方面及工作人员严格照章办事,及时发现和处理问题。

(4)总结反馈。在制度实施过程中,办公室工作人员要认真总结经验,广泛听取群众意见,及时反馈信息,不断吸收先进经验,逐步完善制度。

第二节 程序保障

众所周知,办公室管理涉及许多琐碎、繁杂的工作,有很多机械的、重复性的操作。

---

① 陈学明. 切实加强党委办公室制度建设[J]. 恩施州党校学报,2003(3):55~57.

例如：领取文具要先填写申请单并有本部门领导的签字；订飞机票要先打电话咨询、预订，取票时要检查相关事项的填写是否正确无误，等等。因此，为了提高效率，办公室可以将一些相关的工作方法、步骤进行归纳整理，形成关于某项工作的固定方案或模式，并将这些方案或模式应用于同类工作中。这些体现管理规律的固定方案或模式，就是管理程序。如果管理者设计的管理程序合理得当，就可以规范管理手段，提高管理的效率，取得更好的管理成效。编制管理程序的目的就是使办公室的管理活动通过程序得到规范，以提高办公室运行效率。

一、管理程序概述

程序是指事物运动过程中必须遵循的前后相连的稳定的步骤系列。管理程序是指为实现某项功能目标而对各运作环节、工作事务过程、办事流程所作的有序安排，体现出管理规律的稳定性。

在处理办公室事务的过程中，不难发现，我们每天都在做着大量重复性的劳动，有些工作甚至连先后顺序都是完全一样的，为了提高效率、节约劳动，我们可以把在同一条件下把处理同一具体事务的最佳步骤、方法及其先后次序确定下来，再把它运用于今后的所有同类或相似事务的处理过程中并形成稳定的模式，这种模式就是办公室管理程序。它或者是书写、计划、讨论、收集、整理等一连串相关联的有计划的工作处理方法，或者是完成某一项工作的日程计划。可以说，管理程序在一定意义上是对管理活动规律的具体反映。

管理步骤一般包括两个及两个以上的工作步骤，这些步骤间有规定性的时间顺序，每个步骤又有其具体的工作方法等。通过管理程序，我们可以非常明确地认识到，应该有步骤地实施管理活动，包括工作由谁来做、怎样做、何时完成、上下环节和工作步骤间是一种什么样的关系、用什么样的方法处理这种关系、需要什么手续、采用什么方式和手段以及达到什么样的质量标准，等等。

管理程序具有以下特征：

（一）确定性

管理程序必须由实施该程序的部门来制定，体现某一部门的意志。因此，程序要有明确的规定，以书面形式确定，而不是"约定俗成"的。单位要严密地规定程序，工作人员要严格执行程序，无论是谁违反了程序，都需要承担相应的后果。

（二）稳定性

管理程序必须保持在相当长的时间内稳定有效，绝对不允许朝令夕改。这就表明对管理程序的制定必须慎重，必须在具备一定条件之后才能进行，不能轻易更动、废止。

(三)可操作性

管理程序是用来执行的,因此必须明确、具体、可行。这就要求我们在制定程序时必须遵循客观规律,使其合法、合理、确有效果,程序本身也必须明确、具体,不能模棱两可。

(四)系统性

管理程序本身就是一个有机的系统,它必须能够满足程序整体性的需求。因此在理顺程序内部各结构关系的同时,还要考虑到环境因素及主客观条件,力求全面周到、统筹兼顾,适当考量系统的不同环节,突出重点,带动一般,切勿造成主次颠倒、结构错乱的局面。

(五)简捷性

管理程序在具备可操作性的同时,必须尽量简化,以保证程序的运行效用。这就要求我们在程序的设计执行阶段,目标明确,主线清楚,去除细枝末节,减少程序的执行手续,尽量节约单位的各种资源。

管理程序具有以下功能:

1.提高工作效率,改善工作质量。

(1)对工作经验进行总结,可以使事务处理过程优化,有利于建立稳定的工作秩序。

(2)管理程序可以减少事务处理中的多余过程和不必要的协调或尝试,从而省时、省力、省人。

(3)管理程序有利于对工作的管理和监督。

(4)管理程序有利于以更有效的方式培训工作人员。

(5)管理程序可以为工作过程注入一种有益的压力,减少工作中的延误。

(6)管理程序为应用现代化手段奠定了基础,为机器代替人做更多的工作作创造条件。

2.维护公民的合法权益。

一方面,任何人都有权要求公平合理地处理事务,以保障其权利和利益,管理程序正是这种权益得以实现的保证。如果能做到"程序的公平",就可以使人们对办事的"公平"达到一定的满意度。另一方面,组织要加强自身的建设,就要规范自己的行为,管理程序可以规范各个工作人员的各种工作行为。

管理程序还使工作人员依法行使职权有了可操作的依据,责权更加明确、清楚,其合法权益也得到了维护。

二、管理程序的类型

(一)按法定效用分类

依照程序的法定效用分类,程序可分为强制性程序与选择性。

1. 强制性程序是指在实施工作行为时不可以自主选择的程序,必须不折不扣地执行,不得增、减、改、易,违者将构成程序违法,相关行为将被视为无效并受到制裁。

2. 选择性程序也称"任意性程序",是指在实施工作行为的过程中具有一定选择余地的程序。工作时可以根据实际情况选择是否实施以及在什么范围内实施,但一旦程序被确定之后,就必须执行。在实施过程中若有不适当行使自由裁量权的行为将构成程序不当。

(二)按效力范围分类

依照程序的效力范围分类,程序可分为内部程序与外部程序。

1. 内部程序是用以规范系统内部工作行为或处置内部事务的程序。实施内部程序违法或不当时,只能通过上级单位解决,不能提出司法审查请求。

2. 外部程序是用以规范系统外部的工作行为、直接处置社会公共事务的程序。

(三)按工作行为性质分类

依照工作行为的性质,可分为立法性程序、执法性程序、司法性程序。

1. 立法性程序是系统为制定法规、规章和其他规范性文件而建立和实施的程序。

2. 执法性程序是系统为执行法律、法规、规章和其他规范性文件而建立和实施的程序。

3. 司法性程序是系统为特定司法权的行使而建立和实施的程序。

(四)按精细程度分类

依照程序精细的程度分类,程序可分为一般程序、作业程序、动作程序。

1. 一般程序是针对工作活动过程的环节构成制定的程序,如系统流程、活动流程等。这种程序主要规范有关环节和因素的关系、位置、次序和方向等。

2. 作业程序是针对工作活动过程中的各项操作制定的程序。它比一般程序精细,涉及具体步骤、手续、方法、时间、距离、标准等。

3. 动作程序是针对工作活动中工作人员的有关动作制定的程序。这种程序最为精细,细致到操作者的手、脚、眼的每一种变化,主要适用于体力劳动占较大比重的工作过程。

(五)按步骤运行路线形式分类

依照各步骤运行的路线形式分类,程序可分为串联型程序、并联型程序、复合型程序。

1. 串联型是指步骤依时间顺序直线递进的程序。

2. 并联型是指可同时完成若干个步骤的程序。

3. 复合型是指一部分步骤依时序递进,另一部分步骤同时完成的程序。

(六)按管理内容分类

依照管理内容程序分类,程序还可分为文件程序、档案程序、会议程序、信访程序、基建管理程序、物材采购供应程序、生活服务程序等。

三、管理程序的设计

(一)程序设计的内容

管理程序设计的内容主要包括以下几点:确定办公室各主要业务数量,厘清程序执行的步骤及性质,研究程序设计所需技术手段、方式方法及软硬件条件,合理规划程序执行的时间及空间,将程序以流程图或工作表的形式进行规范。

(二)程序设计的要求

管理程序设计的最终目的是更好地实现管理目标,这就要求每一个程序的每一个环节、每一个工作都有共同的目标,并为实现这个共同的目标而运作。因此,在程序设计中,无论是整体还是局部,无论是系统还是分支环节,乃至程序内各环节之间、程序与程序之间,都要强调目标一致。拥有共同目标的管理程序才能符合管理的实际需要。

1. 系统规范。因为程序的规范由各个环节的规范构成,所以,程序设计要达到系统规范的要求,就必须从总体要求出发,使每个子程序都符合总的规范,从而构成总体的规范系统。因此,在这一方面,对管理程序的具体要求是各个管理程序都要根据工作内容和性质,考虑其自身的规范;并且要通过确定相应的制度,以保证管理程序的系统规范在实践中发挥作用。

2. 环环相扣。管理程序的各个环节必须密切联系、相互衔接,前一环节的成果是后一环节的基础和起点,后一环节的工作是前一环节的继承和延伸。管理程序要将各要素有机地结合在一起,才能构成科学有效的管理程序系统。

3. 制约明确。管理程序要对管理行为进行规范和制约,以确保管理的效益,因此,在管理程序中,必须明确各种制约关系。这种制约包括程序间的制约关系和程序内各环节的制约机制,并能够使工作人员理解和遵从这种制约机制和制约关系。

4. 有机整合。管理程序强调分工,更强调横向、纵向的整合和连接,没有有机整合的管理程序是各行其是、相互混乱的,甚至难以形成。

此外,管理程序的设计还要尽可能做到合法、合理、简便和实用等。

(三)开发程序的步骤方法

1. 明确任务。

首先,需要明确程序设计的具体目的和任务。例如,是要新建一个程序还是更新改造一个既有的程序;如果是建立新程序,要实现什么目的,达到哪些效果以及有哪些具体要求;如果是改造旧程序,要指出其问题产生的具体原因、后果和相互关系,并尽可能将任务予以分解。

2. 检查程序,发现问题。

只有找到了问题的症结所在,才能"对症下药",针对出现的问题,制定方案。因此,在改造已有程序的过程中,要注意检查程序,敏锐地捕捉一些工作信号。

(1)如果一个程序出现如下情况,就很可能意味着这个程序出了问题。

①工作中的失误较多,误时、误事的现象明显增多。

②经常需要"返工",并且要重复做大量的工作。

③工作过程不流畅,工作人员抱怨多,尤其是抱怨手续复杂、等待时间长等。

④工作节奏失衡,忽忙忽闲,或拥挤或突然间断,有人太忙,有人太闲。

⑤工作质量不均衡,在同等条件下,工作质量却因人而异。

⑥工作中的矛盾冲突多,经常需要领导出面协调。

⑦例行工作也要反复尝试和思考,不断请示。

⑧参与同一工作的工作人员和公众大多感觉不便。

(2)你也可以就一个程序问一些问题:

①这个程序的目标和功能是什么?实现了吗?如果将这个程序取消会造成什么样的后果?

②程序的步骤有遗漏或是重复吗?如果取消或合并若干步骤会怎样?

③每个步骤分别在什么时间完成?这是最合适的时间吗?

④每个步骤的任务分别由谁来承担?是否可以由他人来取代?能否经济、合理地用机器代替人做一些工作?

⑤实施步骤的工具、地点必须固定不变吗?变更一下是否更加方便?如果将实施步骤的时间提早或拖后一点是否能提高效率?

⑥步骤间的联系手续是否可以简化?

3. 设定目标。

(1)要明确在构成程序的各种因素中应该取消什么、增加什么、压缩什么、合并什么、分开什么、均衡什么、侧重什么、以什么代替什么,等等。

(2)弄清工作角色和工作目标,并记录下来。

(3)用数量、时间和质量的术语写下既定目标。

(4)对每一项任务都做一个时间安排,并制定行为准则。

(5)坚定、如实地按既定的工作日程安排事务,任何理由都不能使自己偏离目标。

(6)如果迫不得已要偏离计划,必须辨清当时的环境和形势;如果要重新制定计划,也要采取慎重的态度。

(7)采取正确行动之前,要充分认识和理解自己所拥有的权力的范围和限制。

4. 制定计划。

(1) 列出一份清单。

清单上包括完成这项任务要做的工作,并且按工作的先后顺序进行安排,这样能够保证工作任务被逐项完成,并在规定期限内保质保量完成。

(2) 按顺序完成任务。

① 紧急事务必须在今天之内完成。

② 不太紧急但很重要的事务尽量在今天之内做完。

③ 不紧急也不太重要的事务如果今天没有时间可以等到明天再做。

(3) 周密安排。

开展工作之前要周密安排,每一阶段的工作要有充分的时间来完成。工作人员可以在工作日志中记录相关信息,以提醒在不同阶段做不同的工作。

(4) 要有灵活性。

工作日程不能太过死板,要有一定的弹性和空间,以应付一些意外事件的发生,例如经理或秘书突然不在,或者有关数据和材料没有按时收到,等等。

(5) 高效、充分地利用有助于实现计划的一些工具,如工作日志、计算机里的日计划、年计划及跟踪系统等。

5. 调查研究。

为使管理程序更加全面、客观地反映工作任务的性质和内容,更加高效地完成既定任务,就应该对与管理程序有关的情况进行充分的调查研究。调查者可以采用问卷的形式了解有关情况,以观察各方面对程序的看法。问卷调查可以弥补纯粹的资料研读和个人现场调查中材料的不足,答卷人能较冷静地思考一些问题,而不是随意感叹。调查者还可以采用接见雇员、访问面谈、实际观察、占有文献材料等多种方式,对现状及客观需求和可能的条件有明确的认识,向职员解释清楚为什么要进行这项工作和需要从职员那里得到什么资料,并且将面谈事实记录在调查表中。

总之,调查者要通过各种方式清楚地了解工作职能、业务范围、业务量、管理制度、工作程序、有关惯例、工作人员的基本情况、主要的信息来源及本单位的需求情况、驻地情况、办公设备情况、办公室布局等;还要占有一些反映程序设计经验方面的材料,认真研究要建立的程序将会受到哪些约束(诸如法律、法规、其他程序等);这些程序应具备哪些功能和特性以及采取的手段和需要付出什么代价,等等。

6. 记录和分析反馈的信息。

详细记录调查过程,包括书面调查和口头调查;将获取的调查材料进行整理归纳,运用归纳法、比较法、演绎法等分析判断问题的方法,对反馈的信息进行分析论证,充分了解与程序相关的背景,从材料中总结问题的原因或找到程序目标的最佳定位。

7. 咨询专家意见,进行科学论证。

为了保证管理程序的科学性和可行性,除了要通过调查获取素材以外,还要雇用一些专家(包括审计师或律师)对这个管理程序进行科学论证,并且这个论证要认真、严肃、周密地进行。论证内容包括与对应的原管理程序的结构、功能、环节、运行效果等进行比较;通过计算机模拟,科学分析管理程序是否符合整个管理实践的要求;通过程序的试运行,在实践中检验新程序所作出的结构调整是否科学合理。

专家为新的管理程序进行论证,有很多好处:

(1)专家有丰富的学识和经验,可以在论证中借鉴其他组织的做法,提出一些专业性的建议和一些新的想法。

(2)专家是外单位的,能够克服本组织员工的一些主观倾向,客观地研究新的管理程序而不带有偏见。聘请专家进行论证时,必须允许他们利用相关的数据和策略以及为他们创造与员工进行交流的条件。

(3)经过科学论证和实践检验的管理程序,能够在大范围的实践中取得良好的成效,从而维护全局管理的协调发展,形成良好的管理新秩序。

8. 分析程序成本。

管理程序的运行与经济效益直接挂钩,这一点已被大多数办公室所认识。但有些管理人员非常热衷于削减成本,以致忘记了管理系统的实际目的。只有当一个管理程序能够使工作更加高效、有序时,它才能达到最初的设计目的。如果管理人员盲目地追求低成本,会导致管理程序作用的不完全发挥。但如果费用太高,即使很好地实现了程序的目的,提供了合乎要求的服务,任何组织也是经受不起高成本的压力的。日复一日、年复一年地使用高成本的系统,组织的运营肯定会受到很大影响。因此,管理程序要在实现自身目标的前提下尽可能地降低成本。

9. 规划新程序。

在分析评价既有程序的基础上,规划出新程序的具体方案。一般是以文字、图表等形式准确地表述分析规划的结果,形成程序说明、程序手册、流程图、决策表等文件。

(1)流程图。

流程图能以简单直观的图解表示事物间的复杂关系与过程,既可用于各种工作程序的分析与设计,又可用于对信息流程的规划与改进。

常用的流程图有以下几种:

①系统流程图是一种逻辑框图,主要用来反映系统结构情况,反映各子系统间的关系。在对系统和涉及面较宽的程序进行概要设计时,是不可缺少的工具。它可以着重说明系统包括了哪些要素以及要素间的关系。

②工作活动流程图是一种用以表明工作活动过程顺序和内部联系的框图。

③程序流程图是一种以表格与图形相结合的形式,反映具体工作步骤及操作细节(操作性质、时间、运行距离等)的图表。它既可用于对各种工作程序的调查分析,又可用于对新的工作程序的分析与设计。

④事务分析流程图是一种用来表示事务处理过程及在这个过程中文件资料流动方

向的图表。它可以简单明确地揭示处理某一方面事务的全部过程,表明参与处理过程中部门或工作人员的责任,表明文件资料的去向。

⑤文件流程图是一种用来反映文件输入本单位之后运转处理过程的框图,这是详细设计的结果,最终将成为组织文件运转处理过程的重要依据,通常以处理过程的阶段或参与处理的部门为单位绘制。

(2)绘制流程图的基本规则。

把设计好的管理程序用流程图的形式绘制出来,可以使人员对新的程序一目了然,易于理解和记忆;将流程图应用于机关管理实践,更是一种创造性的分析问题、解决问题的过程。因此,绘制者可以根据该项管理程序的特点、要求来实现这一过程,但也要遵守一些基本规则。

①作为程序设计的成果,流程图的绘制应从主要的子程序或程序中的主要步骤的规划和绘制开始,这些主要的子程序或程序的主要步骤指的是必然出现的、起关键性作用的组成部分。

②各种流程图的流程方向应在页面上呈现由高至低、由左至右的一致性。

③在一定范围内使用通用的、统一的符号标记,图形应尽可能简单,图形中的文字务必简要、明确。

④流程图的结构应完整,除表格图形外,还应完整、准确地标明标题作者、日期、文字说明、页数、编号等。

⑤尽量避免出现交叉的流动线路。

⑥以联结等形式减少线路的数量。

⑦流程图应便于读者阅读。

⑧流程图应使用国际通用的符号标记。

10. 向管理层汇报。

将设计好的管理程序向上级汇报,详细说明该程序的形成过程、步骤,所引用的材料、专家的论证、成本的分析以及小范围的实践效果;对程序的每一项内容进行详尽的解释,帮助上级理解这一程序,并预测将会实现的目标和效果。

四、管理程序的实施与改进

辛辛苦苦设计出的一个管理程序,蕴含着管理者的心血。接下来,肯定是要把它付诸实施,以实现管理目标。然而,实施程序并不是想象得那样简单。在这一过程中,会遇到不少问题,并且随着时间的推移,客观环境不可避免地会发生变化,相应地,程序也要不断地修改。

(一)实施程序

一个新的或改进的管理程序的实施,其本身同样需要遵循特定的程序。为了保证程序的顺利实施,管理者要制定一些具体、详细的实施方案,以使辛苦设计出的程序达到预期的效果。

1. 广泛宣传,使程序拥有足够的权威性。

管理者一方面要加强按程序办事的宣传教育,提高执行者对管理程序的理解和认识水平,并增强其按程序办事的自觉性;另一方面要使人们真正了解和理解遵循该管理程序的必要性和优越之处,消除人们可能对新程序产生的抵触情绪,从思想上为程序的实施扫清障碍。例如,管理者可以采取将新程序编入工作手册或直接张贴公布的形式,使之为全员所了解。

管理者要注意在程序建立的过程中履行规定的审批和公布手续,以保证其合法性和权威性。同时,别忘了争取领导的支持,通过领导的模范遵行来带动大家。

2. 扫清障碍,创造条件。

及时清理旧的制度和程序,保证新旧程序之间不能处于抵触状态。在实施技巧方面,可以采用渐进性的方法推行,让人们逐渐接受;对执行人员进行培训,让其掌握实施程序的正确方法,使人们尽早取得对新程序的了解和认同,以尽快体现出程序的优点;为实施程序创造良好的外部条件,例如,改善办公环境、重新规划出适应新程序要求的办公空间,注意程序与程序间的衔接配套,等等。

3. 程序试行。

一个新程序会在各个方面给整个管理工作带来较大的影响。因此,在正式全面实行之前,可以先在局部或在一定的时间内试验推行,以取得经验,摸索规律。

4. 记录程序的运行。

新的程序在大范围内实施之后,要及时把握它的运行动态,注意记录程序每天的运行情况,记录它所取得的预期成果和设计时没有预料到的负面影响,并将每天的记录保存下来,作为将来改进该程序的参考材料。

5. 检查监督。

程序的实施要置于有效的监督之下,就要求有专门机构或至少有专人管理程序的实施并进行监督,使每个人都按程序办事,绝不允许个人或少数人随意改变管理程序或按个人的好恶办事,如违反程序规定,该罚的就一定要罚,绝不能搞"下不为例"。如果不规范实施、严格监督,再好的程序也难以取得良好的效果。

6. 总结完善,及时修订程序。

及时总结实施情况,并根据变化了的客观情况和条件及时修订程序,保证程序对客观环境的适应。

在一般情况下,实施新的程序有以下几个好时机:宣传攻势有了明显效果时;机构调整时;办公环境有了很大变化时;机关迁址时;工作中出现大的错漏或失误时;新领导上任一段时间后;工作人员反映强烈或受到上级领导严厉批评时;变革呼声高涨时;进行较大幅度的技术、设备更新时;领导决心大时;等等。

(二)程序监测

管理领导层要对程序的运作进行跟踪监测,随时把握各程序的实施动态,通过信息网络、调查研究、督促检查等有效手段,维护整个程序的有效运转。监测是调控的基础,它既能维护程序运作的规范性和有序性,又能将一切可能出现的混乱现象和失调问题都尽早地加以预防,适时地、有针对性地进行指导和控制。如果失去监测或监督不力,领导层对各管理程序的调控就会被削弱或出现失控。

(三)程序优化

对程序的优化要按照科学的分析方法来进行,"5W1H"分析法(又称为"六何分析法")是一种思考方法,也可以说是一种创造技法,它能够对组织选定的项目、程序进行深入分析,使管理程序更加科学化。具体来说,它包括以下几个部分:原因(Why),即为何执行这一程序;对象(What),即要做什么,是否可行;地点(Where),即在何处实施程序;时间(When),即什么时候执行程序;人员(Who),即由谁来执行程序;方法(How),即用什么方法来做等六个方面的内容。运用上述方法分析问题时,先考虑六个大方面的问题,在明确答案之后,再分析各个环节存在的小问题。该方法以分析结果为基础,运用合并、重排、剔除等方法,对问题进行综合分析研究,从而产生创造性设想或决策,优化程序,提高工作效率。

1.优化程序的意义。

(1)可以从全局中协调办公室工作系统的分配与管理,提高办公效率。

(2)可以从局部中规范各部门的工作程序,实现"1+1>2"的效果。

(3)可以减少不必要的财政支出与物力浪费,实现新型办公、绿色办公的目标。

(4)可以提高人才的利用率,减少对于人力资源的重复利用状况,实现办公室人才结构的转变。

2.程序优化的目标。

办公室管理程序优化的总目标是提高办公室工作的效率,减少资源的浪费。具体而言包括以下五点:

(1)建立合格、规范、合法、权责明确的办公室管理程序系统,实现对全局工作的把握与监督。

(2)建立和谐、分工明确的子部门管理制度,从局部的高效运作实现整体的效率提升。

(3)建立严格、合理的办公资源分配使用程序,减少浪费。

(4)建立公平、公正的人才激励机制。

(5)保证权力得到监管的同时,实现办公室各项工作的和谐统一。

(四)程序控制

程序在设计、运行阶段也会出现许多混乱、失控现象,这就要求领导层要在程序的设计及运行阶段进行适当的控制,以保障程序运行的环境,维护程序的正常运转。具体而言包括数量控制、时间控制和质量控制。数量控制是指办公室整体程序总数、执行程序工作人员以及实施程序所需财、物数量的控制;时间控制是程序运行效率的集中体现,对办公室管理尤为重要,它包括程序设计时间、运行时间及执行时间三个部分;质量控制是程序有效性的保障,无法保障运行质量的程序是毫无意义的。程序自身质量、运行环境、制度规范、人员配备等都是质量控制的要求。

(五)法律要求

1. 管理程序必须合法。

程序的合法性指的是在程序设计中必须遵循有关的法律、法规和其他规范。具体要求是只能制定自身法定职责、权利范围内的程序,越权无效;程序的内容不得与上述规范抵触,特别注意不要侵犯公民和其他机关的合法权益。

2. 管理程序必须合理。

程序的合理性指的是程序设计必须遵循客观规律,符合实际,符合公共道德,要公正,具有可操作性。具体要求是程序指向的对象必须是具有重复发生性质的工作过程,并确有制定程序的客观必要和可能条件,避免程序设置过度;构成程序的步骤、次序、方法、时限、判定标准等要合乎实际情况,能做得起来,行得通,有实际效果;程序要合乎公共道德;程序要体现公正精神,该考虑的一定要充分考虑,不该考虑的一概不必考虑,规定范围的人和事要管,而且要管住,不该管的一定不要滥用权力乱管,等等。

第三节 设备保障

办公设备与办公用品是办公室日常工作与管理的必备工具。依托现代办公设备与网络、信息技术的办公室管理呈现出高效性、技术性与现代性的特征,为现代办公室管理提供了便捷与高效的保障。本节主要讨论办公自动化的概念与功能、办公自动化设备与技术、办公用品管理等问题。

一、办公自动化概述

办公自动化(Office Automation,简称"OA")是将现代化办公和计算机网络功能结合起来的一种新型的办公方式。它是社会发展到现代社会之后,随着计算机和网络技术不断发展,与行政办公工作相互结合的产物。在目前办公室管理工作中,办公室人员只有对办公自动化的概念、功能与特点有相对全面的了解,才能更好应对不断变化的工作环境,开展系统、规范与便捷的办公活动。

(一)办公自动化的概念与功能

1. 办公自动化的概念。

办公自动化的定义众说纷纭,凡是在传统的办公室中采用各种新技术、新机器、新设备从事办公业务,都属于办公自动化的领域。在行政机关中,大多把办公自动化叫作"电子政务",企业单位称作"OA",即办公自动化。实现办公自动化,或者说实现数字化办公,可以优化现有的管理组织结构,调整管理体制,在提高效率的基础上,增加协同办公能力,强化决策的一致性,最终实现提高决策效能的目的。因此,本书认为办公自动化是办公部门将部分办公活动通过计算机、网络与信息技术搭建的自动化处理平台,完成其活动内容的人机交互式信息系统的集成。

2. 办公自动化的特点。

相较于传统的手工式的办公管理工具,办公自动化为当代办公室管理提供了丰富、实用与高效的办公设备与技术,具体表现为以下四个特点:

(1)集成性。

办公自动化是融计算机技术、网络技术、通信技术与多媒体信息技术于一体的人机交互式的系统,它囊括了可以用来辅助日常办公活动的所有工具,将其进行技术性的革新,通过共建管理平台的形式,将不同工作环节与处理程序中的工作联结在一起,创建成一个互联互通式的集成办公平台。用户可以在办公自动化平台中使用任何有助于其办公事务处理的设备与技术,进而有效地提高办公事务的处理效率与效果。

(2)智能化。

与传统手工办公工具相比,办公自动化因借助电子计算机、网络通信与信息技术等现代化办公工具而呈现出智能化的特点。办公自动化系统是由若干种面向日常事务处理的,能够辅助办公人员完成工作的设备、工具与技术组成,如汉字识别、辅助决策、图像处理等,它们能够通过人类赋予的指令,辅助人类高效地完成之前手工劳动所无法完成的工作。人类还能够根据自身需求与办公事务的特点对办公自动化系统进行调整,以适应变化着的办公环境与实现办公事务的诉求。

(3)多媒体化。

传统办公活动因受时空与条件限制而呈现出单一化的特点,如文件处理选择纸质载体,传递方式选择实体邮寄或自取方式,会议则采用面授的方式等。这种单一化办公方式的缺点是操作环节较多,管理效率不高,占用太多管理资源,管理成本消耗大,传递信息或处理事务的能力有限。办公自动化系统改变了传统办公手段单一化的弊端,运用现代技术重新打造了办公业务链,并借助现代化办公设备,打造了集文字、图像、声音、动画、通信于一体的办公环境,如文字处理由计算机排版、输入与打印,并可借由互联网实现跨地域传递,大型办公会议采用远程在线视频方式进行等。多媒体参与下的办公活动更加多样化和立体化,为办公环境带来了革命式的创新,更适合当前社会实践活动范围广、变化多与速度快的特点。

(4)网络化。

单一的设备与工作环节是无法构建灵活多样的办公自动化系统的,实现办公自动化需要借助网络技术,进而形成互相连通、彼此衔接的工作关系。办公自动化的网络化可以从两方面理解:其一,工具网络化。办公自动化系统是一种依托于现代技术的办公服务网络,处于网络中的各种办公设备与服务方式都是办公服务网络中的节点,不同设备与服务之间相互支撑、互相衔接,为日常办公事务的无障碍处理与无缝对接提供了保障。其二,网络化技术。现代办公活动仍需要不同部门的协同参与,而参与的方式往往借助基于现代网络与通信技术的办公网络,如远程视频会议、电子文件的制作与传递、网络办公协作平台等都是现代办公环境下的必备选择。

(二)办公自动化的功能

1. 文字处理功能。

文字工作是办公室的主要工作之一,文字处理就是利用计算机处理文字与编排文本。办公自动化技术为文字工作提供了高效、便捷与规范的文字处理工具,使文书人员能够通过文字处理软件进行大批量的输入文字、修改文字、编排格式、嵌入图表等操作。传统手工文字处理虽便捷,但规范性不够、出错率高、效率低,而办公自动化技术可让文字处理更加随意和快捷,并借助软件工具的强大功能,完成从文字输入到文本输入的全过程,提高文稿的成稿速度和样式美观度,便于传递与保存。

2. 数据处理。

数据处理是信息处理的基础,它是指把来自科学研究、生产实践和社会活动等各个领域的原始数据,用一定的设备和手段,按一定的目的加工成另一种形式的数据。在办公自动化中可利用方便快捷的数据处理工具,如EXCEL、SPSS等软件对数据进行收集、存储、加工、运算、统计分析等一系列活动。该功能能够为组织管理决策的合理性与科学性提供数据支撑,打破以往数据分析量大,且相对粗糙的统计工作,为组织结构更快速的应对突发事件和合理配置资源提供支持。

3. 图片音像处理。

图片音像处理功能是传统办公活动所无法具备的创新性的功能,将文本内容转换成易于理解的图表,或以音像的形式再现事务处理过程,有助于用户理解复杂情况和加深印象。图形是指静态形或形象,图像是指随时间不断变化的动态图形,声像是指具有动态影像和声音的多媒体文件。办公自动化系统首先可以运用图形与音像捕捉设备,形成可供处理的图形和音像样本,随后运用功能强大的图形和音像编辑软件对其进行编辑加工,形成可供浏览的形式,最后单独或插入其他数字文本资料中进行传播。图片音像处理功能将传统纸质文本和单一化的信息样态转化为立体的、便于理解与传播的、多样化的信息样态。它不仅对办公事务处理的效率具有积极的促进作用，更能够提高办公活动的可视性与完整性。

4.文件与通信处理。

文件与档案是组织机构日常运作的重要信息工具。传统的手工文件处理方法不仅效率低，消耗大，而且占用办公人员大量时间，无法满足办公自动化与远程办公的需求。办公自动化系统的文件处理功能真正实现了数字化办公，这大大提高了文件与档案工作效率，突出表现在两个方面：其一，文书处理与档案管理流程的系统化，在传统文件处理流程中，需要文书人员对文件进行分发、管理与保存工作，而办公自动化系统可以通过基于文件处理与档案管理流程协同的文件管理系统真正实现文件处理与档案管理的无纸化，有效保证文件处理的效率和档案管理的规范性。其二，资源共享，利用办公自动化系统中的数据库技术将分散在各部门的文件、资料、图书等信息资源集中在统一的虚拟平台中，用户可经过授权访问网络资源。

办公自动化系统中的通信功能实现了各个部门间的协同工作，与传统的办公系统相比，大大提高了办公效率。办公自动化系统中的通信功能主要包括及时提醒、远程通信、远程监控和信息互换等方面。及时的通信功能将分散在不同部门的人力资源有效地统一在同一通讯网络下，并通过各种聊天工具、资源共享工具和远程服务工具实现通信的实时化，不再受时间与空间的限制。

随着计算机、网络与数据库技术的不断升级，办公自动化的水平与程度将会不断提升，现有的办公自动化的功能将会更进一步的拓展与升级。未来办公事务的处理将不再单纯的依赖传统工具与物质流程，而更加依赖基于现代技术的各种高端的设备与虚拟流程的设计。对于办公人员来说，掌握一种技术或设备的使用方法以不能满足现代办公活动的要求，开发现代办公设备拓展功能与熟知相关技术发展趋势以成为现代办公环境对其提出的更高要求。

二、办公自动化设备与管理

熟悉使用办公自动化中的设备是开展办公自动化的前提条件。根据处理事务的特点与内容，办公人员可以选择不同的设备辅助其完成事务的处理。在使用设备处理事务的同时，办公人员还需要对办公设备进行有效管理与及时维护，保证设备使用的正当性和安全性，延长办公设备的使用寿命。

（一）办公自动化设备介绍

办公自动化是由若干现代化设备与各种计算机、网络和信息技术组成的庞大的管理系统。在这一庞大系统中，设备的选择需要根据单位办公条件、事务需要和人员配备等因素。支撑办公自动化系统的设备主要包括信息处理与传播设备、信息输出与复制设备、其他办公辅助设备等三大类。

1. 信息处理与传播设备。

(1) 微型计算机。

微型计算机简称"微型机"或"微机",由于其具备人脑的某些功能,所以也称其为"微电脑"。微型计算机是由大规模集成电路组成的、体积较小的电子计算机。它是以微处理器为基础,配以内存储器及输入输出(I/O)接口电路和相应的辅助电路而构成的裸机。微型计算机根据其功能和形态,可分为五种类型:

① 台式机。

图6-1　台式机

台式机也叫"桌面机",是一种独立相分离的计算机,完完全全跟其他部件无联系。相对于笔记本和上网本来说,台式机体积较大,主机、显示器等设备一般都是相对独立的,一般需要放置在电脑桌或者专门的工作台上。由于台式机的机箱具有空间大、通风条件好、易于升级与拓展,因此是很多个人与办公机构选择的主要计算机类型。

② 电脑一体机。

图6-2　一体机

电脑一体机是由一台显示器、一个电脑键盘和一个鼠标组成的电脑。它的芯片、主板与显示器集成在一起,显示器就是一台电脑,因此只要将键盘和鼠标连接到显示器上,机器就能使用。随着无线技术的发展,电脑一体机的键盘、鼠标与显示器可实现无线连接,机器只有一根电源线,这就解决了台式机线缆多而杂的问题。有的电脑一体机还具有电视接收等功能。

③ 笔记本电脑。

图3-3　笔记本电脑

笔记本电脑也称"手提电脑"或"膝上型电脑",是一种小型、可携带的个人电脑,通常重一至三公斤。它和台式机架构类似,但是提供了更好的便携性,包括液晶显示器、较小的体积、较轻的重量。笔记本电脑除了键盘外,还提供了触控板或触控点,提供了更好的定位和输入功能。笔记本电脑可以大体上分为六类:商务型、时尚型、多媒体应用型、上网型、学习型、特殊用途型。商务型一般移动性强、电池续航时间长、商务软件多;时尚型主要针对时尚人士使用;多媒体应用型则有较强的图形、图像处理能力和多媒体的能力,多拥有较为强劲的独立显卡和声卡(均支持高清),并有较大的屏幕;上网型就是轻便和低配置的笔记本电脑,具备上网、收发邮件以及即时信息等功能,并可以实现流畅播放流媒体和音乐;学习型的机身设计外形类型似商务型,采用标准化操作程序,全面整合学习机、电子辞典、复读机、学生电脑等多种机器功能;特殊用途型的笔记本电脑主要服务于专业人士,可以在酷暑、严寒、低气压、战争等恶劣环境下使用。

④掌上电脑。

掌上电脑是一种运行在嵌入式操作系统和内嵌式应用软件之上的、小巧、轻便、易带、实用、价廉的手持式计算设备。它在体积、功能和硬件配备方面都比笔记本电脑简单轻便,但在功能、容量、扩展性、处理速度、操作系统和显示性能方面又远远优于电子记事簿。掌上电脑除了用来管理个人信息(如通讯录、计划等)之外,还可以上网浏览页面、收发电子邮件,甚至可以当作手机来用,并具有录音机功能、英汉汉英词典功能、全球时钟对照功能、提醒功能、休闲娱乐功能、传真管理功能等。

图3-4 掌上电脑

⑤平板电脑。

平板电脑是指无须翻盖、没有键盘、大小不等、形状各异,却功能完整的电脑。其构成组件与笔记本电脑基本相同,但它是通过可触笔在屏幕上书写进行输入,而不是使用键盘和鼠标进行输入,并且打破了笔记本电脑键盘与屏幕垂直的"L"形设计模式。它除了拥有笔记本电脑的所有功能外,还支持手写输入或语音输入,在移动性和便携性上更胜一筹。

图3-5 平板电脑

(2)传真机。

传真机将需发送的原件按照规定的顺序,通过光学扫描系统分解成许多微小单元(像素),然后将这些微小单元的亮度信息由光电变换器件顺序转变成电信号,经放大、编码或调制后送至信道。接收机将收到的信号放大、解码或解调后,按照与发送机相同的扫描速度和顺序,以记录形式复制出原件的副本。传真机按其传送色彩,可分为黑白传真机和按占用频带可分为窄带传真机(占用一个话路频带)、宽带传真机(占用十二个话路、六十个话路或更宽的频带)。占用一个话路的文件传真机,按照不同的传输速度和调制方式可分为以下几类:采用双边带调制技术,每页传送速度约六分钟的,称为"一类机";采用频带压缩技术,每页传送速度约三分钟的,称为"二类机";采用减少信源多余度的数字处理技术,每页传送速度约一分钟的,称为"三类机";可与计算机并网、能储存信息、传送速度接近于实时的传真机,称为"四类机"。按用途可分为气象图传真机、相片传真机、文件传真机、报纸传真机等。记录方式多用电解、电磁、烧灼、照相、感热和静电记录等。

图3-6 传真机

(3)网络设备。

网络设备及部件是连接到网络中的物理实体。网络设备的种类繁多且与日俱增。基本的网络设备有计算机(无论其为个人电脑或服务器)、集线器、交换机、网桥、路由器、网关、网络接口卡(NIC)、无线接入点(WAP)、打印机和调制解调器、光纤收发器、光缆等。

图3-7 网络设备

2.信息输出与复制设备。

(1)打印机是计算机的输出设备之一,用于将计算机处理结果打印在相关介质上。按照打印方式划分,打印机可分为针式打印机、喷墨式打印机、激光打印机等。

①针式打印机在打印机历史的很长一段时间上曾经占有着重要的地位,从九针到二十四针,可以说针式打印机的历史贯穿着几十年。针式打印机之所以在很长的一段时间内能长时间的流行不衰,这与它极低的打印成本和很好的易用性以及单据打印的特殊用途是分不开的。当然,它很低的打印质量、很大的工作噪声也是它无法适应高质量、高速度的商用打

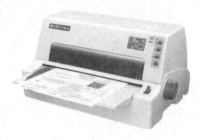

图3-8 针式打印机

印需要的根源,所以现在只有在银行、超市等用于票单打印的地方还可以看见它的踪迹。

②喷墨打印机因其有着良好的打印效果与较低价位的优点因而占领了广大中低端市场。此外喷墨打印机还具有更为灵活的纸张处理能力,在打印介质的选择上,喷墨打印机也具有一定的优势:它既可以打印信封、信纸等普通介质,又可以打印各种胶片、照片纸、光盘封面、卷纸、T恤转印纸等特殊介质。

图6-9 喷墨打印机

③激光打印机则是高科技发展的一种新产物,也是有望代替喷墨打印机的一种机型,分为黑白和彩色两种,它为我们提供了更高质量、更快速、更低成本的打印方式。它的打印原理是利用光栅图像处理器产生要打印页面的位图,然后将其转换为电信号等一系列的脉冲送往激光发射器,在这一系列脉冲的控制下,激光被有规律的放出。与此同时,反射光束被接收的感光鼓所感光。激光发射时就产生一个点,激光不发射时就是空白,这样就在接收器

图6-10 激光打印机

上印出一行点来。然后接收器转动一小段固定的距离继续重复上述操作。当纸张经过感光鼓时,鼓上的着色剂就会转移到纸上,印成了页面的位图。最后当纸张经过一对加热辊后,着色剂被加热熔化,固定在了纸上,就完成打印的全过程,这整个过程准确且高

效。虽然激光打印机的价格要比喷墨打印机昂贵的多,但从单页的打印成本上讲,激光打印机则要便宜很多。

④除了以上三种最为常见的打印机外,还有热转印打印机和大幅面打印机等几种应用于专业方面的打印机机型。热转印打印机是利用透明染料进行打印的,它的优势在于专业高质量的图像打印方面,可以打印出近于照片的连续色调的图片来,一般用于印前及专业图形输出。大幅面打印机,它的打印原理与喷墨打印机基本相同,但打印幅宽一般都能达到六十一厘米。它的主要用途一直集中在工程与建筑领域。但随着其墨水耐久性的提高和图形解析度的增加,大幅面打印机开始被越来越多地应用于广告制作、大幅摄影、艺术写真和室内装潢等装饰宣传的领域中。

图6-11　工程图纸打印机

(2)复印机是指静电复印机,它是一种利用静电技术进行文书复制的设备。复印机属模拟方式,只能如实进行文献的复印。数码复合机是以复印功能为基础,标配或可选打印、扫描、传真功能,采用数码原理,以激光打印的方式进行文件输出,可以根据需要对图像、文字进行编辑操作,拥有较大容量纸盘,高内存、大硬盘、强大的网络支持和多任务并行处理能力,能够满足用户的大任务量工作需要,并可以将大量数据保存下来,担当企业信息文档管理中心的角色的商用办公设备。

图6-12　静电复印机

(3)扫描仪是利用光电技术和数字处理技术,以扫描方式将图形或图像信息转换为数字信号的装置。扫描仪通常被用于计算机外部仪器设备,通过捕获图像并将之转换成计算机可以显示、编辑、存储和输出的数字化输入设备。扫描仪对照片、文本页面、图纸、美术图画、照相底片,甚至纺织品、标牌面板、印制板样品等三维对象都可作为扫描对象,提取和将原始的线条、图形、文字、照片、平面实物转换成可以编辑及加入文件中的装置。扫描仪中属于计算机辅助设计(CAD)中的输入系统,通过计算机软件和计算机,输出设备(激光打印机、激光绘图机)接口,组成网印前计算机处理系统。它适用于办公自动化,广泛应用在标牌面板、印制板、印刷行业等。

图6-13　扫描仪

3.其他办公辅助设备。

(1)投影仪是用于放大显示图像的投影装置,它采用先进的数码图像处理技术,配合多种信号输入

图3-14　投影仪

和输出接口，无论是计算机的 RGB 信号，还是 DVD、VCD、影碟机、录像机和展示台的视频信号，都能转换成高分辨率的图像投在屏幕上，并具有高分辨率、高清晰度和高亮度等特点。随着数码技术的发展，投影仪作为一种高端的光学仪器，已被广泛应用于教学、移动办公、讲座会议和商务活动中。投影仪可分为便携式投影仪和吊装式投影仪两种，投影方式包括桌上正投、吊装正投、桌上背投和吊装背投四种方式。

（2）刻录机，即 CD-R，是英文"CD Recordable"的简称。CD-R 盘的容量一般为 650MB。它记载资料的方式与一般 CD 光盘片一样，也是利用激光束的反射来读取资料，所以 CD-R 盘片可以放在 CD-ROM 上读取，不同的是 CD-R 盘只可以写一次。刻录机可以分两种：一种是 CD 刻录，另一种是 DVD 刻录。刻录机可以刻录音像光盘、数据光盘、启动盘等，方便储存数据和携带，CD 容量一般是 700MB，DVD 容量一般是 4.5G。

图 3-15　光盘刻录机

（3）文件存储设备是用来存储电子资料、图片、视频与各种计算机系统识别软件的设备总称，根据存储设备样式、携带方式与使用方式的不同，可分为移动硬盘、U 盘和虚拟硬盘等三种类型。

①移动硬盘是一种大容量的移动数据存储设备，其数据存储介质是半导体电介质，在音频、图像、视频等多媒体数据备份存储领域，移动硬盘具有较高的性价比。移动硬盘外部结构简单，只要将连接线准确地将计算机和移动硬盘连接好，就可随意写入和删除。移动硬盘的存储空间较大，有的容量可达 2TB，相当于 125 个 16G U 盘。

②U 盘，全称 USB 闪存盘，它是一种使用 USB 接口的无需物理驱动器的微型高容量移动存储产品，通过 USB 接口与电脑连接，实现即插即用。U 盘的称呼最早来源于朗科科技生产的一种新型存储设备，名为"优盘"，使用 USB 接口进行连接。U 盘连接到电脑的 USB 接口后，U 盘的资料可与电脑交换。U 盘的优点是小巧便于携带、存储容量大、价格便宜、性能可靠。

③网络硬盘又称"网盘""网络 U 盘"，它是由互联网公司推出的在线存储服务，向用户提供文件的存储、访问、备份、共享等文件管理等功能。用户可以把网盘看成一个放在网络上的硬盘或 U 盘，无论用户身处何地，只要连接到互联网，就可以管理、编辑网盘中的文件。网盘不需要随身携带，更不怕丢失。目前国内影响较大的网盘运营商包括百度网盘、腾讯微云等。

（4）文件整理设备是指专门用于文件装订、打孔、封装等工作的专业设备，主要包括分页机、裁切机、装订机、打孔机、折页机、封装机等。

（5）沟通设备是指专门用于办公联络、沟通与协调工作的联络工具，主要包括座机电话、网络电视会议软件和电话会议软件。

(二)办公自动化设备的管理

1. 明确权责机制。

办公设备的管理应建立规范的使用登记与管理职责制度。规模较小的机构可由综合办公部门负责对日常使用设备与新增设备进行登记于管理;规模较大、部门较多的机构可由各部门制定专人负责办公设备的管理。办公设备的管理内容主要包括台账记录、设备申购、维护保养、办公设备使用人或归属部门变更转移的申请、自查与盘查等工作。部门管理员每年年底前对部门使用的设备进行自查、台账更新,并报备单位主管部门。各设备使用部门负责提出设备使用需求,明确说明设备的用途、性能、技术要求、设备选型等事项;负责办公设备的日常保养、报修等工作。综合管理部门指定专人负责对需采购的办公设备进行登记、调配;负责办公设备采购回来后的验收、入库、保存,提高办公设备的工作效率和资料收集保存、临时保管、配发、维修保养;负责人员离职调动前所使用的办公设备的回收、登记、保管和调拨等工作。此外,单位综合管理部门、财务部门和设备采购部门每年年中对单位办公设备进行盘查与巡视。

2. 购买审批制度。

与常用办公易耗品相比,办公设备数量不多,类型相对固定,价格较高。因此,办公设备不适用于年终申请购买,而适用于随时领用的办公用品管理程序。办公设备的采购应根据办公活动需要提前向综合办公部门提出申请,并填写《办公用品请购单》(如表6-1所示),经部门设备管理员、部门负责人和综合办公部门负责人审核后,交由财务部门负责人审批,最终交由采购部经理审批并启动采购程序。采购部门对审批后的《办公用品请购单》所购办公设备的类别、型号与品牌进行汇总与分类,根据设备使用紧急程度、预算标价与购买难易度等要素,采取招标或竞争性谈判的方式实施采购。设备采购到货后,综合办公部门统一进行验收、编号、入库并更新台账,收集操作手册、产品合格证、保修单等设备资料并建档保存,通知设备申请部门办理设备领取事宜。

表 6-1　办公设备请购单

部门			申请人		申请日期	
设备名称	单位	单价	数量	金额	备注	
合计						
部门主管						
人行部负责人						
总经理						

3. 办公设备的使用与保养。

办公设备使用前应详细阅读操作手册,严格按照操作规范操作使用,各部设备门管理员负责监督检查。综合办公部门对办公设备运行、保养情况进行监督检查,对设备的维修、更换零件要进行登记备案并组织实施。办公设备要定期进行养护,以免老化影响使用。各部门管理员或使用人员应对办公设备的使用进行不定期的检查,如需保养由各部门管理员定期统一集中本部门需保养设备,与综合办公部门设备管理员预约保养时间,由综合办公部门统一给每个部门每月集中保养一次,并填写《办公设备维护记录表》(如表6-2所示)。此外,公用办公设备指定专人操作,其他人员使用必须经设备所在部门负责人或使用人同意。办公设备的使用人员要保证设备在安全环境下运行,如果因使用人员的过失造成丢失或损坏,要追究责任,择情进行赔偿。设备管理员对违规使用办公设备人员有提出处罚的权力。

表6-2　办公设备维护记录表

设备名称	设备使用人	故障现象	故障原因	维修内容	维修费用	维修单位	维修日期

4.办公设备的后期维修。

办公设备若出现故障而无法使用,应首先联系综合办公部门备案并处理,如办公部门无法解决,应由设备管理员自选设备厂商或供应商进行检测和修理。设备法身故障无法自行修理的,设备使用人应填写《办公设备检修单》(如表6-3所示),经部门负责人与综合办公部门负责人审批后,交由办公部门处理。未填写《办公设备检修单》或未按检修单要求填写相关内容而造成设备损坏的,应由设备使用人负责赔偿。保修期内的办公设备,办公部门负责联系供应商进行维修;保修期外的设备,按照最经济可行的方案进行维修,包括委托维修商来完成维修,由公司管理员按照维修的真实情况,填写《办公设备检修单》中的"检修记录",发生的费用计入设备所在部门成本。所有设备的维修都必须建立完整的维修档案,由公司管理员统一管理。设备维修档案主要包括设备编号、维修日期、故障现象、保修原因、维修内容、维修费用、维修单位等。单位设备管理员应定期统计、汇总维修情况,针对各类故障产生的原因提出预防与克服的措施,通知使用部门加以防范,保证办公设备安全使用,延长设备使用寿命。

表6-3　办公设备检修单

序号	名称及型号	故障说明	报修部门	报修人	报修时间	维修时间	报修人确认	维修人签字	维修结果	经办人	备注
1											
2											
3											

5.办公设备归属转移与报废处理。

计算机硬件(笔记本、主机、显示器)、打印机、复印机、照相机、摄像机、扫描仪、传真机以及投影仪此类办公设备的使用人或归属部门发生变更转移时,需由部门指定的办公设备管理员填写《办公用品交接清单》(如表6-4所示)《办公设备使用归属变更申请审批表》(如表6-5所示),审批表须交由财务部门备案,综合办公部门留存复印件。

表6-4　办公用品交接清单

办理日期	移交部门	物品名称	规格及说明	数量	单位	交接人签字	接管人签字	部门经理签字	备注

表6-5　办公设备使用归属变更申请审批表

基本信息	资产名称		当前使用方	
	规格型号		转入方	
	设备年限		经办人	
	数量		申请日期	
变更类型	公司内转移□	公司间转移□	其他□	
	变更说明			
申请审批	原部门经理	签字:		日期:
	公司办公设备管理员	签字:		日期:
公司内转移审批项	财务部评估	净值	签字:	日期:
	办公室主管	签字:		日期:
	财务总监	签字:		日期:
接收确认	使用人	签字:		日期:
	部门经理	签字:		日期:
财务备案	财务部	签字:		日期:
备注:				

办公设备经过检测已达到报废标准,设备使用部门需向综合办公部门提出设备报废申请,填写《报废办公设备审批表》(如表6-6所示)。对各部门提交的审批表,综合办公部门要认真审核,经确认不能再次利用后,经单位设备管理员、综合办公部门负责人、财务部门负责人审批后方可作报废处理。对决定报废的办公设备,综合办公部门对报废设备的名称、价格、数量、及报废处理的其他有关事项进行登记备案。报废设备由综合办公部门集中存放、集中处理,设备使用部门不得随意丢弃。

表 6-6　报废物品清单

物品编号	物品名称	数量	单价	购买时间	使用时间	报废原因
以上物品本部门申请报废处理意见	部门主管：					
行政部意见	☐同意报废处理　☐不同意报废处理					签字：
主管领导意见	☐同意报废处理　☐不同意报废处理					签字：

三、常用的办公自动化技术

（一）文本处理技术

文本处理与复制技术依托于计算机文字处理软件，是最常用的办公自动化技术之一，主要内容包括录入与编辑文字、编辑文档版式、制作表格和智能检查文档四个部分，如常见的微软 OFFICE 和 WPS 两款文字处理软件具有强大的文字处理与文本编排功能。

1. 录入与编辑文字。在文字处理软件中可任意输入中英文，并对其进行相应的编辑操作，主要包括设置文本格式、复制、粘贴、查找和替换文本等，还可根据需要在文档中添加图片等多媒体对象，以增加文档的观赏性。文字的录入需要借助输入法，目前比较常见的输入法有全拼输入法、双拼输入法、五笔等输入法，常见输入法软件有搜狗拼音输入法、极点五笔输入法、QQ 输入法等。文字工作是办公活动的主要内容，借助录入与编辑工具能够使文字工作更加便捷，且易于处理与操作，但办公室人员要注意录入文字的准确性，特别是公文的写作与制发标准。

2. 编辑文档格式。

当文档中的基本文字输入并编辑操作完成后，为了使文档更加美观且易于阅读，需要对文档格式进行编排，完善文档制作效果。版式的设计主要包括设置文档页面的各项参数，包括分栏、页码格式、页眉与页脚等。版式设计可使文档更加美观、规范和专业，特别是公文制作要严格按照国家发布的公文制作标准制作，这就需要办公人员对公文格式的具体要求有全面了解，并对文字编排工具的各种功能灵活掌握。办公人员可以制作不同形式的公文模板，以方便文件的编排与制作。

3. 制作表格。

表格是一种非常直观的表达方式，使用表格进行表达的效果往往要比使用一般文字要清楚。办公室人员可以在文本处理软件中直接使用插入表格,通过设置行数与列数对表格进行处理,还可以使用专业的表格生成与处理软件来制作与处理表格,如微软 OFFICE 系列中的 EXCEL 表格处理软件可以生成规范且符合业务需求的表格及相关分析图。表格不仅可以美化文档,还能增强文档的说服力。

4.智能检查文档。

常见的各种文字处理软件都内置了基本字典和自定义字典以及用户自定的词库。通过使用这些工具可以对文档进行拼写和语法检查,办公室人员可以确保在编辑文档时能发现错误并进行更正。

(二)网络传输与处理技术

网络传输与处理技术是随着新型办公设备在办公活动中的广泛应用而形成的现代化的办公技术体系,它可以轻松实现文件传送、资料下载、客户交流等工作,是提高办公效率的必要手段之一。常用的网络传输与处理技术主要包括局域网设置、网络资源搜索与下载、网上交流等基本内容。

1.局域网共享文件。局域网是指在某一区域内由多台计算机互联程的计算机组。在单位内部组建局域网,可以实现文件管理、应用软件共享、打印机共享、工作组内的日常安排等功能,是当前流行的网络办公技术。当需要查看或使用局域网中其他计算机中的文件时,并不需要在对应的计算机中进行完成,用户只需要将文件资源设置为共享,再通过局域网计算机中的共享文件资源即可。共享文件是指将文件共享到局域网中,共局域网的其他用户浏览或修改。在设置文件共享时,还可设置共享文件的访问权限。

2.网络资源搜索与下载。局域网便于信息交流与文件传送,但其资源有限,很多办公资源,还需在互联网中搜索下载。搜索与下载互联网中的资源前,需要先将计算机连接到互联网,连接的方法主要有 ADAL 宽带上网、小区宽带上网和专线上网,一般办公机构的上网连接方式为 ASDL 宽带上网,即通过输入用户名与密码连接网络供应商进入互联网。互联网中的信息很多,为了尽快找到需要的资源,就需要使用网络中的搜索引擎或搜索框来筛选需要的资源。搜索引擎不仅可以按类别搜索,还可输入搜索对象,进行精确搜索。常见的搜索引擎有百度、搜狗、360 搜索、必应等。网络资源主要有两种下载方式:其一,点击鼠标右键,找到网络资源链接地址,点击"另存为"保存到电脑里;其二,使用下载工具,如迅雷、网络快车、QQ 快传等软件。此外,如 BT 种子、电驴链接、百度云盘中的非直接下载的网络资源,也可以使用上述下载软件直接下载。

3.网上交流。在日常办公中,经常需要与同事、客户进行沟通和洽谈,利用互联网可以轻松实现远程的交流,如收发电子邮件、使用即时聊天工具等,以达到自动化办公的目的。电子邮件可以快捷、方便地通过网络跨地域传递和接收信息,具有速度快、价格低、投递准确的特点,并且可以插入图片与声音,使其受到办公人员的青睐,成为与同事和客户相互交流的重要手段之一。发送与接收邮件需要登录邮箱，比较常见的有163邮箱、搜狐邮箱、新浪邮箱、QQ邮箱等，只要登录邮箱，输入对方邮箱地址，附件需要传送的电子文档，就可以随时进行业务沟通。即时通讯工具的种类很多，比较常见的有QQ、微信、阿里旺旺等。即时聊天工具可以不受时间或空间的限制，在网上与同事或客户进行交流或传递文件。此外，可以创建QQ群、微信群等方式实现多人聊天交流的服务，方便员工的内部交流与公司信息的传达。

（三）图像获取与处理技术

图像是制作办公文档的重要的元素之一。除了直接从网上下载图像之外，还可将自己拍摄的照片导入电脑中，当导入的照片存在曝光不足等瑕疵时，可使用图像处理工具进行简单的处理，以达到理想的效果。

1. 图像保存与浏览。由数码照相机或手机拍摄的照片，可以通过数据连接线直接导入电脑中，或通过手机聊天工具与电脑聊天工具进行互传，拷贝并保存到电脑中。保存在电脑中的照片要存放在指定文件夹内，为每张照片更换名称，并在照片属性栏中标注照片拍摄时间、事件和拍摄者，切忌照片不经过分类和标注属性直接散存于电脑中。浏览照片可使用系统自带的图片浏览器，也可以使用专门图片浏览器，如 ACDSee、Adobe Imageready 等软件。利用图片浏览器，可对图片进行放大、缩小浏览，并可对倒置的图片进行旋转调整。

2. 图像下载与捕捉。互联网中的图片可采用图片下载和捕捉的方式保存到本地电脑中。图片、音频与视频文件可通过网页提供的下载链接直接下载，下载工具如前文网络资源下载工具相同。但互联网中的部分文件无法使用下载工具下载，就需要对其进行捕捉。图像的捕捉方式就是采用网页截图或复制屏幕的方式先将所需的图片截取下来，而后利用图片编辑软件进行修改与调整。

3. 图像编辑与处理。图片若存在一定瑕疵，需要图片编辑与处理软件进行处理，比较常用的图片编辑与处理软件有 Photoshop、光影魔术手、美图秀秀等。常见的图片编辑与处理技术有以下三种：其一，图片的基本调整，如自由旋转、缩放、裁剪等；其二，照片质量调整，拍照时经常会因为天气、光线或技术等原因而使照片存在曝光不足或过度的问题，因此要对照片进行清晰度、色度、减光和补光的处理；其三，添加文字与水印，如在照片上添加标题、作者、时间、水印等内容，一方面增加了照片内容的信息量，另一方面可以维护照片版权。

四、办公用品管理与节约措施

办公用品是指办公室日常管理所需的各种物资，包括一般办公资源（水、电、保洁等）、设备、办公耗材、图书资料等。办公用品是维持办公活动日常运营的必备资源，也是组织机构日常活动中消耗量极大的资源。对办公用品进行日常管理，一方面通过合理支出与有效控制最大限度发挥办公用品的价值,保证用品用到真正需要之处;另一方面通过用品有效而规范的供给,最大限度节省管理成本,降低组织机构的内耗,提升组织机构的管理效益。

(一)办公用品管理流程

办公用品属于机构办公日耗品,成本较大,对其要进行规范化管理。办公用品管理流程一般包括申报、审批、采购、验收、保管、发放与回收等环节。

1.申报。根据使用范围与对象的不同,办公用品可分为常规性办公用品和非常规性办公用品两大类。常规性办公用品通常指在日常办公环境中经常使用且易损耗的物品,如打印复印纸、笔、墨盒、硒鼓、办公设备等;非常规性办公用品通常指临时办公需要而使用的物品,因不同办公环境与办公活动需要不同,非常规性办公用品没有相对准确的范围,只要不在日常办公活动中经常使用的物品都可以界定为非常规性办公用品。常规性办公用品需要在每年年末由物品使用单位根据往年用量和明年工作需要提出具体的使用计划,填写《办公用品采购计划单》(如表6-7所示),其中包括使用物品的名称、型号、品牌、数量、拟定单价、用途等内容。使用单位可根据办公活动的需要或往年申领数额进行填报。非常规性办公用品主要使用于突发性事件,因此采取随用随申请的方式,但需要在申报计划中明确指出该物品具体使用用途及后续使用情况。

表6-7 办公用品采购计划单

部门:

序号	名称	规格	需求数量	单位	预估单价(元)	预估总价(元)	说明
1							
2							
3							
申请人签字							
部门负责人审核意见					行政部审核		
分管领导审批							
主管领导审批							

2.审批。办公用品使用申请需报送至单位主管机构审批后,才能进入采购环节。审批工作需要由单位综合办公部门、财务部门、采购部门等相关机构联合完成。首先,综合办公部门对各处室报送的申请材料进行审核、汇总与分类,根据单位办公用品使用规定和各处室报送使用物品的合理性,对需采购办公用品的规格与数量进行修改,并交由财务部门进行财务预算审核。财务部门根据报送物品单项与整体预算情况进行审核,结合单位年度预算,最终确定办公用品采购金额,交由采购部门采购。

3. 采购。常规性办公用品的采购要本着节约、合理与适用的原则,一般采用竞争性谈判的形式。竞争性谈判是指采购人或者采购代理机构直接邀请三家以上供应商就采购事宜进行谈判的方式。这种采购方式一方面可以通过竞争谈判,获得办公用品采购的理想价格;另一方面可以货比三家,保证物品质量。非常规性办公用品因急于使用或常规性用品无法找到多家谈判商的情况,可不采取谈判方式,直接通过指定供货商采购,但需要对供货商的资质、产品质量与价格进行详细说明。中标供货单位详细信息及中标物品信息需经过公示期公示方可正式供货。这种公开谈判方式有效地避免经办人在物品采购过程中收受红包、礼金或回扣等贪污腐败行为,有效保证采购工作的公平公正。

4. 验收。由中标供货商采购的办公用品需在协议供货期内向发标单位供货。综合办公部门在接收物品过程中,需要做以下三项工作:其一,查验物品型号与数量是否与供货协议内容相一致;其二,查验物品的外观与质量,保证采购物品不缺失、不损坏;其三,对采购物品进行登记造册,填写《办公用品入库登记表》(如表6-8所示),一般性消耗性物品直接送入库房保管,电器类物品,如空调、计算机、打印机等则需要安排安装与调试。

表 6-8　办公用品入库登记表

序号	物品名称	规格	单位	数量	单价	金额	入库日期	入库人员	部门	备注
1										
2										
3										

5. 保管与申领。验收完毕的办公用品有综合办公部门统一保管与发放,各部门使用办公用品需填写《办公用品领用登记表》(如表6-9所示)和《办公用品借用/归还登记表》(如表6-10所示),按照审批程序到综合办公部门领取,综合办公部门按照《办公用品消耗标准》发放。各种笔芯、铅笔、墨水、橡皮、双面胶、胶带、文件夹、文件袋等易耗品可凭领取单,经主管部门负责人审批后领用;计算器、U盘、电话机、硒鼓等非易耗品与设备的领用与更换则需要部门负责人审批和综合办公部门负责人审批后领用;打印机、传真机、饮水机、碎纸机、电脑、办公桌椅、文件柜、保险箱等贵重办公用品用具的领用,必须由单位主管领导批准,并执行交旧领新制度。

表 6-9　办公用品领用登记表(易耗品)

序号	物品名称	规格型号	数量	领用部门	领用人签名	领用时间	备注
1							
2							
3							

表 6-10　办公用品借用/归还登记表

序号	物品名称	规格型号	数量	借用部门	借用人签名	借用时间	借用部门经理签字	归还人签字	归还时间	备注
1										
2										
3										

6. 回收。办公用品的使用要本着节俭的原则，保证用品在日常办公活动中物尽其用。综合办公部门要对易耗物品的发放与领取进行监控，对超支领取和尚未使用完毕的办公用品进行回收；对使用临时使用完毕的电子设备、移动硬盘和贵重物品要及时回收，并对使用频次、质量与寿命等信息进行及时登记，保证物品后续使用时的有用性；对已损坏或无价值的物品要及时做报废处理，如综合办公部门保管物品数量不足时，要及时向主管部门申报启动采购程序。

（二）办公用品管理的策略

1. 制度管理，兼顾公平。

办公用品管理涉及单位资源分配与管理成本控制，因此综合办公部门需要对办公用品管理过程进行有效的监管与控制。具体可以从以下三个方面着手：

其一，加强制度建设，保证办公用品管理的有序性与规范性。综合办公部门通过制定单位办公用品管理规范，重点从办公用品的申报、采购与分发等环节制定有效监管措施与责任机制。通过制定办公用品使用申领与审批规范，明确办公用品使用规则与领用规范。

其二，加强办公用品日常管理，提高用品使用效率。除了严把办公用品申领关外，综合办公部门也要加强对办公用品使用的日常巡视与管理，主要包括回收已使用完毕的办公设备、督促办公人员节约办公用品的使用、调查办公用品使用数量与物品质量情况等。

其三，明确办公用品使用规范，保证用品使用的公平。办公用品使用仅限于日常办公活动，因此办公人员要明确区分办公用品与私人用品的界限，综合办公部门要通过巡视或加强用品申领规范保证用品使用符合办公要求，保证办公用品申领与使用的公平。

2. 细化管理，倡导节约。

办公用品管理制度的制定在宏观层面保证办公用品管理的规范性，而细节管理则在微观层面确保办公用品使用的有效性。办公用品属于管理成本消耗，因此有效节约使用办公用品不仅能够降低管理成本消耗，还可以最大限度提升办公用品的使用效率。倡导节约使用办公用品需要从以下三个方面着手：

其一，细化办公用品使用规定，对办公用品使用寿命、领取周期、申报审核与用品价格评价等要在充分调研基础上进行细化规定，如办公用品型号与品牌要选择质量高、使用效果好且价格适中的，对圆珠笔、中性笔、涂改液、笔记本等常用品要根据调研设置领取周期，对领用过圆珠笔或中性笔的，第二次领取原则上应领取笔芯等。细化办公用品使用规定，一方面能够使办公用品的使用效率得以提升，另一方面也能营造节俭的办公活动氛围，为单位节约办公成本。

其二，办公部门内部宣传。除设置细致的办公用品使用规定外，综合办公部门还需要在单位内部积极宣传节俭办公的观念，通过制作张贴宣传标语、指导办公人员合理使用办公用品、开展节俭节约的宣传活动等方式引导办公人员节约使用办公资源。同时，综合办公部门可以通过走访其他单位，借鉴与吸收其合理使用办公资源的经验，也可以选择其他更为节省与实惠的办公用品替代已有的办公用品。

其三，制定人性化节约方案。节俭办公并不是严格限制办公用品的使用，而是通过合理的行为引导，让办公人员养成不浪费办公资源的习惯。综合办公部门可以设置人性化的节约方案，如开展部门节约用纸竞赛、设置纸张回收箱、减少一次性用品采购量、固定办公用品每月用量等，从而较好地约束办公人员浪费办公用品的行为，在保障用品充足的前提下，满足日常办公活动的需要。

3. 透明管理，杜绝腐败。

办公用品的申领与采购因涉及办公用品的订购与供货商的选择，容易发生吃回扣、索要红包与暗箱操作等贪污腐败行为，因此在办公室用品申领与采购过程中，要施行办公用品申领与使用审批制和用品采购招标制，并通过全程信息公开的方式，规范办公用品的申领与采购流程，杜绝任何形式的腐败行为。如前文所述，办公用品申领需要填写领用申请单，经过综合办公部门的审核与审批后，方可领用，其中综合办公部门需向办公人员明示不同类别办公用品的领用方式与审批程序，并公开可供领用办公用品的型号、数量，对贵重办公设备则需要明确设备使用者与使用流向，对设备使用情况进行公示。办公用品的采购一方面需要由综合办公部门公示下一年度购买办公用品的名录，并将各部门上报使用办公用品情况进行公示。办公用品采购采取招标和竞争性谈判的方式，由综合办公部门发布采购办公用品招标公告，并按照规范的招标与谈判程序，与投标供货商商讨与谈判，最终将中标供货商在公共信息平台公示。此外，每年年终综合办公部门还需要将年度办公用品消耗与办公经费使用情况进行公示。

本章思考题

1. 办公室管理的法律依据有哪些？
2. 办公室管理行为的法律约束包括哪些方面？
3. 办公室管理行为的法律责任有哪些？
4. 试述办公室管理的程序保障。
5. 简述办公自动化的特点及其功能。
6. 试述办公用品管理的基本流程。

案例分析

小王是某大型科技公司行政事务部的工作人员,负责单位行政办公活动的安排与办公用品管理。为了搞好一年一度的产品营销会,公司特别邀请部分客户来公司洽谈业务,营销部工作人员提出要借用公司投影仪和幕布,并需要大量笔记本、笔和公司产品宣传手册等用于公司产品宣传介绍,因小王手里还有其他工作,就把设备库的钥匙拿出来,让营销部工作人员自己去库里找,办公用品用多少自己拿,并把领取用品类别和数量随便记到一张便签纸上,口头要求要用完还回来。直到年末设备年终清点时,小王才发现投影仪未入库,但已忘记是哪个部门借出的。为此,领导批评小王工作马马虎虎,该做的工作没有做好。

根据上述案例,请分析小王在公司办公设备与用品管理工作中存在哪些问题?并回答如何规范地管理公司办公设备与用品?

第七章
办公室管理实务(上)

本章导语

办公室是社会组织内部的管理机构,从社会组织整体角度看,办公室是组织管理工作的中心,处于枢纽地位;从社会组织结构角度看,办公室是组织内部承上启下的联络机构,处于中介地位;从社会组织的外部看,办公室是组织通向社会的门面,处于窗口地位。办公室的这些特点,在很多时候都会体现在办公室管理实务中,比如督查督办、协调和调查研究等。这些管理实务构成了办公室管理的基本内容。

本章关键词

督查督办 协调 调查研究

第一节 督查与督办

督查督办是指为保证预定目标的实现,根据决策、工作部署等的贯彻执行情况,对本机关所辖各单位的职能部门进行的督查和督办工作。一般来说,督查督办工作可分为广义和狭义两种,广义的督查督办工作是指上级机关对所属的下级单位或部门贯彻上级决策和执行任务的情况进行督查督办,从而发现问题,促使下级单位保质保量地按期完成工作任务;狭义的督查督办工作是指办公室根据党和政府的路线、方针、政策的贯彻落实情况、各项重大工作部署的执行情况以及各级领导同志批示、交办事项的办理情况对相关单位进行督查并督办落实的过程。我们所说的督查督办工作,主要指后者,但也包括了前者的内容,二者是难以截然分开的。[①]

一、督查与督办的作用

督查督办在办公室工作中历来占有十分重要的地位,在推动决策执行、矫正工作偏

---

① 欧阳周,陶琪.现代秘书学——原理与实践[M].长沙:中南大学出版社,2007:199~200.

差、提高工作效率、克服官僚主义中的起着举足轻重的作用。

（一）有利于政令畅通，促进决策的落实

任何政策最终都要落实为改造客观世界的实践活动，政策必须经过实施才能显示其现实功用。然而决策的实施需要一个过程，这个过程中往往并不是一帆风顺的。在实际的政策执行过程中，常常会出现各种问题。这些问题往往导致决策在执行过程中出现偏差，甚至导致偏离决策目标的现象。这些问题可能是政策制定过程先天带来的，也可能是政策执行准备不充分，或是执行层对决策理解不透、执行不力，因而发生无意识偏离，或是执行层顾及某些局部得失或小团体利益，因而发生有意识的偏离。督查督办能及时发现决策在执行过程中偏离目标的情况并及时纠正，从而保证决策顺利实施。

（二）有利于克服官僚主义、形式主义，提高工作效率和执行力

督查督办，从根本意义上讲是对各级领导干部工作作风的监督和检查。在行政管理过程中，由于运行体制、机构设置、分工情况等原因，往往会出现办事拖拉、行动迟缓的弊端，或职责不清相互推诿；或议而不决，决而不行；或敷衍塞责，办事效率低等不良现象。这些现象的发生，除了客观因素外，官僚主义作风是一个重要因素。督查能促使执行部门加快办事节奏，克服形式主义、文牍主义和"顶、推、拖"现象，促使领导机关和领导干部把时间和精力用在深入基层、调查研究、解决问题、多做好事实事上，促进工作落实。同时，督查督办工作对领导机关和领导干部本身也是一种约束，能促使领导同志切实改进作风，更加自觉地带头执行决策，落实分管工作，进而带动整个机关干部形成一种务实、求实的良好风气。良好工作作风的形成，对于加强各级政府的执行力，促使执行部门加快办事节奏、保障工作质量、提高工作效率都能起到积极的作用。

（三）有利于信息反馈，进一步完善决策

根据辩证唯物主义的观点，决策的制定过程是决策者对客观事物规律的认识过程。任何一项正确的决策，无不来源于实践，同时要回到实践中去，受实践的检验并得到完善。一个正确的决策不是一次就能完成的。领导的决策虽然依据客观实际，但在具体事实落实时，不可能百分之百地符合实际。因为决策必然带有领导者的主观期望，再者，决策前后的主客观情况可能有所变化，所以在实施决策的过程中，往往会产生一些误差。对失误的决策，越机械地督促落实，其造成的损失和危害就越大。

督查督办工作是政策执行的后续工作，也是政策执行情况的信息反馈过程。在实际工作中，一项政策下达后，由于工作条件和执行对象不同，政策执行的进程也不尽相同。这就要求督查督办人员根据实际情况，开展督查督办工作，调查研究，了解情况，发现和研究实施过程中遇到的新问题、新情况，获取信息，并且把这些信息进行加工整理，反馈给领导，让领导及时掌握决策执行情况，加深领导对决策的感知，及时发现决策与

客观现实之间的差异和矛盾,发现决策不足的地方和可能出现的偏离目标的现象。督查督办起着验证决策正确性,评估决策与实际相符性的作用,有助于决策者作出判断,及时采取切实有效地措施,对决策加以调整、补充和不断完善,从而使决策臻于完善,使领导决策更加民主化和科学化。

(四)有利于秘书部门加强自身建设,充分发挥参谋、助手的作用

办公室是领导机关和领导同志的参谋单位,直接承办领导同志交办的各项工作,确保机关、单位的正常运转。督查督办工作是领导赋予办公室的一项重要职责,也是确保决策得以贯彻执行的重要措施。对决策贯彻落实进行督查督办的主体是各级领导,办公室是为领导的督查督办工作提供辅助和服务的,要及时将了解到的实际情况向领导汇报,提出建议给领导参考,对领导进行及时提醒,按照领导指示处理问题,强化工作规范和工作监督,提高领导工作的绩效。[①]

二、督查与督办的原则、制度和要求

(一)督查督办工作的原则

督查督办工作的原则是指在督查过程中必须遵循而并且有普遍适用意义的准则。如果违背了这些准则将会使督查督办工作趋于失败,决策目标最终难以实现。只有掌握了这些原则,并据此采取行动,才能顺利实现决策目标。

督查督办工作应主要坚持以下五项原则:

1. 领导负责、办公室协办原则。

领导负责是指领导要将督查督办工作作为一项重要职责纳入领导工作体系,直接参与督查督办工作。这样能使督查督办工作更具有权威性,有利于排除障碍,保证督查督办工作的顺利进行。办公室开展工作时,只有征得领导的同意和授权,才能代表领导对下级单位的执行情况进行督查督办工作。

办公室对督查督办工作始终处于协办的地位,要坚持以了解事实、反映情况为主。未经领导授权不得处理任何问题,一定要防止角色错位,不能以"二首长"自居。办公室要为领导的督查做好全程服务,为领导督查创造良好的条件,同时要善于捕捉领导意图,从而保证领导的意图得到准确贯彻和落实。

2. 实事求是原则。

办公室开展督查督办工作的一项主要任务就是在领导者的决策下达后,向下了解贯彻落实的情况,再向上作出反馈,从而实现推动决策落实的目的。督查督办工作的根本要求是实事求是,办公室必须把发现问题、解决问题,推动决策落实作为督查督办工

---

① 欧阳周,陶琪. 现代秘书学——原理与实践[M]. 长沙:中南大学出版社,2007:203.

作的第一要务。

坚持实事求是,就是在全面系统地收集各方面情况的基础上,对决策贯彻落实进展和现存问题等作出正确的分析判断。这种分析判断应当客观公正,不带个人偏见。

要做到实事求是,首先要求办公室人员具有很强的党性观念,具备对人民高度负责的精神;要尊重客观实际,敢报实情,敢于揭露和反映问题。如发现领导批示与实际情况不符或有重大偏差,应本着实事求是的原则,如实进行督查反馈。其次,办公室人员要善于倾听各方面的意见和反映,掌握决策落实情况的第一手材料,弄清事实真相,把客观事实准确地反映给领导。最后,办公室人员要注意防止先入为主和主观随意性的问题。

3. 不直接办案原则。

与司法和纪检等部门督查督办工作直接、具体办理案件不同,办公室通常不直接办案,而是对工作执行情况和决策落实情况进行监督,不能独立使职权,不具有党纪处分权、行政处分权。因此,办公室的主要精力应放在了解情况、督查问题上,而不能超越权限。即使有些特殊问题,由上级部门出面派人查办,也要注意分清职责,不能出现少数办公室人员包办代替。①

4. 尊重、依靠所属各级领导和各职能部门原则。

在开展督查督办工作中,办公室人员应充分尊重、依靠同决策落实相关的所属各级负责人和各职能部门,注意发挥他们的积极性。因为在政策落实中,督查督办作为一种外力,必须通过内力,即各级负责人和各职能部门的积极配合,才能发挥作用。

在督查督办活动中,办公室人员要认真听取所属各级负责人和主管对该项决策落实的各职能部门的意见;不要在没有充分调查研究的情况下,对决策落实情况乱发表议论和看法;特别是对一些重大问题有不同看法的问题上,要与所属各级负责人和各职能部门认真交换意见,统一认识。在对相关问题进行处理时,离不开所属各级负责人和职能部门的配合。

(二)督查督办工作制度

建立健全督查督办工作制度,是保证督查督办工作规范化、高效化、科学化的强有力的手段。这些制度主要有下述几种:

1. 岗位责任制度。

岗位责任制度有助于加强对督查督办工作的组织领导,明确主管领导,建立工作机构,配备工作人员,明确责任范围,加强业务联系,形成督查督办工作的网络系统,保证督查督办工作落到实处。

2. 目标责任制度。

在岗位责任制的基础上,目标责任制度运用目标管理的理论和方法,对督查督办工

---

① 欧阳周,陶琪. 现代秘书学——原理与实践[M]. 长沙:中南大学出版社,2007:204.

作实行目标管理。决策下达后,督查督办工作要以责任制形式分解到各单位,落实到部门和个人,做到事事有人负责;共同商办的事项,要明确牵头单位和具体负责人。办公室要根据激励原理,制定出相应的考核制度,以便进行对照和实施奖惩。

3. 审批制度。

领导审批是督查督办工作中的关键环节。上级领导机关批给本单位的督查督办事项,本单位领导的批示是确定将其列为查办件的标志。上级领导机关办公室转给本单位办公室的督查督办事项,本单位办公室领导的批示也是确定将其列入查办件的标志。办公室主动督查督办的案件,须经主管督查督办工作的领导批示同意后方可进行。案件办结上报之前,也应经主管领导审批,否则不能上报。

4. 请示报告制度。

督查督办工作是一项重要而严肃的工作,办公室人员在督查督办中的主要职责是协助领导,因此要及时、适时地向领导进行请示报告。请示报告制度要求参与督查督办工作的办公室人员应及时向上级和本级领导请示报告,承办机关或承办人员须及时向指令发出机关请示报告。各机关和单位可根据实际工作的需要,制定具体的制度,规定承办单位或承办人接到督查任务后,必须报告进展情况或结果的时限要求以及哪些督战督查事项须请示报告、哪些事项可酌情处理等。

5. 工作检查制度。

办公室要经常检查各承办单位尤其是重要决策和部署的承办单位的办理工作。正在落实的工作以查进度为主,已经落实的工作以查效果为主,没有落实的工作以查原因为主。办公室应及时帮助办理工作成绩突出的单位总结经验;对办理任务重、进度慢、质量差的单位,应重点督查;将经常检查和定期考评相结合,可利用季度、半年或年终进行总结和考查,时效性强的查办事项则应随时查询。检查时,办公室可通过统计、图表、记分等量化方法,使考评逐渐实现项目化、标准化,具有可操作性和科学性。

6. 督查通报制度。

督查督办工作必须加强沟通,建立督查督办工作通报制度。一方面,办公室要总结贯彻落实工作取得良好成效的单位和部门的经验,进行通报表彰,使典型事例和经验通过学习及时通报得到迅速推广;对贯彻落实工作落后或不力的单位和部门,要查明原因并通报批评,对造成严重后果的,要追究领导者的责任。另一方面,办公室应当对督查督办工作情况及时通报,表扬典型,推广先进经验,批评不良工作态度和作风,对严重违纪的办公室人员予以公开通报批评。只有建立通报制度,才能使办公室的督查督办工作取得更好的效果。

7. 保密归档制度。

督查督办工作必须严格执行保密法律法规,凡违反保密规定者,轻则受纪律处分,重则受法律惩处。查办的案件应视情况将有关材料立卷归档,定期交文书档案部门保管,防止督查材料整理的混乱和管理上的丢失,保证档案材料案卷齐全完整、装订整齐、目录清晰、便于查阅。办公室应设立专夹专柜并安排专人管理,保持这项工作的连续性。一项查办工作结束后,需要对档案材料划分密级,控制传播范围,防止泄密。①

(三)督查督办工作要求

督查督办工作在实际中应该注意下述几点要求:

1.加强督查督办工作队伍建设。

督查督办工作有着很强的综合性,单靠专门负责的督查督办工作机构是很难完成任务的。办公室需要按照业务分工,充分调动各业务部门的积极性,共同建立起内部横向的检查网络。同时,各单位通过建立督查督办工作机构和配备专门人员,按照分级、归口负责的原则,形成纵向的督查网络,力求上下左右协调一致、互相制约、高效运转,推动督查督办工作不断地由低层次到高层次发展。单位要选择那些政治可靠、思想敏锐、工作勤奋、作风严谨,有较高的政策水平和工作能力,尤其是文字综合能力较强的人员进入督查督办工作队伍。单位可以通过培训、考试等方式,提高督查督办工作人员的业务水平。督查督办工作的队伍要相对稳定,确有变动的,应及时调整并上报变动情况。

2.加强制度建设,提供制度保障。

建立健全督查督办工作制度,是保证督查督办工作规范化、高效化、科学化的强有力的手段。这些制度主要有岗位责任制度、目标责任制度、审批制度、请示报告制度、工作检查制度、督查通报制度、保密归档制度。加强督查督办工作制度化、规范化建设,可以激发督查人员的进取心和能动性,提高工作责任感,最大限度地提高督查督办工作效率,有效促进上级重大决策和重要工作部署的落实。因此,必须把制度建设放在空出位置,建立健全相关制度,逐步形成有章可依、有章可循、违章必究的工作格局,为实现督查督办工作的规范化奠定坚实的基础。

3.突出督查督办重点,有所为有所不为。

督查督办工作的任务重、头绪多、涉及范围广,督查督办工作内容不可能面面俱到,办公室要善于从全局和战略高度出发,围绕一个中心工作来抓督查督办工作,分清轻重缓急。只有这样,才能抓住关键,抓出实效。督查督办的重点是要查处那些事情比较大、性质比较严重的问题,如:决策中带有方向性和具有普遍指导意义的问题;领导关注、群众关心的热点难点问题;潜伏的社会不安定因素和可能导致某些严重后果的带有倾向性的问题;久拖不决的"老大难"问题;严重阻碍或破坏经济改革和建设的问题等。

4.各部门齐抓共管,形成合力。

督查督办工作要见成效,就不能靠办公室唱"独角戏"。基层是政策落实的第一执行者,只有形成督查督办工作的合力,才能从根本上保证政策落实的效力。决策的落实需要各级领导、各个部门的共同努力、相互配合,从而在督查督办工作中形成鼓实劲、干实

---

① 杨继昭.秘书学概论[M].北京:中国人民大学出版社,2009:244～246.

事、出实绩的强大群力。

5. 有查必果,坚持原则。

督查督办工作不可能一蹴而就,在实施过程中往往带有连续性和系统性的特点。办公室应根据督查督办事项的难易程度、时间跨度,科学制定每项决策在每个时间段的督查方案,把督查督办工作贯穿于决策执行的全过程,做到环环相扣。一些周期长、难度大的重点督查督办项目,应常抓不懈,多措并举,反复督查督办,连续督查督办,追踪问效,避免出现虎头蛇尾、有头无尾的查而无果的现象。"敢碰硬",对督查督办人员来说,不仅是一种品质,一种作风,更是一种责任。在工作中,督查督办人员要无私无畏,有啃"硬骨头"的精神和勇气。讲原则不讲人情,消除怕得罪人的心理,树立督查督办工作的权威,保证督查督办工作的质量。①

三、督查与督办的内容、程序和方法

(一)督查督办工作的内容

决策的制定与部署完成后,更重要的在于决策的执行。督查督办工作的目的是推动政策、决策的贯彻落实,因此,督查督办工作内容涉及面很广。需要指出的是,各级各地的督查督办工作内容都有差别。一般而言,督查督办工作的内容主要有以下几方面:②

1. 决策督查。

决策督查,就是对领导机关确定的决策的贯彻、实施、落实情况进行督促检查,这是决策有效贯彻、实施的关键和保证。决策督查作为督查督办工作最重要的组成部分,担负着推动重大决策落实的重任。决策督查开展得如何,不仅关系到督查督办工作的水平和质量,而且影响着领导的权威和工作成效。

决策督查主要包括以下两个方面:

一是督查会议决议贯彻落实情况。通过会议形式来制定决策或研究实施决策的措施和办法,是我国党政机关最基本、最常用的工作方式。如党的代表大会、党委全委会、党委常委会等形成的决定和决议,都是有关大政方针的重大决策或重要部署。其中有涉及中长期工作的安排和规划,也有对一个时期的阶段性工作的计划和部署,还有对一些重要具体事项做出的决定。二是督查文件精神贯彻落实情况。中央和国务院以及各级党委、政府通常是以文件形式发布重大决策、重要工作部署,对全局工作具有指导性,是开展工作和督查的依据。确保这些重大决策和重要工作部署的落实,一直是督查工作的重中之重。不同层级的督查主体,文件督查的范围不同。

---

① 杨峰. 秘书实务[M]. 北京:中国人民大学出版社,2011:181~183.
② 何智蕴. 管理文秘——理论与实践[M]. 北京:科学出版社,2007:190.

决策督查重点的确定决定于决策本身的性质和特点。一般而言,社会作用越重大的决策,贯彻实施的难度也越大,发生偏差的可能性也就越大;与人们切身利益越相关的决策,在实施中越易变味和走样。①

2. 专项查办。

专项查办,就是协助领导对某些具体问题的查处解决。具体说来,它是指对某一项具体工作或问题进行督查。一般而言,问题、对象越复杂的决策,受到制约的因素也越多,也就越不容易按照预期目的与计划贯彻和实施。专项查办具体工作有以下两点:

(1)根据领导的批示和要求,将领导批示、交办的事项,转交有关地区或部门办理并督促其抓紧核查、落实,称之为"领导批示查办件"。

(2)把看到、听到、查到的而又无人过问的带有典型性的问题经请示领导同意后,通知有关地区或部门进行查办,催促落实,称之为"主动查办件"。无论是"领导批示查办件"还是"主动查办件",都需要及时报告结果,做到"件件有着落,事事有回音",务必一查到底。

专项查办具有专一性,即一事一督,一事一查,一事一办。专项查办工作是领导机关、领导同志交给专职督查机构或办公室的一项经常的、连续不断的日常工作。查办事件所反映的问题,往往是热点难点问题,是应该或必须解决的问题。专项督办工作是一项时效性、政策性、指令性很强的工作。

决策督查督办与专项查办既有联系又有区别。所谓联系,主要是指决策督查与专项查办都是政治性、政策性很强的、促进领导决策落实的重要工作。专项查办必须紧紧围绕推动党的方针政策的落实来开展,是对党的方针政策落实的督查具体化的方式之一。许多专项查处的问题,亦即是决策贯彻中出现的问题。决策督查与专项查办目的是一致的,都是为了推动、促进党的各项方针政策真正落到实处。决策督查与专项查办是相互联系,相辅相成,相互促进的关系。

所谓区别,主要体现在以下几个方面:

第一,决策督查督办的内容是上级和本级领导的决策,督查主体是领导者,秘书和秘书部门起协助作用;督查的客体是下级领导者,只有各级领导真正重视督查工作,督查工作才能取得实效。而专项查办中的领导批示查办件往往是某个领导者的个人决断,督查的客体是被要求查办的对象,督查部门根据领导者的要求加以处理。

第二,决策督查督办需要检查落实的事项是涉及全局性的重大问题。专项查办要处理的大多是一些具体的或局部的问题,内容比较单一,往往一事一办。

第三,决策督查督办要检查落实的问题,多是宏观的问题,只有各个层次的部门相互配合,才能全面贯彻落实。专项查办所处理的问题多是具体问题,一般只涉及一两个部门。

第四,决策督查督办需要落实的问题,一般周期较长,有的决策需要反复、连续地进

---

① 杨兴林.论决策督查[J].决策艺术,2001(10).

行督查督办才能完成。专项查办所处理的事项,对时限要求比较强,办结时间要短。

第五,决策督查督办在决策的具体落实过程中,需要对具体情况进行综合分析、归纳抽象,提炼出带规律性的经验,找到普遍性的问题,再提出解决问题的意见和建议,推动决策的进一步落实。专项查办的内容比较单一具体,目标十分明确,针对性强,比较容易操作。①

3. 督查调研。

督查调研是根据党的方针政策以及领导机关的重大决策和工作部署的贯彻落实情况,把督查的工作方法同调查研究的工作方法有机结合起来的一种督查方法,是督查工作的一项重要内容。督查调研不仅根据决策落实情况进行调查研究,及时把实际情况反馈给领导,而且调研本身也是对决策执行单位的一种实地检查,起到推动决策落实的作用。督查调研既强调在督查督办中重视开展调查研究,又重视在调查研究过程中运用督查督办的手段。

督查调研的类型通常有以下几种:一是综合督查调研,指围绕领导机关的重大决策和重要工作部署,适时组织力量调查研究,从总体上了解决策落实的进展情况。二是专题督查调研,指对领导机关的决策和部署选择某一项或某一个重要方面开展的督查督办调研活动。三是专项查办调研,指围绕上级领导机关和领导同志的重要批示的贯彻落实而进行的调研活动。四是经验性督查调研,指发现和总结在决策落实过程中涌现出来的新鲜经验和先进典型的调研活动。这类调研主要是对有借鉴意义的典型经验加以总结推广,用以指导决策的进一步贯彻落实。五是问题性督查调研,指在决策落实过程中,对出现的带有普遍性、倾向性和政策性问题进行的督查督办调研活动。其中,既包括执行决策中出现的工作性问题,也包括决策自身在实施中暴露出来的问题。②

督查调研的方法通常有以下几种:一是召开座谈会。这是比较常见的一种调查方法。它能在有限的时间内,捕捉到更多的信息;可以组织与会人员对调研的问题进行讨论,深化认识。召开座谈会之前,要事先物色好与会人员,根据调研目的出好题目,通知与会人员做好准备,到时便于扣住议题发言。二是个别交谈,即找执行者、当事人或干部群众个别交谈。这种调查方法可以是正式的个别汇报、介绍情况,也可以是不拘形式的随便交谈。这种方法的好处在于可以深入了解情况;个别交谈双方都比较放得开,比较容易获得真实的情况。三是现场考察。这是一种直接耳闻目睹决策落实情况的调研方法。亲自参加实践活动,不仅能掌握决策落实的第一手材料,而且所获得的调研资料可靠性相对比较高。这种考察可以由所在地区或单位的同志陪同,必要时也可以直接到现场亲自督查。督查督办调研的根本目的和落脚点都是为了解决问题,推动决策的落实。它既要总结经验、探索规律、指导工作、解决问题,又不能只限于一般的调查研究,因

---

① 毛林坤. 督查督办工作. 北京:高等教育出版社,1994:63~64.
② 向嘉. 督查督办工作和党政执行力研究[J]. 重庆工学院学报,2008(4).

此督查人员在督查调研的方法上要拓宽思路,不断创新督查调研的工作方法。[1]

4. 督查协调。

督查协调是指对决策落实的过程进行协调,也是督查督办工作的内容之一。督查协调主要是指紧紧围绕中心工作,对重大决策与重要工作部署,积极有效地开展督查督办工作,及时发现落实中的难点和矛盾,克服工作难点,及时妥善解决问题,最大限度地调动各方面的积极性,在共同的目标下,做到步调一致,齐心协力地完成共同担负的实施决策的任务。

所谓协调,就是调节矛盾,消除分歧,排除各种障碍,使得双方或多方关系达到和谐统一。各种社会关系的协调需要通过人的行为来进行,而协调目标的实现则主要靠领导。领导层的协调主要是进行某种决策的协调。办公室督查督办协调,不同于领导层的协调,它服务于领导的决策,是受领导的指派去进行协调的。

督查协调的范围很广泛。从协调的对象来划分,主要有上下级协调、左右协调、内外协调。上下级协调就是指协调好上级和下级的关系。只有把上级的意图和文件精神向基层讲清楚,并及时把基层的意见和要求向上级反映,才能使上下步调一致,齐心协力,共同向既定的目标努力。左右协调是指协调好同级各职能部门的关系,就某一问题,统一认识,紧密配合,互相支持。内外协调是指协调好本单位、本部门与外单位等关系,为督查督办工作创造良好的外部环境。

从督查督办协调的内容来划分,可分为关系协调和业务协调。关系协调就是协调好上下、左右、内外关系,化解矛盾,协同努力。这些关系并不是一个抽象的概念,而是渗透在各项具体的业务活动中。因此,关系协调具体化就是业务协调。协调的目的就是保证上下、左右、内外关系的和谐统一,从而同心同德、步调一致,齐心协力地完成共同担负的实施决策的任务。

(二)督查督办的程序

督查督办工作是一项组织性、程序性很强的工作,要确保督查督办工作高效和有序运转,就必须坚持有关原则,实现督查督办工作程序的规范化,建立一套规范化、制度化和科学化的工作程序,从立案到结案归档各个环节,都要有章可循、环环衔接,使督查督办工作成效显著。就督查督办工作的程序,主要有以下几个步骤:

1. 立项。

立项是对督办内容进行了筛选的过程。工作中需要办理的事项很多,督查督办人员要注意分清轻重缓急,对于比较重大、性质比较严重、久拖不决或无人过问的问题要优先立项督查督办。立项的基本要求是坚持可操作性原则,即要把握领导意图,把比较抽象的任务变成具体明确的指标,使督查督办事项具体化。立项一般先由秘书部门提

---

[1] 毛林坤.督查督办工作[M].北京:高等教育出版社,1994(72).

出拟办意见，待领导批准后，进行立项登记。对重大事项和涉及较多单位共同承办的事项，在提出来拟办意见前，先征求有关单位的意见。立项的内容包括督查内容、交办时间、承办单位、办理要求、完成时限以及领导批示等有关的材料。督查督办立项后，督查督办人员要及时通知承办单位办理。

(1)立项。

把需要查处的问题，列为领导批示查办件；对督查部门从有关材料中选择的查办问题，在报请领导审批同意后，列为主动查办件。

(2)拟办。

根据立项要求提出拟办意见。主要包括几个要件：一是提出预查内容和事项的要点；二是提出办理形式，即明确转办、协办或自办；三是提出交办方式，即通过发通知、电话告知、承办人面谈等，要依情而定；四是提出要求，即明确办结时限、办理的责任目标。根据查办事项的性质分别给承办单位提出"阅处""调查""查处"以及"情况望告""结果望告"等要求。秘书部门提出拟办意见，待领导批准后，进行登记。

表 7-1　督办事项审批表

拟督办事项	
拟办意见	
督查室主任意见	
政府办副主任意见	
政府办主任意见	
备　注	

表 7-2　督查立项登记单

编号：　　　　　　　　　　　　　　　年　月　日

交办单位		交办日期	
交办内容			
领导批示			
承办单位		承办日期	
办理结果			
备注			

(3)通知。

如果是书面通知,一般应附上领导批示复印件或有关材料的复印件,原件由交办单位留存备查。如果是几个单位协办的,查办通知要送主管部门,抄送有关协办单位。

表 7-3 督查通知

督查通知
(单位): 　　根据领导批示,现将 问题的事项一并转去,请抓紧办理查处,并将结果于×月×日前报市政府办公室督查室。 　　　　　　　　　　　　　　　　　　　　　　　　××市政府办公室 　　　　　　　　　　　　　　　　　　　　　　　　　年　月　日 联系人: 联系电话: 传真:

2. 办理。

办理有三种形式:转办、协办和自办。

转办是指将需办理事项转交承办单位办理,主要的方式有发文要求承办单位办理、将领导批示复印件转发承办单位、电话督查或派人到承办单位督办。交办事项并不是件件、事事都由督查人员亲自办理,而是将其中很大一部分转交各有关职能部门、单位或下属人员具体承办。在这种情况下,督查人员的职责是负责催办、督查与检查,有的还需协助承办单位或承办人员办理落实。凡属转办的事项一般应有正式的转办通知单,并注明交办的事项、交办的意见要求以及办结回告的时限等。

协办主要是指交办事项需几个单位共同办理的,办公室要协助承办单位进行工作,做好协调沟通工作。

自办是指由办公室直接承办的事项。这些事项通常是一些重要而紧迫,且不宜由其他部门办理的事项。有些交办事项是由上级领导督查人员亲自承办的,亦称为"自办"。这类事项多系领导个别口头交办、单独交办的,往往带有一定的保密性质,或者是领导个人的某些需要办理的一般事项。

督查督办人员在直接承办这类交办事项时,一是要积极认真去办;二是要按领导要求去办;三是要按有关规定政策去办,切不可给领导帮"倒忙";四是遵守办事纪律、不辜负领导的信任,不应让他人知道的绝不外传,办完了只给交办领导回告即可。[①]

[例]
　　　　关于印发《家电下乡政策实施情况督查督办工作方案》的通知
　　　　　　　　家电下乡部际联席会议文件 2009 年第 1 号
各省、自治区、直辖市、计划单列市、新疆生产建设兵团财政、商务、工业和信息化、发展改革、宣传、农业、环保、供销、税务、工商、质监主管部门:

---

① 司徒允昌,陈家桢,张相平.秘书学教程(修订本)[M].上海:上海人民出版社,2009:275~276.

为进一步推动地方开展好家电下乡工作,家电下乡部际联席会议各成员单位将于2009年10月下旬组织开展家电下乡政策实施情况的督查督办。现将《家电下乡政策实施情况督查督办工作方案》印发给你们,请届时配合做好督查督办工作。

附件:家电下乡政策实施情况督查督办工作方案

家电下乡部际联席会议
二〇〇九年十月十日

附件:

家电下乡政策实施情况督查督办工作方案

一、督查目的

通过对各省份(含自治区、直辖市、计划单列市、新疆生产建设兵团,下同)家电下乡政策实施情况的督查督办,进一步推动各地政府和有关部门、企业认真贯彻落实国务院、家电下乡部际联席会议及相关部门关于做好家电下乡政策实施工作的部署,充分发挥这项政策在当前扩大消费促进生产和惠农强农的政策效果。

二、督查重点

(一)政策依据

国务院办公厅《关于搞活流通扩大消费有关问题的意见》(国办发[2008]134号),财政部商务部《关于印发家电下乡推广工作方案的通知》(财建[2008]680号),财政部商务部工业和信息化部《关于全国推广家电下乡工作的通知》(财建[2008]862号),财政部等11个部委《关于印发家电下乡操作细则的通知》(财建[2009]155号),财政部等11个部委《关于开展2009年家电下乡宣传月活动的通知》(财建明电[2009]9号),商务部等9个部委《关于开展打击借"家电下乡"等名义制售假劣产品专项整治的通知》(商秩发[2009]382号),财政部《关于进一步改进家电下乡补贴资金审核兑付工作的通知》(财建[2009]458号),工业和信息化部《关于做好家电下乡工作的通知》(工信部电子[2009]80号),质检总局《关于加强家电下乡产品质量监督工作的通知》(国质检执函[2009]53号),工商总局《关于深入开展"家电下乡""汽车摩托车下乡"市场专项整治工作的通知》(工商明电[2009]27号),国家税务总局《关于配合做好家电下乡工作的通知》(国税函[2009]276号)。

(二)督查内容

主要督查督办各地工作组织部署情况、家电下乡产品销售情况、补贴资金兑付情况、保障政策落实情况。具体有以下几个方面:

1. 家电下乡工作组织和部署情况,主要包括家电下乡组织协调机制建立及部门分工协作情况,家电下乡工作制度建设情况,家电下乡宣传月等宣传工作开展情况及农民认知情况等。

2. 家电下乡销售网点管理及产品销售、售后服务情况,主要包括家电下乡产品销售数量增长情况,家电下乡产品质量与价格情况,家电下乡产品售后服务情况;

家电下乡销售网点备案情况,销售信息登录情况,开具发票情况;地方有关部门开展产销衔接、市场监管、产品质量检查、产品和服务投诉处理等方面的情况。

3. 家电下乡补贴审核兑付情况,主要包括本地区家电下乡补贴审核兑付具体操作办法是否便捷,财政补贴资金审核兑付进度是否高效,如何采取有效的措施防止骗补行为确保资金安全等。

4. 保障政策落实情况,主要包括地方配套资金落实情况,工作经费保障情况,销售网点定额补贴落实情况,对建立完善家电下乡网络奖励政策落实情况。

三、督查组的组成和督查地区

联席会议成员单位分别牵头组成督查组,以全国家电下乡部际联席会议督查组名义开展工作。组长由牵头单位部级领导担任,参与部门派司处级干部参加,每组五人左右。督查地区为补贴兑付率排名靠后的省份且百户购买率偏低的省份。具体分组情况另行通知。

四、督查方式

每个组督查二至三个省份。督查组要听取省份家电下乡联席会议或领导小组的汇报,深入县市、乡村,了解基层工作组织部署情况,抽查销售网点产品销售及登录等情况,抽查乡镇财政所兑付农民补贴情况,了解保障政策落实情况,听取各地有关部门、企业和农民的意见和建议。督查督办工作结束后,督查组要同省份家电下乡联席会议或领导小组交换意见,并针对发现的问题提出解决措施和办法。

五、时间安排

2009年10月15~30日,各督查组分赴有关省份开展督查督办工作。具体时间由牵头单位与参与单位协商确定后,提前5天通知全国家电下乡部际联席会议办公室,由全国家电下乡部际联席会议办公室通知相关省份做好接待等工作。

六、情况反馈

督查督办工作结束后,各督查组于2009年11月10日前将督查了解的情况、发现的问题、意见和建议,以及对督查省份交换意见的书面材料一并提交家电下乡部际联席会议办公室。家电下乡部际联席会议办公室于11月底前形成书面汇总报告,会签各成员单位后报国务院。督查组交换意见的书面材料作为年终评比的参考依据之一。

七、组织协调

督查活动由家电下乡部际联席会议牵头组织,具体协调和联系工作由部际联席会议办公室承担。①

3. 催办。

---

① 家电下乡政策实施情况督查督办工作方案. 2009 年 10 月 10 日. http://law.baidu.com/pages/chinalawinfo/12/21/26f3b8ddffb5189e2ac67f3f6c18716e_0.html.

办公室要经常了解并掌握督办事项的办理过程,督办通知发出后,要注意抓紧催办,必须突出重点,分清轻重缓急,急件跟踪催办,要件重点催办,一般事件定期催办。一抓到底,做到件件有着落、事事有交代。催办的方式一般有书面催办(发催办单或催办通知)、口头催办(电话催办)、亲自派人催办。根据实际情况,应选择使用不同的催办方式:一般性的问题,可以定期向承办部门发催办单或催办通知,敦促其抓紧办理,并将催办结果局面报送交办部门;紧急事项,应及时打电话催办,经常用了解办理情况,促其如期完成查办任务;一些长期拖而未决的案件,要及时派人或亲自下去催办;对屡经催办仍未能按时办结,且承办单位不能说明原因的督查事项,办公室要及时向领导报告并提出处理意见,必要时进行通报。

表7-4 督查事项催办单

(单位): 关于问题的办理查处情况和结果,请务必于 X 月 X 日前报市政府办公室督查室。 市政府办公室 年　月　日 联 系 人: 联系电话: 传　　真:
办理结果: 主办单位负责人 年　月　日

4.情况审查。

情况审查是整个督查督办工作的中心环节。承办单位完成承办事项后,应及时向督办部门反馈办理结果。督办部门要认真审核,严格把关,对不符合要求的要退回承办单位重新处理。如果是由机关、单位督查的项目,督查的实质是对决策贯彻落实情况的审查。周恩来曾经指出,必须组织对于执行这种决定的情形之审查:不根据允诺,而看工作结果;不根据室内纸上计划,而看实地情形是否做了或是否敷衍;不看形式,而看内容和实际是否做了或是敷衍;不仅由上而下,还要由下而上地审查;要有系统地经常地审查;要有领导者自己参加。① 周恩来提出的审查六原则对我们今天的督查督办工作仍然具有指导意义。

对交办的督查项目,对于承办单位或承办人将办理结果,要坚持"四看":看事实是否准确无误、看处理是否符合有关政策、看问题是否解决落实、看行文是否规范。审理的方

---

① 潘健.抓住三个环节,推动决策落实[M].秘书工作文萃.北京:中国大百科全书出版社,1992:217.

法,既要对照有关政策规定,必要时还要找相关单位证实,或到现场查验证。对于处理不妥的,应加强改进或重办,确保检查催办工作质量要求。

5. 结果反馈。

督办结果要及时向领导反馈。需要反馈上级单位和有关部门的督办结果,上报前必须经本单位主要领导审核。对一些较重要的督查事项,督查人员不能满足于简单的反馈,而要对相关问题进行了深入思考和分析研究,提出意见和建议,为领导决策服务。

一项具体的督查督办工作完成后,对决策督查的情况要进行评估,并向领导同志及时反馈。评估工作必须以全面掌握情况为前提,对收集来的情况要进行分析,形成有建议的报告。所反映的情况要客观,所作出的判断要恰当,所提的建议要有针对性。

反馈督查结果的具体做法有三种:一是对上级机关交办的事项要写出专题报告,正式行文上报;二是对涉及面广、内容比较重要的督查项目可编写简报,送有关领导和部门;三是对于领导批示的项目,用"领导同志批示件办理情况",并附原批示件和必要的材料,直接报送给原批示的领导。同时,注意分析综合检查催办的结果,针对发现的新问题或带有倾向性和普遍性的问题,向领导提出建议。

6. 归档。

每一件督查督办工作,特别是重大案件的督查,在结案之后都要做好立卷归档工作。督查督办工作结束后,要将办理过程中领导批示、督办文件,调查情况,处理结果等材料及时整理、归档,以备查询,以保证领导交办的事项从交办到办理完毕过程的全貌及有关资料的完整性。在日常工作中,办公室要注意收集和保管在督查督办工作中形成的各种文字材料,包括正文和底稿及有关材料。督查督办人员平时就要注意收集整理、妥善保管材料,保证材料的完整性,并按档案部门的要求整理成完整的归档材料,以便以后移交档案部门保存。

(三)督查督办的方法

工作督查的方法多种多样,要因时制宜、灵活运用,常用的方法有以下四种:

1. 督查督办工作与目标管理相结合。

办公室协助领导进行管理的一个重要方面就是协助领导建立和完善工作目标,落实目标责任制,实现目标管理。在履行督查督办职能的过程中,努力探索督查督办工作与目标管理相结合的新路子,对于保证机关、单位工作的正常运转,提高工作效率,显得尤其重要。

办公室应积极地协助领导做好工作,形成良好的工作运行机制完善督查体系,不断提高督查督办工作与目标管理的科学性。一是要注意将平时的督查情况与全年的考核结合起来,针对年度工作目标及工作计划,加强日常的检查与考核,并将检查结果纳入年终考评;二是将职能部门督查督办与其他检查结合起来,加上部门的自查,使考核结果更加切合实际,更加合理;三是将群众评议结果与分管领导的评审意见结合起来,可以印发征求意见表,广泛征求社会各界、广大群众的意见,将测评结果作为考评定级的重要依据;四是将上级主管部门和业务对口部门的意见和评价与本单位的考核结合起来,对上级主管部门或业务对口部门的意见和评价进行登记,作为考核、评价的依据之一。

2. 全面督查督办与重点督查督办相结合。

在决策落实的实践中始终存在着宏观和微观、全面和重点的关系,督查督办工作就是要注意协调好它们的关系。督查督办工作不能贪大求全、不分轻重主次、大事小事一齐抓,而要把握工作重点,解决热点和难点问题,这样才能更好地协助领导加强管理;要坚持发掘督查督办工作的重点,做到督查有针对性、有的放矢。因此,督查督办工作既要注意从工作全局出发,认真抓好一般批办事项的落实,又要注意加大力度,抓好事关全局的领导和群众都十分关注的热点、难点问题,做到顾全大局、重点突出。

全面督查督办与重点督查督办相结合有两种做法:一是在决策下达实施一段时间后,组织力量,深入到一些有代表性的地区和部门,通过对一个地区、一个部门或一个片、一个点的督查督办调研,掌握决策落实的具体情况,了解和掌握解决决策落实过程中普遍性、倾向性的重点、难点问题的办法。二是针对某个地区或部门反映出的情况,进行专项调研,抓住典型问题,及时反馈,由上级机关直接核实,或督促有关地区和部门妥善解决。

督查督办工作还可用催报、调研等方法,对决策落实的基本情况进行全面的监督和指导,从总体上把握决策落实的情况和对其作出整体判断;必要时把一些典型经验教训进行宣扬推广或引以为戒。在开展督查督办活动中,全面督查督办与重点督查督办要结合起来,交替运用,做到手中有典型、心中有全局,使督查督办工作有广度、有深度,收到较好的效果。

3. 领导督查督办与秘书督查督办相结合。

督查督办工作是重要的领导方法和领导环节,领导抓督查督办,可以有效增强督查督办工作的权威性,对决策落实起到极大的促进作用。领导是决策的主体,也是督查督办工作的主体。督查督办工作是一项自上而下进行的工作,领导亲自抓督查督办,不仅能体现督查督办工作的权威性和严肃性,而且对于调动办公室的积极性也有着极大的促进作用。办公室的辅助性特点决定了办公室在督查督办工作中始终处于协办的地位。

各级领导要把督查督办工作纳入议事日程,使督查督办工作真正成为一种领导行为;同时办公室要善于领会领导意图,将领导决策进一步细化,通过主动地督查督办,推动决策的落实。办公室的督查督办与领导同志的督查督办相结合,工作会更富有成效。领导督查督办与秘书督查督办相结合大致两种方法:一是由领导带队、办公室参加的督查督办活动;二是在跟随领导同志调查研究、现场就一些有关事项进行督查督办。①

---

① 李本跃. 强化督查督办确保决策落实[M]. 秘书工作. 2003;1.

4. 专兼职队伍相结合。

督查督办工作是一项系统工程,是多层次、全方位的工作,涉及方方面面,不仅需要领导抓、办公室抓,而且需要各级各部门及社会各界的联手行动,齐抓共管。办公室是督查督办工作的主要力量,但仅凭这些还不够,还必须加强督查督办网络的横向和纵向建设。从纵向建设来看,应建立相应的督查督办机构,配备相应的督查督办人员;从横向建设来看,应进一步健全社会性的督查督办网络,以作为领导督查督办和职能部门督查督办的有益补充。事实证明,社会性督查督办对决策的完善和落实发挥着重要作用。

第二节 协调工作

一、协调工作的作用

(一)协调工作内涵

协调既是一门艺术,又是一门学问。在现代社会中,协调是一种广泛性的社会活动,协调能力已成为一种主要的公共关系能力。这种能力是现代人生活和生存之必需。"协调是人们为实现共同的目的或完成共同任务而相互沟通,达到步调一致的一种行为方式"①"从管理学角度看,协调是指管理者从系统整体利益出发,运用各种手段,正确妥善地处理系统之间、人们之间的各种关系,为实现系统目标而共同奋斗的一种管理职能"。②

办公室工作开展是围绕领导和机关核心部门进行的,其处各种矛盾的交汇点,对上要向领导负责,对下要为基层做好服务工作,还要在机关内部搞好工作协调。要使上下左右全满意,办公室人员需要高超的协调艺术。

(二)协调工作的作用

协调是机关工作不可缺少的基本环节,是适应现代管理要求、提高办事效率的一个重要方面。协调工作的目的在于沟通情况,统一认识,消除分歧,达成一致。及时准确的协调是保证机关正常运转、有条不紊地开展工作、提高工作质量和效率的有效方法。

1. 从办公室在机关中的地位看,协调可以增强机关工作的凝聚力。

办公室属于"辅助决策、掌管事务、提供服务"的综合性办公机构,与领导联系最为密切,既是表达领导意图的"口舌",又是机关收集、处理、反馈信息的"窗口",更是沟通各职能部门之间的联系、搞好上下贯通和内外联络、保持机关同步运转的"桥梁"和"纽带"。

---

① 杨锋、张同钦. 秘书实务(第二版)[M]. 北京:中国人民大学出版社,2015:183.
② 马仁杰. 秘书学教程,合肥:安徽大学出版社,2015.

机关工作的整体性决定了各部门之间、处室之间有着紧密的联系。通过经常、广泛的协调,机关各部门之间增进了解和信任,增强了整体凝聚力。

2. 从办公室的职责看,协调可以保持机关工作的一致性。

办公室的主要职责就是为领导服务,为机关服务,其中最为重要的就是为领导工作服务。协调本是领导的职责,但在实际工作中,任何领导都不可能、也没必要包揽一切、事事躬亲。办公室作为领导的参谋和助手,经常直接处理一些协调事务或经领导授意去协调解决工作中的各种问题和矛盾,一方面是领导职权的软性延伸,另一方面也可以减轻领导的事务性工作负担,以便领导集中精力于主要工作。通过协调,各业务部门的观念和行为可以统一起来,从而保证工作正常运转,增强整体一致性。

3. 从提高机关工作效率看,协调可以促进整体功能的发挥。

领导机关的工作效率主要取决于两个方面的因素。一是信息是否沟通顺通。机关每天都要获取众多来自各个不同方面的信息,这些信息如果不经过筛选、综合、平衡,便始终处于分散状态,不能发挥作用,不利于领导及时了解和掌握信息,并依据信息进行科学决策。二是整个机关是否和谐一致,是否存在推诿扯皮现象。办公室的协调功能,多数情况下体现在解决扯皮问题、理顺各种关系、增强机关合力上。不难看出,办公室的协调工作做得如何,直接关系到机关工作效率的高低。协调工作做好了,可以及时解决工作中大量的矛盾和防止扯皮,提高机关的办事效率,促进整体功能的发挥。

办公室特定的位置和职能决定了它在协调过程中必须牢固树立全方位服务观念,认真领会和贯彻领导工作意图,耐心细致地做好协调工作,把为领导服务和为员工服务结合起来,避免和克服协调服务中的畏难情绪和患得患失思想,努力增强协调服务的责任感和自觉性。

二、协调工作的特点与内容

办公室协调是指其在职责范围内,调整与改善组织之间,工作与利益主体之间,人与人之间的关系,促使各项活动走向同步化、和谐化,以实现共同目标的过程,它具有特定的工作特点与工作内容。

(一)协调工作的特点

办公室作为行政管理系统的综合办事机构,是沟通上下、协调左右、联系内外的纽带。尤其是随着社会的发展,办公室为适应新形势也呈现出新的一些特点:

1. 协调工作的权威性与科学性。

在管理系统内,办公室及其工作人员虽然不具备法定的支配性权力,但由于办公室的协调工作往往受权于领导,服务于机关,代表领导行使管理职能,因而,在沟通协调事物时,受领导机关权力辐射的影响,具有一定的权威性。

协调工作也应注重科学的调查和研究,讲究适当的时机和方式,遵照严格的程序和规范,坚持按本层次的职权范围办事。协调处理问题不允许随心所欲,必须有理有据,要根据政策研究、法律依据、事实数据全面考虑,实事求是,抓住问题的本质,从而做到判断准确,结论正确科学。①

2.协调内容的多元化与复杂化。

办公室主要工作之一就是为领导出谋划策,因此,在为领导出谋划策之时,办公室要承担协调内外、联系左右、沟通上下的重任,以保证领导决策的准确性。领导一旦决策之后,办公室又要及时协调各方面力量,付诸实施,并反馈情况,完善决策,推动工作。随着社会的发展,办公室与外界的联系越来越频繁,办公室功能得到不断拓展和延伸,尤其是随着办公室服务对象的复杂化,办公室的协调事项也出现更复杂与多元的状况。

3.协调工作的全局性与预见性。

做好协调工作主要是要站在领导的角度,统筹全局利益,兼顾各方实际,努力做到从全局出发,站在领导的高度统筹协调。在协调工作中,要认真做好协调准备工作,把事情想在前面,把准备工作做在前面,对事情的进展有科学的预见,合理的分析,善于抓住最佳时机,高效协调。

4.协调方式的艺术性与服务性。

办公室特点是事杂(繁杂、复杂)面广(头绪多、范围宽),不管什么工作都可以归到办公室办。作为联络上下左右的"中枢",办公室经常处于矛盾交叉点,稍不注意不是上不满意就是下有意见。因此,协调的艺术性要求非常之高。不同的问题、对象、时间、场合,要有不同的协调方法,而不可能是一个模式。协调艺术是多学科知识与经验的综合运用,它同协调人员的理论、政治、文化修养都有关系,需要通过学习与实践去培养。

办公室辅助领导协调工作,在大问题上应严格按领导所定的目标、要求进行,加强请示报告,遵守秘书纪律,不擅自作主,不掺杂私心杂念。在政治观点上要站在领导的立场上,以领导的意见为统领和出发点,努力使协调的事情向正确的方向发展,在此基础上取得行为的一致性,否则就是失败的协调。尤其需要强调的是,办公室在协调中必须坚决维护领导的权威和尊严,树立和捍卫领导和领导机关的威信,这是办公室协调工作的基本立场和原则。在涉及重要的方针政策性问题的协调中,应由领导亲自出面的,办公室要做好信息综合、沟通联系、事务准备和有关文字工作等,并及时"参谋提醒"领导考虑不周的事情。在面对协调工作中的复杂情况时,不能因为领导要求严、批评多,办公室人员就闹情绪,也不能因为矛盾多、事难办,办公室人员就畏首畏尾、不敢办事。办公室人员正确的工作态度应该是只要职权范围内的事,就要积极主动抓,绝不缩手缩脚、推三推四,敢于做一切有利于做好工作的事,敢管事、敢担事、敢办事,变被动服务为主动服务,提升主动服务于领导、主动服务于其他职能部门的意识。

---

① 杨锋、张同钦.秘书实务(第二版)[M],北京:中国人民大学出版社,2015:184.

(二)协调工作内容

在改革开放日益深化,经济形式、生活方式与利益主体多元化的形势下,各种矛盾交织在一起,协调的重要性日益突出。办公室作为"纽带"和"桥梁",通过建立良好的协作关系,与各方面和谐相处,不仅有助于化解各种矛盾的不协调状态,也有助于优化组织生存和发展环境,提高工作效率,从而更好地发挥工作职能。归纳起来,办公室经常要面对并需要协调的,主要是与领导之间的关系、与机关各部门之间的关系、与组织外部之间的关系、与基层群众之间的关系等。①

1. 协调处理好与领导之间的关系。

办公室是直接为领导服务的,协调好与领导的关系是办公室协调工作中最重要的内容。在这方面,办公室人员要把握工作技巧,切实因人而异,认真了解领导的性格特点与工作习惯,学会适应不同的工作方法与领导方式,注重维护领导的权威,发挥参谋助手作用;同时要摆正自身位置,不抢线越位,遵守职业操守和职业纪律,遇事及时请示汇报,做好领导的配角不可擅作主张;要积极主动为领导分忧,切实做好办公室信息收集、督查督办等各项政务性工作,为领导的决策提供有力的科学依据,以工作的实效性来发挥办公室的职能作用。

2. 协调处理好与组织内各部门的关系。

办公室工作繁杂且时效性强,起草文稿、行政管理、处理文件、筹办会议等各项工作都需要组织各部门的配合与支持。因此处理好组织内部各部门之间的关系,建立良好的工作关系和人际关系,有利于调动每一个成员的积极性、创造性,也有利于提高工作质量和效率。在处理与组织各部门之间的关系时,办公室人员要坚持低调内敛,谦虚待人,把握好说话办事的分寸,切不可以领导部门自居,要放下架子,端正态度,真诚公正地协调工作问题,从而达到沟通协调的目的。

3. 协调处理好与外部组织的关系。

在各种资讯日益发达的今天,沟通处理好与外部组织的关系成为办公室日益重要的一项职责。在这方面,办公室人员主要是积极协调好与政府部门的关系,熟悉政府部门的职责范围,主动加强联系沟通,为组织发展创造良好的发展环境;要积极组织协调好与同行业部门之间的关系,加强横向联系,增进行业了解,提高组织的影响力;要积极协调好与新闻媒体之间的关系,办公室要经常向相关的新闻媒体提供有价值的素材,并认真倾听媒体的批评,建立相应的应急机制,为组织发展创造良好的舆论环境。

4. 协调处理好与基层群众的关系。

办公室协调工作也要注意处理好与基层群众的关系。基层群众来办公室无外乎三种情况:一是找领导办个人事情,这要看事情的重要程度和可能程度,能办的可以帮助

---

① 张新卓.浅谈办公室协调工作的内容与方式[J].办公室业务,2014(5).

协调办理,不能办的要用合理的理由解释说明;二是上访告状,这往往要协助转到有关部门去处理;三是咨询问题,针对此类群众,办公室工作人员应认真对待,除了需要保密的机要情况外,要尽量给来访者一个满意的答复,如果是自己不熟悉的问题,则要将来访者介绍给有关部门,以期妥善解决问题。①

三、协调工作的程序、方法和艺术

协调工作广泛、复杂,有的协调工作渗透在其他工作之中,但是,作为办公室常规重要工作之一,协调工作有其自身的科学性和规律性,有一定的工作程序、方法和艺术。

(一)协调工作的程序

1. 应"需"而调。

协调工作不是凭空而作,它是因现实所需而产生的。一般情况下,上级组织或领导人的指示、本级组织或领导人的交办之事、同级组织或不相隶属组织的要求、下级组织的请求、突发性事件的发生等都是协调工作产生的主要原因。这是协调工作的起点,也是协调工作的依据。办公室工作人员应针对这些需求,认真登记相关内容,如组织或领导的名称、日期、内容、要求以及如何处理等,以备以后查考。

2. 充分调查。

调查研究是指办公室在接到相关协调诉求时,对协调事项进行调查核实、分析研究,以便搞清事情的真相,分析矛盾的性质,找到问题的症结。调查研究是协调工作的前提和基础,决定着协调工作的成败。在调研阶段,办公室工作人员切记不能偏听偏信,而要了解问题的现状,还要了解问题产生、发展的历史;不但要向有关领导了解情况,也要向有关各方群众了解情况;要坚持实事求是的原则,充分调查研究,通过对调查对象谈话、查阅有关资料、找知情人了解情况等方式,力求了解以下几个方面的情况:一是协调对象的背景,如矛盾和冲突的焦点、关键环节,问题的性质、原因等;二是协调对象的沟通愿望,如各方目前的立场、态度等;三是主管机关的意见,如类似问题的协调情况;四是相关的法律法规和政策规定等。

3. 拟协调定方案。

在调查研究之后,分析相关资料,搞清楚问题的真相和矛盾性质,并在此基础上拟定解决问题的方案。协调方案一般包括以下几项内容:一是概括说明协调事项的性质和协调所要达到的目的。二是确定负责协调的人选。协调只能由一个人负责,通常不要搞多头协调。协调人选要根据协调内容和协调对象的情况来选定。由于协调时一项政策性很强的工作,一般选择熟悉情况、经验丰富、有较高威望的人员来负责。三是确定协调的方式。协调可以采用多种方法,可以通过召开协调会议的方式,也可以直接协调,或

---

① 郎一轮.秘书协调工作的艺术性.秘书,2004(2).

者通过文件协调,甚至以建立临时工作小组的方法来协调。协调具体采用什么方式,要根据协调内容的重要程度、协调对象范围的大小等来确定。四是确定协调的时机和地点。解决矛盾有时需要选择好介入的时机,过早与过迟都不能取得最佳效果。地点主要是指协调人员与协调对象会议或者交谈的地点,地点的选择也能直接影响到协调效果,甚至因地点选择不合理而导致协调失败的案例也存在。①

4. 积极协商。

协商是协调工作的关键,是具体实施协调方案的体现。协商即针对事实情况,依据相关政策法规,结合领导意图,进行分析论证,将处理问题的意见、方案摆在协调各方的面前,并通过磋商的形式征求其看法,协调不同观点,以取得一致意见。

5. 有效处理。

这一环节是在深入调查研究、充分沟通协商的基础上,对协调各方一致接受的处理意见作出决定并请各方付诸实施。协调的最终目的是化解矛盾,消除分歧,理顺关系。从这个意义上说,有效处理是协调工作的终结标志,而协调结果的实施关系着整个协调活动的检验与评价。

办公室工作人员应采用书面形式,如会议纪要、协议书等,认真记录协调经过和处理意见,以供协调各方共同执行,也便于相关部门的督查、立卷和归档。

6. 督查评价。

在有效处理协调事项以后,协调人员要对协调的效果进行评价。相关部门或人员应对本次协调活动进行督查,根据协调对象反馈的信息和其他方面收集到的信息,评估本次协调的效果。如未达到预期效果,要分析原因,继续开展工作,直到解决问题为止。

办公室在一次较为完整的协调工作结束以后,应对协调工作中的做法和经验教训进行总结。由于协调是综合性很强的工作,经验在协调工作中起着非常重要的作用,因此,实时的协调工作总结是一笔巨大的财富,有利于提高办公室工作人员的协调能力和综合素质。

(二)协调工作方法

沟通协调工作是办公室的一项重要职能,在实际工作中,办公室要注重方式方法。沟通协调主要有以下几种方法:

1. 直接进行协调。

针对一些工作涉及面小、情况不太复杂的矛盾和问题,直接协调是最有效的方式。直接协调主要是通过办公室人员与协调对象直接进行沟通交流,以个别协商和疏导的方式积极解决工作中的矛盾和问题。在此期间,要及时和协调对象交流思想,找出症结所在,有的放矢地做好协调对象的思想工作,说明利害关系,动之真情,使协调对象消除

---

① 杨树森. 秘书实务[M],合肥:安徽大学出版社,2012.

隔阂和误会,从而达到淡化矛盾、解决矛盾的目的,为彻底解决问题打下良好的基础。

2. 通过会议进行协调。

针对一些涉及面广、情况复杂的矛盾和问题,办公室要通过和组织其他部门之间的沟通,以召开协调会的方式进行解决。办公室作为组织者和牵头者,在召开协调会之前要先做好问题的调查研究工作,深入了解问题所在,对问题的形势有准确的分析和判断,并和相关领导进行沟通,形成明确的主导性意见和实施措施,以提高协调会的效果。在各部门充分提出解决方案之后,办公室要对个别有分歧的部门做好疏导和协调工作,以最终形成较为满意的结果。

3. 通过走访调研进行协调①。

对不宜召集会议形式的协调事项,办公室可直接与被了解的人接触,就反映的问题或某些工作,开展面对面的交谈了解,耐心听取对方的意见看法,通过讨论获得统一结论。针对涉及几个部门的事项,办公室还应广泛走访、分别协商,以达到统一。

4. 通过文件进行协调。

针对一些综合性、常规性的工作或者重大活动,办公室要通过发布文件的形式,明确各部门的职责,落实到各相关单位,推动工作的有效落实。在制发文件之前,办公室要和相关各部门进行沟通协调,达成共识,同时进行文件的会签,以示负责。此外,办公室要针对组织运行的特点,加强制度建设,通过制度来明确各部门工作职责,约束各责任人尽职尽责,切实解决工作中的缺位现象。协调工作是办公室为组织运行减少差异、解决矛盾、融洽感情、促进工作的一项重要内容。办公室要建立科学有序、高效运转的协调工作机制,及时排除工作运行中的不和谐现象,确保组织内部步调一致,实现组织既定目标。

5. 通过组织进行协调。

如果协调事项很重要,又涉及多个部门的职责划分、利益调整,因协调难度较大,在短期内难以奏效,这时可以建立单独的协调组织来进行协调。如机构改革要涉及人事、财政、劳动、民政等多个部门以及具体单位各种利益问题,为了做好协调工作,办公室可以成立机构改革小组,专门从事该方面的协调。这种协调方法一方面可以减轻主要领导的工作负担,提高协调效率;另一方面可以避免部门或单位间的冲突,从而有效解决一些棘手的问题。②

(三)协调工作的艺术

协调工作主要是综合性的、日常性的协调,是办公室工作中重要的组成部分。生活是一门艺术,同样办公室协调工作也是一门艺术。

1. 办公室工作头绪多、协调量大、随机性强,协调工作的艺术有一些共性的规律可以

---

① 李宝富. 办公室综合协调的原则和方法[M]. 秘书工作,2000(4).
② 杨树森. 秘书实务[M]. 合肥:安徽大学出版社,2012.

遵循，起码应重视以下几种艺术：

(1)"守""变"结合。

做协调工作，都有一个底线，就是不能拿原则做交易，这个底线要"守住"。协调过程必须坚持政策、维护整体利益、顾全大局，离开这些原则就失去了协调的依据。但坚持原则并不等同于一成不变，协调工作也要从实际情况出发，根据时间、地点、协调对象和协调内容，审时度势、随机应变，根据形势变化作出适当的反应或者确定相应的对策，也就是说要"动态"地观察和分析事物的发展变化。常言道：机不可失，失不再来。任何事物的发展变化都存在着时机，协调是一种动态的管理过程，也同样存在着时机。由于时机一般是比较短暂的，所以协调人员要能及时发现问题，把握战机，当机立断。在捕捉时机时要注意"火候"，学会"察言观色"。当领导不高兴的时候，去协调关系显然是不合适的，这个时候提出意见或者建议往往会适得其反。此外，协调环境也是协调工作赖以生存和发展的空间条件，大凡成功的协调都与很好地把握协调环境有关，协调人员在协调过程中也应该审时度势把握好协调环境。把握环境，首先要熟悉组织的概况、社会动向和协调中可能发生的变化等背景因素；其次要合理利用视觉空间，正确安排听觉空间和掌握情感空间；再次要因地制宜，采用不同的方法。在现实生活中，协调工作往往会遇到一些突发事件，在处理突发紧急事件的过程中，协调人员应该具备随机应变的能力。把握原则和处置灵活是协调工作必不可少的两个方面，就协调艺术而言，在把握原则基础上的灵活性是一种高超的艺术。实事求是是随机应变的前提，协调人员在原有的政策方针的指导下从事协调工作，当一些新的情况出现时而又没有领导的指示，那么协调人员就要具体分析新情况，理性的采取有效的对策进行问题解决而不是拘泥于固有的形式而延误时机。当然协调人员在采取了应变的对策之后，要及时地与领导汇报和沟通。

总之，在协调人员在协调工作中，既要"守"住底线，又要"变"中求发展，"守""变"结合，即是原则性和灵活性的结合。方法灵活多变，目标一定达到，既讲政策，又讲感情，以期达到较好的协调效果。

(2)"软""硬"兼施。

①软化态度不是没有态度，软措施也不是一味的退让，而是指在协调过程中，要帮助协调对象解决思想认识问题，自觉地与系统保持协调一致。

在协调关系的过程中，下级单位和领导的不配合是件让人头痛的事情。遇到这种情况，协调人员要从全局利益出发，采取正确的协调方法。首先，协调人员要维护团结，进行软包装。事情发生后，协调人员要利用各种场合，维护事发单位和相关人员的形象，减小影响的范围，防止事态进一步扩大。同时，协调人员要在领导面前为其进行相应的"包装"，以免丧失下一步协调的主动性。其次，协调人员要放下架子，进行软沟通。出现难事，可能是因为协调人员在协调时没有掌握好分寸，有指手画脚的现象，造成协调对象"不买账"，并以"这不是我们的职责范围"等理由来进行搪塞。此时，协调人员要从尊重对方的角度出发，放下架子，加强沟通，争取得到对方的谅解和支持，共同把事情做好。

再次,协调人员要冷静应对问题,进行软处理。在协调过程中,个别单位和个人可能有阳奉阴违、出工不出力的现象。面对这种情况,协调人员要适当拖一拖、放一放,酝酿一段时间再进行处理,切不可因小事误了大局。

②硬性政策是运用领导机关的权力和政策的约束,通过行政手段规范各方行为,使他们按照统一部署统一行动。它具有权威性、强制性,协调见效快,是主要矛盾在单位中的表现和反映。为此,在进行协调时,协调人员要力争做到以下三点:首先,认真贯彻落实上级的"硬杠杠"。在大事的协调处理上,上级的路线、方针和政策都有明确的内容、标准和要求,这是协调时不可逾越的红线。协调人员只有做到烂熟于心,才能在协调时认真执行这些硬性规定,准确无误地落实好上级的相关指示。其次,弘扬不屈不挠的"硬骨头"精神。紧紧依靠规章制度办事,并不意味着所有的问题都会迎刃而解。在协调工作中,协调人员经常会遇到一些意想不到的情况。此时,协调人员一定要坚定立场,维护规章制度的权威性,切不可屈从于人为压力变成"软骨头",做出违背原则的事。最后,保持敢想敢干的"硬脾气"。在大事的协调过程中,协调人员不仅要善于发现机构设置、职责分工、政策法规等诸方面的弊端,而且还要敢于向上级领导提出合理化建议,改革不合理的机构,修订不完善的政策法规,堵塞不该有的漏洞。

总之,协调人员要从维护全局利益出发,"软"和"硬"只是手段的差别,目的是一致的。在协调工作中,软措施是硬措施的基础,硬措施是软措施的保障,若能将两种措施配合使用,就能取得良好的协调效果。

(3)"冷""热"分明。

①冷静处理。由于协调工作的复杂性,在具体协调过程中有时需要冷处理。当遇到协调双方分歧较大,一时难以协调好的情况,协调人员不要操之过急,应暂时把问题放一放,待一段时间,等双方冷静下来之后再继续工作,并尽可能与协调对象心平气和的沟通,逐渐改变他们原有的看法和态度,这样,问题才容易得到解决。总之,协调人员在处理协调工作时,必须学会控制自己的情绪,冷静处理协调工作中出现的任何问题。

②果断出击。

在协调工作中,有些事情的突发性和时效性强,或者协调双方矛盾激化,此时就要求处置果断、快速、准确、稳妥。协调人员在协调这类事情时,首先要把握好"火候"。协调人员代表的是上级领导和机关,在协调一些突发性事件时,不能越俎代庖,轻易干预下级单位工作的独立自主权。协调人员首先要督促他们及时上报事态发展的趋势,综合方方面面的情况,实时地向上级领导进行请示报告,确定自己介入的最佳时机。其次,协调人员要善于趁热打铁。一旦开始协调,协调人员就要积极联系相关单位和个人,统一协调各方的思想。当各方都表现出服从协调的热情和意向时,要紧紧抓住有利时机,紧锣密鼓,协调一致地完成任务。同时,协调人员要及时吸取协调中的经验做法,形成相关的工作预案。最后,协调人员要随时保持与领导的热线联系。领导总揽全局,说话有深度、有力度,对协调工作的开展会起到很大的作用。所以,协调人员要及时向上级领导汇报事件的进展情况,认真听取他们的指示意见,寻求他们在各方面的支持。

总之,因为矛盾的特殊性,在具体的协调工作中,既有需要冷静处理的时候,也有需要果断出击的时刻,协调人员要视情况而定,对待一些过激现象,不要操之过急,也要注意趁热打铁,果断出击,及时处理,把矛盾消灭在萌芽状态。

(4)"心""口"合一。

①重视心理。"协调人员在协调过程中,要理性而不能情绪化,要沉着,让协调工作顺利进行"①,具体来说就是要具备健康的协调心理。这需要做到以下两个方面:一是热情而不失公正。协调人员是在授权的情况下进行协调工作的,一方面协调人员应该热情地做好协调工作,另一方面协调人员不能越权行事,也就是在协调过程中不能介入个人情绪及不纯的动机,不能超越自己的位置而自作主张。二是敬上而不压下。协调人员是为领导办事,应该按照领导的意图去办,但是在尊重领导的同时,也不能以权势压人,以领导的权威来强硬推行,而是要多倾听来自下级和群众的呼声,从而使群众利益与领导的意图达到最佳结合点。另外,在协调的过程中,协调人员也应该充分重视协调对象的心理表现,充分照顾到协调对象的心理需求,有时这会使协调工作更顺利开展。

②巧用语言。语言是传达感情的工具,也是沟通思想的桥梁,是公共关系的第一媒介。有的人善于用说话来表达情意,一席话就使人心情舒畅;有的人不善于以语言来表达,一讲话就使人误解。俗话说"良言一句三冬暖,恶语伤人六月寒"。协调人员在协调工作中,必须把握好说话的时间、地点、环境等因素以及协调对象的特点,说话要适度、讲究分寸,而不能把话说得太过分。普遍认为,成功的协调语言应该有以下几个特点:首先,话说得要真诚,这就要求协调人员在运用协调语言时提示的问题要真实、剖析的原因要真切、提出的办法要中肯,用真诚吸引人、打动人、说服人;其次,话说得要有分寸,这要求协调人员在履行职责的过程中随时把握协调的效果,用词恰当,意见中肯,抓住重点,并注意协调对象的言行举止,表情态度的变化要适可而止。

总之,协调人员在协调过程中,"心""口"要合一,既要重视自身和协调对象的心理活动,又要巧用语言艺术,双管齐下,促使协调工作的顺利进行。

(5)"明""暗"交替。

①"明"解私事。协调人员因其岗位的特殊性,在协调一些私人问题时,往往不容易把握分寸。所以,在协调此类私人关系或者私人问题时,不妨把话说在明处,把情放在明处,把事做在明处。首先,"当面锣,对面鼓",把话说在明处。在私人关系需要自己协调事情时,要认真细致地把单位的相关规定和自身能起到的作用讲在明处,不说官话、套话,不怕说丑话,督促其通过正常的渠道解决自身问题。其次,把情放在明处。协调人员在协调私人关系的事情时,要把个人之间的情谊放在原则的框架内,严格按规章制度办事,不能顾及面子、徇私舞弊,作出有损单位利益、违犯党纪国法的事。最后,把事做在明

---

① 杨存存.浅谈秘书协调的艺术[J].科教文汇,2007(7).

处。在单位内协调私人关系的事情,协调人员要遵循单位的规则,能回避的坚决回避。如果能直接参与的,要积极地向领导和有关部门汇报真实的情况,尽自己最大的能力协调好,绝不能"明一套、暗一套",欺瞒领导和组织,损害单位的形象。

②"暗"调事理。协调工作既有大事,也有小事。针对大事,做好准备,冷静协调;针对小事,也应该认真对待,尤其是机关中涉及一些繁琐而又不宜公开协调的事情,协调人员人员应采取私下协调的方式进行处理。首先,穿针引线,暗中化解。机关的同事之间因合作关系发生摩擦是很正常的事情,而且当事人都不想把事情闹僵,影响自己的成长和进步。在进行协调时,协调人员要当好地下交通员,暗中进行积极的说和,疏通彼此之间存在的隔阂,促使双方握手言和,"一笑泯恩仇"。其次,设身处地,暗中帮助。协调人员经常与司机、打字员等打交道,对他们的个人情况,特别是家庭和婚姻方面出现的问题,比较了解。协调时,协调人员要注意保守他们的秘密,在思想上积极引导,在物质上提供力所能及的帮助,必要时,可联系相关单位和个人,共同解决他们的问题,消除单位潜在的隐患。最后,遵循原则,暗中通融。协调人员身份特殊,经常会有一些基层单位的同志请求给予关照。对待这些问题,协调人员不能断然拒绝,伤害同志之间的感情,而是要在原则允许、不损害他人利益的范围内,积极主动地出主意想办法,最大限度地满足他们的要求。

总之,在现实工作中,协调人员要既要把有些"事"做在明处,又要把有些"情"放在暗处,"明""暗"交替,做好协调相关事宜。

2. 协调工作中的误区。

(1)不顾大局。

有些协调人员不顾大局和整体,对自己有利时就协调,对自己不利时就不协调。这种实用主义的态度导致处理协调事宜时不能着眼于全局,以"小我"为中心,只站在本单位、本部门的立场上去协调和处理问题,认为本单位、本部门的利益是最重要的,而不考虑其他单位、部门的利益。久而久之,就容易形成一种偏狭的本位主义,使各单位各部门自立山头,互不配合,难以协调,目标不一致,行动不统一,从而破坏了团结,影响了整体目标的实现。①

(2)准备仓促。

有些协调人员认为协调是"兵来将挡,水来土掩",平时不注重协调,出了事情之后才"临时抱佛脚",到处协调,四处救火,使自己被动应付、疲于奔命。作为一个单位或部门的协调人员,平时应注重进行协调,及时妥善处理各种矛盾或化矛盾于萌芽状态。协调工作没有"观众",各方都应主动进行协调。如果下级没有真正领悟上级意图,一味"上有千条令,我有应变策",协调最终只会以失败告终。

---

① 颜清阳. 走出领导协调的几个误区[J]. 领导科学, 2011(9).

(3) 感情用事。

有些协调人员在协调时不注重运用语言的艺术,容易感情用事、言辞过激;对上协调时,不能做到谦虚谨慎,言语不够委婉,不留余地;对下协调时言语强硬,不容协商。协调具体问题时,不能切中要害,开导说服不着边际,不得要领;不能针对不同的心理素质和心理活动运用不同的语言,而是千篇一律;不分场合和对象,滥用批评,言辞过激,使人难以接受;对错误的观点和不同的意见挖苦讽刺,挫伤协调对象的自尊心和积极性。须知,冲动的语言和行为会破坏畅所欲言的气氛,影响协调效果。

(4) 以"力"服人。

有些协调人员认为协调不需要讲究方法,只需用行政、经济权压制就可,这显然是错误的。协调用权要适度,如果滥用权力,不仅解决不了问题,反而会激化矛盾,甚至会引起对抗性冲突。在协调中,协调人员要善用权力,也可采取适当的经济手段,但决不能迷信"权"和"钱"。如果在协调过程中,协调人员能够把握原则性与灵活性,讲究方法,巧妙处理,灵活应变,就必能事半功倍,收到满意的协调效果。

第三节 调查研究

调查研究是深入基层、深入群众、深入实际了解客观真实情况,辅助领导实施科学管理决策,发挥参谋助手作用,获取第一手信息材料最直接可靠的基本工作方法,是办公室工作主要内容之一。重视和善于调查研究是办公室人员必备的工作方法,调查研究无论是在革命、建设时期还是在改革的各个时期,都具有不可替代的基础性作用,是制定和执行正确的路线方针政策的基本前提。

一、调查研究的意义和作用

所谓调查研究,就是有目的、有计划地通过一定途径,采用科学的方法,对客观事物进行观察了解,收集各种信息材料并对其进行科学研究分析,从而获取对客观事物规律性认识的一种社会活动过程。调查研究包括调查和研究两个方面。调查,是指通过各种途径,采取多种方法,有针对性地了解事物的客观真实情况;研究,是指对调查材料进行科学分析,去伪存真,获取对客观事物本质和规律的认识。调查是为了掌握事实,没有调查就谈不上研究;研究是为了从事实中发现事物的本质和规律,并找出解决问题的办法。调查是研究的前提和基础,研究是调查的发展和深化。

(一) 调查研究的意义

调查研究是做好办公室工作的基础,办公室人员当好参谋助手的各项工作均离不开调查研究。办公室要辅助领导决策就必须及时向领导提供给准确、全面的情况和建设性意见,因此调查研究必须紧紧围绕领导决策来开展。调查研究是办公室人员的基本功,无论是发挥参谋助手作用,还是处理日常事务性工作,都离不开调查研究。

1.调查研究是办公室人员掌握第一手信息资料的有效途径。

办公室事务错综复杂,办公室秘书及其他人员在工作中常常会遇到一些难以判断、不能立即解决的问题,这就需要通过调查研究来解决。只有把调查研究活动贯穿到整个工作过程中,准确、及时、充分掌握第一手信息资料,把真正有价值的经验总结出来,才能在工作中做出正确的判断,制定出周密翔实的计划,增强工作的预见性和针对性,不断提高工作效率,为领导决策提供可靠的依据。毛泽东同志说过:"我的经验历来如此,凡是忧愁没有办法的时候,就去调查研究,一经调查研究,办法就出来了,问题就解决了。"办公室人员在随从领导视察、考察或检查工作时,可以亲身参与调查研究等,面对面地了解情况和商讨问题,把大量零散的材料去粗取精、去伪存真,加以系统化、条理化,形成自己的认识,并及时向领导提供信息,让领导作出正确判断。

2.调查研究是办公室人员发挥参谋助手作用的基础。

办公室人员的调查研究活动主要围绕领导的工作思路展开。领导在决策和思考解决问题的办法时,需要办公室秘书提供准确、全面、客观的信息,作为制定对策的依据。秘书人员为领导参谋分为两种:一是领导指定任务,划定调查研究的范围,给予较充裕时间让秘书思考准备、谋划参谋等,这是秘书被动的参谋活动;二是秘书在工作中发现急需解决的问题或领导工作中的疏忽、漏洞,可能造成重大损失而积极提出的建议意见、应急办法、补救措施等,这是秘书主动的参谋活动。不论是哪种参谋活动,秘书的调查研究都要与领导者的决策思考保持密切的联系,要根据领导决策需要,为领导提供客观、真实的信息,为决策提供可靠依据。

3.调查研究的过程是办公室人员提高认识能力、判断能力和工作能力的过程。

经常走出办公室,深入实际、深入基层、深入群众,进行各种形式和类型的调查研究,非常有益于办公室人员正确认识客观世界、改造主观世界、转变工作作风、增进同人民群众的感情,有益于深切了解群众的需求、愿望和创造精神、实践经验。现在的交通通信手段越来越发达,获取信息的渠道越来越多,但这些都不能代替亲力亲为的调查研究。因为直接与基层干部群众接触,面对面地了解情况和商讨问题,对办公室人员在认识上和感受上所起的作用和间接听汇报、看材料是不同的。在调查研究基础上作出正确的决策,是办公室人员分析和解决问题本领的重要反映,也是思想理论水平和工作水平的重要反映。办公室人员不论阅历多么丰富,都应始终坚持和不断加强调查研究。

(二)调查研究的作用

调查研究是办公室人员的重要职责,调查研究的作用一般包括以下几个方面:

1.调查研究是办公室人员解决实际工作问题的重要手段。

办公室人员的各项工作,无论是收集传递信息、起草各种文稿、综合反映情况、辅助领导决策、督促检查事项,乃至安排一次会议、处理一封群众来信等,都离不开调查研究。办公室人员在处理日常事务中,要想获得真实、可靠、有价值的信息,也离不开调查研究。不进行调查研究,信息就失去了来源,数量和质量都难以得到保证,工作将寸步难行。可以说,调查研究贯穿于办公室工作的全过程,它不仅是一项经常性的工作,也是一项基础性的工作,因而最有价值,对领导科学决策最有用处。办公室人员只有深入实际,到第一线去调查研究,了解和掌握真实情况,并对情况进行实事求是的分析和论证,真正做到有依据——对实际的情况了如指掌、有分析——对采取的措施全面论证、有建议——采取相应的对策和办法,这既开拓了思路,又启迪了思维,不仅能提高工作效率,还能避免走弯路和减少工作失误,最终为领导宏观决策提供准确可靠的信息。

2. 调查研究是办公室人员辅助领导科学决策的重要环节。

领导决策是否正确,关键在于能否实事求是,能否坚持从实际出发,能否使主观认识和客观实际相一致。办公室人员要辅助领导作出符合实际的决策,首先必须了解情况,除了采用听汇报、看材料等间接形式外,还要采用实地调查这一直接形式。办公室人员只有通过深入基层调查研究,掌握第一手材料,经科学分析,了解客观事物的本质和事物相互间的各种联系,才能辅助领导正确决策。领导作出决策后,办公室人员还要注意,政策在执行的过程中,常会出现决策与客观情况不协调、不适应的状况,这同样需要办公室人员在调查研究的过程中继续获取所需要的新信息,并及时将信息反馈领导,作为领导修订、完善决策的重要依据。此外,办公室人员还负有辅助领导预测的责任。预测是建立在调查研究基础之上的,没有深入的调查研究就谈不上科学的预测,离开科学预测的决策是盲目和滞后的。在领导决策的过程中,处处离不开办公室人员的调查研究,办公室调研是办公室人员辅助领导决策、当好参谋助手的关键环节和首要前提。

3. 调查研究是办公室人员发挥桥梁和纽带作用的有效方式。

调查研究的过程就是下情上达、上情下达的过程,群众是领导开展工作的基础,办公室人员要从"领导与群众相结合"的观念出发,促进领导与群众更加紧密地结合,充分发挥其桥梁和纽带作用,更有效地辅助领导工作。习近平同志强调"搞好调查研究,一定要从群众中来、到群众中去,广泛听取群众意见。人民群众的社会实践是获得正确认识的源泉,也是检验和深化我们认识的根本所在。调查研究成果的质量如何,形成的意见正确与否,最终都要由人民群众的实践来检验"。办公室人员要坚持"从群众中来到群众中去"的原则,正确理解和把握领导活动的基本规律、基本思路和线索,主辅配合,协助领导提高工作的科学性、客观性和有效性,使领导活动更符合群众的根本利益和基本要求,有效克服认识深度和广度上的局限性和片面性,增强创新思维活力,不断提高参谋水平,取得良好的实践效果。办公室人员只有不断加强调查研究工作,密切联系群众,始终同人民群众保持血肉的联系,才能使工作作风得到切实改进,更好地充当领导与群众之间的"桥梁"和"纽带"。

4. 调查研究是提高办公室人员工作能力的必要途径。

办公室人员的个人成长，工作能力的提高，需要通过两条途径：一是努力学习理论和专业知识；二是积极参加社会实践活动。调查研究是重要的社会实践活动，办公室人员通过调查研究，可加深对党和国家各项方针政策的理解，逐步提高辨别是非能力、交际能力和自我完善能力等。对于那些刚刚担任办公室秘书的人员来说，进行调查研究是提高工作能力、提升综合素质、做好秘书工作的必经之路。通过调查研究，办公室人员提高了思想认识水平，改进了工作作风，使自己的观察能力、思维能力、应变能力、交往能力、判断能力、分析能力、语言表达能力、写作能力等不断提高。

二、调查研究的特点和内容

调查研究是办公室人员最常用的工作方法，与其他工作方法相比有着自身特点，调研人员要全面掌握调查研究的特点并根据其特点开展工作。同时调查研究的内容十分广泛，涉及政治、经济、文化等各个方面，调研人员必须审时度势、高瞻远瞩，根据调查研究的目的确定调查研究的内容，使调研活动达到事半功倍的效果。

（一）调查研究的特点

1. 目的明确和针对性强。

办公室人员进行调查研究一般要根据领导工作需求出发，按需开展。调查研究应有明确的目的，不然就会成为盲目的行动。作为调查研究的直接实践者，办公室人员必须准确、深入地领会领导的意图，根据领导确定的目的开展调查研究，把握好调查研究的目的，目标明确、有针对性地充分准备、积极开展调查研究，为领导决策提供具有一定深度和预见性的调查资料和报告。

2. 内容广泛和手段多样。

办公室工作的综合性非常强，这决定了办公室人员进行的调查研究内容也非常广泛，涉及社会政治、经济、科技、文化、群众生活等各个方面。调查研究就是要依据领导决策和处理问题的需要进行专项调查，其中包括政策性调研、基本情况调研、突发事件调研、市场调研、专业调研、舆论热点调研等。调查研究的手段是指调查研究所采用的具体方法。根据调查对象和调查问题的不同，调查研究所采取的方式和方法也各不相同。

3. 调查任务的突击性和临时性。

办公室人员往往会碰到计划以外的事情，这些事情常常不在某一时期的工作计划内，带有突击性和临时性，因此，需要快速组织人员调查研究。因为事情来得急，需要在短时间内拿出解决问题的方案，这就要求办公室尽快组织人员深入实际调查研究，了解情况并提出解决问题的相应措施，迅速把调查研究的结果报告领导，使领导能及时采取相应的措施。

4. 调查的客观性和研究的科学性。

调查研究的任务是探求客观事物的本质和规律，也就是要对事物有全面的、完整的、辨证的、符合客观实际的认识，从而有效地指导人们的工作，并通过实践加以检验和印证。在调查研究过程中，办公室人员须把握三个关键：一是要有科学的头脑，坚持马克思列宁主义的立场、观点和方法，坚持唯物辩证法，坚持实事求是的科学精神；二是对待调查研究工作态度要严谨，对待工作要有严格的要求、严密的组织、严肃的态度和严明的纪律；三是调查研究的手段须科学化，运用智慧进行有计划的、周密的和系统的了解，并对调查搜集到的大量资料进行分析、综合、比较、归纳，科学思维分析，不断总结提炼，为人们提供知识。

5. 与信息工作紧密结合。

调查研究虽是办公室人员经常性的工作，但不等于说办公室人员需要经常地、花大量的时间直接到基层去实地进行调查研究。他们可以通过查阅资料、历史文献材料和接触来自各方面材料的机会，利用办公室部门作为综合部门的优势，了解各方面的情况，向有关部门搜集调研成果，这是一种间接的调查研究，也是一种与信息工作紧密结合的调查研究。因此，秘书人员可以根据领导的工作安排和指示，有目的地从互联网、局域网及群众来访来信中获取各种有价值的信息，抓住其中的重要问题进行综合分析，组织力量集中时间进行调查研究。

（二）调查研究的内容

办公室部门因其综合性、辅助性的特点，调查研究的内容十分广泛。根据工作人员所属行业、部门工作性质的不同，调查研究的内容也各不相同。办公室人员的调查研究大体分为以下五类：

1. 围绕领导的中心工作进行调查研究。

办公室的一切工作都是围绕领导中心工作展开的，因此办公室人员也必须围绕领导中心工作中的重点问题展开调查研究，这既是办公室部门调查研究的指导思想，又是主要内容。办公室人员要为领导决策提供服务，想领导之所想，急领导之所急，紧紧围绕各个时期的中心工作，抓住领导最关心的重大问题开展调查研究工作。

2. 对新出台政策、制度进行调查研究。

政府的各项政策制度涉及社会各个方面的关系利益，往往一个具体政策措施的出台实施会导致到许多群体个人的利益发生改变，引起社会各方面连锁反应。由于事物的复杂性和多样性，在具体执行政策制度的过程中，还会出现未曾预料到的情况和问题。这就需要秘书人员及时到有关部门或基层进行调查研究，了解政策的受益群体和实质损害群体，政策的实施情况如何，发展到了哪一步，又出现了哪些阻碍、偏差和其他相关问题，实施的结果怎样，是否解决了矛盾，收到预期效果等问题，并及时将信息反馈给领导，作为他们修订、完善决策的重要依据，进一步提高决策的前瞻性、科学性和可操作性。

3. 为起草文件、报告进行调查研究。

按照领导指示起草各种文稿是办公室人员的常规工作。撰写文件、文稿，必须注意以下几点：一是应与上级部门的政策规定一致，在不违背上级政策的前提下，根据实际情况灵活变通；二是必须与同级领导制订的政策规定相衔接，不能前后矛盾；三是必须具有可行性并能付诸实施。而要做到这几点，更是离不开调查研究。因为只有通过调查研究，才能真实了解上下级和同级部门发布文件和执行文件的全面情况，才谈得上从实际工作中发现问题，找出解决问题的办法，使撰写的文稿和报告真正实用、管用。

4. 针对突发性、苗头性、倾向性问题进行调查研究。

办公室人员经常陪同领导前往基层调查一些突发性事件或带有苗头性、倾向性的问题。这些问题涉及政治、经济、文化、生产、技术等各方面，牵涉人员群体较为复杂。办公室人员对此类事件的调查必须十分谨慎、仔细，把握事件的关键环节和问题矛盾的焦点，尽快将事实真相及原因反馈给领导，便于领导及时处理解决。

5. 对领导遗漏的问题进行调查研究。

此类调查又称"拾遗补缺调查"，包括以下几种情况：一是处于几个职能部门的交叉临界点的问题；二是几个职能部门都管但只管其中一部分的问题；三是群众反应很大但没有明确归属分管部门的问题；四是虽有明确归属分管部门，但分管部门某些同志长期拖延不解决的问题。对这些"几不管"的问题，办公室要主动地向领导建言献策，争取领导关注和指示，并以高度的责任感和为群众排忧解难的满腔热情，积极组织力量调查，并将情况及时反馈领导，对遗漏问题及时妥善处理。

三、调查研究的程序和方法

无论是党政机关还是国有企事业、私营民营、外企单位的办公室部门，都会有大量的调查研究工作。一般来说，可以把调查研究的程序分为准备阶段、实施阶段、研究阶段和结论报告阶段。此外，调查研究过程中还必须科学地运用多种调查研究的方法，只有这样才能达到调查研究的目的。

(一)调查研究的程序

1. 准备阶段。

调查前的准备工作至关重要。如果准备不充分，考虑不周到，调查工作过程中就可能会遇到波折，出现差错。因此做好调查准备工作，精心设计很有必要，准备阶段大体包括以下几项工作：

首先要确定调查研究的选题。选题是调查研究的龙头，选题准确直接影响着调研的深度、广度和调研成果的价值。调研课题的来源主要有领导提出的课题、集体商讨的课题和调查者自选的课题。无论是谁来确定课题，都应当认真研究，反复推敲，调研结果要有价值和意义。调研课题选择要把领导决策作为调研选题的方向，精选调研课题，明确研究内容。调研者要及时学习并准确理解社会发展中的重大决策和本单位、本部门重要工作部署和重要会议精神，避免在原则理论方向上出现失误遗漏；要从客观实际出发，找准问题主要矛盾，力求确立揭示事物本质的调研课题。课题的选择决定调查研究的价值，要在了解社情民意中把握主要矛盾。

其次要收集掌握相关资料，调查研究之前要对被调查对象作初步研究。这一环节主要通过学习有关文件、查阅有关资料及实地走访等完成，学习中央及上级领导机关的法律法规、政策文件，切实了解和掌握与调研内容有关的理论、政策，据此原则精神来指导整个调查研究工作。调查人员还应该阅读与这次调查相关的一些资料，并实地走访，对调查对象的一些基本情况有了解。

再次要制定调查研究实施方案，在对课题已经有了充分了解的基础上，制定一个周密的计划决定着整个调查研究的质量。调研之前制定具体的实施方案，可以避免操作的盲目性，掌握行动主动权，制定计划时还应该考虑突发情况，或在调查中遇到阻力、干扰，都应有应急预案。调查计划的内容是对调查全过程分步骤、分阶段的细化描述。调研方案内容主要包括明确调查目的、选定调查对象、确定调查方法、拟定调查内容、明确组织分工、安排调查时间和地点、做好物资准备和后勤保障等。

2. 实施阶段。

实施阶段是调查研究过程中最重要的阶段。这一阶段的主要任务是根据调研实施方案，深入实际调查研究，做好资料收集工作。工作人员调查的方法多种多样，如文献调查法、实地观察法、访谈调查法、问卷调查法、实验调查法等。办公室人员只有全面掌握、灵活运用，才能获得高质量的调查研究资料，取得好的调研成果。实施阶段的工作主要有以下两个方面：

第一，拟定调查提纲。调查提纲是准备如何进行具体调查的一个基本思路，调查提纲的拟定可以起到提纲挈领、纲举目张的效果。重大的调研活动可以分成几个小组或几个阶段进行，调查过程中可能会遇到若干被调查对象，应对不同的调查对象分类区别，拟定有针对性的、有可行性的具体详细的调查提纲不仅很有必要，也很重要。一般来说，按照提纲展开调查就会有条不紊、忙而不乱，当然也要注意根据实际情况在调查过程中对提纲作些必要的修改、调整和补充。

第二，收集调查资料。调查研究实施阶段的中心任务是广泛收集信息资料，收集材料数量的多少、质量的高低反映着调查的深度和广度决定着调查效果的好坏。工作人员要采用科学的方法，多渠道广泛搜集能够反映调查对象真实情况的各种资料，包括文字、实物、声像等，注重数据资料的客观性、真实性。在调查收集时须注意材料的广泛性和重点性、材料的质量和数量、直接材料和间接材料的整合等方面。同时，工作人员要对调查资料进行严格的质量检查和初步整理，以便及时发现有遗漏的问题并予以补查。此外，材料的整理也将为调查材料的最后汇总、分析研究奠定基础。

3. 研究阶段。

深入研究分析阶段是办公室人员对调查所获得的大量资料信息进行分析、归纳、概括或联系、比较、推断,从中找出问题的实质和规律。调研的过程,实质上是将调查来的材料"去粗取精、去伪存真"进行综合分析过程。毛泽东同志说过:"大量的调查研究可以发现问题、提出问题,但不能解决问题。解决问题还需要做系统周密的调查和研究工作。"我们要对资料进行理论分析,就要采取正确的方法,如归纳和演绎、分析和综合、比较和分类、定量和定性等,这一阶段的工作主要分两步进行。

首先是整理汇总材料。调查阶段收集的各种材料,多数情况下是不系统、不全面的。如果不将调查材料汇总集中,就不能全面地真实地反映调查的情况,也无法对调查对象进行全面深入的研究,因此整理汇总材料工作十分必要。整理汇总材料就是把收集到的各类数据材料集中,并进行加工整理,使获得的资料整齐有序,为下一步的研究工作顺利进行奠定基础。这一环节需要经过核对、分类、挑选等步骤。材料的加工整理是科学研究重要的辅助工作,通常采用核对资料、选择论据、分类编号、归纳综合等办法进行。

其次是研究分析材料。调查所得的信息资料经过整理后就进入研究分析阶段。研究时要注意运用科学方法,兼顾资料的全面性和重点性。研究分析材料就是"去粗取精、去伪存真"的过程。研究是对调查所获得的材料,以辩证唯物主义的认识论和方法论为指导,进行科学分析与综合,从而找出事物发展的规律,用以指导人们改造客观世界的活动。分析就是把一个事物、一种现象、一个概念分成较简单的组成部分,找出这些部分的本质属性和彼此之间关系的一种思维方法,这是人们认识事物的一种最常见的方法。分析的要求是"一准二深":准,就是要从调查材料的实际出发抓准问题;深,就是要由表及里、由浅入深地把分析不断向前推进,从而揭示事物的性质、特点、作用、事物之间的内在联系以及其中的一些变化规律。只有做到"准"和"深",分析才算到位,也才能取得较好的效果。调查的材料再丰富,如果不能作准确、深入的分析,那么材料的价值就得不到充分的利用,调查的目的也就很难实现①。

4. 结论报告阶段。

结论报告是调查研究的最终目的,是调研人员在整个调研过程中综合分析得出的结论。调研的目的在于总结工作经验、找出存在的问题及原因、研究改进措施,为领导决策提供依据。由于调研报告撰写的结果直接影响领导的判断,因此调研报告必须全面、真实、客观。

撰写调查研究报告要务必及时,并且要条理清楚、主题突出、观点鲜明、言之有据;要广泛征求群众意见,使解决问题的建议具有可操作性。调查研究报告的撰写是整个调研工作的成果总结,凝聚着所有调研人员的心血。在撰写过程中,办公室人员应当保持高度的信息灵敏度,统筹全局,善于思考和总结,不拘泥于固定形式,力求写出有价值的

---

① 司徒允昌,陈家桢,张相平.秘书学教程[M].上海:人民出版社,2009:251.

调研报告,为领导提供决策参考。调查研究报告一般由以下几方面内容组成:调查研究的背景与概况,调查研究的目的及简要的工作经过,主要事实和分析问题的各种依据,调查人员对问题的基本认识,解决问题的方案设想或建议。

(二)调查研究的方法

根据不同调查研究任务的需要,调查研究实施阶段所采用方法也不一样,调研人员要根据被调查对象的不同情况,采取灵活多样的调查研究方法。

1.一般来说,调查的方法主要包括以下几种:

(1)访谈调查。

访谈法是指调查研究工作人员就某个问题以访谈的形式进行调查,主要用于了解工作进展、总结人物典型等。这种调研方法主要以互动形式进行,能够深入了解调查研究所涉及的各种问题,全面反映事物本身的特性。访谈法调查研究根据需要可以分为个别访谈和集体座谈。个别访谈是由调查者对调查对象进行单独访谈,了解事实情况的一种调查方法。个别访问的对象通常具有典型性和特殊性。集体座谈是以座谈会的形式来进行调查。根据调查工作的需要,选择若干调查对象,组织目的明确的访谈。无论采取哪种方式,调查研究人员都要对访谈对象以诚相待,营造良好的交流氛围。访谈调查研究之后,办公室人员要及时将访谈文字及录音进行整理、分析,将共性表述系统化,最终形成真实的调查研究结果。

(2)实地调查。

实地观察是指调查者亲临实际现场,亲自感受现实情况的方法。实地调查能获得第一手感性材料,简便易行。实地调查有参与式和非参与式两种,前者是深入到一个单位实地观察,以获取丰富而又真实的第一手材料;后者是在被调查对象没有察觉情况下的观察,参与观察是动态的,便于了解发展变化的过程。

(3)文献调查。

文献调查是指通过搜集、查询、翻阅现成的档案资料和有关信息,了解掌握调查对象的背景和现实情况,获取与调查课题有关的信息的调查方法。文献调查法可以超越时空条件的限制,所获得的信息一般比口头信息真实准确,比直接调查方法简单方便,花费少、效率高。其局限性是所获得的信息滞后于现实,不够具体、生动。通常文献调查所得材料只能作为调查先导参考,不能作为结论,要真正了解社会,还须深入实际进行直接的调查。

(4)问卷调查。

问卷调查就是调查者把需要了解的情况设计成不同类型的问题并组成问卷,通过对被调查者问卷的回收、整理、分析来获取有关信息和资料的一种方法。问卷调查分为封闭式问卷和开放式问卷两种形式。封闭式问卷用数字或者符号表示答案,方便计算机统计,但是答案单一,无法调查特殊的情况;开放式问卷便于答卷人各抒己见,答案丰富、具体,有共性、也有个性,但是无法用计算机统计,只能由人工阅卷。

(5)统计调查。

统计调查是指按照一定的调查目的和要求,搜集调查对象原始资料和统计数据,并通过对统计数据的研究分析得出对事物基本情况的客观认识。统计调查方法按组织方式分成五种,即统计报表、普遍调查、抽样调查、重点调查、典型调查。其中统计报表和普遍调查属于全面调查,抽样调查、重点调查和典型调查属于非全面调查。

(6)专家咨询和论证。

专家咨询和论证就是召集有关方面的专家、学者对重大决策或专门的技术性问题进行咨询和论证。咨询会或论证会是一种特殊的调查座谈会,具有专业性和探讨性的特点,需要有畅所欲言、自由争论的氛围和比较充分的时间。参加论证的专家应力求多样化,既要有技术专家,也要有管理专家①。

(7)网络调查。

网络调查,又称"在线调查"。它是指通过互联网及其调查系统把传统的调查、分析方法在线化、智能化。其构成包括三个部分:客户、调查系统、参与人群。调查研究方法也要与时俱进。调研人员在运用长期实践中积累的有效方法的同时,要适应新形势新情况特别是当今社会信息网络化的特点,进一步拓展调研渠道、丰富调研手段、创新调研方式,学习、掌握和运用现代科学技术的调研方法,并逐步把现代信息技术引入调研领域,提高调研的效率和科学性。

2.研究的方法主要是指对收集的客观材料进行思维加工的理性认识方法。它包括归纳和演绎、比较和分类、分析和综合、定量研究和定性研究、系统研究等,下面介绍几种常用的方法:

(1)归纳和演绎。

归纳是指人们从同类中若干个别或特殊的客观事物推论概括出普遍的、一般性原理的思维方法。归纳法有完全归纳法和不完全归纳法两种形式。完全归纳法是指人们观测和判断出某一类客观事物中的每个对象都具有某种属性,从而推断出该类客观事物都具有该种属性;不完全归纳法是指人们经过观测某类客观事物中的一部分具体对象具有某种属性,从而推理出该类客观事物都具有该种属性。演绎是从普遍性结论或一般性事理推导出个别性结论的论证方法,也就是普遍性的前提下推导出特殊性结论的方法。在演绎论证中,普遍性结论是依据,个别性结论是论点。演绎推理的主要形式是三段论,即大前提、小前提和结论。归纳和演绎是两种基本的逻辑推理方法。

(2)比较和分类。

比较是把两个或两个以上既是同类又有不同之处的事物放在一起比较、分析,通过认识其差异及各自的特点,进一步认识其本质和特点的研究方法。比较研究是认识事

---

① 杨树森.秘书学概论教程[M].合肥:安徽大学出版社,2008:158.

物基本的方法,关键是要找准可比性进行分析。分类是根据事物的相同点和相异点,将它们区分为不同种类,从而认识事物共同本质的思维方法。分类可以把复杂的事物按一定标准系统化、条理化,揭示出事物的内在结构和关系,为进一步的研究做好准备。

(3)分析和综合。

分析是把整体分解为部分,把复杂的事物分解为简单的事物,再分别加以研究的一种思维方法。分析的任务是从事物或现象的总体中分出构成该事物或现象的部分、要素和属性,使事物的各种属性和本质清晰地呈现在人们的面前。综合就是在思想中把对象的各个部分、各个方面和各种因素联结起来考虑的一种思维方法。分析和综合互相渗透,彼此衔接,是对立和统一的关系。

(4)定量分析和定性分析。

定量分析就是指分析一个被研究对象所包含成分的数量关系或所具备性质间的数量关系,也可以从数量上对几个对象的某些性质、特征、相互关系进行分析比较,研究的结果也用"数量"加以描述。定性分析就是对研究对象进行"质"的方面的分析。具体地说是运用归纳与演绎、分析与综合、抽象与概括等方法,对获得的各种材料进行思维和加工,从而去粗取精、去伪存真、由此及彼、由表及里,对事物认识产生飞跃,达到认识事物本质,揭示内在规律。定性分析是定量分析的前提,没有定性的定量是一种盲目的、毫无价值的定量,定量分析又能使定性分析更加科学、准确,它可以促使定性分析得出广泛而深入的结论。

(5)系统研究。

系统研究是按照系统分析的原则和要求,将调研对象作为一个整体加以研究,探究其结构、功能、层次等要素及其相互关系和变化规律的一种研究方法。这种研究方法不仅考虑到将调研对象作为一个系统,还将其放到一个大的背景中,把它视为一个更大系统中的子系统,在事物及其各方面的互相影响与制约关系中认识分析调研对象的性质和作用。这样可以使研究结果更加真实。

本章思考题

1. 督查督办工作的作用体现在哪些方面?
2. 简述督查督办工作的主要范围。
3. 简述督查督办工作的步骤和方法。
4. 如何理解协调工作的重要作用?
5. 协调工作的内容按其工作对象可以分为哪几个方面?
6. 论述调查研究的特点、内容和程序方法。

案例分析

国务院督查组地方督查房地产市场调控政策措施落实情况

党中央、国务院高度重视房地产市场平稳健康发展。针对近期房地产市场出现的新情况、新问题,为进一步推动房地产市场调控政策措施落实,坚决抑制投机投资性需求,巩固房地产市场调控成果,国务院决定从7月下旬开始,派出8个督查组,对16个省(市)贯彻落实国务院房地产市场调控政策措施情况开展专项督查。

此次督查的重点是检查住房限购措施执行情况,差别化住房信贷政策执行情况,住房用地供应和管理情况,税收政策执行和征管情况。国务院督查组将深入有关部门和机构核查政策落实情况,实地查看商品住房项目,听取基层群众意见和建议。对落实房地产市场调控政策措施有偏差、不到位的,国务院督查组将督促进行整改。

此次督查的地区是北京市、天津市、河北省、辽宁省、吉林省、上海市、江苏省、浙江省、福建省、山东省、河南省、湖北省、湖南省、广东省、重庆市、四川省。对其他地区落实情况,国务院有关部门也将通过各种方式进行督查督办。

通过这次督查,在督查组的通报中,督查组有弹有赞,在责备个别地方"放松调控"的同时,也肯定"房地产市场调控的各项政策措施得到了较好落实,调控成效不断显现,投机投资性需求得到有效抑制"。按照督查组对当前房地产调控所做的初步判断,严格落实现有政策的执行,便能遏制房地产市场全面反弹的压力,因此,新的调控政策暂时没有出台的必要。"部分城市尚未建立预售资金监管制度"被着重点出,或将成为下一步"严格落实现有政策"的一个支点。

1. 如何创新督查督办工作的方法?
2. 虽经督查督办,但仍不见效果,督查督办人员该采取怎样对策?
3. 如果督查督办的对象对督查督办持对立情绪,不予配合,督查督办人员应如何对待?

第八章
办公室管理实务(下)

本章导语

办公室管理实务大致可以分为两类：一类是为领导的决策及其实施而提供直接服务的事务，如在第七章中重点介绍的督查督办、协调和调查研究等，这类工作紧紧围绕领导机关的职能展开，工作重心随领导工作重心的转移而变化，因此称为"决策服务"；另一类工作则与领导的决策及其实施联系较为间接，如信息处理、办公室接待、信访工作、印章管理与值班工作、随从与保密工作、日程安排与约会安排等，这类事务与前一类事务相比较，更具经常性和程序性，被称为"日常服务"，做好这些日常服务工作，对减轻领导工作负担，提高工作效率，有着重要的意义。

本章关键词

信息管理 接待 信访 印章管理 办公礼仪

第一节 信息管理

一、办公室常用信息概述

办公室作为一个单位的中心枢纽部门，是对各项工作实施管理的综合办事机构，是各种信息的聚集地和中转站，起着上情下达、下情上报的"桥梁"作用。在新形势下，如何创新管理模式，充分发挥信息管理工作的作用来提升办公室工作效率和水平，是每一个办公室人员都需要研究的重要课题。当前，我们应积极适应新形势、新任务对办公室信息管理工作提出的新挑战新要求，主动创新工作思路和方法，努力探索信息管理工作的内在规律，在创新中推动信息管理工作取得新突破、实现新跃升，以"小信息可有大作为"的理念做好信息工作，为决策提供优质服务。办公室的工作性质具有综合性、政治性和服务性。这些特性决定了办公室的重要地位。信息管理作为办公室的一项常规管理工作,其作用不可低估。它不但在保证党的各项方针政策在单位的贯彻落实,促进实现决策民主化、科学化,深化各项改革,确保单位稳定发展等方面起到了不可替代的积极作用,而且有利于充分发挥办公室管理与服务保障功能,增强办公室综合管理能力,提高工作质量和效益。

信息是客观事物的特征和变化的直接和间接的表述。信息一般分为自然信息、机器信息和人类信息。信息是物质的普通属性,但它不是物质本身。

1. 一般信息的主要特点。

(1)客观性。信息是事物的特征和变化的客观反映。由于事物的特征和变化是不以人们意志为转移的客观存在,所以反映这种客观存在的信息同样带有客观性。

(2)时效性。人们获取信息的目的在于利用,而只有那些及时传递出来并适合需求者的信息才能利用。信息的价值在于及时传递给更多的需求者,从而创造出更多的物质财富。信息时过境迁就往往失去价值。所以,信息必须具有新内容、新知识,"新""快"是信息的重要特征。

(3)无限性。人类生活所接触到的一切空间,都不断产生着信息,秘书写的文章是信息,宇宙天体传来的光波也是信息。随着时间的推移,信息又在无限地发展,客观世界是无限的,因而信息也是无限的。

(4)可传递性。传输是信息的一个要素,也是信息的明显特征,没有传递就没有信息,也就失去了信息的有效性。同样,传递的快慢对信息的效用影响极大。

(5)可开发性。把信息作为一种资源看,由于它取之不尽,用之不竭,因而可以不断探索和开掘。从信息所载的内容看,由于客观事物的复杂性和事物之间的相互关联性,反映事物本质和非本质的信息常常交织在一起,加上它们难免受到历史和人们认识能力的局限,因而需要开发;从信息的价值看,利用信息可以开发出新的材料和新的能源。不仅新材料和新能源的开发有赖于信息的利用,而且新材料和新能源要得到充分和有效的利用,也有赖信息。

在办公室管理系统中,信息是实行科学管理和决策的基本要素。著名经济管理学家西蒙说:"管理就是一系列的决策。"决策是领导者的主要职能。现代科学管理,实际上就是对信息的收集、加工和利用,或者说是依据及时、准确、全面的信息,适时做出科学决策,借以对整个系统进行适当的检测和控制,以期达到预定的目标。所谓信息是领导实现科学决策的基础,主要体现在决策项目的提出、方案的论证和决策的实施三个方面。信息工作是实现现代化管理的前提,是办公室参与政务、发挥助手的途径,是转变智能和转变工作作风的手段,信息工作贯穿于秘书工作"办文""办事""办会"的始终,有利于监测政府落实和工作部署情况、反馈社情民意、对倾向性和苗头性问题的超前预测。

2. 办公室信息管理的特点。

(1)相对的全局性。作为一个大的信息系统,一般都由母系统与子系统或主系统与分系统构成。

(2)广泛的社会性。办公室的信息工作,不同于其他业务部门,相对而言,它的信息渠道多,来源广,具有广泛的社会性。

(3)科学的预见性。科学预测是领导机关和领导者对管理系统实行有效控制的前提条件。

(4)事实的精确性。各级办公室部门的信息工作都是直接为领导决策服务的,只有较强的思想性和政策性。

(5)行为的便捷性。各级办公室部门开展信息工作既有沟通上下、左右的固有渠道,又有在改革中开辟的四通八达的新途径。

(6)与领导决策的不可分性。办公室部门既是各级领导运筹决策的参谋部,又是领导实施政治活动的组织部。

3. 办公室信息管理的要求。

(1)及时。信息管理系统要灵敏、迅速地发现和提供管理活动所需要的信息。一方面,要及时地发现和收集信息。信息的管理必须最迅速、最敏捷地反映出工作的进程和动态,并适时地记录下已发生的情况和问题。另一方面,要及时传递信息,要以最迅速、最有效的手段将有用信息提供给有关部门和人员,使其成为决策、指挥和控制的依据。

(2)准确。只有准确的信息,才能使决策者做出正确的判断。为保证信息准确,首先要求原始信息可靠。信息工作者在收集和整理原始材料时必须坚持实事求是的态度,克服主观随意性,对原始材料认真加以核实,使其能够准确反映实际情况。其次是保持信息的统一性和唯一性。在加工整理信息时,要注意信息的统一,也要做到计量单位相同,以免在信息使用时造成混乱现象。办公室工作的主要特点是认真贯彻上级指示并及时反馈有关信息。相关信息包括人和物两方面,涉及外来人员、员工、文书、政策、资产等,在实际工作中,这些信息是决策的依据,信息的获得、传递及反馈是管理的重要内容和手段。

办公室常备的信息资料有参考书、报纸报刊、与企业相关的国内外经济技术统计资料、地图集、档案、内部文献、人名地址录、有关政府出版物、法律法规汇编、政府汇编、广告材料和宣传品。

信息管理程序包括信息的筛选和加工。信息筛选包括登记、分类和筛选,具体来说,阅读筛选信息资料的方法有留意标题、剪裁、复印、摘记、标记说明。信息加工的方法包括点面结合法、定量定性结合法、反映预测结合法等,在信息加工过程中,既要注重广度,又要注重深度。横向综合要有一定的覆盖面,纵向综合要反映工作全貌。综合处理后的材料要有情况、有分析、有对策或做出事物发展趋势的预测,以供领导人参考。

4. 目前办公室信息工作中存在的问题。

国家相关配套的法律跟不上;基层政府和单位没有建立相应的机构,编制不到位;领导认识不到位,信息队伍不稳定;网络松散、信息渠道不畅通;制度不健全、考核和奖惩不到位;工作人员报喜不报忧;信息加工不到位、质量不过关;信息处理的软硬条件跟不上。

5.办公室必须做好四个方面的工作。

(1)从收发传递信息转变为综合处理信息。办公室必须建立和完善信息的组织系统渠道和群体联络渠道,实行信息的双向沟通,保证信息传递的速度和效率。

(2)提高管理信息传递的准确度。办公室管理者要以平等、客观的态度,从多渠道获取信息,然后对信息进行加工处理,提供使用。发送信息时,要以正确、清晰、适量为原则,选择恰当的传递方式,使信息接收者能正确接收信息。

(3)凭经验办事转变为实行科学化信息管理,消除和克服信息失真现象。办公室在实际管理工作中,上传下达或下传上达,都可能因信息内容的添加、省略和改变而导致信息失真现象。所以,在信息传输过程中要研究失真的原因,预先防范和及时排除干扰,消除失真现象。

(4)从相对封闭型信息转变为开放型信息。完善管理信息的贮存制度,办公室要形成完整的贮存网络,利用网站创建科技论坛或网络互动平台,及时发挥管理信息的作用。办公室的信息管理离不开信息技术。办公室需要建立相应的管理信息系统,明确其在信息管理上的职责范围。完善的信息管理制度则是信息管理其取得预期效果的保障,我们需要在实践中进一步探索。

二、信息资源管理流程

办公室信息资源建设是一项长期持续、循序渐进的工作,由总体分析、制定计划和一些具体业务共同构成。为了能够有效控制管理信息资源建设工作,办公室必须对其进行建设规划,设计建设流程,制作出其建设过程管理框架模型,如图8-1所示。该建设管理流程框架模型图由前期分析模块、建设规划模块、具体业务实施管理模块、建设效绩评估模块、反馈功能模块等五大功能模块构成,它是办公室信息资源建设管理中通用的动态框架模型。从图中可以看出,具体的办公室信息资源建设过程管理大致可以划分为三大阶段:

第一阶段,办公室信息资源建设的前期准备阶段,包括建设总体分析和建设整体规划两个方面。该阶段主要是对办公室信息资源建设的宏观和微观环境、条件等进行系统分析,并提出可行性研究报告,为办公室的信息资源建设进行整体规划同时进一步细化具体业务的建设计划。

第二阶段,办公室信息资源建设的具体业务的实施管理阶段,包括信息需求分析、信息资源获取、信息鉴定、信息组织、信息存储、信息开发和信息维护更新等环节。该阶段办公室信息资源建设的最终目的是控制整个过程保证其信息资源的建设目标能够实现。

第三阶段,办公室信息资源建设的总体评估和验证阶段,包括办公室建设绩效评估和信息反馈两个方面,该阶段工作的最终目的是对其信息资源建设的实现流程、开发利用程度进行有效评估,验证办公室信息资源建设工作是否已经达到最初目标,总结建设过程中的经验与问题,将信息资源建设过程中遇到的问题进行反馈。

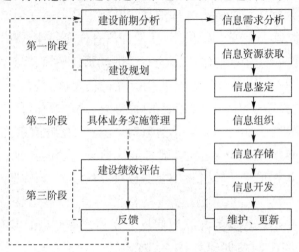

图8-1 办公室信息资源建设管理流程模型

(一)第一阶段:加强前期分析,做好建设规划

所谓前期分析,是指在进行办公室信息资源建设前,对当前建设环境和条件进行分析,包括对社会大环境的分析和各建设单位的具体环境进行分析,通过分析,得出信息资源建设的必要性和可能性、优势和不足等结论,并撰写出相应的分析报告,为办公室信息资源建设提供具体的决策参考。前期分析是办公室信息资源建设不可缺少的一大部分,它在办公室信息资源建设中起着至关重要的作用,具有十分重要的意义。具体来讲,在信息资源建设前应加强两类内容的分析:

1.建设社会环境分析。

建设社会环境分析,也可称为"建设宏观环境分析",它包括社会信息化环境分析、行业现状分析、相关行业建设进程分析、技术市场分析、社会档案意识分析、社会档案信息需求分析等。

2.具体建设单位情况分析。

具体建设单位情况分析,也可称为"建设微观环境分析",它包括建设单位的技术力量分析、人员状况分析、信息基础条件分析、经济实力分析等。

经过前期分析工作后,就要对办公室信息资源建设进行具体规划,以便建设工作有条不紊地进行。建设规划是办公室信息资源建设的蓝图和行动纲领,在整个建设过程中起指导和规范作用。因此,我们在进行办公室信息资源建设规划时,要从实际出发,坚持科学的原则,灵活地掌握具体情况制定出合理的规划。

办公室信息资源建设规划由总体战略和各项具体规划构成,其中总体战略为其建设提供总的指导和发展方向,是办公室信息资源建设的总"蓝图",而各项具体规划则是在总体战略指导下为建设提供的具体指导和安排。

(二)第二阶段:紧跟建设业务流程,管理好具体业务建设过程

办公室信息资源建设是一个系统工程,它由一系列具体业务组成,具体来讲,它的工作业务主要包括信息资源范围选择、数字信息获取、鉴定数字信息、信息组织、存储、元数据抽取、信息的开发和利用以及维护与更新等内容。要做好信息资源建设工作,确保建设目标的实现,办公室必须紧跟建设业务流程,做好过程管理工作。

1. 信息资源范围选择。

办公室信息资源建设是办公室建设的核心和重点,它需要进行全面建设,但是具体到现实的办公室信息资源建设,由于技术、资金、人才、信息收集难度等因素的限制,在一定时期内只能对一定范围内的信息资源进行建设,因此在进行信息资源建设的前期要确定好信息资源的选择范围。

2. 数字信息获取。

有效地获取办公室信息资源,主要是指把既定选择范围内的信息资源进行处理,形成标准化高质量的数字化的信息资源。信息资源的获取,包括传统载体档案的数字化、电子文件或档案的直接转化、其他网络信息资源的获取三大部分内容。

3. 鉴定数字信息。

获取数字信息资源后,需要编制鉴定工作计划,制定相关鉴定标准,安排相关鉴定人员,对获取的信息资源进行鉴定,并撰写鉴定结果。信息资源鉴定是办公室信息资源建设质量得以保障的重要措施,其目的是检验信息资源获取的准确性和全面性。对获取的数字化信息资源进行鉴定,其内容主要包括信息范围鉴定、信息内容鉴定和技术指标鉴定等。

(1)信息范围鉴定。

它主要是把获取的信息资源与事先确定的选择范围进行比较,检验获取的信息资源是否按照事先预定的选择范围获取,哪些信息资源是选择范围内的,哪些不是选择范围内的,还有哪些范围内的信息资源没有获取或没有完整获取等,并根据建设需要把不属于计划范围内的信息资源暂时剔除等。

(2)信息内容鉴定。

在这里,它主要是对获取的信息资源内容的完整性、真实性等问题进行鉴定。信息内容的完整性鉴定主要是考察获取的某一信息资源是否全面、完整,它包括某一信息内容是否获取全面、背景信息是否获取完整等。信息内容的真实性鉴定主要通过与原件进行比较,检验获取过程中是否出现偏差,在内容和形式上是否是原件的真实再现等。另外,根据客观事实进行判定,检验所获取的数字化信息资源与事实是否相符,是否具有真实性等。

(3)技术指标鉴定。

技术指标鉴定是一项技术性很强的工作,它需要由专业人士来完成。其工作内容

主要是检查各数字化信息的技术指标是否符合办公室建设要求,如检查纸质档案的扫描分辨率、照片档案的位深、色彩模式、音频、视步档案的压缩情况以及各种数字信息的格式等是否与办公室建设要求相一致。

4. 信息组织。

信息资源组织是办公室信息资源建设的主要内容之一,它是把分散的、无序的信息资源组织起来,为用户提供精确的信息服务作准备。信息组织是一个信息增值的过程。在这个过程中,杂乱无章的原始信息变成一个有序、精良的信息系统,一个相对"粗放型"的信息贫集,转化为一个"集约型"的信息富集,并为信息的进一步增值(如信息的分析研究、升华为知识等)奠定必要的基础。

5. 信息存储。

信息存储问题是办公室信息资源建设最为复杂的问题之一,因为它不仅要考虑到信息存取的方便性、安全性,而且要考虑到信息的长期存取问题。为此,在进行信息存储时要特别留意数字档案信息资源的这些特性,坚持科学的原则,采用合适的技术和措施,做好相应的存储工作。

6. 元数据抽取。

元数据最一般的解释是"关于数据的数据",是"一种描述数据的数据,是一种信息管理工具",因此,在办公室信息资源建设的具体业务过程中也要注重这方面的内容,制定出相应的元数据集模型,并进行元数据抽取,形成元数据集,为日后的管理和利用工作服务。

7. 信息开发与利用。

开发信息资源,狭义层面上指对办公室信息资源进行开发,即一种创造和生产新的信息产品的活动,它是信息资源开发的一种高级形式。办公室信息资源开发的核心是在原始信息的基础上开发具有特色的信息产品。信息资源开发是办公室信息资源建设的一项长期业务工作,这是因为办公室除提供原始的一次信息服务外,还需要不断为社会提供再生性的二次信息服务或三次信息服务等。

8. 信息资源维护。

信息资源维护是办公室得以正常运行的基础和保障,它是信息资源建设工作价值得以体现的保证。其工作核心是保证办公室信息资源管理工作和利用工作正常进行。办公室信息资源的维护是一项复杂的工作,它不仅需要从技术层次来解决,更重要的是从管理层面来解决。信息资源的维护需要办公室工作人员采取下列措施:

第一,制定信息资源维护制度,通过制度,把维护工作纳入信息资源建设体系,并用制度的形式固定下来,形成一种工作习惯。

第二,设置维护工作岗位,并配备相应的人员,让信息资源维护工作有人事上的保障。

第三,加强维护投入。根据维护工作要求,购买相应的技术和设备,在技术和设备上为信息资源维护工作提供保障。

第四,建立容灾系统。在办公室的建设和运行过程中,各式各样的灾害是不可避免的。为了保障信息资源运行的稳定与安全,办公室信息资源维护工作需要建立一个有效的容灾系统,应付各种瞬时性灾害和延时性灾害。信息资源维护工作是办公室信息资源建设的一项长期性工作,它贯穿于办公室建设和运行的整个过程中,需要人们给予足够的重视。

9. 信息资源更新。

(1)随着新的信息产生和过时信息的价值消失以及技术、设备的变迁,办公室信息资源需要不断进行更新。其更新工作包括三大方面:一是注入新的信息,二是放弃或销毁失去价值的过时信息,三是信息系统的更新。

注入新的信息主要是指把新生的信息加入到办公室信息资源系统中来,其工作实质是新一轮的信息建设工作。注入新的信息能不断为办公室提供新的信息资源,增强其社会适应性和生命力。

(2)虽然说数字信息所占的存储空间不大,但具体的办公室其存储空间是有限的,不可能年复一年地容纳所有收入的信息,因此需要对失去价值的信息进行剔除。另外,失去价值的信息,如果不进行剔除,有可能影响办公室运行速度,影响用户利用信息资源。销毁失去价值的过时信息,需要进行相应的鉴定。通过严格的鉴定,对确定需要销毁的信息进行销毁,并作出相应的记载。

(3)随着技术的发展,办公室原来建立的信息系统,如数据库结构、选择的存储体等,无法完全满足工作需求,因此需要对其进行更新。这种更新是一种"脱胎换骨"的更新,从严格意义上来讲,它应该是办公室信息资源系统的部分转换或全部转换。

(三)第三阶段:建立绩效评估体系,加强建设绩效评估

信息资源建设绩效评估是指运用科学、规范的评估原则和方法,对一定时期内信息资源建设情况及其成效等指标进行定量与定性分析,并作出真实、客观、公正的综合评判。绩效评估是信息资源建设的一个重要组成部分,评估的过程,也是建设的一个部分过程。为了实现建设的目标,保障其沿着正确的方向发展,很有必要对其建设绩效情况进行评估。建设绩效评估起着"承前启后"的作用,具有十分重要的现实意义。

其一,实施绩效评估,有助于发现信息资源建设过程环节如信息获取、组织、存储、开发等环节中存在的问题,分析其产生的原因,并提出改进措施,不断改进信息资源建设工作,提高建设水平。

其二,实施绩效评估,有助于把信息资源建设过程中的感性知识和经验上升为理论化的知识,总结建设过程中的经验和教训,为以后的和其他的信息资源建设工作提供借鉴、参考。

其三,实施绩效评估,有助于建立正确的激励机制,激发建设员工的积极性和创造

力,增加责任感,不断提高信息资源建设工作的整体能力和水平。

其四,实施绩效评估,有助于准确定位核心资源和核心竞争力,为信息资源建设工作提供方向。

三、办公室信息安全的维护

在网络信息技术日趋发达的今天,信息安全本身包括的范围很广,大到国家军事政治机密,小到企业商业数据、个人隐私信息,这些都涉及信息安全。信息安全很重要,一个文件的丢失或重要机密的泄露,很多时候导致的损失是无法挽回的。据人民网转发《北京日报》消息,杀毒软件公司诺顿公司公布了网络安全报告,仅2012年一年,由信息安全问题引起的网络犯罪导致全球个人用户所蒙受的直接损失高达1100亿美元;在我国,每年有超过2.57亿人次成为网络犯罪的受害者,所造成的直接经济损失高达2890亿元。

就办公室来说,作为一个单位重要的管理和服务部门,一方面能够接触到很多重要的信息,另一方面还直接参与处理大量的重要信息,比如重要活动的日程安排、重要的文件和数据资料等。在当今办公自动化普及的情况下,大部分办公室业务都是在办公电脑上处理并借助于办公网络进行传送,办公电脑中会存储大量重要的电子信息,因此办公室信息安全问题值得高度重视。

(一)办公室信息安全的影响因素

1. 人为因素。

信息安全受到威胁的主要原因就是人为因素。管理部门职工的信息安全意识较差,专业技能水平较低,没有强烈的信息安全责任意识,这些问题都会使得办公室受到信息安全威胁。如果管理人员对待工作不负责任,不但有可能使得信息遭到丢失或破坏,甚至会将信息的顺序、位置混乱摆放,有些信息一旦遭到破坏,会给工作带来重大影响。因此,各企业在聘用专业管理人员时,应该经过严格的专业测试和政治审查。如果管理部门人员能够熟悉相关业务,具有强烈的责任心,同时专业技能水平较高,将会大大降低人为因素的影响。

2. 技术因素。

信息安全也时刻受到技术因素的影响。信息技术在管理系统的日常运行中起着关键的安全保障作用。如果没有信息技术的大力支持,信息将时刻受到安全威胁。信息技术除了要保障管理系统的安全运行,同时要能够支持系统合法用户的正常操作和使用,按照其具有的权限执行操作,对于外界非法用户的入侵行为以及网络病毒传播等,更要能做到完善的抵御。由于有些信息的保存周期非常长久,需要经历数十年甚至数百年,因此,更离不开信息技术的有力支持。当管理系统需要升级、扩容时,信息技术对于信息的作用更为关键。办公室一般使用的都是由软件公司开发的信息管理系统,由第三方公司对系统进行维护和升级,但是在实际应用的过程中,避免不了发生信息技术无法满足现实工作需求的情况。

3. 资金因素。

信息的安全稳定需要各方面的有力支持,尤其是需要投入大量的资金。保证信息安全的投入资金包括信息的日常安全管理、相关设备和系统的维护升级、对专业技术人员的培训教育、系统开发的风险评估、发生突发事件的应急处理等。任何一个环节的资金经费支持不够都会影响到信息安全保障。对于保障信息安全的资金经费应该按照实际使用情况划分为专项资金、固定资金和流动资金,以保证每个环节的信息安全资金经费都能准确到位。对于信息安全的资金经费应该制定执行计划,在遵循相关法律和政策的前提下,使得各项资金能够得到充分利用。对于资金经费的使用应该建立完善的责任制度,保证其能够得到充分、合理、有效的利用。

(二) 日常办公操作的防护工作

就办公室工作人员而言,除了要提高防范意识,遵守法律法规和规章制度,按程序做好工作外,在日常办公操作时要注意从以下几个方面做好防护工作:

1. 网络安全技术。

(1) 防火墙技术。现代网络环境下,信息管理系统在日常运行中应该设置防火墙技术,以此来抵御外部网络对其进行非法访问。防火墙技术是对访问内部网络的一种控制技术,使得外部网络的非法用户不能够进入到网络内部,无法对系统进行破坏。防火墙技术能够对访问内部网络资源的用户进行限制,并保障内部网络能够与特殊结构的网络进行连接。通过预先设定的安全策略,当网络之间有数据通信的情况下,对传输的数据包进行实时检测,监控网络的运行情况。

(2) 入侵检测技术。入侵检测技术是近些年来比较流行的新型网络安全技术,它能够对网络进行实时监测。提供入侵检测反馈信息能够使得网络管理人员立刻采取安全防护手段。在信息管理的日常工作中,入侵检测技术能够对访问网络的数据进行实时记录,一旦发生安全事故,可以根据其提供的记录信息恢复原始档案数据。入侵检测技术不但能够抵御内部网络的攻击,还能够有效减少外部非法用户入侵内部网络的时间。

(3) 加密和虚拟专用网技术。加密技术是利用技术手段把重要的数据加密传送,到达目的地后再用相同或不同的手段解密。虚拟专用网(VPN)是建立在公用网络上的专用网络,是架构在公用网络服务商所提供的网络平台:如 Internet(互联网)、ATM(异步传输模式)、Frame Relay(帧中继)等之上的逻辑网络,用户数据在逻辑链路中传输。企业的员工外出、移动办公、企业和合作伙伴之间、分支机构之间通过公用的互联网通信是必需的,因此加密和虚拟专用网(VPN)技术有很大的市场需求。IPSec(互联网协议安全性)已经成为市场的主流和标准。

(4) 身份认证技术。身份认证技术是在计算机网络中确认操作者身份的过程而产生的解决方法,其作为防护网络资产的第一道关口,可以保证操作者的物理身份与数字身份相对应,有着举足轻重的作用。

2.人员安全意识。

(1)加强人员信息安全意识。在保障信息安全的工作中,应该扩大信息安全的宣传教育范围,让工作人员都能提高信息安全意识,不断强调价值的重要性。组织开展工作人员信息安全法律培训,强调信息安全在促进发展建设中的重要性。对于管理人员来说,更要增强其信息安全意识,在日常工作中能够积极主动保护信息安全。

(2)提高信息化管理水平。要提高管理人员的专业技术水平,办公室就必须改善传统管理的模式,实施数字化、信息化、网络化的统一管理,建立完善可靠、运行稳定的信息管理系统,保证实时检索信息,对其进行汇总统计,自动分析统计数据等。各个部门将日常工作中的数据资料发送到管理部门,由专业管理人员对这些数据资料进行筛选和整理,最终存储到信息管理系统中,方便日后的查询和利用。

3.安全管理建设。

(1)选择载体。信息的载体需要可靠稳定,由于信息载体存在较大差异,因此载体的选择将会直接影响到信息安全。同时,应该制定一套完善的信息备份管理机制。计算机里面重要的数据、档案或历史纪录对企业用户来说是至关重要的,若不慎丢失,会造成不可估量的损失,轻则让辛苦积累起来的心血付之东流,严重的会影响企业的正常运作,给科研、生产造成巨大的损失。为了保障生产、销售、开发的正常运行,企业用户应当采取先进、有效的措施,对数据进行备份、防患于未然。随着技术的不断发展,数据的海量增加,不少的企业开始采用网络备份。网络备份一般通过专业的数据存储管理软件结合相应的硬件和存储设备来实现。

(2)设备配置管理。在管理工作中,对于需要配套建设的各种相关设备,办公室需要谨慎考虑设备的整体性能和安全等级,同时要充分考虑到存储和相关设备放置的环境、位置、库房温湿度等。

(3)系统安全建设。信息管理系统的安全稳定运行是保证信息安全的有力支撑。因此,系统的安全保障建设要结合实际工作情况,使管理人员参与到系统开发的过程中,为系统规划建设提供合理化建议;一般还采用"纵深"防御的措施,即考虑在整个网络中只要有可能感染和传播病毒的地方应该采取相应的防病毒手段,安装相应的防病毒软件。在网络环境下,病毒传播扩散快,仅用单机防病毒产品已经很难彻底清除网络病毒,必须有适合于局域网的全方位防病毒产品。如果与互联网相连,就需要网关的防病毒软件,加强上网计算机的安全。如果在网络内部使用电子邮件进行信息交换,还需要一套基于邮件服务器平台的邮件防病毒软件,识别出隐藏在电子邮件和附件中的病毒。所以,办公室最好使用全方位的防病毒产品,针对网络中所有可能的病毒攻击点设置对应的防病毒软件,通过全方位、多层次的防病毒系统的配置,定期或不定期的自动升级,使网络免受病毒的侵袭。

信息化进程的迅猛发展使企业的业务发展和网络紧紧连在了一起。现在的网络随着接入技术日新月异的发展也越来越开放,病毒、黑客以及其他复杂的攻击手段给网络带来巨大的威胁,安全已经成为企业继续生存发展所面临的重要问题。这就需要我们通过不断的改进和学习来努力营造安全的网络环境,维护网络信息的安全。

第二节 日常事务

办公室日常事务,如办公室接待、信访工作、印章管理与值班工作、随从与保密工作、日程安排与约会安排等,具有经常性和程序性特点。做好办公室日常事务工作,对减轻领导工作负担,提高工作效率,有着重要的意义。

一、接待工作

接待工作是各级机关的一项常规性工作。接待工作水平能够集中反映一个地方、一个部门的整体形象,展示出接待人员的素质和能力,对推动工作开展具有十分重要的作用。随着社会经济的快速发展,各企业之间信息、技术、资金的交流日益频繁,并由此带来大量的人员流动,上级领导的视察、兄弟单位以及合作伙伴之间参观、学习及业务洽谈的人次也与日俱增,这就使得接待工作越发重要。

(一)接待活动的基本要素

1. 来访人员。

来访人员即要接待的对象。办公室接待的来访人员,大多是某些社会组织直接或者间接的代表,他们可能是个人,也可能是一个集体。来访人员的身份、地位和他所代表的组织及其与本单位之间的关系,对接待活动具有直接的影响。

2. 来访目的。

来访者此次来访的目的也是接待活动的基本要素之一,来访目的是制定接待方案、确定接待规格、安排接待活动的重要依据。来访的目的是各种各样的,有公务性的、公开的,也有私人的、隐蔽的;有友好的,也有不友好的;有务实的,也有务虚的。

3. 接待人员。

接待人员是接待活动的主体,一般代表接待单位或组织出面进行接待的主要人员。接待人员应根据实际情况做好接待工作:

(1)领导人。单位的领导人是整个接待活动的最高责任者,必要时要亲自出面接待。

(2)专职接待人员。一些单位往往根据实际接待需要,设置接待机构或安排专职接待人员,专门负责接待工作。

(3)业务部门相关人员。有些涉及专门领域的来访,往往需要业务部门的有关业务人员共同参与接待工作,如涉及财务、科技、销售等专业领域。

(4)秘书人员。秘书人员是组织的首选接待者,尤其在一些没有设置专门的接待机构和安排专门的接待人员的单位和组织更是如此。秘书人员常常根据领导人的指示,协调接待工作,或者直接出面接待来访人员。

4.接待事务。

接待事务是针对来访人员进行接待的一系列相关接待事务,包括接待准备、接待方案、接待规格、接待方式、接待内容等。

(二)接待工作的类型

办公室接待工作的类型非常广泛。根据不同的标准,可以划分为不同的种类。

1.按来访者国别分,接待工作可以分为内宾接待和外宾接待。

(1)内宾接待。内宾接待,即指接待国内各地来访的客人,包括来自上级机关、下级单位和其他有关组织的领导、代表团、访问团、考察团或个别来访和联系工作的人员。内宾接待工作一般由各级机关的秘书部门负责。

(2)外宾接待。外宾接待,是指接待到我国从事外事活动的国外来访的客人,如外国元首、政府首脑、重要外宾,来我国参加商务、学术活动、讲学及其他公务活动的外国人员。随着我国进一步扩大对外开放,外事接待工作会越来越多,秘书人员必须熟悉这方面的工作内容。

2.按来访者组织关系分,接待工作可以分为上级来访的接待、同级来访的接待和下级来访的接待、群众来访的接待。

(1)上级来访的接待。上级来访的接待,是指接待本单位的主管部门领导和人员,包括本机关所隶属的上级主管部门、间接上级领导机关的领导和人员。

(2)同级来访的接待。同级来访的接待,是指接待与本单位有业务往来的同级的兄弟单位或其他非领导性、指导性业务来访单位的领导和人员。

(3)下级来访的接待。下级来访的接待,指本单位所辖下级部门领导和人员的业务来访。

(4)群众来访的接待。群众来访的接待,是指本系统、本地区、本部门群众的事务来访。

3.按事先有无约定分,接待工作可以分为有约接待和无约接待。

(1)有约接待。有约接待,指事先已经约定的接待工作。

(2)无约接待。无约接待,指事先无约定,临时来访的接待工作。

4.从来访的目的来看,接待分为视察、检查类,参观、考察类,一般事务类,会议类等。

5.按接待规格分,接待工作有高规格接待、低规格接待和对等接待。

6.从来宾人数分,接待工作有团体接待和个体接待。

(三)接待工作的基本原则

1. 笑脸相迎。

热情好客是中华民族的传统美德,在接待工作中,接待人员要继承与发扬这种美德,自然地表露出热情周到、亲切友善的态度。接待人员对于来访者,不管是上级机关还是下级单位,也不管其身份、资历、来意如何,都应一视同仁、平等相待、诚恳热情、不亢不卑、落落大方。接待人员要坚决杜绝"门难进、脸难看、话难听、事难办"的官僚衙门作风,以自己的努力树立本单位的良好形象。

2. 以礼待人。

接待人员在接待工作中,要体现彬彬有礼、豁达大度、善解人意、灵活机智等风度气质。在仪表方面,接待人员要面容清洁、衣着得体、和蔼可亲;在举止方面,要稳重端庄、风度自然、从容大方;在语言方面,要声音适度、语气温和、礼貌文雅,充分体现出礼仪素养。

3. 谨慎细致。

一次接待活动往往涉及许多部门和人员,内容具体、细微、繁多、复杂,涉及衣、食、住、行和人、财、物、时等方方面面。若是涉外接待,还需要事先研究两国有关的礼仪文化、风俗习惯和有关政策规定。这就要求接待人员开动脑筋,综合考虑,把接待工作做得细致入微、有条不紊、面面俱到,使来宾有"宾至如归"的感觉。接待人员要时刻记住:接待工作无小事。只有秉持认真、严谨的态度和细致、周到的作风,才能成功地完成接待任务。接待人员要处处为来宾着想,时时关注来宾的需要,为来宾做出周到的安排,让其感到方便和满意。

4. 节俭适度。

接待工作在某种意义上是一项消费活动,需要人力、物力、财力的投入。秘书人员要厉行节约、精打细算、勤俭务实,不搞形式主义,不摆阔气、讲排场,应尽可能少花钱多办事。在这方面,许多机关单位和公司企业都制定有接待方面的规章制度,接待人员必须严格遵照执行。例如,不得擅自提高接待标准;重要问题要随时请示汇报;对职责范围以外的事项不可随意表态;不准向客人索要礼品,对方主动赠送,应婉言谢绝,无法谢绝,要及时汇报,由组织处理;要根据不同国家、地区、民族的风俗习惯来区别接待来访者。

5. 保守秘密。

内外有别,是指在接待中,要注意系统内与系统外、党内与党外、国内与国外来宾的区别。在迎来送往的过程中,尤其是接待党外和外宾来访人员时,要注意保守国家机密和组织的经济、技术秘密,不在接待活动中泄露机密信息,不带对方参观涉密场所等。另外,对于双方合作来往的一些秘密事项,接待人员和被接待人员双方都有义务对第三方保密。

6. 分工明确。

根据宾客的身份及接待的目的、要求、内容,接待人员要统一标准,对等、对口接待,分工负责,力求从简,不搞层层陪同,即采取"哪个部门邀请的客人哪个部门接待""哪个部门主办或承接的会议,哪个部门接待"的办法。主办方负责牵头,有关单位配合,通力合作做好接待工作。

(四)接待工作的意义

接待工作是办公室工作的一个重要职能性工作。做好接待工作,有利于树立本单位形象,促进本单位与外单位之间的合作交流等。

1. 有利于扩大交流与合作,塑造本单位的良好形象。

接待工作是机关、企事业单位与外界发生联系的方式之一。它是单位工作的门面和窗口,是单位联系内外的桥梁,是领导工作的有力保证。得体的接待工作可以使交往双方建立信任、获得友谊、化解矛盾、消除误会,可以创造出坦诚的合作气氛,对于吸引投资、扩大合作,树立良好的单位形象具有重要意义。因此,接待工作是单位看似被动、实则主动的一种广义的公关行为,是一种公关活动。

热情、礼貌、耐心、细致的接待工作,不仅能给来访者"宾至如归"的感觉,而且会使其在享受服务时感到轻松舒畅。在感受到接待单位认真严谨的工作作风和蓬勃向上的精神风貌后,来访者会有口皆碑、广为宣传。久而久之,单位形象就会形成一种品牌。

2. 有利于牵线搭桥,架起合作的桥梁。

成功的接待能够增加交往双方的相互理解、信任和友谊,促进进一步交往与合作。成功的接待工作,不仅会给上级领导和来宾留下深刻印象,而且无形中会为单位带来社会效益和经济效益。为此,单位要及时做好来宾反馈信息的收集和处理工作,不断优化接待流程,力求接待效益的最大化。

3. 有利于互通信息,沟通思想。

在接待工作中,通过与来访者面对面的交流、沟通,接待人员可以了解来访者的意图,就彼此关心的问题达成共识,达到有效沟通思想、找到解决问题途径和办法的目的。即使不为解决具体的问题,经常互访,交流信息,沟通思想,也会为双方合作奠定良好的基础。

(五)接待工作程序

1. 准备接待。

(1)接待环境准备。接待工作一般是在会客室(办公室)中进行。接待环境准备包括硬环境和软环境两方面的准备。

(2)接待工作的心理准备。办公室接待工作心理准备的核心要素是"诚心",接待人员只有站在对方立场,有一颗真诚的心,在接待工作中才能将心比心,体现出的礼仪才能让各方访客都有"宾至如归""如沐春风"之感。

(3)接待工作的信息准备,包括两个方面:

一是来宾的基本情况,包括来宾人数、身份(如职务、级别、职称)、性别、来意、要求、日期、往返交通工具的班次与具体时间、内容和日程的要求等。

二是接待材料的准备。重要的接待活动,秘书部门必须制定方案,包括接待方针、接待规格、接待日程安排和接待经费预算等内容;秘书人员要协助领导准备相关材料,包括汇报材料、发言材料、参考材料、欢迎词、祝酒词、答谢词、协议书、会议纪要等。

2.组织接待。

(1)安排来宾的接、住、食、行。接待人员要在预定时间到车站、码头、机场迎接客人,将客人迎接至宾馆,按照来宾人员身份、人数、性别安排住宿,安排食宿的标准和进餐的时间、地点与方式。

(2)看望来宾。接待人员要按照与对方约定的时间,安排本单位的领导来宾馆看望客人,以示欢迎、问候和敬重。

(3)安排会见和宴请。接待人员要按照大体对等的原则,安排适当的负责人员正式会见来宾或进行适当的宴请;要事先安排好会见的地点和陪同人员,并向领导介绍来宾的情况;宴请时,要注意安排好座次、仪式和讲话等礼仪。

(4)实施活动日程。根据计划及双方商定的日程,接待人员要通知相关部门做好相应的准备,协助领导及来宾参观访问,直接承担某些活动和辅助工作。

(5)礼貌送客。

礼貌送客包括为来宾预定返程车票、船票、机票,协助来宾结算食宿费用,安排车辆送站和有关领导人与客人话别送行等。

3.接待工作总结。

接待工作结束后,一般应做书面总结,并整理存档备查。

(六)接待规格

接待规格是指根据来访者的身份所确定的接待人的规格。接待规格是从主陪客的角度而言的,主要有三种:

第一,高规格接待。这是指主要陪同人员比主要来宾的职位高的接待。高规格接待表明对被接待一方的重视和友好。

第二,对等接待。这是指职位相当的接待。这是最常用的接待规格。

第三,低规格接待。这是指主要陪同人员比主要来宾的职位低的接待。这种接待规格常用于基层单位,如某部领导到下属企业视察,企业最高领导的职位也不会高于部领导,这就属于低规格接待。此时,下属企业的负责人必须亲自迎接。

(七)涉外接待

随着社会发展,办公室涉外接待工作也越来越频繁。办公室在涉外接待工作应该有明确的目的和具体要求，通常应根据客人和单位本身需要，既要做到热情适度、充分显示自身的优势和特长，又要注意内外有别，防止泄漏商业和技术机密。

1. 遵守外事纪律。

办公室接待人员在对待外宾接待工作中，一定要严守外事纪律。无论是哪一个组织的接待人员，都应该切实维护自己国家的主权利益，维护民族尊严，不允许背着组织和国家与国外机构或者人员私自交往。

2. 完善接待计划。

周密的计划是做好接待工作的重要保证，涉外接待也是一样。凡接待外宾，都要有针对性地制定详细的接待计划。在接待前要做好充分的准备工作。

3. 做好保密工作。

明确划定本单位的商业和技术秘密范围，明智的做法是尽量缩小商业和技术秘密范围。办公室平时应对职工，特别是对机密部位的职工做好保护商业和技术秘密的教育工作，让所有的涉密人员保持足够的警觉。接待人员要做好向国外客人介绍情况的准备工作，既要做到充分向客人介绍企业自身的优势和特长，又要做到统一口径，防止泄密。供国外客人观看的声像材料和文字材料都应注意遵循上述原则，以免给企业造成不必要的损失。

二、信访工作

（一）信访与信访工作的构成要素

国务院《信访条例》第一章第二条规定："信访，是指公民、法人或者其他组织采用书信、电子邮件、传真、电话、走访等形式，向各级人民政府、县级以上人民政府工作部门反映情况，提出建议、意见或者投诉、请求，依法由有关行政机关处理的活动。"

信访工作，全称为"来信来访工作"，是指各级领导机关依照政策法规受理信访事项，调整信访关系的全部活动。信访工作在参政、监督、反馈和了解民情等方面发挥着重要的作用。信访工作由以下五个要素构成。

1. 信访人。

采用书信、电子邮件、传真、电话、走访等形式反映情况，提出建议、意见或者投诉请求的公民、法人或者其他组织，称为"信访人"。信访人是信访活动的发起者，也是信访工作的对象和基础。

2. 信访受理者。

信访受理者是指在职权范围内受理信访人提出的信访事项的行政机关和社会组织。信访受理者是信访工作的主体，也是决定信访工作成效的关键因素。信访受理者可以是党政军领导机关，也可以是企事业单位和社会团体，还可以是报社、电台、电视台等新闻舆论机构。

3. 信访问题。

社会成员通过信访渠道反映的所有问题,统称为"信访问题"。信访问题一般有三类:申诉求决类、检举控告类和意见建议类。信访问题是信访工作的焦点,信访工作都是围绕着受理和办理信访问题而进行的。

4. 信访方式。

信访工作方式即信访受理者在处理信访问题时,依照一定的原则程序所采取的各种形式和方法。对不同的信访问题,只有采取不同的处理方式,才能做到"对症下药""药到病除"。人们经过长期实践认识到,信访工作最基本的方式是分别处理、综合反映。

5. 信访处理结果。

信访处理结果即信访受理者受理和办理信访问题的结果。《信访条例》规定:"信访事项应当自受理之日起六十日内办结。情况复杂的,经本行政机关负责人批准,可以适当延长办理期限,但延长期限不得超过三十日,并告知信访人延期理由。"信访处理结果是信访活动的归宿,体现着信访活动的目的和意义。

(二)信访工作的原则

《信访条例》规定:"信访工作应当在各级人民政府领导下,坚持调查研究、实事求是,属地管理、分级负责,谁主管、谁负责,依法、及时、就地解决问题和疏导教育相结合的原则。"

1. 以法规和政策办事。

对信访人所反映的问题,必须以党和国家的政策、法规和法律为准绳,这是信访工作必须遵循的一条重要原则。这是因为,党和国家的政策、法律,集中体现了广大人民群众的意志,代表了他们的根本利益。所以,我们对信访人所反映的各种问题和要求,必须按照有关政策和法律、法规去认识和处理,绝不允许超越政策、法律和法规的范围去随意处理。可以说,是否执行政策、依法办事,是衡量信访工作做得好坏的一个重要标志。

2. 通过调查研究,实事求是解决问题。

处理信访问题必须以事实为依据,弄清事实真相是正确处理信访问题的前提和基础。一般说来,信访人是抱着真诚的态度如实反映情况的。但是,由于种种复杂的原因,部分人反映的情况可能不实、不准、不全面,个别有用心的人甚至会在来信来访中捏造事实、诬陷他人或用匿名方式反映,导致情况错综复杂。所以,只有坚持调查研究实事求是的原则,才能弄清事实真相,作出正确的结论和处理决定。否则,很可能会使好人蒙冤、坏人高兴、正义得不到伸张、歪风得不到制止。

3. 分级负责、归口办理。

新修订的《信访条例》将多年来实行的"分级负责、归口办理"信访工作原则修改为"属地管理、分级负责",强调了信访事项属地管理的优先原则,明确了地方各级政府在处理跨地信访和越级信访时的主导作用。无论是"条""块",还是"条""块"交叉的信访事件,所在地政府都应承担起管理职责,尽快明确办理部门并督促解决。信访工作属地管理原则是指信访事项的属地管理。只有这样,才有利于及时、有效地化解跨地或越级信访产生的矛盾。

归口办理,是指就地解决问题,在基层单位解决大量信访问题。群众来信来访的问题大量发生在基层,只有在基层才能解决。就地解决问题的好处有很多:方便群众,减少其奔波,减少劳民伤财;减少越级上访,减轻领导机关负担;有利于改进领导作风,密切党群、干群关系;有利于及时消除不安定因素,把问题解决在萌芽状态。

5. 坚持思想教育。

群众来信来访所反映的问题,既有实际问题,也有思想问题。对能够解决的实际问题,要尽可能予以解决;针对由于客观原因暂时不能解决的,要讲清情况,耐心说服;针对有些要求不合理的来信来访,我们要坚持教育,帮助提高认识,解开思想疙瘩,使其放弃过高要求,终止信访活动。总之,信访受理者对信访人既不能不理不睬,也不能一味无原则让步,对极个别以信访为名诬陷他人的,要进行法制教育,晓之以利害关系。

(三)信访工作的意义

邓小平曾经指出:"稳定是大局,没有稳定,改革和发展就难以顺利进行,已经取得的成果也会丢失。"党的十七大指出,"社会稳定是人民群众的共同心愿,是改革发展的重要前提",要"妥善处理人民内部矛盾,完善信访制度"。因此,做好维稳信访工作具有重要意义。

1. 信访工作能保证人民群众行使参政议政权利,拉近组织与个人之间的距离。

信访是人民群众参政议政的重要方式之一。信访工作是直接为群众服务的,是组织联系群众的纽带和桥梁,是维系社会稳定的有效途径。通过信访渠道向组织反映问题,提出意见、建议和要求,既是群众的合法权益,也是群众对组织信任的表现。做好信访工作既能够让人民群众行使参政议政权利,又能够促进组织与群众之间的交流,拉近组织与群众之间的距离。①

2. 信访工作能够使组织实时接收反馈信息,是了解社会情况的重要途径。

在社会主义制度下,人民群众的根本利益是一致的,人民内部没有根本的利害冲突。但是,由于主客观方面的一些原因,人民内部仍然存在着大量的矛盾。特别是在改革开放、发展社会主义市场预经济的新形势下,有些矛盾表现得更加突出。信访工作的基本任务之一就是帮助人民群众排忧解难。信访工作可以对群众的信访情况进行较为详细的分析和研究,及时化解其中存在的矛盾调解各种矛盾和纠纷,理顺群众的情绪,消除不安定的因素,促进社会的安定团结,为建立和谐社会创造条件。

---

① 杨树森.秘书实务[M].合肥:安徽大学出版社,2012:254.

3. 信访工作是密切联系群众,维护社会稳定的重要手段。

信访工作是各级领导和机关联系群众的重要渠道。尽管领导联系群众的方式是多种多样的,但信访工作则是领导联系群众的重要方式之一。群众在来信来访中反映的许多实际问题,直接关系到他们的切身利益,反映了他们的愿望和诉求。首先,这种联系比较直接。凡是需要并愿意通过信访形式向领导反映情况和问题、提出意见建议的人,都可以直接通过书面或口头形式,同任何一级的领导人对话。这也是领导机关直接了解群众情绪、倾听群众呼声、掌握群众思想脉搏的最简便的形式。其次,这种联系比较广泛。一切公民、法人和其他组织,都可以通过信访渠道同领导机关和领导人发生联系;一切社会问题,大到党和国家的方针政策,小到群众的生活琐事,都可以作为信访事项反映给领导机关及其负责人。最后,这种联系比较经常。它不受时间和空间的限制,无论在任何时候、任何情况下,人民群众都可以向领导机关及其负责人通过信访反映问题。当然,信访人在履行信访权利的同时,还必须承担一定的义务,必须在信访法规允许的范围内活动。

(四)信访工作的程序

信访工作主要分为来信和来访工作,针对不同的来信来访,其工作程序是有所区分的。

1. 来信处理的程序。

对待人民群众来信的一般处理程序是及时拆封、仔细阅读、实时登记、尽快转办或立案交办、回复、归档。

(1)及时拆封。

当日来信,当日启封,加盖收信章。

(2)仔细阅读。

信访部门对来信要仔细阅读,了解来信内容,并对信访问题的真伪、信访要求是否合理作出判断。

(3)实时登记。

阅信后,信访部门应对来信进行登记。

(4)转办或立案交办。

转办就是受理机关按照分级负责、归口办理的原则,将来信转交有关单位和部门处理,即采用统转、单转、函转、分转、抄转的方式将来信转交有关部门处理。

立案交办就是信访部门将一些来信所反映的问题,认为确有处理价值或有实际问题需要解决的,立为案件,面交或者函交有关主管部门办理。

(5)及时复信。

复信就是给写信人回复,告知其来信的处理(承办或转递)情况。复信不一定要等到来信办理完毕,可根据具体情况处理。如可告知信件转办情况,建议到某部门去解决等。

(6)整理归档。

整理归档即根据性质将来信分类整理,定期归档,建立信访档案。

2.来访接待的程序。

(1)热情接访。

接待人员要态度热情,以礼相待,让来访者受到尊重。

(2)仔细登记。

填写《群众来访处理单》。

表 8-1 群众来访处理单

姓名		性别		年龄	
工作单位				职务	
详细地址				邮编	
身份证号				电话	
来访事由					
拟办意见					
领导批示					
办理结果				承办人 年 月 日	
备注				接待人	

(3)认真交谈并记录。

这是接待来访的关键。交谈中,秘书人员要态度谦和、头脑清醒、情绪镇定,按照"一听、二记、三问、四看、五分析"的程序进行。

(4)酌情处理。

酌情处理就是针对来访人反映的问题,按照有关政策法规和工作原则,采取当面答复、电话联系、出具便函、立案交办、直接查办、引见领导等方法进行处置。

(5)立案交办和回复。

将来访者反映的问题立案交办。交办之后要做好回访工作,回访的重点应放在问题已得到恰当解决但信访人仍思想不通的对象身上,以便有针对性地做好疏通引导工作。

三、印章管理与值班工作

(一)印章管理

印章是一个组织或个人进行社会经济活动的诚信凭证与法律依据,是行使法定权利、承担法定责任以及履行法定义务的证据,是用于确认并表明经营管理活动合法有效的重要工具,也是对内实施管理的重要手段。印章管理是对印章刻制、启用、保管、使用等情况进行管理。

1. 印章的使用和管理①。

印章是机关或组织职权的象征,应当按照规定使用和慎重保管。

(1)印章的种类。

①按质料分,印章有铜印、钢印、木印、塑料印、胶皮印、万次印等。

②按性质分,印章有单位印章、部门印章、领导人印章(含签名印章),还有业务专用章,例如:密封章、收发文章、财务专用章、资料专用章、物资专用章、图书馆藏书章以及一些业务人员的工作用章等。

(2)印章的作用。

①标志作用。机关或领导人的印章都是一种职责权力的标志。

②法律作用。公文只有加盖印章才能产生法定权威效用,任何公文信函若没有印章,就不能代表机关,也就无法生效。

③辨伪作用。印章可以用来鉴别各种伪造凭证。文件上如果没有印章,当然就是伪造的;如果有印章,也可以通过对印章式样、字体、图案等方面进行鉴别,辨明真伪。

(3)印章的刻制与启用。

印章的刻制必须由本机关、本部门申请,经上级主管机关批准到公安部门办理手续后,再到指定的刻字单位刻制。私刻公章是违法行为。

印章的启用,必须经过上级机关批准并正式行文。关于启用印章的通知应包括正文、印模和启用日期。

(4)印章的保管使用。

印章应由可靠的专人保管,并遵循保密原则,将其存放在保险箱或加锁的抽屉里。领导一般指定秘书人员保管和钤盖公章。

管理人员使用印章之前,必须经过领导批准,并作登记。凡不符合用印手续的,管理人员有权拒绝受理。未经领导批准,管理人员不得擅自用印,不能把放置印章的抽屉、保险箱的钥匙交给他人代开代取,不能委托他人用印,更不能以印谋私,违者要受纪律处分甚至法律制裁。

2. 印章使用的常见不合规现象②。

(1)用印流程不合规,如印章使用无审批记录、先用印后审批、非标准格式文本未经法律部门审查即用印对外出具、使用公章无监印人监印等情况。未严格遵循用印审批流程进行用印,可能导致用印控制流程失控,形成潜在道德风险。

---

① 马仁杰.秘书学教程[M].合肥:安徽大学出版社,2015:281.
② 王立民.印章管理的主要风险分析[J].中国外资,2013(2).

(2)违规预先加盖用印。用印人员为了减少麻烦,违背了"严禁在空白介绍信、保函、合同、重要支款凭证、公文用纸等上加盖印章"的规定,在空白协议、合同、重要支款凭证以及业务回单上预先加盖公章、合同专用章或业务专用章等,导致合同、协议等重要法律文件的内容、条款失去控制,形成潜在的法律风险。

(3)对外签署的法律性文件使用部门印章,在应使用公章的法律性文件上加盖部门印章,可能诱发道德风险和法律风险。

(4)混用滥用相关业务印章,如业务印章未在规定的范围内使用,混用合同专用章、部门公章和业务专用章等。印章使用不正确,内部管理不规范,可能会让单位陷入法律诉讼,或引发道德风险。

(5)经办人员之间混用、共用业务专用章,违背了专用印章"谁保管,谁使用,谁负责"的原则。一旦发生差错或事故,经办人员难以界定其责任,还可能给不法作案人员留下可乘之机。

(6)用印登记记录不准确、不及时、不完整,如用印登记中存在漏登记、错登记、未分类登记、未及时登记、要素记录不完整、不规范,用印审批单编号不连续,印章使用记录与实际不符等情况。这不利于对印章使用情况的检查监督,影响事后核查追溯。

(7)作废印章继续使用,未及时收缴销毁。机构变更撤销合并,已撤销的部门印章应停止使用。若未严格遵循相关制度规定,让废止印章继续使用,就可能存在废止印章被内部人员利用进行非正常交易、内外勾结进行诈骗或其他非法活动等潜在风险。

(二)值班工作①

值班工作是办公室经常性的工作任务之一,是按时间分工的一种工作方式,也是单位和组织在常规工作时间之外处理突发事件或一般事务所常用的一种工作安排方式。

1. 值班工作的组织形式。

(1)常设性值班。

大中型机关、企事业单位和一些具有特殊性质的工作单位,一般设有常规值班室和值班人员,实行二十四小时值班制度。这种常设值班的工作内容就是负责值班,不涉及其他事物。在某些高级领导机关或特殊工作单位设立的总值班室,直属秘书长或主任领导,其地位与同机关内的办公室或秘书处相等,是独立的职能机构。

(2)间歇性值班。

大多数中小机关、企事业单位不设立专职值班室,在工作时间之外和节假日期间,由办公室人员和其他行政工作人员轮流值班。

(3)临时值班。

遇到一些突发事件时,单位临时组织人员进行值班,以处理临时突发事件。

---

① 马仁杰.秘书学教程[M].合肥:安徽大学出版社,2015:283.

2.值班工作任务。

(1)通讯联络。

值班期间,值班人员主要负责接收和传递各种邮件、公文,并按照文书工作处理程序和要求进行处理;负责接听、记录、处理电话事宜,保证本单位与其他单位之间的信息畅通。

(2)公务接待和咨询。

遇到来访的业务人员或客人,值班人员应按照正常的接待要求和礼仪做好相关的接待工作,并妥善回答客人的咨询,尽量满足客人的要求。对于外地来访客人,值班人员应提供联系食宿、预订车票等服务。

(3)处理紧急问题和突发事件。

当遇到紧急公文或紧急情况,如发生自然灾害、事故、或突发事件时,值班人员应做好传达信息、沟通协调、灵活处理等工作。

(4)承办领导临时交办的事项。

临时事项有迎送突然到访的客人、下发临时性会议通知、紧急联络有关人员、突击检查某项工作等。

3.值班工作制度。

(1)岗位责任制度。

值班人员必须遵守制度,按时到岗。在值班期间必须坚守岗位,尽职尽责,填写好值班工作的原始记录,如《值班日志》。如果遇特殊情况需要离岗,应提前向主管负责同志请假,以便安排临时接替人。值班人员如果迟到,上一班的工作人员应坚守岗位,不得擅离职守。

(2)请示报告制度。

除常规工作可自行处理外,重要问题均应立即向领导请示汇报,并按照领导的指示办理,值班人员不能擅自处理、擅作主张。

(3)交接班制度。

在值班中,上一班工作人员应把值班情况、办毕事项、待办事项,按照《值班日志》的记载,逐项交代给下一班人员,以避免工作脱节。

(4)安全保密制度。

值班人员应与本单位保卫人员密切配合,共同做好安全保卫工作。收到机密文件及机密事宜,必须按照保密要求处理。《值班日志》和《值班报告》应按规定妥善保管,无关人员不得随意翻阅。

四、随从与保密工作

(一)随从工作

随从工作是一项事务性工作,特指领导公务旅行中的具体服务事宜,主要是跟随领导到异地视察、调研、开会和参观等服务性工作。它是办公室工作的其中一项重要内容。

随从人员在领导出差时,要负责为领导办理以下相关事务性工作:

1. 出差前的各项准备工作。

(1)日程安排准备。

为领导作出差准备,随从人员一定要细心周到。随从人员在为领导草拟出差日程时,一定要弄清楚出差的目的,然后围绕目的,制定出行计划。

随从人员制定的出行计划须经领导同意后方能实施。随从人员一定要注意与对方的工作人员进行沟通,把活动的时间、地点约好,安排好行程。日程表安排好以后,要多复印几份,给领导和留在"家"的负责人各送一份。安排日程的时候,在时间上一定要留有余地,既不要过于匆忙,也不要过于闲暇。

(2)车船住宿准备。

随从人员要提前预订好车票、船票、机票,如果要出国,须提前办好护照和签证。随从人员一定要事先预订旅馆,可根据领导者个人爱好和习惯来决定。

(3)资料准备。

领导出差要随身携带哪些东西,随从人员一定要替领导想好。随从人员要根据出差的目的和计划安排,准备好必须携带的文件资料和物品,包括相关资料、合同、文具、手提电脑以及旅行支票(信用卡或现金)等。

2. 做好旅行服务。

随从人员人员陪同领导出差时,应全权负责事务性工作,如办理登机、入住手续,与当地有关部门进行联络,照顾行李,联系交通,安排食宿,照顾好领导的生活,保证领导的人身安全等。

3. 处理好活动资料和总结。

撰写异地视察、调研、开会、参观情况总结,以便向在"家"的领导汇报或通报、交流。

4. 做好差旅费用结算。

随从人员在出差途中,每一笔开支都应该有相应的记录,留下相应的票据等报销凭证。出差回来后,及时理清相关发票凭证,到财务部门报销。在报销过程中,随从人员要严格区分领导及个人的公务开支和私人开支,不可混在一起报销。

(二)保密工作

办公室是目前我国绝大多数办事机构开展各项工作的主要场所,包含了大量的机密信息。所以办公室人员要以高度的责任心和使命感做好机要保密工作,维护本单位乃至国家的根本利益。①

1. 秘密和保密工作的含义。

秘密是指在一定时间内仅限一定范围的人知悉、不准公开或不宜公开的信息和事

---

① 赵雪静.办公室事务管理[M].上海:华东师范大学出版社,2015:233.

物。秘密通常有三个层次：第一是个人秘密；第二是组织秘密；第三是国家秘密。

保密工作，就是为达到"保密"目的所采取的一切手段和措施，包括积极防范和认真追查两个方面。①

2.秘密的等级。

根据我国2010年4月29日公布的《保密法》，可将国家秘密划分为三类：

(1)绝密。

这是最重要的国家秘密，泄露出去会使国家的安全和利益遭受特别严重的损害。

(2)机密。

这是重要的国家秘密，泄露出去会使国家的安全和利益遭受严重的损害。

(3)秘密。

这是一般的国家秘密，泄露出去会使国家的安全和利益遭受损害。

3.保密的内容和任务。

(1)文件保密。

文件是国家、单位秘密的一种存在形式，是保密工作的主要内容之一。保密文件包括秘密文件、资料、图表以及密码、密码电报及传真等，办公室人员对秘密文件的制发、阅读、传递、复印、保存、销毁都应遵循有关的保密规定。

(2)会议保密。

对于保密会议，办公室人员要对会议进程的各个方面及相关步骤进行保密安排。尤其对于涉密的内部会议和保密程度较高的会议，必须认真做好安全防范措施，对与会人员进行保密教育，规定保密纪律。与会人员不得对外泄露会议的日期、地点、议题、议程和会议内容。

(3)宣传报道保密。

宣传报道包括报纸、刊物、图书、广播、影视、展览等，它传播速度快、涉及面广，一旦被泄密，后果严重。宣传报道要坚持"内外有别"的原则，如涉及与外国报刊、电台、电视台合作的宣传报道，应该先报批，并做好相应防范工作。

(4)通讯保密。

通讯保密就是对现代化的有线和无线通讯及其设备进行保密。例如，对通讯密码、密码机及密码电报绝对保密；坚持电报"密电密复""明电明复"，不用文件转发密电，不用明电传送秘密；传送秘密必须使用加密电话和传真；对引进的外国通讯设备必须经过严格的检测，才可安装使用等。

(5)计算机保密。

计算机保密就是对存有秘密信息的计算机进行技术上和管理上双重的约束，达到保密的效果。

---

① 杨树森.秘书实务[M].合肥：安徽大学出版社，2012：259.

4. 保密制度。

《国家工作人员保密守则》规定：保密工作人员应该做到不该说的机密，绝对不说；不该问的机密，绝对不问；不该看的机密，绝对不看；不该记录的机密，绝对不记；不在非保密本上记录机密；不在私人通讯中涉及秘密；不在公共场所和家属、子女、亲友面前谈论机密；不在不利于保密的地方存放机密文件和资料；不在普通电话、明码电报、普通邮局传达机密事项；不携带机密材料游览、参观、探亲、访友和出入公共场所等。

《保密法》第二十六条也明确规定：禁止在互联网及其他公共信息网络或者未采取保密措施的有限和无线通信中传递国家秘密；禁止在私人交往和通信中涉及国家秘密。

五、日程安排与约会安排

（一）日程安排

日程安排是指办公室协同领导对下一阶段领导所要进行的工作按时间顺序作出合理的计划，并通过一系列服务使计划得以顺利实施的工作。①

1. 日程安排的意义。

（1）有利于领导科学、合理地利用时间。

在现代社会，大多数领导人是十分繁忙的，他们要批阅各种各样的文件，参加各种各样的会议，会见各种各样的人员，处理各种各样的业务。领导人的工作可谓千头万绪，无所不包。许许多多繁杂的事务，必有轻重缓急之分。为了抓住重点，提高领导工作效率，合理利用领导工作时间，提高领导工作水平，领导日程安排就显得尤为重要。

（2）有利于做好辅助性工作。

领导的许多工作需要办公室提前收集信息、准备材料、联络通知，做好各项准备工作，因此，办公室对于领导下一阶段要进行的工作只有做到心中有数，才能把各项工作做在前面，为领导重要活动的顺利进行创造良好的条件，更好地为领导工作服务。

（3）有利于协调行动，提高工作效率。

安排领导工作日程特别是重要活动时，必须与其他领导和有关部门进行联络，充分协商，有些重要活动的日程还要通过会议才能决定，因此，安排领导日程本身就是一个协调的过程。只有日程安排合理，整个机关工作开展才能协调一致，工作效率才能提高。

2. 日程安排注意事项。

合理的日程安排能科学地利用时间，但在日程安排的过程中，也需要注意一些事项，否则会不利于领导的日常工作的开展，甚至会造成一些重要工作的延误。

（1）注重实效。

领导的主要职责是决策和全局性管理，领导活动日程应围绕这一中心来安排，而不能

---

① 杨树森.秘书实务[M].合肥：安徽大学出版社，2012：322.

搞形式主义。凡是与本组织主要业务无关或者关系不大的活动,领导应尽量不参加或少参加。如果领导有请必到,势必占用大量宝贵的时间和精力,从而影响组织的主要业务。

(2)切忌过满。

安排领导日常活动时,切忌把领导的日程安排得过满,必须给领导留有一定的机动时间,如此既能满足领导参加公务活动的需要,也能让领导有时间处理一些一般性事件。

(3)张弛有度。

安排领导工作日程,既要考虑到提高工作效率,也要考虑到领导的时间、精力、年龄、性别和身体状况等,使领导在工作之余,能够得到充分的休息,劳逸结合,张弛相间。

(4)尊重领导本意。

办公室人员对领导在计划安排、原定计划改动等方面,要充分尊重领导本意,不可未经领导同意擅自修改或安排日程,更不能未向领导请示而代领导接受或拒绝预约。

(5)注意保守机密。

领导的一些工作日程安排因业务或特殊原因具有一定密级的,为防机密泄露,办公室人员一定要做好保密工作,树立保密意识。一些高级领导人在日程安排上甚至会涉及领导人本身的安全问题,办公室人员要对领导的日程安排做好必要防范工作,甚至在机关内部,也只让相关人员知晓相关事情,如司机只需知道什么时候用车,某职能部门只需知晓什么时候参加、怎么配合等相关事项即可。

3. 领导工作日程表的编制。

领导日程安排通常以工作日程表的形式确定下来。日程表按时间分通常分为长期表、中期表、短期表三类。其中,长期表是指一年或者半年日程表,中期表是指月日程表,短期表是指周日程表或者每天日程表。日程表按功能还可以分为会议日程表、旅行日程表等其他日程表。我们在这里主要介绍日程表按时间分类的集中类型。

(1)年度工作计划表。

年度工作计划表一般在上一年的年末制定,是本单位在新的一年中重要活动安排一览表,年度工作计划表属于长期日程安排,其内容一般都是本单位年度全局或者主要业务的重大活动,应该粗略一些,不宜太过于详细。其参考格式如表8-2:

表8-2 ××公司2016年度重要活动时间安排表

月份	日期及活动内容	备注
1		
2		
3		
4		
5		
……		
12		

(2)月工作日程表。

每月日程安排表要在上个月月底编制完成,它属于中期日程安排,其内容一般为领导在一个月内要参加的会议、谈判、调查研究、工作旅行等重要活动,以时间为单位,内容较年度工作计划表更详细。其参考格式如表8-3:

表8-3　××市长6月份工作日程表

日期	星期	日期及活动内容	备注
1	四		
2	五		
3	六		
4	日		
……	X		
30	五		

(3)周工作日程表。

周日程工作表属于短期日程表,应在上周末排定,其内容主要是领导重要活动、例会会议等,周日程工作表要尽可能精确,并注明活动地点。其参考格式如表8-4:

表8-4　一周工作日程表
(7月1日—7月8日)

日期	星期	午别	工作内容	备注
	一	上午		
		下午		
	二	上午		
		下午		
	……	上午		
		下午		
	五	上午		
		下午		

(4)每天工作日程表。

每天工作日程表应在前一天下班前制定,并报请领导。每天工作日程表是一天工作计划的安排,其时间应精确到时、分,工作安排要尽可能详细,如几时参加什么会议,几时要与某人谈话,几时要接待某人来访,什么时间安排集中批阅文件等。

每天工作日程安排表一般先由办公室人员将每周日程表原来排定的第二天活动内容和已经预约的会见等活动填写到日程表中,送领导本人过目,看是否需要调整或补充。由于是第二天就要进行的工作,许多活动的准备工作已经基本完成,因此领导一旦同意,一般不要再作变动。每天日程安排表参考格式如表8-5:

表 8-5 每天工作日程表

年　月　日　星期

时间	活动内容	地点	备注
8:00			
9:00			
10:00			
11:00			
12:00			
13:00			
14:00			
15:00			
16:00			
17:00			
18:00			
19:00			

（二）约会安排

约会安排是指对领导预先约定时间地点会面的活动安排。它可以是在单位内，也可以是在单位外举行的活动。有些约会是在餐桌上举行，又称为"餐会"或者"宴会"，时间往往较长。

1.约会安排原则。

(1)与领导日程表相符。

约会的安排一定要和领导的日程安排相一致，不能随意打乱领导原有日程安排，同时要与领导工作规律和生活习惯相符。

(2)重急轻缓。

约会安排要分辨出轻重缓急。一些特别重要的约会要记录下来，如特殊会议及全国性大会、每周例会（部门会议等）、月度会议（领导成员会议等）、年度会议（股东大会等）。一般来说，重要紧迫的约会应尽快安排，不甚重要的约会或礼节性拜访，可插入领导适当的工作空隙中。

(3)弹性预留。

弹性包括两个方面，一是指约会时间错开进行，忌过紧或过松；二是早期决定的约会，时间无法确定，或因临时情况有变导致约会时间变更。约会安排要充分考虑到这些因素，预留弹性工作时间。

(4)做好变更约会的善后工作。

约会一旦安排好,轻易不要变更。但有些约会时间原本就不太确定,加之一些特殊情况的发生,往往临时需要改变约会时间。若因特殊情况必须变更的约会安排,一定要处理好约会变更的善后事宜,尽快通知对方并致歉,确定再次约会的时间。

2. 约请他人。

上司A想约B公司的研发部主管C就联合开发研制某种新产品的问题谈一次。于是他让秘书代他去邀请对方。秘书在约对方时,以下几点必须让对方明白:

约请谁、什么时间、什么地方、什么事情、大约需要多长时间、需要带什么资料等。

一位经验丰富的办公室工作人员,替领导安排约会的时间极为妥善,从不让领导过问太多。办公室工作人员要首先了解领导的工作情况,对领导一天工作的事情有个大概的印象,将它们的重要性和所需的时间弄清楚。注意:替领导安排约会时,要按约会的性质,将约会安插在适当的工作空档中,并且尽量在时间上安排得有弹性。

3. 接受约请。

接不接受对方的约请,主要看领导在时间上是否安排得过来。比如:办公室工作人员接到C公司的A员工打来的一个电话:"我是A,请问B在吗?我想下个星期的星期二下午两点与他见面。"不巧的是领导买好了下个星期二下午三点去某地出差的机票。是什么事?要多长时间?这些对方都没有讲。如果接受,一个小时能来得及吗?即使来得及,领导是否愿意弄得这么紧张?因此这位秘书这样答复A先生:"实在对不起,B总定于下星期二三点出差,时间可能来不及,等他出差回来后再约个时间,您看如何?"这样的话,对方也许愿意改期,也许会说只要半个小时就行。再比如,某公司副总经理D的朋友E打电话给D,希望能够拜访他,可惜他不在公司,他的秘书告诉E:"D总今天整天都不在,你可以在明天早上十点半来公司,他那时可以和你谈。"然后,秘书挂断电话以后再向D总汇报并征得同意。于是第二天早上十点半,E到那家公司就很顺利地见到了副总经理D。

4. 约会安排应注意的细节。

(1)不宜安排约会时间:领导外出回来当天;周末或者假日;临近下班时间等。

(2)约会事项应在上一天下班前填进小卡片,必要时一式三份,一份给领导,一份给司机,一份自己保存。

(3)备妥约会资料,适当时间请领导过目。

(4)秘书负责约会场所和招待事宜,必要时做好约会内容记录。

(5)记下约会对方或者对方工作人员的电话号码,在约会之前再次联络,确保约会如期进行,如临时取消或者变更,也确保能在第一时间通知到约会对方。

(6)选择合适的时机,及时提醒领导约会安排。

第三节 办公礼仪

一、办公礼仪的作用

(一)办公礼仪的含义

办公礼仪是指办公室人员与他人交往时表现出来的仪表、仪容、谈吐、风度等行为,是组织形象的体现。办公礼仪包括礼节和程序两个方面,也就是说,既有礼节方面的规范化要求,也有先做什么、后做什么的程序方面的规范化要求。办公礼仪对礼节和程序的规范均有严格要求。在一般的人际交往中,如果不慎有失礼仪,只是个人形象受损。若是在公务活动中,办公室人员有失礼仪就有损于组织形象。在办公室工作中,遵循礼仪,不但有利于与他人沟通,而且有利于树立本组织的良好形象,使之顺利发展。

(二)办公礼仪的作用

1. 办公礼仪在辅助决策中的作用。

领导是决策者,并依法享有一定的权威,这使领导既没必要也不可能事必躬亲。领导作为一种机构的代表,是权力的象征,需要在行事时懂得相关礼仪。办公室的各个岗位,尤其是秘书工作人员,紧贴领导,是直接为领导服务的,其在领导决策行为中起着至关重要的辅助作用。[①]

(1)办公礼仪辅助领导提升个人形象。

礼仪训练与安排是办公室的常务工作,在辅助领导进行决策的过程中,对礼仪程序作妥善安排,使领导在具体的活动中既体面又掌握主动,是办公室人员办事能力的反映。如A企业的经理与B企业的经理在A企业晤面,办公室人员在事先就应该将有关时间、地点通知对方,并认真打扫会客室,安排好茶水和午餐,准备好相关文件材料,精神饱满,态度从容地迎接B企业的经理并将之向A企业经理介绍,使会晤在良好气氛中进行。礼仪周到能使人精神放松、心情舒畅,有利于双方开诚布公,促使事情成功或好转。

在某些重要场合,领导需要有些象征性的行为,如剪彩、奠基等,办公室必然事先要做好准备,将必要的工具装饰好,选定地点,并考虑在象征性行为完成后安排领导的合理退场。这种礼仪性的安排,虽然较琐碎,却不可不做。事虽小影响却大,与领导的个人形象紧密相关。

---

① 李作南,李仁孝. 论礼仪的性质和作用[M]. 广播电视大学学报,2001(3).

(2)办公礼仪辅助领导塑造企业形象[①]。

在风险与机遇并存的当今世界,调动一切积极因素,利用一切有效手段,提高组织的知名度与美誉度,从而建立产品良好信誉,树立良好的组织形象和员工个性形象,是每个社会组织的至关重大的问题,因此办公室人员格外需要充分利用自己的身份,在塑造组织形象的过程中发挥独特作用。礼仪是现代社会公共关系的辅助手段之一,组织形象的塑造离不开礼仪。一般说来,要树立良好的组织形象,除建立产品信誉,运用象征性标记外,员工的精神风貌、服务态度、业务水平、装束仪表都是组织形象的一部分。办公室人员首先要在自己的个人形象上要注意维护组织形象,让社会公众通过个人而对组织产生好感。同时,在各种管理活动和日常工作中,要帮助领导时刻提醒和教育员工注意自身形象,从而维护组织形象。

(3)办公礼仪辅助领导建设企业文化。

现代社会的企业管理越来越注重人的主动性和创造性。"企业文化"的概念由此应运而生。企业文化是企业在自身生产经营实践中形成,为全体员工认同的企业群体意识和行为准则。它既指表面的物质文化,如厂歌厂旗、产品形象、厂容环境等;又指结构性的制度文化,如领导体制、结构组织、规章制度等;还指深层的精神文化,如价值取向、经营哲学、行为准则等。无论它的哪一层意义,都与礼仪有一定的关系,因此,办公室应充分认识礼仪在企业文化建设中的作用,在辅助领导决策、推动企业文化建设的进程中,尽可能地发挥礼仪加强个人修养,优化企业管理的功能。企业文化对企业的生产发展起重要的促进作用,领导必然会通过精神文化的作用来调动员工的积极性,以产生巨大的物质效应,形成强大的生产力。办公室在辅助领导决策和制定各种管理制度时,应树立以"人"为本的观念,在严密、强制的制度下,注意以礼仪、道德的精神感召力启发、诱导企业员工矫正自己的行为,体现企业的精神,维护企业的形象。通过礼仪的规范作用,员工能自觉地为自己的不当行为内疚、愧怍,进而自觉调节行为。企业的某些礼仪仪式,如升厂旗、唱厂歌等,也体现了企业的精神。办公室应协助领导积极筹划这类活动,设计厂旗,编撰厂歌,使企业的精神深入人心,成为员工的自觉行动。这样做有助于领导协调和控制全局,也易于凝聚团结全体员工。

2.办公礼仪在沟通关系中的作用。

(1)办公礼仪在秘书与领导关系中的规范作用[②]。

秘书与领导的关系是秘书人际关系的首属关系,由于这种关系十分重要,双方在最初接触磨合的过程中都会小心翼翼,而一旦觉得不称心会立刻撒手。反之,一旦发现配合默契,便越发珍惜和依赖这种关系。从理论上说来,领导与秘书的关系越紧密,就越富有工作创造力,但在实践中却未必如此,关系紧密了,有时也就结成了一种同盟,可能反

---

① 陆予圻.秘书礼仪[M].上海:复旦大学出版社,2012:77.
② 向国敏.现代秘书学与秘书实务[M].上海:华东师范大学出版社,2013:72.

而有碍甚至损害企业或国家的利益。因此,规范领导与秘书的关系,除各种原则制度的保障之外,礼仪仍有现实意义。礼仪可以帮助秘书工作者确定自己的位置,规范自己的行为,不僭越,不轻浮,尊重领导权威,尊重领导意见,按正常渠道上情下达沟通信息,也能在礼仪中保全自己的人格尊严。

(2)办公礼仪在部门之间的协调作用。

作为管理层中的中介部门,办公室要与各职能部门和外部世界联系沟通。礼仪在沟通中起到消除隔阂、增进理解的作用。由于身处领导近旁,其他人对秘书可能会有特殊看法,办公室人员这时除了以诚相见之外别无他法。以诚相见不仅要求感情真挚,也包括礼仪周到,如尊重对方的身份、理解对方的处境、同情对方的困难、赞赏对方的成就等,从而取得对方的信任。①

(3)办公礼仪在信息互通中的桥梁作用。

现代社会,沟通包括信息关系的沟通,沟通也是为了信息的交流传播。信息的广泛传播和应用,对促进生产力的发展和经营管理质量的大幅度提高具有重要的意义。信息是一种人们可以共享的特殊物质,在互相传递交换的过程中,信息不断地更新和增值,也不断地影响着组织的行为和领导的决策。在信息的收集、加工、传递、贮存等过程中,办公室应充分认识到礼仪是重要的信息输送桥梁。

在组织行为中,不同的政策方针、不同的经营方略会产生不同的礼仪标准。从对象的亲疏变化、过程的繁简不同可以发现礼仪本身就是一种信息,它能体现政策方略的变化,礼仪的效用在这里被扩大了,成了一种"方向标"和"寒暑表",这在社会生活中屡见不鲜。如A公司的新经理刚上任,就接到B公司经理的热情洋溢的祝贺信,而这两家公司在过去的交往中因利害冲突而生嫌隙。一封祝贺信,既是一种礼仪的表现,更是一种寻求和解沟通的信息表示,两公司可能由此走向新一轮的合作。

礼仪也会使信息的传播渠道更加畅通。信息沟通要求及时、保真,倘若信息渠道不畅,就达不到及时保真系统的要求。为了做到这些,办公室必须广泛开辟信息来源,运用多种手段获取信息。除了社会各种大众传播媒体,还要建立自己的信息网络,礼仪就是建立和维系这个网络的重要手段。只有以礼相待,以诚相见,以互利为前提,以双赢为目标,才能在社会上找到朋友,建立合作关系,避免信息的封锁和传输干扰。办公室人员要懂得珍惜各种协作关系,学会适宜地调节气氛,恰当地用礼仪手段表示致谢、致贺、慰问、关心,广泛地参与各种公关活动或交际活动,不失时机地结交新朋友,巩固老关系,哪怕是递上一张名片,在办公室打出或接进一个电话,在公众场合的一次点头握手,都应认真诚恳,从而加强情感交流,并及时用礼仪修补被破坏的或处于冷淡中的关系,以使合作各方更亲近、更融洽,合作成功可能越大,发展机会越多。

(4)办公礼仪在组织员工内部交流中的缓冲作用。

---

① 陈合宜.秘书学(第六版)[M].广州:暨南大学出版社,2014:205.

思想交流、感情沟通也是办公室人员工作的内容之一。任何组织作为社会的一部分,自然要反映社会的价值取向、道德观念。此外,在组织内部,工种的区别、技术水平的不同、收入的差异以及各员工个性、家庭状况的独特都可能引起人与人之间的碰撞、摩擦,这种碰撞与摩擦若得不到较妥善的处理解决,对员工本人的精神和组织的工作都将造成极大的伤害,矛盾若有激化,甚至会危及社会安定。办公室人员应善于运用礼仪手段来缓解矛盾、协调关系,促进感情沟通、思想交流。礼仪作为开启心灵的钥匙,可以使员工求大同、放眼未来,将个人的理想与组织的发展和他人的发展联系起来,在同一目标的感召下,齐心协力,增强对组织目标的认同感和作为组织一员的使命感、自豪感,产生对组织的归属感,从而焕发出高度的主人翁责任感和积极向上的精神面貌。人们在一个有话可说、有情可诉、有感可表的互相理解、沟通无阻的环境下,能更充分地体现价值,更充分地发挥才智,这些反过来会促进组织的凝聚力,使组织的信息渠道更通畅,决策的准确率更高,员工的积极性更大。

办公室人员一定要牢记,在企业管理过程中,礼仪沟通是现代企业的生存发展的必要条件之一,在领导决策的刚性制度下,以柔性的形式诉诸员工情感,对规范员工的群体意识和行为准则,对调动一切积极因素,都有重要的推动作用。在与社会的交往沟通中,礼仪又是一个信息窗口,从中可以窥得一个单位的精神面貌和经营品质,这是许多社会组织重视礼仪工作的原因之一。即使在不成功的谈判与合作中,坚持有理、有利、有节的原则,从大局出发,从长远出发,或可以做到"买卖不成友情在",或可以击退交往中的不正常行为。

(5)办公礼仪在组织对外联系中的窗口作用。

由于工作特点,办公室人员既在单位内部起联系沟通作用,又在社会上成为本单位的窗口形象和信息代表,所以礼仪在办公室人员身上是"全方位"地体现的。办公室人员的个人礼仪首先应讲究。办公室人员在一个"外向"性的岗位上,与多种对象打交道,如果不修边幅、不注重言谈举止,会直接影响来访者或被访者情绪,影响办公室同事的情绪。所以许多单位对办公室人员的衣着、饰物、化妆品都有规定。这种规定,当然不是针对某个办公室人员个人,而是针对办公室管理这个岗位的。此外,办公室工作人员应对礼仪知识有较完善的掌握,能在礼仪活动中分清主次、内外,把握分寸,要对各国、各地、各民族、各宗教的文化风俗礼仪习惯有所了解,并在实践中融会贯通。尤其在 21 世纪,人类进入了一个新纪元,对客观事物的认识上了一个新的台阶,如保护环境、与动物友好相处已成为全世界的共识,礼仪行为也必须跟这种认识结合起来,倘若在给外宾送礼时,把动物毛皮当作贵重礼品,就显得十分不合时宜了。礼仪活动中若缺乏这种窗口意识,不仅不能高效地发挥应有积极作用,反而会给组织带来难以弥补的恶劣影响。

二、办公室的基本礼仪

办公室的基本礼仪是目前世界大多数国家通行的礼节,是所有现代礼节形式中使用最多的一种。办公室人员的举止尤为重要,在与他人的交往中起着重要的作用。"言为心声,行为心表",作为人的"第二语言",仪态、谈吐在塑造个人形象、展示组织风采上发挥着重要作用。恰如其分地掌握运用各种礼仪,既能显示个人魅力,又会增添组织风采,往往在公务交往中产生令人意想不到的效果。

办公室基本礼仪主要包括"仪容礼仪""仪态礼仪""交谈礼仪""握手礼仪""名片递接礼仪""致意礼仪""称谓礼仪""介绍礼仪""通信礼仪"等。

(一)仪容礼仪[①]

1.仪容礼仪的内容。

仪容,通常是指人的外观、外貌。在人际交往中,仪容会引起交往对象的特别关注,会影响对方对自己的整体印象。在个人的仪表问题之中,仪容是重中之重。

真正意义上的仪容美应当是自然美、修饰美和内在美三个方面的高度统一。忽略其中任何一个方面,都会使仪容美失之于偏颇。在这三者之间,内在美是最高的境界,自然美是人们的心愿,修饰美则是仪容礼仪关注的重点。

2.仪容修饰的要求。

要做到仪容修饰美,自然要注意修饰仪容。修饰仪容的基本要求是美观、整洁、卫生、得体。

首先,仪容要整洁卫生。卫生整洁不但是个人习惯,也是健康精神、良好心态的表露。办公室人员的卫生整洁要更多地从组织形象需要考虑,以便给人留下良好的印象。办公室人员要勤洗澡、勤洗脸,并经常注意去除眼角、口角及鼻孔的分泌物;在出门之前检查一下皮鞋,尽量使之保持清洁;注意口腔卫生,指甲要常剪,头发按时理,不得蓬头垢面。男士应该遵守"前发不覆额、后发不及领、侧发不掩耳"的原则。

其次,仪容要简约端庄。仪容既要修饰,又忌讳标新立异,简练、朴素最好。仪容庄重大方,斯文雅气,不仅会给人以美感,而且易于让自己赢得他人的信任。办公室人员参加社交活动之前,应简单修饰一下自己,除了身体各部位要干净之外,男士应剃胡子、梳理好头发,还要注意修面、剪鼻毛、剪指甲;女士也应整理一下发型和注意面部的修饰,化一点适合自己的淡妆,这样会使你看上去精神焕发,并让人感到你对活动的重视。

最后,仪容要显得昂扬健康。对办公室人员来说,昂扬健康的精神面貌是最好的仪容状态。外国记者描绘20世纪40年代的延安时说,延安人的生活虽十分艰苦,却歌声不断,朝气蓬勃,使人坚信中国的希望在延安。所以,办公室人员一定要使自己有健康的心态和良好的生活习惯,只有这样仪表才会美好。

3.服饰礼仪。

在社会交往中,一个人的服饰得体具有很大的作用。办公室人员服饰礼仪不仅要

[①] 马仁杰.秘书学教程[M].合肥:安徽大学出版社,2015:373.

体现实用性,也要体现装饰性,还要体现个人的文化修养、审美情趣、气质品位等。服饰礼仪总的原则是协调,具体说就是服饰与个人自身条件、职业特点和所处环境相协调,同时遵守与服饰自身相关的习俗或原则。还要注意以下几点:

首先,办公室人员服饰不可过于个性张扬。衣着只有与自己的年龄、性别、肤色、体形等特点相适应,特别是和自己的性格、气质、个性特征相吻合才是得体的。如果在着装上不顾个人的特点和自身条件,一味地赶时髦、搞特别,不仅不能展示自己的良好气质,而且会给人不专业的印象。

其次,办公室人员服饰要懂得扬长避短。办公室人员在选择服饰时,尽量避免穿戴与自己体形不协调的服饰,选择适合自己的服饰才能充分展示自己身材的长处,使自己充满自信地出现在各种社交场合。服饰还要体现民族特色。改革开放以来,我国各个领域的对外交往日益扩大,办公室人员在各种对外交往活动中与其穿西式服装,还不如穿民族服装,这样既不落俗套又易引起对方注意。

最后,办公室人员服饰不可过于华丽或隆重。简洁是当今服饰发展的大方向,服饰越简洁、越流畅,其美学效果就越好。办公室人员工作比较繁重,服饰过于烦琐不但不利于轻装上阵工作,还会被人看作"花瓶""摆设"。简洁的服饰会给人一种轻松、明快之感,有利于人际沟通。

4. 化妆礼仪。

在交往应酬中,化妆是一种礼貌。化妆就是使用化妆品进行自我修饰。男人也好,女人也好,老人也好,孩子也好,都应使用化妆品。化妆的基本礼仪有以下两点:

第一,化妆要自然。有一些工作场合对职业女性要求淡妆上岗。淡妆就是化妆之后,自然而然,没有过多粉饰痕迹。比如,涂抹香水实际上是要避免在公众场合留下身上的汗味或者难闻的其他味道。香水没有必要涂得太多,适当地喷洒一点,在交际圈一两米之内,大家觉得有点芬芳也就足够了。

第二,化妆要协调。比如,化妆品最好成系列使用,这样它们的香味往往是一样的,不至于串味。化妆后的各个部位要协调,比如指甲的颜色和唇色应是同一个色系,并要与自己的服饰相协调。

(二)仪态礼仪

办公室人员的仪态礼仪主要包括两个方面:一是站、坐、行、蹲的基本姿态;二是神态表情,主要指目光和微笑。

1. 基本姿态。

(1)站。一个人的站姿能表现出他的精神面貌,中国人自古就讲究"站如松"。办公室人员最基本的站姿就是挺胸收腹,腰背挺直,头部放正,目光平视,双肩放松。手和脚的姿态男士和女士有所不同。一般情况下,男士是双脚与肩同宽。女士则可以双脚并拢,或者双脚脚跟并拢,脚尖分开呈三十度到四十五度角,或者双脚呈"丁"字形。不管男士、女士,双手一般都是交叉,右手压在左手上面,双手在腹前交叠。双手手掌心正对着肚脐。这种手势被礼仪专家称为"护印手",即左手代表事业,右手压在左手上是保护好自己的事业。从视觉上来看,这种"护印手"的手势让人显得亲和稳重,符合办公室人员的形象要求。

(2)坐。坐姿不仅能反映一个人的精神状态,还与人的身体健康息息相关。如果坐姿不正,整个人看上去就无精打采,腰背也容易酸痛,影响身体健康。优雅的坐姿能够充分表现出办公室人员的好形象和高素质,因此,坐要讲究"坐如钟"。

办公室人员在入座时,先要观察椅子所放的位置是否合适,如不合适要先把椅子挪到合适的位置。一般从左侧入座,女士如穿着裙装,在入座时要用双手先轻拢裙摆,而后入座。入座时不能满坐,最多只能坐椅子的三分之二。坐下后,快速整理一下衣服,上半身保持挺直,双目平视,双肩放松,两臂自然弯曲放在腿上距离膝盖十至十五厘米的位置,也可以放在椅子或沙发扶手上。男士双脚分开与肩同宽,女士则双腿并拢,双脚并拢正放或斜放均可。与人交谈时,身体侧坐,转向交谈者方向,上半身保持挺直,微微前倾。

办公室人员如果坐在办公桌前工作,则要注意调整办公桌与椅子的高度,保证坐在办公桌前时,双臂能够平放在桌面上,双手与电脑键盘平行,电脑屏幕应略低于平行视线。

(3)走。行走是人的基本动作之一,是站姿的延续动作,最能体现一个人的精神面貌。行姿能够体现出一个人的文化素养和涵养风度。

办公室人员在行走时,应该保持站姿中除了手和脚以外的各种要领,迈步不要过大,一步迈出的距离大约是一个步长或一个半步长,不能超过一个半步长。两腿间距离要小,女士穿裙装时要走成一条直线。两臂自然前后摆动,手臂与身体的夹角一般在十度至十五度。在行走过程中,办公室人员要随时注意周围的环境,看到领导、同事或客户要马上停下脚步打招呼。

走路时最忌内"八"字和外"八"字,除此之外,不要弯腰驼背、歪肩晃膀;不要步子太大或太碎;不要大甩手,扭腰摆臂,左顾右盼;不要双腿过于弯曲,走路不成直线;不要脚蹭地面;不要双手插裤兜等。

(4)蹲。办公室人员在日常工作中,经常需要下蹲,比如整理办公环境,捡掉在地上的东西,集体合影时前排人员需要蹲下等。办公室人员在下蹲时要做到迅速、得体、大方。

基本的要领是一脚在前,一脚在后,两腿向下蹲,前脚全着地,小腿基本垂直于地面,后脚脚跟提起,脚尖着地。男士下蹲时双腿可以稍稍分开,女士下蹲时则要紧靠双腿,一手护着领口,一手抚着裙摆,臀部一定要蹲下来,上身稍稍前倾,脊背保持挺直,头、胸、膝关节基本上在一个角度上。这样的蹲姿不仅规范,而且优雅。

蹲姿有两种,一种是交叉式。下蹲前交叉两腿,蹲下时右脚在前,左脚在后,右小腿垂直于地面,全脚着地。左膝由后面伸向右侧,左脚跟抬起,脚掌着地。两腿靠紧,合力支撑身体。臀部向下,上身稍前倾。集体合影蹲在前排时可采用交叉式。另一种是高低式。下蹲时右脚在前,左脚稍后,两腿靠紧向下蹲。右脚全脚着地,小腿基本垂直于地面,左脚脚跟提起,脚掌着地。左膝低于右膝,左膝内侧靠于右小腿内侧,形成右膝高左膝低的姿态,臀部向下,基本上以左腿支撑身体。整理办公环境、捡东西时可采用高低式。在下蹲时,千万要避免两腿叉开、臀部向后撅起的不雅姿态。

2.神态表情。

(1)目光。目光是人与人之间交流的起点。人与人之间的信息交流,就是从目光的交流开始的。古人所谓的眉目传情、暗送秋波等词语就是指目光交流。目光的交流从目光相互接触的一刹那开始(通常称为"一瞥"),就进入一个重复的过程和持续的眼神接触。通常,办公室人员在与客户交谈时,第一次与客户的目光接触不可以少于三秒,与对方目光接触应该累计达到全部交谈过程的一半以上。同时要切记,不可将视线长时间固定在注视对方身体的某个位置上,而应适当地将视线从固定的位置上移动片刻。这样能使对方心理放松,感觉平等,易于交往。

目光的交流按照注视的区域可分为公务凝视、社交凝视和亲密凝视。公务凝视是指注视对方双眼与额头之间通常称为"上三角"的区域,这种公务凝视适用于和客户洽谈、谈判等严肃的场合。社交凝视是指注视对方唇中到双眼之间通常称为"中三角"的区域,这种社交凝视适用于各种社交场合使用。亲密凝视是指注视对方唇中到锁骨之间通常称为"下三角"的区域,这种亲密凝视适用亲人、恋人、家庭成员之间使用。在办公室,应该以公务凝视或社交凝视来营造庄重和谐的氛围。

(2)微笑。微笑不仅是日常生活中我们每个人都会流露的一种表情,也是工作中最常用的表达礼貌、真诚的一种表情。礼仪专家说过一句话"面带三分笑,礼数已先到"。我们也经常会问自己或别人"今天你微笑了吗"?可见,微笑在我们的工作和生活中是非常重要的表达方式。

办公室人员微笑的基本方法是首先放松自己的面部肌肉,然后使自己的嘴角微微向上翘起,让嘴唇略呈弧形。这样呈现出来的就是微笑的表情。依照微笑的幅度大致可分为一度、二度、三度微笑。一度微笑,嘴角自然上扬,给人自然温和的感觉;二度微笑,嘴角明显上扬,给人亲切关注的感觉;三度微笑,嘴角大幅上扬,露出六至八颗牙齿,给人热情积极的感觉。

办公室人员在日常工作中保持一度微笑比较合适,在与领导或客户交谈时应流露出二度微笑。

(三)交谈礼仪

交谈是人际往来中最迅速、最直接的沟通方式。[①] 掌握谈话技巧是办公室人员必备

---

① 陈晖.公共关系理论与实务[M].北京:北京理工大学出版社,2010:168.

的基本功。作为礼仪活动重要内容的交谈礼仪,更是办公室人员必须遵循的重要礼仪之一。

1. 交谈的态度。

交谈的态度要真诚。美国总统林肯说过:"真诚是我待人的美学原则。"不论多么美妙的话语,如果缺乏了诚意,也不过是花言巧语而已。巴金说过:"文学的最高技巧是无技巧。"巴金并非反对技巧,而是想强调真情实感比技巧更为重要。说话也是如此。所以无论你的口才如何,真诚、有诚意都是最重要的,这也是任何礼仪实施的首要的基本要求。[1]

2. 交谈的语言。

办公室人员要想与人更好地沟通交流,就必须具备较好的普通话水平。

3. 交谈的声音。

对于交谈的声音,可从音量、语速和语调三个方面来阐述。

(1)音量。

办公室人员特别要注意控制自己的音量。在国际礼仪中,以说话声音高低适度为有修养。所谓适度,就是以能让交谈对象听清而不影响他人为准。声调略低,是职业的需要,有利于树立良好的职业形象。

(2)语速。

交谈中陈述意见要尽量采用中速,平实稳重。由于表达的需要,在特定的场合下,也可以通过改变语速来引起对方的注意,加强表达的效果。不论何种语速都要以对方能够听清为主,这也是对对方的尊重。

(3)语调。

办公室人员要根据交际对象、交际场合的不同,恰当运用不同的语气语调交谈。如面对上司、长者时,语气要平和、谦恭,给对方以敬重感;面对同事、客人时,语气要和缓、有礼;面对下属时,语气要亲切、随和。

4. 交谈的用语。

办公室人员要有意识地多使用礼貌用语。常用的礼貌语有"请""谢谢""对不起""您好""麻烦你了""拜托了""可以吗""您认为怎样"等。除了要掌握必要的常用礼貌用语外,办公室人员还应了解和掌握一些约定俗成的表示谦恭的礼仪用语。例如,初次见面应说"幸会";请人解答应用"请问";看望别人应说"拜访";赞人见解应用"高见";等候别人应说"恭候";归还原物应说"奉还";请人勿送应说"留步";求人原谅应说"包涵";对方来信应称"惠书";欢迎顾客应叫"光顾";麻烦别人应说"打扰";老人年龄应称"高寿";请人帮忙应说"烦请";好久不见应说"久违";求给方便应说"借光";客人来到应说"光临";托人办事应说"拜托";中途先走应说"失陪";请人指教应说"请教";与人分别应说"告

---

[1] 管青青,叶润平. 浅析秘书人员应遵循的交谈礼仪[J]. 秘书之友,2010(8).

辞";他人指点应称"赐教";赠送诗画应用"雅正"。

(四)握手礼仪

在现代交往活动中,握手礼已经成为人们最常用的一种见面礼仪。握手礼通常是用来表示欢迎、欢送、见面、相会、告辞、祝贺、感谢、慰问、和好、合作时使用的礼节。

1. 握手的方式。

握手的方式有单握式和双握式两种。

单握式:施礼者伸出的手掌应当垂直,并要注视对方,配以微笑和问候语。如果施礼者掌心向下,会有显示傲视之嫌;而掌心向上,又有谦卑之态。握手的时间以三至五秒为宜,握手的力度对男子可以稍重些,对女子则应轻柔。握手时,如果手上戴有手套,应当先将手套去掉。

双握式:施礼者伸出双手一左一右与对方右手交叠。双手行握手礼,一般用于下级、晚辈对上级、长辈表达尊敬、仰慕、感激之情时。

2. 握手的规矩。

握手是人际交往中最为通行的见面礼节。但人们也往往最容易忽视握手的基本规矩,以致经常出现"失礼"的情况。

(1)伸手的先后。在握手时,双方伸手的先后顺序很有讲究。正规的做法是"尊者居前",即通常应由握手双方之中的身份较高者先伸出手来,反之则是失礼的。具体而言:女士同男士握手时,应由女士首先伸手;长辈同晚辈握手时,应由长辈首先伸手;上司同下级握手时,应由上司首先伸手。宾主之间的握手则较为特殊,正确的做法是客人抵达时,应由主人先伸手,以示欢迎;客人告辞时,则应由客人先伸手,以示请主人就此留步。在正规场合,当一个人有必要与多人一一握手时,既可以由尊而卑依次进行,也可以由近而远依次进行。

(2)握手的姿态。一是神态。与人握手时,理当神情专注、认真、友好。一般说来,应当两眼目视对方,面含微笑,并同时问候对方。二是姿势。与人握手时,一般都应起身站立,迎向对方,在距其约一米左右时伸出右手,握住对方的右手手掌,稍许上下晃动一两下,并且使手掌垂直于地面最为适当。三是力度。握手时用力既不可过轻,也不可过重。用力过轻,有怠慢对方之嫌;用力过重,则有捉弄对方之意。四是时间。一般来讲,在普通场合与别人握手时时间控制在三秒钟左右为宜。时间太长或太短,都可能令人误会或不快。

(3)握手的禁忌。一是用左手与人握手。这被普遍视为失礼之举。二是戴着手套与人握手。只有女士在社交场合戴着薄纱手套与人握手才是被允许的。三是戴着墨镜与人握手。握手前应摘下墨镜,不然有防人之嫌。四是用双手与人握手。只有在熟人之间才适用。与初识之人尤其是异性握手时,两手紧握对方一只手显得不太正常。五是以脏手、湿手与人握手。

（五）名片递接[①]

名片是当代社会公务交往中一种最为经济实用的介绍性媒介。作为自我"介绍信"和社交"联谊卡",名片在人际交往中可用以证明身份,广结人缘。

1. 名片的制作。国内最通用的名片规格为 9cm×5.5cm（即长 9cm,宽 5.5cm）,颜色以白色、米色、浅蓝、淡灰色等庄重朴实的色彩为佳。公务名片的内容一般由归属单位、本人称呼、联络方式等构成。名片不宜随便涂改,内容不宜过杂。公务名片一般不提供家庭住址和住宅电话,以示"公私分明"。名片上的头衔不宜过多,任职单位、职务以及学术头衔一般不超过两个。

2. 名片的索取。标准的做法是主动递上自己的名片,"欲取之,先与之";再用"激将法"提议:认识你很高兴,能给一张你的名片吗？在尊长面前,要问一下"今后如何向您请教"？对平级或对下级则可说"以后怎样与你联系"？

3. 名片的接受。接受他人名片时,接受者应起身站立,面含微笑,目视对方,双手捧接,或以右手接过,切勿单用左手接过。接过名片一定要看,一般用时半分钟作默读状。若有疑问,可当场向对方请教。此过程意在表示重视对方、尊重对方,也更确切地了解对方。接受名片时,还应口头道谢。如果自己带了名片,应回敬对方一张,以示有来有往,否则有失身份。但最好是在收好对方名片后再将自己的名片递过去,不宜"左右开弓"。如不能回送,则应表示"对不起,我没制名片",或"对不起,我的名片用完了"。

4. 名片的递交。递给他人名片时,应郑重其事,最好是起身站立,走上前去,用双手或右手,将名片正面朝上交予对方。递名片时,不要将名片举得高于胸部,不要用手指夹着名片给人。递名片时,口头应有所表示,可以说"请多指教""多多关照""今后多联系",或作自我介绍。向多人递交名片时,应讲究先后次序,或由近而远,或由尊而卑,切勿挑三拣四。

（六）致意礼仪

致意是一种以非语言方式表示问候的礼节,也是最为常用的礼节,它表示问候、尊敬之意。致意,无论是对相识的人还是初次见面者,都是表达友好、礼貌的一种最常用的礼节。

1. 微笑致意:微笑致意适用于相识者或只有一面之交者在同一地点彼此距离较近但不适宜交谈或无法交谈的场合。微笑致意可以不作其他动作,只是两唇轻轻示意,不必出声,即可表达友善之意。

2. 点头致意:点头致意往往是在公共场合遇到相识的人而相距较远时,或与相识者在一个场合多次见面时,在社交场合对一面之交或不太相识的人见面时,均可微笑点头

[①] 黎远新. 略谈办公室工作基本礼仪[J]. 秘书之友,2001(7).

向对方致意,以示问候。点头时,致意者要面带微笑,目视对方,轻轻点一下头即可。行点头礼时,不宜戴帽子。

3.**欠身致意**:欠身是一种表示致敬的举止,常常用在别人将你介绍给对方,或是主人向你奉茶之时。行欠身礼时,身体上部分微微一躬,是一种恭敬的致意礼节,行礼时应面带微笑注视对方。欠身致意多使用于长辈或自己尊敬的人。

4.**举手致意**:行举手礼的场合与行点头礼的场合大致相似,是对距离较远的熟人的一种打招呼的形式。行举手礼的正确做法是右臂向前方伸直,右手掌心向着对方,四指并拢,拇指叉开,轻轻向左右摆动一两下。

5.**起立致意**:在较为正式的场合,有长者、尊者要到来或离去时,在场者应起立表示致意。

办公室人员要注意:致意时应大方、文雅,一般不要在致意的同时向对方高声叫喊,以免妨碍他人;如遇对方先向自己致意,应以同样的方式回敬,不可视而不见;致意要讲究先后顺序。通常致意应遵循年轻者先向年长者致意,下级先向上级致意,男士先向女士致意,学生先向老师致意的顺序。

(七)称谓礼仪

称谓是指人们在日常交往应酬中所采用的彼此间的称谓语。在人际交往中,一个得体的称呼能拉近彼此的距离,为今后交往打下良好的基础。

1.**称呼姓名**:对于认识和熟悉的朋友,一般可以直呼其名。

2.**职务性或职称性称呼**:以交往对象的职务和职称相称,这是一种最常见的称呼。尤其是具有高级、中级职称者,在工作中要直接以其职称相称。比如"王局长""李教授""范经理"等。

3.**职业性称谓**:对于从事某些特定职业的人,可以姓氏加职业相称。如"张医生""齐律师"等。

4.**通用尊称**:在社交场合,由于不熟悉交往对象的详细情况,对男性一律称之为"先生",对女性一律称之为"小姐"或"女士"。

此外,对于办公室人员来说,在称呼的使用上更应注意以下几个问题:要根据交往双方的关系、深度有选择性的称呼;在称呼时要注意民族和区域界线,根据称呼人的交往习惯来选择称呼;使用称呼就高不就低;对相交不深或初次见面的人,用"您";多人交谈的场合,应遵循先上后下、先长后幼、先女后男、先疏后亲的顺序。

(八)介绍礼仪

在办公室人员工作中,介绍是常用的礼节,是使陌生的双方相识的必不可少的礼节。无论是介绍别人,还是自我介绍,或是被介绍,都应遵守一定的礼仪规范。办公室人员所应掌握的介绍主要有如下三种形式。

1. 介绍自己。

介绍自己,俗称"自我介绍",它指的是由本人担任介绍人,自己把自己介绍给别人。基层公务员在介绍自己时,通常要注意以下几点:

首先,内容要真实。基层公务员介绍自己时所具体表述的各项内容,首先应当实事求是,真实无欺。其次,时间要简短。在介绍自己时,基层公务员理当有意识地抓住重点,言简意赅,努力节省时间。一般而言,介绍自己所用的时间以半分钟左右为佳。若无特殊原因,不宜超过一分钟。

自我介绍的具体形式有以下几种。

(1)应酬式:适用于某些公共场合和一般社交场合,这种自我介绍最简洁,往往只包括姓名一项就行了:"你好,我叫张天。"

(2)工作式:适用于工作场合,它包括本人姓名、供职单位及其部门、职务或从事的具体工作等:"你好,我叫王小萌,是哈尔滨嘉仪文化总经理。"

(3)交流式:适用于社交活动中,希望和交往对象进一步交流与沟通。内容应包括介绍者的姓名、工作、籍贯、学历、兴趣及与交往对象的某些熟人的关系:"你好,我叫李力,我在××礼仪培训机构工作。我是王文的同事,还都是老乡。"

(4)礼仪式:适用于讲座、报告、演出、庆典、仪式等正规而隆重的场合。包括姓名、单位、职务等,同时还应加入一些适当的谦辞、敬辞:"各位来宾,大家好!我叫李大同,我是成都××公司的培训师。我代表本公司热烈欢迎大家光临我们的座谈会,希望大家……"

2. 介绍他人。

介绍他人,亦称"第三者介绍",它是指经第三者为彼此之间互不相识的双方所进行的介绍。从礼仪上来讲,介绍他人时,最重要的是被介绍双方的先后顺序。也就是说,在介绍他人时,介绍者应当先介绍谁、后介绍谁是要十分注意的。标准的做法是"尊者居后",即为他人作介绍时,先要具体分析一下被介绍双方身份的高低,应首先介绍身份低者,然后介绍身份高者。具体而言:介绍女士与男士相识时,应当先介绍男士,后介绍女士;介绍长辈与晚辈相识时,应当先介绍晚辈,后介绍长辈;介绍外人与家人相识时,应当先介绍家人,后介绍外人;介绍客人与主人相识时,应当先介绍主人,后介绍客人;介绍上司与下级相识时,应当先介绍下级,后介绍上司。

3. 介绍集体。

介绍集体,实际上是介绍他人的一种特殊情况,它是指被介绍的一方或者双方不止一人的情况。介绍集体时,被介绍双方的先后顺序依旧至关重要。具体来说,介绍集体可分为两种基本形式。

(1)单向式。当被介绍的双方一方为一个人,另一方为由多个人组成的集体时,往往可以只把个人介绍给集体,而不必再向个人介绍集体。

(2)双向式。介绍集体的双向式,是指被介绍的双方皆为一个由多人所组成的集体。在具体进行介绍时,双方的全体人员均应被正式介绍。在公务交往中,此种情况比较多见。它的常规做法是首先由主方负责人首先出面，依照主方在场者具体职务的高低，自高而低地依次对其进行介绍。接下来，由客方负责人出面，依照客方在场者具体职务的高低，自高而低地依次对其进行介绍。

（九）通信礼仪

通信礼仪，是指人们利用固定电话、手机、电子邮件等通信手段时应遵守的礼仪规范。

1. 固定电话。

电话是办公室最重要、最频繁的交流工具。"闻其声，如见其人"，电话形象体现着一个人的素质修养和为人处世的风格。办公室人员尤其要重视自己的电话形象。

（1）打电话时的礼仪。第一，公私分明。上班时间不可打私人电话，否则有违职业道德，不仅有损集体，而且妨碍工作、影响他人。第二，长度适宜。基本要求是以短为佳，宁短毋长。在正常情况下，一次通话时间不得超过三分钟，即国际上通称的"通话三分钟原则"。第三，用心专一。打电话时不可三心二意边说话边做其他事情，如吃东西、喝饮料、看文件等。用免提电话抱着话机四处走动、仰坐靠椅、歪倒沙发、趴伏桌上等，这些都是不相宜的姿态。第四，语气温和。话筒与口部的距离保持在二三厘米为宜。通话过程中应自始至终面含微笑、音量适中。头一句话应包含问候语和自我介绍两项内容，不能一张嘴就连声"喂、喂"或开口就问"你是谁"或"找××接电话"。

（2）接电话的礼仪。第一，接听及时。电话铃一响就应做好接电话的准备，响过两声时应立即拿起话筒。在国外，有接电话"铃声不过三遍"的说法。铃声一响立即就接，会给对方以唐突之感；响过数遍再慢吞吞去接则是怠慢对方。第二，耐心稍候。通话中线路中断，依照惯例，应由发话人立即再拨打一次，受话人不宜离开，而应稍候片刻。第三，善待差错。接到拨错号码的电话，应立刻告诉对方弄错了，不要责怪对方，更不要将错就错捉弄对方，必要时应帮助对方拨到正确的号码，以体现助人为乐、与人为善的品格。第四，乐于转接。对方电话找的是本单位同事时，除非绝对必要，一般不要求对方转拨另一部话机，而应帮忙喊一下对方要找的人。

（3）挂电话。通话结束时，一般应由发话人先挂电话，受话人不宜抢先挂断电话，以免让人产生"不受欢迎"之感。如通话对方是自己的上司、师长和长辈应让其先挂。挂电话时，话筒要轻轻放下，不宜用力摔挂。

2. 移动电话。

使用移动电话时，在某些特定的公共场所，如剧场、音乐厅、阅览室、法庭、会议室、课堂等严肃安静的场合，应关闭手机，或将手机模式转换至震动或静音模式。使用手机时，还要注意公共安全，如在飞机上应关闭手机，以免干扰通信，影响飞行安全，在医院、加油站时也应关闭手机。

3. 电子邮件。

电子邮件是一种用电子手段提供信息交换的通信方式,是互联网应用最广的服务,其内容可以是文字、图像、声音等各种方式。在使用电子邮件时,要注意书写的语气要谦虚委婉和规范;每天应检查邮箱并尽快回复;禁止在网上传播不健康的内容或随意修改别人的程序或网页。

三、办公室的活动礼仪

(一)接待礼仪①

办公室工作中有大量的人际往来活动,有往来就有接待。接待是指因工作或业务联系的需要以及接受邀请等原因,个人或单位以主人的身份对来访者所给予的一种相应的礼遇,以达到扩大交往、促进合作、共同发展的目的。办公室接待来宾有以下礼仪要求:

1. 接待中的礼宾次序。接待上级工作团队或接待来自不同方面的多方客人时,常常要按约定俗成的方式排列先后顺序,这就是所谓的礼宾次序或礼宾排序。通常的做法是按上级领导或来宾的行政职务高低(即官方职务高低)排序,这适合一切官方活动。接待团队时,可按职级高低排序,如其中有离退休老同志,原则上原职比照现职,原职低于现职。同一序列的,则按任职时间排列,任职早的排在前。

2. 宴请来宾时位置的安排。接待来宾尤其是宴请来宾时,通常应当恭请来宾就座于上座。通常的做法是面对门的为上座,面对房门的座位为上座,应让之于来宾;以右为上座,宾主双方面对正门并排就座时以右侧为上,应请来宾就座;居中为上座。当来宾较少时,东道主一方以一定方式围坐来宾两侧,来宾居于中央,呈"众星捧月"之态。

(二)拜访礼仪

人际关系是通过人与人之间的交往和联系表现出来的,拜访是办公室工作中正常的应酬。拜访要注意以下细节:

1. 拜访前要事先和对方约定,以免扑空或扰乱主人的计划。拜访时要准时赴约,时间长短应根据拜访目的和主人意愿而定,通常宜短不宜长。

2. 如果接待者因故不能马上接待,可以在接待人员的安排下在会客厅、会议室或在前台,安静地等候。如果接待人员没有说"请随便参观参观"之类的话,而拜访者随便地东张西望,甚至伸着脖子好奇地往房间里"窥探",都是非常失礼的。

3. 有抽烟习惯的人,要注意观察周围有没有禁止吸烟的警示。即使没有警示,也要问工作人员是否介意抽烟。

---

① 马仁杰. 秘书学教程[M]. 合肥:安徽大学出版社,2015:384.

4. 即使和接待者的意见不一致,拜访者也不要争论不休。拜访者对接待者提供的帮助要适当地致以谢意。当接待者有不耐烦或有为难的表现时,拜访者应转换话题或口气;当接待者有结束会见的表示时,拜访者应识趣地立即起身告辞。

5. 到达被访人所在地时,一定要用手轻轻敲门,进屋后等主人安排后坐下。后来的客人到达时,先到的客人可以站起来,等待介绍或点头示意。

6. 拜访时应彬彬有礼,注意一般交往细节。告辞时要同主人和其他客人一一告别,说"再见""谢谢";主人相送时,应说"请回""留步""再见"。

(三)会议礼仪

会议礼仪,是指召开会议前、会议中、会议后及参会人应注意的事项。懂得会议礼仪对会议精神的执行有较大的促进作用。会议礼仪包括会议座次排定、会议发言人的礼仪、会议参加者礼仪、主持人的礼仪。

1. 会议座次排定。

(1)环绕式。环绕式排位,就是不设立主席台,把座椅、沙发、茶几摆放在会场的四周,不明确座次的具体尊卑,而听任与会者在入场后自由就座。这一安排座次的方式与茶话会的主题最相符,也最流行。

(2)散座式。散座式排位,常见于在室外举行的茶话会。散座式排位的座椅、沙发、茶几可以自由组合,甚至可由与会者根据个人要求而随意安置。这样容易营造出宽松、惬意的社交环境。

(3)圆桌式。圆桌式排位,指的是在会场上摆放圆桌,请与会者在周围自由就座。圆桌式排位又分下面两种形式:一是在会场中央安放一张大型的椭圆形会议桌,全体与会者在周围就座;二是在会场上安放数张圆桌,与会者自由组合就座。

(4)主席式。这种排位是指在会场上,主持人、主人和主宾被有意识地安排在一起就座。

2. 会议发言人的礼仪。

会议发言有正式发言和自由发言两种,前者一般是领导报告,后者一般是讨论发言。正式发言者应衣冠整齐,走上主席台应步态自然,刚劲有力,体现一种成竹在胸、自信自强的风度与气质,发言时应口齿清晰、讲究逻辑、简明扼要。如果是带稿发言,发言者要时常抬头扫视一下会场,不能低头读稿、旁若无人。发言完毕,发言者应对听众的倾听表示谢意。

自由发言则较随意,但应讲究顺序和秩序,发言者不能争抢发言;发言应简短,观点应明确;与他人有分歧时,发言者应以理服人、态度平和、听从主持人的指挥,不能只顾自己。如果有会议参加者对发言人提问,发言者应礼貌作答;对不能回答的问题,应机智而礼貌地说明理由;对提问人的批评和意见应认真听取,即使提问者的批评是错误的,也不应失态。

3. 会议参加者礼仪。

会议参加者应衣着整洁,仪表大方,准时入场,进出有序,依会议安排落座;开会时应认真听讲,不要私下小声说话或交头接耳。发言人结束发言时,与会者应鼓掌致意;与会者中途退场时,应轻手轻脚,不影响他人。

4. 主持人的礼仪。

各种会议的主持人,一般由具有一定职位的人来担任,其礼仪表现对会议能否圆满成功有着重要的影响。

(1)主持人应衣着整洁,大方庄重,精神饱满,切忌不修边幅、邋里邋遢。

(2)主持人走上主席台时,步履应稳健有力。

(3)入席后,如果是站立主持,主持人应双腿并拢,腰背挺直。单手持稿时,右手持稿的底中部,左手五指并拢自然下垂。双手持稿时,稿件应与胸齐高。采用坐姿主持时,主持人应身体挺直,双臂前伸,两手轻按于桌沿。主持过程中,切忌出现搔头、揉眼、翘腿等不雅动作。

(4)主持人言谈应口齿清楚,思维敏捷,简明扼要。

(5)主持人应根据会议性质调节会议气氛,或庄重,或幽默,或沉稳,或活泼。

(6)主持人对会场上的熟人不能打招呼,更不能寒暄闲谈,可点头、微笑致意。

(四)宴请礼仪

宴请是人们在社交活动中经常采用的一种交际方式。宴请活动的形式多样、内容繁杂,掌握基本礼仪是十分重要的。常见的宴请形式大致有工作宴会、冷餐会、酒会、家宴等。

宴请的组织工作是一项非常细致的工作,要考虑的问题和要做的准备工作很多,其中每一个环节都有一定的礼仪要求,主要有以下几个方面:

1. 确定宴请的目的和形式。

宴会的目的一般很明确,如节庆日聚会、工作交流、贵宾来访等。根据目的决定邀请什么人、邀请多少人,并列出客人名单。宴请主宾身份应该对等,宴请范围指请哪些方面的人士,多边活动时还要考虑政治因素、政治关系等。宴请形式很大程度上取决于当地的习惯做法。

2. 选择宴请的时间、地点。

宴请应安排在主宾双方都较为合适的时间和地点。在时间的确定上,要避免重大节假日、对方已有重要活动的时间或是禁忌日。选择宴请的时间首先要根据活动的实际需要,太早或太迟都会带来负面效应,削弱甚至丧失宴请的意义。宴请一般采取适当提前的办法,因为推后举行的效果较差。宴请的地点则应根据宴请的规格种类来确定。

3. 宴会邀请。邀请有两种形式,即口头邀请和书面邀请。口头邀请就是当面或者通过电话把这个活动的目的、名义以及邀请的范围、时间、地点等告诉对方,并等待对方的答复;书面邀请即给对方发送请柬,将宴会活动的内容告之对方,这是主办者正规而有礼的一种邀请方式。大型宴请可以组织名义发邀请,也可以组织领导人个人名义发邀请;小型宴会可以个人名义或夫妇名义发邀请;工作餐一般由组织名义发邀请。这样做,既是出于礼貌,也是对客人的提醒和备忘。

4. 确定宴会规格。根据工作需要,有各种性质的宴请活动,如:迎宾洗尘、送宾饯行、纪念庆典、节日聚会、工作交流、会议闭幕等。宴请的规格就是指出席上述各种宴请的人员的身份、地位等,也就是首先要确定宴请目的、名义、对象、范围与形式。一般以主办方活动的性质和准备出席的人的最高身份地位或宾客方可能应邀出席者的身份地位来确定宴会的规格。规格过低或过高都不合乎礼仪。

5. 预订菜谱。

菜谱要体现尊重宾客的原则,应考虑宾客的饮食习惯和口味,特别要考虑宾客的禁忌。世界各国、各民族、各宗教派别的饮食禁忌是不同的,宴请主办者只有事先做好充分的考虑和准备,才能在宴请中收到良好的效果。

(五)涉外礼仪

涉外礼仪,是"涉外交际礼仪"的简称。随着我国对外开放的不断深入,与其他国家的联系逐渐增多,了解涉外礼仪,遵守国际惯例和一定的国际理解,能有效地避免因不同文化背景而造成的误会。①

1. 维护形象。

办公室人员的个人形象真实地体现个教养和品味,反映个人的精神风貌与生活态度。比如:一名男子身穿深色西服套装时,上衣左袖口上的商标必须拆掉,并且不能穿白色的袜子。在国际交往中个人形象往往还代表其所属国家、所属民族的形象。我们在涉外交往中必须时时刻刻注意维护个人形象,特别是在正式场合留给外国友人的第一印象。

2. 信守约定。

所谓"信守约定",是指办公室人员在一切正式的国际交往中,都必须认真而严格地遵守自己的所有承诺,言出必践。在约好既定的时间后,既不要早到,让对方措手不及,也不要晚到,让对方焦急等待。

3. 不亢不卑。

这是涉外礼仪的一项基本原则。办公人员在参与国际交往时,必须意识到自己在外国人的眼里,代表的是自己的国家、自己的民族、自己的所在单位,因此要懂得自尊、自爱、自强。

---

① 杨锋、张同钦. 秘书实务(第二版). 北京:中国人民大学出版社,2015:207.

4. 入乡随俗。

要真正做到尊重涉外对象,首先必须尊重对方所独有的风俗习惯。办公室人员要充分地了解与交往对象相关的习俗,做到"入境而问禁,入国而问俗,入门而问讳",并无条件地对交往对象所特有的习俗加以尊重。

5. 女士优先。

在国际社会,女士优先是一种交际惯例。所谓女士优先,是指在社交场合,一个有教养的成年男士的言行举止应尊重女性、照顾女性、保护女性、关心女性、体谅女性。如帮助女士开关门、推拉椅子,协助女士在衣帽间换外套以及帮助女士提重物等。

总之,涉外礼仪的基本要求乃是求同存异,遵守惯例。

本章思考题

1. 如何维护办公室信息安全?
2. 接待工作应遵循哪些原则和要求?
3. 做好信访工作具有哪些重要的作用?
4. 办公室人员应该遵守哪些保密纪律?
5. 如何编制领导每天工作日程表?
6. 安排约会要遵循什么原则?注意哪些细节?
7. 办公室人员应具备怎样的仪态?

案例分析

在肃静的会议室里,某公司与外国客人的谈判即将进行,双方将就今后的合作达成协议,这是某公司向国外扩大销售市场的又一重要举措。谈判开始后,大家发现坐在某公司李总一旁的张秘书穿着非常休闲:一件胸前印有图案的T恤衫,蓝色的牛仔裤,白色的旅游鞋。负责送茶水的助理秘书更是花枝招展,耳环闪闪发光,手镯晃来晃去,高跟鞋"叮叮"作响。每当她进来送水,会谈不得不停歇片刻。外国客人通过翻译开了个玩笑:"李总,最好让这位漂亮小姐参加选美去。"

根据上述案例,请回答:

1. 张秘书和助理秘书应该如何穿着才得体?
2. 如果你是李总,请问你准备如何训练和要求公司办公室人员注意基本礼仪?

附 录

附录一 党政机关公文处理工作条例

（中共中央办公厅 国务院办公厅 中办发〔2012〕14号 2012年4月16日）

第一章 总 则

第一条 为了适应中国共产党机关和国家行政机关（以下简称党政机关）工作需要，推进党政机关公文处理工作科学化、制度化、规范化，制定本条例。

第二条 本条例适用于各级党政机关公文处理工作。

第三条 党政机关公文是党政机关实施领导、履行职能、处理公务的具有特定效力和规范体式的文书，是传达贯彻党和国家的方针政策，公布法规和规章，指导、布置和商洽工作，请示和答复问题，报告、通报和交流情况等的重要工具。

第四条 公文处理工作是指公文拟制、办理、管理等一系列相互关联、衔接有序的工作。

第五条 公文处理工作应当坚持实事求是、准确规范、精简高效、安全保密的原则。

第六条 各级党政机关应当高度重视公文处理工作，加强组织领导，强化队伍建设，设立文秘部门或者由专人负责公文处理工作。

第七条 各级党政机关办公厅（室）主管本机关的公文处理工作，并对下级机关的公文处理工作进行业务指导和督促检查。

第二章 公文种类

第八条 公文种类主要有：

（一）决议。适用于会议讨论通过的重大决策事项。

（二）决定。适用于对重要事项作出决策和部署、奖惩有关单位和人员、变更或者撤销下级机关不适当的决定事项。

（三）命令（令）。适用于公布行政法规和规章、宣布施行重大强制性措施、批准授予和晋升衔级、嘉奖有关单位和人员。

（四）公报。适用于公布重要决定或者重大事项。

（五）公告。适用于向国内外宣布重要事项或者法定事项。

（六）通告。适用于在一定范围内公布应当遵守或者周知的事项。

（七）意见。适用于对重要问题提出见解和处理办法。

（八）通知。适用于发布、传达要求下级机关执行和有关单位周知或者执行的事项，批转、转发公文。

（九）通报。适用于表彰先进、批评错误、传达重要精神和告知重要情况。

（十）报告。适用于向上级机关汇报工作、反映情况，回复上级机关的询问。

（十一）请示。适用于向上级机关请求指示、批准。

（十二）批复。适用于答复下级机关请示事项。

（十三）议案。适用于各级人民政府按照法律程序向同级人民代表大会或者人民代表大会常务委员会提请审议事项。

（十四）函。适用于不相隶属机关之间商洽工作、询问和答复问题、请求批准和答复审批事项。

（十五）纪要。适用于记载会议主要情况和议定事项。

第三章　公文格式

第九条　公文一般由份号、密级和保密期限、紧急程度、发文机关标志、发文字号、签发人、标题、主送机关、正文、附件说明、发文机关署名、成文日期、印章、附注、附件、抄送机关、印发机关和印发日期、页码等组成。

（一）份号。公文印制份数的顺序号。涉密公文应当标注份号。

（二）密级和保密期限。公文的秘密等级和保密的期限。涉密公文应当根据涉密程度分别标注"绝密""机密""秘密"和保密期限。

（三）紧急程度。公文送达和办理的时限要求。根据紧急程度，紧急公文应当分别标注"特急""加急"，电报应当分别标注"特提""特急""加急""平急"。

（四）发文机关标志。由发文机关全称或者规范化简称加"文件"二字组成，也可以使用发文机关全称或者规范化简称。联合行文时，发文机关标志可以并用联合发文机关名称，也可以单独用主办机关名称。

（五）发文字号。由发文机关代字、年份、发文顺序号组成。联合行文时，使用主办机关的发文字号。

（六）签发人。上行文应当标注签发人姓名。

（七）标题。由发文机关名称、事由和文种组成。

（八）主送机关。公文的主要受理机关，应当使用机关全称、规范化简称或者同类型机关统称。

(九)正文。公文的主体,用来表述公文的内容。

(十)附件说明。公文附件的顺序号和名称。

(十一)发文机关署名。署发文机关全称或者规范化简称。

(十二)成文日期。署会议通过或者发文机关负责人签发的日期。联合行文时,署最后签发机关负责人签发的日期。

(十三)印章。公文中有发文机关署名的,应当加盖发文机关印章,并与署名机关相符。有特定发文机关标志的普发性公文和电报可以不加盖印章。

(十四)附注。公文印发传达范围等需要说明的事项。

(十五)附件。公文正文的说明、补充或者参考资料。

(十六)抄送机关。除主送机关外需要执行或者知晓公文内容的其他机关,应当使用机关全称、规范化简称或者同类型机关统称。

(十七)印发机关和印发日期。公文的送印机关和送印日期。

(十八)页码。公文页数顺序号。

第十条 公文的版式按照《党政机关公文格式》国家标准执行。

第十一条 公文使用的汉字、数字、外文字符、计量单位和标点符号等,按照有关国家标准和规定执行。民族自治地方的公文,可以并用汉字和当地通用的少数民族文字。

第十二条 公文用纸幅面采用国际标准 A4 型。特殊形式的公文用纸幅面,根据实际需要确定。

第四章　行文规则

第十三条 行文应当确有必要,讲求实效,注重针对性和可操作性。

第十四条 行文关系根据隶属关系和职权范围确定。一般不得越级行文,特殊情况需要越级行文的,应当同时抄送被越过的机关。

第十五条 向上级机关行文,应当遵循以下规则:

(一)原则上主送一个上级机关,根据需要同时抄送相关上级机关和同级机关,不抄送下级机关。

(二)党委、政府的部门向上级主管部门请示、报告重大事项,应当经本级党委、政府同意或者授权;属于部门职权范围内的事项应当直接报送上级主管部门。

(三)下级机关的请示事项,如需以本机关名义向上级机关请示,应当提出倾向性意见后上报,不得原文转报上级机关。

(四)请示应当一文一事。不得在报告等非请示性公文中夹带请示事项。

(五)除上级机关负责人直接交办事项外,不得以本机关名义向上级机关负责人报送公文,不得以本机关负责人名义向上级机关报送公文。

(六)受双重领导的机关向一个上级机关行文,必要时抄送另一个上级机关。

第十六条　向下级机关行文,应当遵循以下规则:

(一)主送受理机关,根据需要抄送相关机关。重要行文应当同时抄送发文机关的直接上级机关。

(二)党委、政府的办公厅(室)根据本级党委、政府授权,可以向下级党委、政府行文,其他部门和单位不得向下级党委、政府发布指令性公文或者在公文中向下级党委、政府提出指令性要求。需经政府审批的具体事项,经政府同意后可以由政府职能部门行文,文中须注明已经政府同意。

(三)党委、政府的部门在各自职权范围内可以向下级党委、政府的相关部门行文。

(四)涉及多个部门职权范围内的事务,部门之间未协商一致的,不得向下行文;擅自行文的,上级机关应当责令其纠正或者撤销。

(五)上级机关向受双重领导的下级机关行文,必要时抄送该下级机关的另一个上级机关。

第十七条　同级党政机关、党政机关与其他同级机关必要时可以联合行文。属于党委、政府各自职权范围内的工作,不得联合行文。

党委、政府的部门依据职权可以相互行文。

部门内设机构除办公厅(室)外不得对外正式行文。

第五章　公文拟制

第十八条　公文拟制包括公文的起草、审核、签发等程序。

第十九条　公文起草应当做到:

(一)符合党的理论路线方针政策和国家法律法规,完整准确体现发文机关意图,并同现行有关公文相衔接。

(二)一切从实际出发,分析问题实事求是,所提政策措施和办法切实可行。

(三)内容简洁,主题突出,观点鲜明,结构严谨,表述准确,文字精练。

(四)文种正确,格式规范。

(五)深入调查研究,充分进行论证,广泛听取意见。

(六)公文涉及其他地区或者部门职权范围内的事项,起草单位必须征求相关地区或者部门意见,力求达成一致。

(七)机关负责人应当主持、指导重要公文起草工作。

第二十条　公文文稿签发前,应当由发文机关办公厅(室)进行审核。审核的重点是:

(一)行文理由是否充分,行文依据是否准确。

(二)内容是否符合党的理论路线方针政策和国家法律法规;是否完整准确体现发文机关意图;是否同现行有关公文相衔接;所提政策措施和办法是否切实可行。

(三)涉及有关地区或者部门职权范围内的事项是否经过充分协商并达成一致意见。

（四）文种是否正确，格式是否规范；人名、地名、时间、数字、段落顺序、引文等是否准确；文字、数字、计量单位和标点符号等用法是否规范。

（五）其他内容是否符合公文起草的有关要求。

需要发文机关审议的重要公文文稿，审议前由发文机关办公厅（室）进行初核。

第二十一条 经审核不宜发文的公文文稿，应当退回起草单位并说明理由；符合发文条件但内容需作进一步研究和修改的，由起草单位修改后重新报送。

第二十二条 公文应当经本机关负责人审批签发。重要公文和上行文由机关主要负责人签发。党委、政府的办公厅（室）根据党委、政府授权制发的公文，由受权机关主要负责人签发或者按照有关规定签发。签发人签发公文，应当签署意见、姓名和完整日期；圈阅或者签名的，视为同意。联合发文由所有联署机关的负责人会签。

第六章 公文办理

第二十三条 公文办理包括收文办理、发文办理和整理归档。

第二十四条 收文办理主要程序是：

（一）签收。对收到的公文应当逐件清点，核对无误后签字或者盖章，并注明签收时间。

（二）登记。对公文的主要信息和办理情况应当详细记载。

（三）初审。对收到的公文应当进行初审。初审的重点是：是否应当由本机关办理，是否符合行文规则，文种、格式是否符合要求，涉及其他地区或者部门职权范围内的事项是否已经协商、会签，是否符合公文起草的其他要求。经初审不符合规定的公文，应当及时退回来文单位并说明理由。

（四）承办。阅知性公文应当根据公文内容、要求和工作需要确定范围后分送。批办性公文应当提出拟办意见报本机关负责人批示或者转有关部门办理；需要两个以上部门办理的，应当明确主办部门。紧急公文应当明确办理时限。承办部门对交办的公文应当及时办理，有明确办理时限要求的应当在规定时限内办理完毕。

（五）传阅。根据领导批示和工作需要将公文及时送传阅对象阅知或者批示。办理公文传阅应当随时掌握公文去向，不得漏传、误传、延误。

（六）催办。及时了解掌握公文的办理进展情况，督促承办部门按期办结。紧急公文或者重要公文应当由专人负责催办。

（七）答复。公文的办理结果应当及时答复来文单位，并根据需要告知相关单位。

第二十五条 发文办理主要程序是：

（一）复核。已经发文机关负责人签批的公文，印发前应当对公文的审批手续、内容、文种、格式等进行复核；需作实质性修改的，应当报原签批人复审。

（二）登记。对复核后的公文，应当确定发文字号、分送范围和印制份数并详细记载。

（三）印制。公文印制必须确保质量和时效。涉密公文应当在符合保密要求的场所印制。

（四）核发。公文印制完毕，应当对公文的文字、格式和印刷质量进行检查后分发。

第二十六条 涉密公文应当通过机要交通、邮政机要通信、城市机要文件交换站或者收发件机关机要收发人员进行传递，通过密码电报或者符合国家保密规定的计算机信息系统进行传输。

第二十七条 需要归档的公文及有关材料，应当根据有关档案法律法规以及机关档案管理规定，及时收集齐全、整理归档。两个以上机关联合办理的公文，原件由主办机关归档，相关机关保存复制件。机关负责人兼任其他机关职务的，在履行所兼职务过程中形成的公文，由其兼职机关归档。

第七章 公文管理

第二十八条 各级党政机关应当建立健全本机关公文管理制度，确保管理严格规范，充分发挥公文效用。

第二十九条 党政机关公文由文秘部门或者专人统一管理。设立党委（党组）的县级以上单位应当建立机要保密室和机要阅文室，并按照有关保密规定配备工作人员和必要的安全保密设施设备。

第三十条 公文确定密级前，应当按照拟定的密级先行采取保密措施。确定密级后，应当按照所定密级严格管理。绝密级公文应当由专人管理。

公文的密级需要变更或者解除的，由原确定密级的机关或者其上级机关决定。

第三十一条 公文的印发传达范围应当按照发文机关的要求执行；需要变更的，应当经发文机关批准。

涉密公文公开发布前应当履行解密程序。公开发布的时间、形式和渠道，由发文机关确定。

经批准公开发布的公文，同发文机关正式印发的公文具有同等效力。

第三十二条 复制、汇编机密级、秘密级公文，应当符合有关规定并经本机关负责人批准。绝密级公文一般不得复制、汇编，确有工作需要的，应当经发文机关或者其上级机关批准。复制、汇编的公文视同原件管理。

复制件应当加盖复制机关戳记。翻印件应当注明翻印的机关名称、日期。汇编本的密级按照编入公文的最高密级标注。

第三十三条 公文的撤销和废止，由发文机关、上级机关或者权力机关根据职权范围和有关法律法规决定。公文被撤销的，视为自始无效；公文被废止的，视为自废止之日起失效。

第三十四条 涉密公文应当按照发文机关的要求和有关规定进行清退或者销毁。

第三十五条 不具备归档和保存价值的公文，经批准后可以销毁。销毁涉密公文必须严格按照有关规定履行审批登记手续，确保不丢失、不漏销。个人不得私自销毁、留存涉密公文。

第三十六条　机关合并时,全部公文应当随之合并管理;机关撤销时,需要归档的公文经整理后按照有关规定移交档案管理部门。

工作人员离岗离职时,所在机关应当督促其将暂存、借用的公文按照有关规定移交、清退。

第三十七条　新设立的机关应当向本级党委、政府的办公厅(室)提出发文立户申请。经审查符合条件的,列为发文单位,机关合并或者撤销时,相应进行调整。

第八章　附　则

第三十八条　党政机关公文含电子公文。电子公文处理工作的具体办法另行制定。

第三十九条　法规、规章方面的公文,依照有关规定处理。外事方面的公文,依照外事主管部门的有关规定处理。

第四十条　其他机关和单位的公文处理工作,可以参照本条例执行。

第四十一条　本条例由中共中央办公厅、国务院办公厅负责解释。

第四十二条　本条例自 2012 年 7 月 1 日起施行。1996 年 5 月 3 日中共中央办公厅发布的《中国共产党机关公文处理条例》和 2000 年 8 月 24 日国务院发布的《国家行政机关公文处理办法》停止执行。

附录二　党政机关公文格式(节选)

(中华人民共和国国家质量监督检验检疫总局、中国国家标准化管理委员会于2012年6月29日发布,2012年7月1日起正式实施中华人民共和国国家标准GB/T 9704-2012)

1. 范围

本标准规定了党政机关公文通用的纸张要求、排版和印制装订要求、公文格式各要素的编排规则,并给出了公文的式样。

本标准适用于各级党政机关制发的公文。其他机关和单位的公文可以参照执行。

使用少数民族文字印制的公文,其用纸、幅面尺寸及版面、印制等要求按照本标准执行,其余可以参照本标准并按照有关规定执行。

2. 规范性引用文件

下列文件对于本标准的应用是必不可少的。凡是注日期的引用文件,仅所注日期的版本适用于本标准。凡是不注日期的引用文件,其最新版本(包括所有的修改单)适用于本标准。

GB/T 148　印刷、书写和绘图纸幅面尺寸

GB 3100　国际单位制及其应用

GB 3101　有关量、单位和符号的一般原则

GB 3102　量和单位

GB/T 15834　标点符号用法

GB/T 15835　出版物上数字用法

3. 术语和定义

下列术语和定义适用于本标准。

3.1　字

标示公文中横向距离的长度单位。在本标准中,一字指一个汉字宽度的距离。

3.2　行

标示公文中纵向距离的长度单位。在本标准中,一行指一个汉字的高度加3号汉字高度的7/8的距离。

4. 公文用纸主要技术指标

公文用纸一般使用纸张定量为 $60 \text{ g/m}^2 \sim 80 \text{ g/m}^2$ 的胶版印刷纸或复印纸。纸张白度 $80\% \sim 90\%$,横向耐折度≥ 15次,不透明度$\geq 85\%$,pH值为 $7.5 \sim 9.5$。

5. 公文用纸幅面尺寸及版面要求

5.1 幅面尺寸

公文用纸采用 GB/T 148 中规定的 A4 型纸,其成品幅面尺寸为:210 mm×297 mm。

5.2 版面

5.2.1 页边与版心尺寸

公文用纸天头(上白边)为 37 mm±1 mm,公文用纸订口(左白边)为 28mm±1mm,版心尺寸为 156 mm×225 mm。

5.2.2 字体和字号

如无特殊说明,公文格式各要素一般用 3 号仿宋体字。特定情况可以作适当调整。

5.2.3 行数和字数

一般每面排 22 行,每行排 28 个字,并撑满版心。特定情况可以作适当调整。

5.2.4 文字的颜色

如无特殊说明,公文中文字的颜色均为黑色。

6. 印制装订要求

6.1 制版要求

版面干净无底灰,字迹清楚无断划,尺寸标准,版心不斜,误差不超过 1 mm。

6.2 印刷要求

双面印刷;页码套正,两面误差不超过 2 mm。黑色油墨应当达到色谱所标 BL100%,红色油墨应当达到色谱所标 Y80%、M80%。印品着墨实、均匀;字面不花、不白、无断划。

6.3 装订要求

公文应当左侧装订,不掉页,两页页码之间误差不超过 4 mm,裁切后的成品尺寸允许误差±2mm,四角成 90º,无毛茬或缺损。

骑马订或平订的公文应当:

订位为两钉外订眼距版面上下边缘各 70 mm 处,允许误差±4mm;

无坏钉、漏钉、重钉,钉脚平伏牢固;

骑马订钉锯均订在折缝线上,平订钉锯与书脊间的距离为 3mm~5mm。

包本装订公文的封皮(封面、书脊、封底)与书芯应吻合、包紧、包平、不脱落。

7. 公文格式各要素编排规则

7.1 公文格式各要素的划分

本标准将版心内的公文格式各要素划分为版头、主体、版记三部分。公文首页红色分隔线以上的部分称为版头;公文首页红色分隔线(不含)以下、公文末页首条分隔线(不含)以上的部分称为主体;公文末页首条分隔线以下、末条分隔线以上的部分称为版记。

页码位于版心外。

7.2 版头

7.2.1 份号

如需标注份号,一般用6位3号阿拉伯数字,顶格编排在版心左上角第一行。

7.2.2 密级和保密期限

如需标注密级和保密期限,一般用3号黑体字,顶格编排在版心左上角第二行;保密期限中的数字用阿拉伯数字标注。

7.2.3 紧急程度

如需标注紧急程度,一般用3号黑体字,顶格编排在版心左上角;如需同时标注份号、密级和保密期限、紧急程度,按照份号、密级和保密期限、紧急程度的顺序自上而下分行排列。

7.2.4 发文机关标志

由发文机关全称或者规范化简称加"文件"二字组成,也可以使用发文机关全称或者规范化简称。

发文机关标志居中排布,上边缘至版心上边缘为35mm,推荐使用小标宋体字,颜色为红色,以醒目、美观、庄重为原则。

联合行文时,如需同时标注联署发文机关名称,一般应当将主办机关名称排列在前;如有"文件"二字,应当置于发文机关名称右侧,以联署发文机关名称为准上下居中排布。

7.2.5 发文字号

编排在发文机关标志下空二行位置,居中排布。年份、发文顺序号用阿拉伯数字标注;年份应标全称,用六角括号"〔〕"括入;发文顺序号不加"第"字,不编虚位(即1不编为01),在阿拉伯数字后加"号"字。

上行文的发文字号居左空一字编排,与最后一个签发人姓名处在同一行。

7.2.6 签发人

由"签发人"三字加全角冒号和签发人姓名组成,居右空一字,编排在发文机关标志下空二行位置。"签发人"三字用3号仿宋体字,签发人姓名用3号楷体字。

如有多个签发人,签发人姓名按照发文机关的排列顺序从左到右、自上而下依次均匀编排,一般每行排两个姓名,回行时与上一行第一个签发人姓名对齐。

7.2.7 版头中的分隔线

发文字号之下4 mm处居中印一条与版心等宽的红色分隔线。

7.3 主体

7.3.1 标题

一般用2号小标宋体字,编排于红色分隔线下空二行位置,分一行或多行居中排布;回行时,要做到词意完整,排列对称,长短适宜,间距恰当,标题排列应当使用梯形或菱形。

7.3.2 主送机关

编排于标题下空一行位置,居左顶格,回行时仍顶格,最后一个机关名称后标全角冒号。如主送机关名称过多导致公文首页不能显示正文时，应当将主送机关名称移至版记，标注方法见7.4.2。

7.3.3 正文

公文首页必须显示正文。一般用3号仿宋体字，编排于主送机关名称下一行，每个自然段左空两字，回行顶格。文中结构层次序数依次可以用"一、""（一）""1.""（1）"标注；一般第一层用黑体字、第二层用楷体字、第三层和第四层用仿宋体字标注。

7.3.4 附件说明

如有附件，在正文下空一行左空两字编排"附件"二字，后标全角冒号和附件名称。如有多个附件，使用阿拉伯数字标注附件顺序号（如"附件：1.××××××"）；附件名称后不加标点符号。附件名称较长需回行时，应当与上一行附件名称的首字对齐。

7.3.5 发文机关署名、成文日期和印章

7.3.5.1 加盖印章的公文

成文日期一般右空四字编排，印章用红色，不得出现空白印章。

单一机关行文时，一般在成文日期之上、以成文日期为准居中编排发文机关署名，印章端正、居中下压发文机关署名和成文日期，使发文机关署名和成文日期居印章中心偏下位置，印章顶端应当上距正文（或附件说明）一行之内。

联合行文时，一般将各发文机关署名按照发文机关顺序整齐排列在相应位置，并将印章一一对应、端正、居中下压发文机关署名，最后一个印章端正、居中下压发文机关署名和成文日期，印章之间排列整齐、互不相交或相切，每排印章两端不得超出版心，首排印章顶端应当上距正文（或附件说明）一行之内。

7.3.5.2 不加盖印章的公文

单一机关行文时，在正文（或附件说明）下空一行右空两字编排发文机关署名，在发文机关署名下一行编排成文日期，首字比发文机关署名首字右移二字，如成文日期长于发文机关署名，应当使成文日期右空两字编排，并相应增加发文机关署名右空字数。

联合行文时，应当先编排主办机关署名，其余发文机关署名依次向下编排。

7.3.5.3 加盖签发人签名章的公文

单一机关制发的公文加盖签发人签名章时，在正文（或附件说明）下空二行右空四字加盖签发人签名章，签名章左空两字标注签发人职务，以签名章为准上下居中排布。在签发人签名章下空一行右空四字编排成文日期。

联合行文时，应当先编排主办机关签发人职务、签名章，其余机关签发人职务、签名章依次向下编排，与主办机关签发人职务、签名章上下对齐；每行只编排一个机关的签发人职务、签名章；签发人职务应当标注全称。

签名章一般用红色。

7.3.5.4 成文日期中的数字

用阿拉伯数字将年、月、日标全，年份应标全称，月、日不编虚位（即1不编为01）。

7.3.5.5 特殊情况说明

当公文排版后所剩空白处不能容下印章或签发人签名章、成文日期时，可以采取调整行距、字距的措施解决。

7.3.6 附注

如有附注，居左空两字加圆括号编排在成文日期下一行。

7.3.7 附件

附件应当另面编排，并在版记之前，与公文正文一起装订。"附件"二字及附件顺序号用3号黑体字顶格编排在版心左上角第一行。附件标题居中编排在版心第三行。附件顺序号和附件标题应当与附件说明的表述一致。附件格式要求同正文。

如附件与正文不能一起装订，应当在附件左上角第一行顶格编排公文的发文字号并在其后标注"附件"二字及附件顺序号。

7.4 版记

7.4.1 版记中的分隔线

版记中的分隔线与版心等宽，首条分隔线和末条分隔线用粗线（推荐高度为0.35 mm），中间的分隔线用细线（推荐高度为0.25 mm）。首条分隔线位于版记中第一个要素之上，末条分隔线与公文最后一面的版心下边缘重合。

7.4.2 抄送机关

如有抄送机关，一般用4号仿宋体字，在印发机关和印发日期之上一行、左右各空一字编排。"抄送"二字后加全角冒号和抄送机关名称，回行时与冒号后的首字对齐，最后一个抄送机关名称后标句号。

如需把主送机关移至版记，除将"抄送"二字改为"主送"外，编排方法同抄送机关。既有主送机关又有抄送机关时，应当将主送机关置于抄送机关之上一行，之间不加分隔线。

7.4.3 印发机关和印发日期

印发机关和印发日期一般用4号仿宋体字，编排在末条分隔线之上，印发机关左空一字，印发日期右空一字，用阿拉伯数字将年、月、日标全，年份应标全称，月、日不编虚位（即1不编为01），后加"印发"二字。

版记中如有其他要素，应当将其与印发机关和印发日期用一条细分隔线隔开。

7.5 页码

一般用4号半角宋体阿拉伯数字，编排在公文版心下边缘之下，数字左右各放一条一字线；一字线上距版心下边缘7 mm。单页码居右空一字，双页码居左空一字。公文的版记页前有空白页的，空白页和版记页均不编排页码。公文的附件与正文一起装订时，页码应当连续编排。

8. 公文中的横排表格

A4纸型的表格横排时，页码位置与公文其他页码保持一致，单页码表头在订口一边,双页码表头在切口一边。

9. 公文中计量单位、标点符号和数字的用法

公文中计量单位的用法应当符合 GB 3100、GB 3101 和 GB 3102(所有部分),标点符号的用法应当符合 GB/T 15834,数字用法应当符合 GB/T 15835。

10 公文的特定格式

10.1. 信函格式

发文机关标志使用发文机关全称或者规范化简称,居中排布,上边缘至上页边为 30mm,推荐使用红色小标宋体字。联合行文时,使用主办机关标志。

发文机关标志下 4 mm 处印一条红色双线(上粗下细),距下页边 20 mm 处印一条红色双线(上细下粗),线长均为 170 mm,居中排布。

如需标注份号、密级和保密期限、紧急程度,应当顶格居版心左边缘编排在第一条红色双线下,按照份号、密级和保密期限、紧急程度的顺序自上而下分行排列,第一个要素与该线的距离为 3 号汉字高度的 7/8。

发文字号顶格居版心右边缘编排在第一条红色双线下,与该线的距离为 3 号汉字高度的 7/8。

标题居中编排,与其上最后一个要素相距二行。

第二条红色双线上一行如有文字,与该线的距离为 3 号汉字高度的 7/8。

首页不显示页码。

版记不加印发机关和印发日期、分隔线,位于公文最后一面版心内最下方。

10.2 命令(令)格式

发文机关标志由发文机关全称加"命令"或"令"字组成,居中排布,上边缘至版心上边缘为 20 mm,推荐使用红色小标宋体字。

发文机关标志下空二行居中编排令号,令号下空二行编排正文。

签发人职务、签名章和成文日期的编排见 7.3.5.3。

10.3 纪要格式

纪要标志由"×××××纪要"组成,居中排布,上边缘至版心上边缘为 35 mm,推荐使用红色小标宋体字。

标注出席人员名单,一般用 3 号黑体字,在正文或附件说明下空一行左空两字编排"出席"二字,后标全角冒号,冒号后用 3 号仿宋体字标注出席人单位、姓名,回行时与冒号后的首字对齐。

标注请假和列席人员名单,除依次另起一行并将"出席"二字改为"请假"或"列席"外,编排方法同出席人员名单。

纪要格式可以根据实际制定。

附录三 归档文件整理规则

（中华人民共和国档案局 2015 年 10 月 25 日发布，2016 年 6 月 1 日实施
中华人民共和国行业标准 DA/T 22—2015（代替 DA/T 22—2000））

1. 范围

本标准规定了应作为文书档案保存的归档文件的整理原则和方法。

本标准适用于各级机关、团体、企事业单位和其他社会组织对应作为文书档案保存的归档文件的整理。其他门类档案可以参照执行。企业单位有其他特殊规定的，从其规定。

2. 规范性引用文件

下列文件对于本文件的应用是必不可少的。凡是注日期的引用文件，仅所注日期的版本适用于本文件。凡是不注日期的引用文件，其最新版本（包括所有的修改单）适用于本文件。

GB/T 18894 电子文件归档与管理规范

DA/T 1—2000 档案工作基本术语

DA/T 13—1994 档号编制规则

DA/T 25—2000 档案修裱技术规范

DA/T 38—2008 电子文件归档光盘技术要求和应用规范

3. 术语和定义

下列术语和定义适用于本标准。

3.1 归档文件 archival document

立档单位在其职能活动中形成的、办理完毕、应作为文书档案保存的文件材料，包括纸质和电子文件材料。

3.2 整理 arrangement

将归档文件以件为单位进行组件、分类、排列、编号、编目等（纸质归档文件还包括修整、装订、编页、装盒、排架；电子文件还包括格式转换、元数据收集、归档数据包组织、存储等），使之有序化的过程。

3.3 件 item

归档文件的整理单位。

3.4 档号 archival code

在归档文件整理过程中赋予其的一组字符代码,以体现归档文件的类别和排列顺序。

4. 整理原则

4.1 归档文件整理应遵循文件的形成规律,保持文件之间的有机联系。

4.2 归档文件整理应区分不同价值,便于保管和利用。

4.3 归档文件整理应符合文档一体化管理要求,便于计算机管理或计算机辅助管理。

4.4 归档文件整理应保证纸质文件和电子文件整理协调统一。

5. 一般要求

5.1 组件(件的组织)

5.1.1 件的构成

归档文件一般以每份文件为一件。正文、附件为一件;文件正本与定稿(包括法律法规等重要文件的历次修改稿)为一件;转发文与被转发文为一件;原件与复制件为一件;正本与翻译本为一件;中文本与外文本为一件;报表、名册、图册等一册(本)为一件(作为文件附件时除外);简报、周报等材料一期为一件;会议纪要、会议记录一般一次会议为一件,会议记录一年一本的,一本为一件;来文与复文(请示与批复、报告与批示、函与复函等)一般独立成件,也可为一件。有文件处理单或发文稿纸的,文件处理单或发文稿纸与相关文件为一件。

5.1.2 件内文件排序

归档文件排序时,正文在前,附件在后;正本在前,定稿在后;转发文在前,被转发文在后;原件在前,复制件在后;不同文字的文本,无特殊规定的,汉文文本在前,少数民族文字文本在后;中文本在前,外文本在后;来文与复文作为一件时,复文在前,来文在后。有文件处理单或发文稿纸的,文件处理单在前,收文在后;正本在前,发文稿纸和定稿在后。

5.2 分类

5.2.1 立档单位应对归档文件进行科学分类,同一全宗应保持分类方案的一致性和稳定性。

5.2.2 归档文件一般采用年度—机构(问题)—保管期限、年度—保管期限—机构(问题)等方法进行三级分类。

(a) 按年度分类

将文件按其形成年度分类。跨年度一般应以文件签发日期为准。对于计划、总结、预算、统计报表、表彰先进以及法规性文件等内容涉及不同年度的文件,统一按文件签发日期判定所属年度。跨年度形成的会议文件归入闭幕年。跨年度办理的文件归入办结年。当形成年度无法考证时,年度为其归档年度,并在附注项加以说明。

(b) 按机构(问题)分类

将文件按其形成或承办机构(问题)分类。机构分类法与问题分类法应选择其一适用,不能同时采用。采用机构分类的,应根据文件形成或承办机构对归档文件进行分类,涉及多部门形成的归档文件,归入文件主办部门。采用问题分类的,应按照文件内容所反映的问题对归档文件进行分类。

(c)(按保管期限分类

将文件按划定的保管期限分类。

5.2.3 规模较小或公文办理程序不适于按机构(问题)分类的立档单位,可以采取年度—保管期限等方法进行两级分类。

5.3 排列

5.3.1 归档文件应在分类方案的最低一级类目内,按时间结合事由排列。

5.3.2 同一事由中的文件,按文件形成先后顺序排列。

5.3.3 会议文件、统计报表等成套性文件可集中排列。

5.4 编号

5.4.1 归档文件应依分类方案和排列顺序编写档号。档号编制应遵循唯一性、合理性、稳定性、扩充性、简单性原则。

5.4.2 档号的结构宜为:全宗号—档案门类代码·年度—保管期限—机构(问题)代码—件号。上、下位代码之间用"—"连接,同一级代码之间用"·"隔开。如"Z109-WS·2011-Y-BGS-0001"。

5.4.3 档号按照以下要求编制:

(a) 全宗号:档案馆给立档单位编制的代号,用4位数字或者字母与数字的结合标识,按照 DA/T 13—1994 编制。

(b) 档案门类代码·年度:归档文件档案门类代码由"文书"2位汉语拼音首字母"WS"标识。年度为文件形成年度,以4位阿拉伯数字标注公元纪年,如"2013"。

(c) 保管期限:保管期限分为永久、定期30年、定期10年,分别以代码"Y"、"D30"、"D10"标识。

(d) 机构(问题)代码:机构(问题)代码采用3位汉语拼音字母或阿拉伯数字标识,如办公室代码"BGS"等。归档文件未按照机构(问题)分类的,应省略机构(问题)代码。

(e) 件号:件号是单件归档文件在分类方案最低一级类目内的排列顺序号,用4位阿拉伯数字标识,不足4位的,前面用"0"补足,如"0026"。

5.4.4 归档文件应在首页上端的空白位置加盖归档章并填写相关内容。电子文件可以由系统生成归档章样式或以条形码等其他形式在归档文件上进行标识。

5.4.5 归档章应将档号的组成部分,即全宗号、年度、保管期限、件号,以及页数作为必备项,机构(问题)可以作为选择项(见附录 A 图 A1)。归档章中全宗号、年度、保管期限、件号、机构(问题)按照 5.4.3 编制,页数用阿拉伯数字标识(见附录 A 图 A2)。为便于识记,归档章保管期限也可以使用"永久""30 年""10 年"简称标识,机构(问题)也可以用"办公室"等规范化简称标识(见附录 A 图 A3)。

5.5 编目

5.5.1 归档文件应依据档号顺序编制归档文件目录。编目应准确、详细,便于检索。

5.5.2 归档文件应逐件编目。来文与复文作为一件时,对复文的编目应体现来文内容。归档文件目录设置序号、档号、文号、责任者、题名、日期、密级、页数、备注等项目。

(a) 序号:填写归档文件顺序号。

(b) 档号:档号按照 5.4.2—5.4.3 编制。

(c) 文号:文件的发文字号。没有文号的,不用标识。

(d) 责任者:制发文件的组织或个人,即文件的发文机关或署名者。

(e) 题名:文件标题。没有标题、标题不规范,或者标题不能反映文件主要内容、不方便检索的,应全部或部分自拟标题,自拟内容外加方括号"[ ]"。

(f) 日期:文件的形成时间,以国际标准日期表示法标注年月日,如 19990909。

(g) 密级:文件密级按文件实际标注情况填写。没有密级的,不用标识。

(h) 页数:每一件归档文件的页面总数。文件中有图文的页面为一页。

(i) 备注:注释文件需说明的情况。

5.5.3 归档文件目录推荐由系统生成或使用电子表格进行编制。目录表格采用 A4 幅面,页面宜横向设置(见附录 B 图 B1)。

5.5.4 归档文件目录除保存电子版本外,还应打印装订成册。装订成册的归档文件目录,应编制封面(见附录 B 图 B2)。封面设置全宗号、全宗名称、年度、保管期限、机构(问题),其中全宗名称即立档单位名称,填写时应使用全称或规范化简称。归档文件目录可以按年装订成册,也可每年区分保管期限装订成册。

6. 纸质归档文件的修整、装订、编页、装盒和排架

6.1 修整

6.1.1 归档文件装订前,应对不符合要求的文件材料进行修整。

6.1.2 归档文件已破损的,应按照 DA/T 25—2000 予以修复;字迹模糊或易退变的,应予复制。

6.1.3 归档文件应按照保管期限要求去除易锈蚀、易氧化的金属或塑料装订用品。

6.1.4 对于幅面过大的文件,应在不影响其日后使用效果的前提下进行折叠。

6.2 装订

6.2.1 归档文件一般以件为单位装订。归档文件装订应牢固、安全、简便,做到文

件不损页、不倒页、不压字,装订后文件平整,有利于归档文件的保护和管理。装订应尽量减少对归档文件本身影响,原装订方式符合要求的,应维持不变。

6.2.2 应根据归档文件保管期限确定装订方式,装订材料与保管期限要求相匹配。为便于管理,相同期限的归档文件装订方式应尽量保持一致,不同期限的装订方式应相对统一。

6.2.3 用于装订的材料,不能包含或产生可能损害归档文件的物质。不使用回形针、大头针、燕尾夹、热熔胶、办公胶水、装订夹条、塑料封等装订材料进行装订。

6.2.4 永久保管的归档文件,宜采取线装法装订。页数较少的,使用直角装订(见附录C图C1、图C2)或缝纫机轧边装订,文件较厚的,使用"三孔一线"装订。永久保管的归档文件,使用不锈钢订书钉或糨糊装订的,装订材料应满足归档文件长期保存的需要。

6.2.5 永久保管的归档文件,不使用不锈钢夹或封套装订。

6.2.6 定期保管的、需要向综合档案馆移交的归档文件,装订方式按照6.2.4—6.2.5执行。定期保管的、不需要向综合档案馆移交的归档文件,装订方式可以按照6.2.4执行,也可以使用不锈钢夹或封套装订。

6.3 编页

6.3.1 纸质归档文件一般应以件为单位编制页码。

6.3.2 页码应逐页编制,宜分别标注在文件正面右上角或背面左上角的空白位置。

6.3.3 文件材料已印制成册并编有页码的;拟编制页码与文件原有页码相同的,可以保持原有页码不变。

6.4 装盒

将归档文件按顺序装入档案盒,并填写档案盒盒脊及备考表项目。不同年度、机构(问题)、保管期限的归档文件不能装入同一个档案盒。

6.4.1 档案盒

6.4.1.1 档案盒封面应标明全宗名称。档案盒的外形尺寸为310mm×220mm(长×宽),盒脊厚度可以根据需要设置为20 mm、30mm、40mm、50mm等(见附录D图D1)。

6.4.1.2 档案盒应根据摆放方式的不同,在盒脊或底边设置全宗号、年度、保管期限、起止件号、盒号等必备项,并可设置机构(问题)等选择项(见附录D图D2、图D3)。其中,起止件号填写盒内第一件文件和最后一件文件的件号,起件号填写在上格,止件号填写在下格;盒号即档案盒的排列顺序号,按进馆要求在档案盒盒脊或底边编制。

6.4.1.3 档案盒应采用无酸纸制作。

6.4.2 备考表

备考表置于盒内文件之后,项目包括盒内文件情况说明、整理人、整理日期、检查人、检查日期(见附录E)。

(a)盒内文件情况说明:填写盒内文件缺损、修改、补充、移出、销毁等情况。

(b) 整理人:负责整理归档文件的人员签名或签章。

(c) 整理日期:归档文件整理完成日期。

(d) 检查人:负责检查归档文件整理质量的人员签名或签章。

(e) 检查日期:归档文件检查完毕的日期。

6.5 排架

6.5.1 归档文件整理完毕装盒后,上架排列方法应与本单位归档文件分类方案一致,排架方法应避免频繁倒架。

6.5.2 归档文件按年度—机构(问题)—保管期限分类的,库房排架时,每年形成的档案按机构(问题)序列依次上架,便于实体管理。

6.5.3 归档文件按年度—保管期限—机构(问题)分类的,库房排架时,每年形成的档案按保管期限依次上架,便于档案移交进馆。

7. 归档电子文件的整理要求

7.1 归档电子文件组件(件的组织)、分类、排列、编号、编目,应符合本《规则》"5 一般要求"的规定。

7.2 归档电子文件的格式转换、元数据收集、归档数据包组织、存储等整理要求,参照《数字档案室建设指南》(2014 年)、GB/T 18894、DA/T 48、DA/T 38 等标准执行。

7.3 归档电子文件整理,应使用符合《数字档案室建设指南》(2014 年)、GB/T 18894 等标准的应用系统。

附录四　电子公文归档管理暂行办法

(2003年7月28日国家档案局令第6号发布,自2003年9月1日起施行)

第一条　为了加强对电子公文的归档管理,有效维护电子公文的真实性、完整性、安全性和可识别性,根据《中华人民共和国档案法》、《中华人民共和国档案法实施办法》和《国家行政机关公文处理办法》,制定本办法。

第二条　本办法所称的电子公文,是指各地区、各部门通过由国务院办公厅统一配置的电子公文传输系统处理后形成的具有规范格式的公文的电子数据。

第三条　电子公文形成单位应指定有关部门或专人负责本单位的电子公文归档工作,将电子公文的收集、整理、归档、保管、利用纳入机关文书处理程序和相关人员的岗位责任。

机关档案部门应参与和指导电子公文的形成、办理、收集和归档等各工作环节。

第四条　副省级以上档案行政管理部门负责对电子公文的归档管理工作进行监督和指导。

电子公文的真实性、完整性、安全性和可识别性,移交前由形成部门负责,移交后由档案部门负责。

第五条　电子公文参照国家有关纸质文件的归档范围进行归档并划定保管期限。

第六条　电子公文一般应在办理完毕后即时向机关档案部门归档。

第七条　电子公文形成单位必须将具有永久和长期保存价值的电子公文,制成纸质公文与原电子公文的存储载体一同归档,并使两者建立互联。

第八条　需要永久和长期保存的电子公文,应在每一个存储载体中同时存有相应的符合规范要求的机读目录。

第九条　电子公文的收发登记表、机读目录、相关软件、其他说明等应与相对应的电子公文一同归档保存。

第十条　电子公文的归档应在"全国政府系统办公业务资源网电子邮件系统"平台上进行,各电子公文形成单位档案部门应配置足够容量和处理能力及相对安全的系统设备。

第十一条　电子公文形成单位应在运行电子公文处理系统的硬件环境中设置足够容量、安全的暂存存储器,存放处理完毕应归档保存的电子公文,以保证归档电子公文的完整、安全。

第十二条　电子公文形成单位应在电子公文处理系统中设置符合安全要求的操作日志,随时自动记录对电子公文实时操作的人员、时间、设备、项目、内容等,以保证归档电子公文的真实性。

第十三条 电子公文形成单位应在电子公文归档时对相关项目进行检查,检查项目包括与纸质公文核对内容、签章,审核电子公文收发登记表、操作日志及相关的著录条目等,确认电子公文及相关的信息和软件无缺损且未被非正常改动,电子公文与相应的纸质公文内容及其表现形式一致,处理过程无差错。

第十四条 归档电子公文的移交形式可以是交接双方之间进行存储载体传递或通过电子公文传输系统从网上交接。

第十五条 通过存储载体进行交接的归档电子公文,移交与接收部门均应对其载体和技术环境进行检验,确保载体清洁、无划痕、无病毒等。

第十六条 归档电子公文应存储到符合保管要求的脱机载体上。归档保存的电子公文一般不加密,必须加密归档的电子公文应与其解密软件和说明文件一同归档。

第十七条 归档的电子公文,应按本单位档案分类方案进行分类、整理,并拷贝至耐久性好的载体上,一式三套,一套封存保管,一套异地保管,一套提供利用。

第十八条 档案部门应加强对归档电子公文的管理,提供利用有密级要求的归档电子公文,应严格遵守国家有关保密的规定,采用联网的方式提供利用的,应采取稳妥的身份认定、权限控制及在存有电子公文的设备上加装防火墙等安全保密措施。

第十九条 超过保管期限的归档电子公文的鉴定和销毁,按照归档纸质文件的有关规定执行。对确认销毁的电子公文可以进行逻辑或物理删除,并应由档案部门列出销毁文件目录存档备查。

第二十条 其他类型电子公文的归档管理可参照本办法。

第二十一条 本办法未尽事宜,参照国家其他有关电子文件的标准和规定。

第二十二条 本办法由国家档案局负责解释。

第二十三条 本办法自 2003 年 9 月 1 日起施行。

附录五　中国办公室管理相关专业期刊

1.《秘书工作》

主管:中共中央办公厅秘书局
编辑:《秘书工作》编辑部
地址:北京市 1705 信箱

2.《秘书》

主管:上海市教育委员会
主办:上海大学
出版:《秘书》编辑部
地址:上海市上大路 99 号上海大学 128 信箱

3.《办公室业务》

主管:中南出版传媒集团
编辑出版:《办公室业务》杂志社
地址:北京市海淀区紫竹院南路 18 号

4.《办公自动化》

主管:中国科学技术协会
编辑出版:《办公自动化》编辑部
地址:北京市朝外呼家楼西里 21－4－105

5.《秘书之友》

主办:兰州大学
编辑出版:《秘书之友》编辑部
地址:兰州市东岗西路 199 号兰州大学医学校区恪勤楼

6.《广东秘书工作》

主办:广东省人民政府办公厅
编辑出版:《广东秘书工作》编辑部
地址:广州市东风中路 305 号

7.《档案学通讯》

主办:中国人民大学

编辑出版：《档案学通讯》编辑部
地址：北京市张自忠路 3 号

8.《档案学研究》

主办：中国档案学会
编辑出版：《档案学研究》编辑部
地址：北京市宣武区永安路 106 号

9.《中国档案》

主管：国家档案局
编辑出版：《中国档案》杂志社
地址：北京市西城区永安路 106 号

10.《浙江档案》

主管：浙江省档案局、浙江省档案学会
编辑出版：《浙江档案》杂志社
地址：杭州市曙光路 45 号

11.《档案与建设》

主管：江苏省档案局、江苏省档案学会主办
编辑出版：《档案与建设》编辑部
地址：南京市青岛路 1 号

12.《北京档案》

主管：北京市档案局、北京市档案学会主办
编辑出版：《北京档案》杂志社
地址：北京建国门贡院西街 8 号

13.《山西档案》

主管：山西省档案局、山西省档案学会主办
编辑出版：《山西档案》杂志社
地址：山西省太原市朝阳街 222 号

14.《档案管理》

主管：河南省档案局
编辑出版：《档案管理》杂志社
地址：郑州市金水大道 17 号

参考书目

（按作者姓名拼音排序）

[1] 曹元坤著.管理方式变革论[M].北京:经济管理出版社,1999.
[2] 陈合宜.秘书学(第六版)[M].广州:暨南大学出版社,2014.
[3] 陈晖.公共关系理论与实务[M].北京:北京理工大学出版社,2010.
[4] 葛红岩.会议组织与服务[M].上海:上海财经大学出版社,2011.
[5] 高萍.办公室事务处理[M].成都:电子科技大学出版社,2015.
[6] 胡鸿杰,马仁杰,魏芬.办公室管理[M].合肥:安徽大学出版社,2005.
[7] 胡鸿杰,王协舟,陈祖芬.秘书学教程[M].北京:中共中央党校出版社,2005.
[8] 胡鸿杰.维度与境界——管理随想录[M].沈阳:辽宁大学出版社,2015.
[9] 匡晓蕾.办公室主任工作手册[M].北京:中国人事出版社,2014.
[10] 梁健,任逸超.办公室管理标准规范文本[M].北京:光明日报出版社,2006.
[11] 李岚.办公室自动化技术与应用[M].北京:人民邮电出版社,2010.
[12] 李洪喜.办公室管理实务[M].上海:上海交通大学出版社,2015.
[13] 卢海燕.办公室事务管理[M].北京:中国人民大学出版社,2015.
[14] 刘晓红.秘书理论与实务[M].北京:北京大学出版社,2011.
[15] 罗勇.办公文案与文档管理[M].北京:高等教育出版社,2016.
[16] 马仁杰,王荣科,左雪梅.管理学原理[M].北京:人民邮电出版社,2013.
[17] 马仁杰.秘书学教程[M].合肥:安徽大学出版社,2015.
[18] 裴显生,岳海翔.公文写作教程[M].北京:高等教育出版社,2005.
[19] 孙印杰,刘卓平,易正江.网络化办公应用教程[M].北京:电子工业出版社,2006.
[20] 司徒允昌,陈家桢,张相平编.秘书学教程[M].上海:人民出版社,2009.
[21] 孙厚军.党政机关公文处理工作教程[M].杭州:浙江大学出版社,2013.
[22] 人力资源和社会保障部教材办公室.常用办公自动化设备使用与维护[M].北京:中国劳动社会保障出版社,2016.
[23] 王晓聪.办公室事务管理[M].北京:教育科学出版社,2016.
[24] 向国敏.现代秘书学与秘书实务[M].上海:华东师范大学出版社,2013.
[25] 徐飚,林淑贞.办公事务管理学习指导与训练[M].北京:高等教育出版社,2014.
[26] 杨锋.秘书工作案例与分析[M].广州:暨南大学出版社,2010.

[27] 杨锋、张同钦. 秘书实务(第二版)[M]. 北京:中国人民大学出版社,2015.
[28] 杨树森. 秘书学概论教程[M]. 合肥:安徽大学出版社,2008.
[29] 杨树森. 秘书实务[M]. 合肥:安徽大学出版社,2012.
[30] 叶益武. 办公室工作实务与技能新编[M]. 杭州:浙江大学出版社,2014.
[31] 叶黔达. 办公室工作实务规范手册[M]. 成都:四川人民出版社,2015.
[32] 杨群欢. 办公室事务管理[M]. 北京:中国人民大学出版社,2016.
[33] 张林华. 现代文件学[M]. 上海:上海大学出版社,2007.
[34] 张浩. 新编办公室主任公文写作与规范处理手册[M]. 北京:海潮出版社,2014.
[35] 赵雪静. 办公室事务管理[M]. 上海:华东师范大学出版社,2015.
[36] 朱开宝. 谈谈办公室建设[M]. 镇江:江苏大学出版社,2015.
[37] 赵文峰. 办公室事务管理[M]. 杭州:浙江教育出版社,2016.

后 记

2005年,由胡鸿杰、马仁杰和魏芬编写的《办公室管理》教材,采用的是当时比较流行的高校教材编写体例。全书七章二十四节七十八目,以文字叙述为主,在部分章节插入了图表,以便说明问题,编写方法是从基本概念阐释到分别不同主题进行展开、论述或说明。

第一版《办公室管理》书稿完成后,根据胡鸿杰教授的意见,由本人出面,联系安徽大学出版社于2005年12月出版发行。

第一版《办公室管理》出版后,到2014年12月,已由安徽大学出版社进行了四次印刷,发行量达一万两千册,在全国高校档案学专业、秘书学专业和行政管理学等相关专业以及档案馆(室)、办公机构等实际工作部门产生了广泛的影响。不仅如此,特别值得说明的是:该教材于2005年底正式列入了国家教育部普通高等教育"十五"国家级规划教材。该教材的出版,标志着《办公室管理》这门课程不仅在全国高校档案学专业、秘书学专业和行政管理学专业等相关专业得到了认可,而且正式取得了国家教育部官方的肯定。

应该说2005年第一版《办公室管理》这部教材的编写、出版和使用是非常成功的。也正因为如此,安徽大学出版社从2015年初就恳请本人根据变化了的新形势编写第二版《办公室管理》。

考虑到第一版《办公室管理》出版后,已经使用了十多个年头,不论是高校相关专业教学情况,还是国家形势,特别是社会环境都发生了重要的变化,因此,本人于2015年10月正式答应安徽大学出版社的请求,于2015年底正式开始搜集相关资料,物色相关编写人员,并于2016年2月完成了第二版《办公室管理》教材的编写大纲。

第二版《办公室管理》教材编写大纲完成后,本人第一时间发给胡鸿杰教授,征求其意见。胡鸿杰教授先后三次与本人商榷,并亲自修改第二版《办公室管理》编写大纲,提出了明确、具体的要求,还多次关心第二版《办公室管理》编写人员组成、体例创新、出版等相关事宜。

2016年3月,本人面向全国高校相关专业,先后邀请了武汉大学程齐凯,山东大学曲春梅和段小凤,吉林大学张卫东,安徽大学李雯、张学辉和黄静,郑州大学孙大东,南昌大学周林兴,苏州大学邵华,黑龙江大学任越,池州学院董中印,合肥师范学院胡颖等老

师参加第二版《办公室管理》教材的编写,并根据编写大纲,按照每个人的专长分配撰写任务,具体分工如下:

胡鸿杰、马仁杰、李雯完成第一章"办公室管理理论"、第二章"办公室管理环境"、"第四章办公室人员"和"附录"的撰写与选编;

曲春梅和段小凤完成第三章"办公室组织与体制"之第一节"社会组织及其办公室"、第二节"办公室的工作内容"的撰写;

张卫东完成第三章"办公室组织与体制"之第三节"办公室的管理体制"的撰写;

邵华完成第五章"办公室管理方式"的撰写;

孙大东完成第六章"办公室管理保障"之第一节"法律和制度保障"的撰写;

周林兴完成第六章"办公室管理保障"之第二节"程序保障"的撰写;

任越完成第六章"办公室管理保障"之第三节"设备保障"的撰写;

张学辉完成第七章"办公室管理实务(上)"之第一节"督查与督办"的撰写;

董中印完成第七章"办公室管理实务(上)"之第二节"协调工作"、第八章"办公室管理实务(下)"之第六节"办公礼仪"的撰写;

胡颖完成第七章"办公室管理实务(上)"之第三节"调查研究"的撰写;

程齐凯完成第八章"办公室管理实务(下)"之第四节"信息管理"的撰写。

黄静和董中印完成第八章"办公室管理实务(下)"之第五节"日常事务"的撰写。

为了保证第二版《办公室管理》教材撰写的质量,本人在给各位撰稿老师分配任务的同时,提出了如下五点要求:

1. 教材的正文部分严格按照已经确定的章、节、目体例编写。

2. 在每章开头设二百字左右的"本章导语",之后,设三至七个"本章关键词",每章内容结束后,设三至六道"本章思考题",之后,再附一个三百字以内的"案例分析",并提出二至三个相关问题,以便考察使用者的领悟能力和水平。

3. 每个章、节、目均需注明参考资料及其出处,全书一律采用脚注,并尽可能详细。

4. 每章字数三至五万字左右,各节内容大体平衡,字数相近。

5. 交稿时间:2016 年 10 月 20 日前。

2016 年 10 月 20 日,上述各位老师完成了第二版《办公室管理》教材初稿的撰写任务,并将书稿汇集到安徽大学。紧接着,本人安排安徽大学李雯博士对上述各位老师交来的书稿进行形式上的整理。之后,本人根据胡鸿杰教授的意见,对书稿进行统稿,并进行相应的修改。

2017 年 1 月 21 日,本人和李雯博士完成了第二版《办公室管理》教材的定稿,并交给安徽大学出版社责任编辑邱昱。

与 2005 年第一版《办公室管理》教材相比,第二版《办公室管理》教材进行了新的探索,主要体现在以下 3 个方面:

第一,从内容上看,第二版《办公室管理》教材共设八章二十四节七十二目,字数约四

后 记

十六万字左右,比原版多出了一章,少了六目,但字数增加了二十多万字。也就是说,第二版《办公室管理》比第一版在内容上有比较大的扩充。这样做的目的是力争实现第二版《办公室管理》在内容上继承与创新并重,更加适应时代发展的需要。第二版《办公室管理》在继承第一版教材办公室管理基础理论和相关内容的基础上,积极吸纳现代办公室管理理论和实践的最新成果,并适时的增加了互联网时代办公室管理的新内容、新方式和新方法,以及与之相适应的办公室管理体制、督查督办、调查研究、办公礼仪等方面的内容,以更加符合时代发展的需要。

第二,从结构上看,第二版《办公室管理》根据变化了的新形势和使用者的新需求,在每章开头设二百字左右的"本章导语",之后,设三至七个"本章关键词",每章内容结束后,设三至六道"本章思考题",再之后,附一个三百字以内的相关"案例",并提出二至三个相关问题,以便考察使用者的领悟能力和水平。这样做的好处是既方便使用者阅读的新需求,又从形式上适应了当代教材变化了的新情况,从内容到形式都较好地做到了与时俱进。

第三,从写作上看,第二版《办公室管理》雅俗并举,更加突出实用。第二版《办公室管理》在继承第一版《办公室管理》教材写作方法的基础上,更加强调"读者至上,适用为本",在文字表达方面,力求文字简洁,表达清楚,尽量使用短句,力戒长句,给读者耳目一新的感觉,而且,在每章案例选择方面,充分考虑在校本科生普遍缺乏办公室工作实践经历以及办公室管理实践性强等特点,尽可能选择针对性、典型性和时代性强的案例,更加突出启发性和实用性。

本人认为:要想完成一部高质量的办公室管理教材的编撰,不能仅凭美好的愿望,而是需要有崇高的使命感,还要有深厚的专业理论功底,更需要有三年以上的办公室管理实践经验。同时,需要有一个与时俱进的编写计划和编写大纲,特别需要有良好的人脉,以便从全国同行中优选出适合的编撰老师,并根据他们每个人的长处安排各自的编撰任务,也就是组织好并发挥好每个参与教材编撰老师的长处。

我们期望第二版《办公室管理》教材在各位老师的共同努力下能够取得比第一版《办公室管理》教材更大的成功,同时得到全国同行更大的支持和帮助!

中国高等教育学会档案工作分会副理事长兼学术部主任
中国档案学会理事兼档案学基础理论委员会委员
安 徽 大 学 三 级 教 授 、 博 士 生 导 师

马仁杰